CHRONIQUE

DE

ROBERT DE TORIGNI

ABBÉ DU MONT-SAINT-MICHEL

SUIVIE

DE DIVERS OPUSCULES HISTORIQUES

De cet Auteur et de plusieurs Religieux de la même Abbaye

LE TOUT PUBLIÉ D'APRÈS LES MANUSCRITS ORIGINAUX

PAR LÉOPOLD DELISLE

TOME II

ROUEN

CHEZ CH. MÉTÉRIE, SUCC^r DE A. LE BRUMENT

LIBRAIRE DE LA SOCIÉTÉ DE L'HISTOIRE DE NORMANDIE

RUE JEANNE-D'ARC, N° 11

M DCCC LXXIII

CHRONIQUE

DE

ROBERT DE TORIGNI

ABBÉ DU MONT SAINT-MICHEL.

ROUEN. — IMPRIMERIE DE H. BOISSEL
Rue de la Vicomté, 55

EXTRAIT DU RÉGLEMENT.

ART. 16. — Aucun volume ou fascicule ne peut être livré à l'impression qu'en vertu d'une délibération du Conseil, prise au vu de la déclaration du Commissaire délégué et, lorsqu'il y a lieu, de l'avis du Comité intéressé portant que le travail *est digne d'être publié*. Cette délibération est imprimée au verso de la feuille de titre du premier volume de chaque ouvrage.

Le Conseil, vu la délibération de M. l'abbé COCHET, *commissaire délégué, portant que l'édition de la* CRONIQUE DE ROBERT DE TORIGNI, *préparée par* M. Léopold DELISLE, *lui a paru digne d'être publiée par la* SOCIÉTÉ DE L'HISTOIRE DE NORMANDIE, *après en avoir délibéré, décide que cet ouvrage sera livré à l'impression.*

Fait à Rouen, le Lundi 6 Novembre 1871.

Certifié :

LE SECRÉTAIRE DE LA SOCIÉTÉ,

C. LORMIER.

PRÉFACE.

VIE DE ROBERT DE TORIGNI.

L'un des plus célèbres et à coup sûr le plus exact des anciens historiens de Normandie est Robert de Torigni, moine du Bec et abbé du Mont-Saint-Michel, dont les principaux ouvrages sont réunis dans les deux volumes que la Société de l'Histoire de Normandie a bien voulu me charger de publier. Il est généralement connu sous le nom de Robert du Mont ; mais la forme Robert de Torigni doit être préférée ; c'est en effet celle qui lui est donnée par les textes contemporains : *Robertus de Torinneio*, dans une lettre écrite en 1139, par Henri, archidiacre de Huntingdon[1], et dans une notice de l'année 1155 conservée par le ms. 128 d'Avranches[2] ; *Robertus de Thorigneio*, dans des annales s'arrêtant à l'année 1154[3] et dans une charte du doyen de Bayeux en 1165[4] ; *Robertus de Torigneyo*, dans la Rubrique abrégée des abbés du Mont-Saint-Michel[5] ; *Robert de Torignié* dans le Roman de

[1] I, 98.

[2] II, 261.

[3] II, 234.

[4] II, 273.

[5] Ms. 213 de la Bibliothèque d'Avranches.

Guillaume de Saint-Pair[1]. Robert lui-même s'appelle *Robertus de Torinneio* dans un article de sa Chronique[2], et *Robertus de Torigneio* dans la partie des Annales du Mont-Saint-Michel dont il est le rédacteur[3].

Notre historien devait son nom au lieu de sa naissance, Torigni-sur-Vire, qu'il cite à deux reprises comme ayant été assiégé par Henri Plantagenêt, duc de Normandie, en 1151 et 1154[4]. Au dire de dom Huynes, ses parents s'appelaient Teduin et Agnès[5]. Il avait un neveu, Durand, prévôt de Torigni, qui figure dans les actes des années 1157 et 1159 sous le nom de *Durant filius Roberti de Thorigneio*, *Durandus nepos Roberti abbatis*, *et Durandus præfectus Torineii*[6].

Robert fut voué dès sa jeunesse à la vie religieuse : il prit l'habit de saint Benoît en 1128, dans l'abbaye du Bec[7], alors l'une des écoles les plus renommées de la France et de l'Angleterre. Le jeune religieux ne tarda pas à s'y faire remarquer par ses goûts studieux et son amour des livres. En 1139, un des plus illustres historiographes anglais, Henri, archidiacre de Huntingdon, se rendant à Rome avec Thibaud, archevêque de Cantor-

[1] El tens Robert de Torignié
Fut cil romanz fait e trové.

Le Roman du Mont-Saint-Michel, vers 18 et 19; dans les *Mémoires de la Société des Antiquaires de Normandie*, XX, 510.

[2] I, 284.

[3] II, 227.

[4] I, 254 et 286.

[5] Bibl. nat. ms. français 18947, fol. 54 v° et 65. Edition de M. Eug. de Beaurepaire, I, 174.

[6] II, 250, 252 et 258.

[7] II, 234. — « Robertus abbas » figure, au 715e rang, sur l'ancienne matricule des moines du Bec, parmi les religieux qui firent profession du temps de l'abbé Boson. Mémoires de dom Jouvelin, ms. latin 13950 de la Bibl. nat., fol. 58.

béry, s'arrêta quelques jours dans l'abbaye du Bec, où il eut beaucoup à se louer des communications de Robert de Torigni : il vante son zèle à rechercher et à amasser des livres religieux et profanes : *Robertum de Torinneio, ejusdem loci monachum, virum tam divinorum quam secularium librorum inquisitorem et coacervatorem studiosissimum, ibidem conveni.* C'est à lui qu'il dut la connaissance de l'ouvrage de Geoffroi de Monmouth, dont l'existence était alors à peine soupçonnée même en Angleterre [1].

A cette date, Robert de Torigni commençait déjà ses travaux historiques : il révisait l'ouvrage de Guillaume de Jumièges, y ajoutait çà et là divers chapitres et le complétait par un livre tout entier consacré au règne de Henri I, roi d'Angleterre et duc de Normandie. Il fait allusion à cette entreprise dans la préface de la Chronique [2], et dans une lettre qu'il adressa à Gervais, prieur de Saint-Ceneri, pour l'inviter à écrire la vie de Geoffroi-le-Bel, avec un abrégé de l'histoire des comtes d'Anjou et des comtes du Maine [3].

Dans la lettre que je viens de citer, et qui doit être un peu postérieure à la mort de Geoffroi-le-Bel (7 septembre 1151), Robert s'intitule modestement le dernier des moines du Bec *ultimus monachorum Becci.* Il est cependant très-probable que Robert était dès lors prieur claustral du Bec. Il était incontestablement revêtu de cette dignité en 1154 [4], et il en avait sans doute été investi en 1149, quand le prieur Roger fut appelé à gouverner comme abbé le monastère du Bec [5].

Telle était la réputation de Robert de Torigni qu'en

[1] I. 98.

[2] I, 96. Voyez aussi I, 197.

[3] II, 338.

[4] I, 284.

[5] I, 250.

1154 les moines du Mont-Saint-Michel, pour mettre un terme à l'anarchie qui désolait leur maison depuis plusieurs années, le choisirent à l'unanimité pour leur abbé. L'élection, faite le 27 mai, fut approuvée d'abord par Hugues, archevêque de Rouen, et par l'impératrice Mathilde, puis, le 24 juin, par le duc de Normandie, Henri Plantagenêt. Le 22 juillet, dans l'église de Saint-Philbert-sur-Risle, le nouvel abbé reçut la bénédiction épiscopale de Herbert, évêque d'Avranches, et de Girard, évêque de Séez, en présence des abbés du Bec, de Préaux et de Saint-Sauveur-le-Vicomte [1].

L'attente des moines du Mont-Saint-Michel ne fut pas trompée. Robert de Torigni mit tout en œuvre pour assurer à leur maison une prospérité matérielle et morale telle qu'elle ne l'avait pas encore connue, telle aussi, selon toute apparence, qu'elle ne devait plus la revoir. Robert a pris soin de raconter lui-même en détail les cinq premières années de son administration. Dans ce récit, qui est mis aujourd'hui en lumière pour la première fois [2], on verra au prix de quelles démarches l'ordre fut rétabli dans les affaires du Mont-Saint-Michel. Il serait superflu d'en faire ici l'analyse, comme aussi de citer tous les actes auxquels l'abbé Robert prit part. Ce serait refaire l'histoire du Mont-Saint-Michel pendant un demi-siècle. J'ai d'ailleurs publié textuellement la plupart des documents où figure le nom de Robert. Il suffira de rappeler quelques faits, d'après lesquels on pourra se rendre un compte exact de l'activité de Robert [3], de la considé-

[1] I, 284. L'histoire des troubles auxquels l'élection de Robert de Torigni mit un terme est exposée avec détails dans la Rubrique abrégée des abbés du Mont-Saint-Michel.

[2] II, 237-260.

[3] Il a dû exister sur l'administration de Robert de Torigni un témoignage qui ne nous est point parvenu, mais dont la trace s'est

ration dont il jouissait, et de la place qu'il occupait dans le monde religieux et politique de son temps.

En 1156, il visite les propriétés de l'abbaye dans les îles de Jersey et de Guernesey[1]. La même année, au mois de juin, il reçoit au Mont-Saint-Michel la visite de Hugues d'Amiens, archevêque de Rouen, qui voulait à la fois satisfaire sa dévotion et s'entretenir avec un abbé dont il connaissait de longue date tous les mérites. La présence de l'archevêque fut signalée par une grande fête, à laquelle s'associa l'évêque d'Avranches : le vendredi 15 juin, fut solennellement consacré l'autel du crucifix; et le lendemain, l'autel de Notre-Dame, qui venait d'être reconstruit dans la crypte du nord. Sous cet autel, l'abbé Robert enferma des reliques qu'il avait trouvées à l'ancien autel, dans une boîte de plomb[2].

L'année suivante (1157), Robert de Torigni passa en Angleterre, où il régla plusieurs questions importantes pour les intérêts du Mont-Saint-Michel[3]. Dans ce voyage, il eut à se plaindre des officiers royaux de Southampton, qui lui réclamèrent pour ses chevaux un droit de

perpétuée dans les compositions modernes. Je cite la relation la plus ancienne à laquelle j'aie pu remonter; nous la devons à la plume du célèbre évêque d'Avranches, Robert Cenau, qui s'exprime ainsi en parlant de Robert de Torigni : « Hujus autem præclara facinora hæc sunt : Cœnobium in primis ad sexagenarium monachorum numerum auxit, cum prius quadraginta tantum essent albo inscripti; infirmariam cubiculis dilatavit; conditorium divi Ausberti nitidiori formæ restituit; bibliothecam, multis impensis instauratam, sexies viginti voluminibus instruxit; tectum scandulis, fenestras, vitreis repagulis et templi et refectorii muniendas curavit; loca plurima pavimentis stravit; dirutas turres et cisternas, sacras ædiculas, cubicula numero septem, mira dexteritate contexuit. » *Hierarchia Neustriæ*, livre IV; ms. latin 5201 de la Bibl. nat., fol. 145 v° et 146.

[1] II, 243, 244.

[2] I, 299.

[3] II, 239, 245, 246.

pontage. A peine débarqué en Normandie, il alla se plaindre au roi de l'atteinte qui venait d'être portée aux franchises de son abbaye. Henri II tenait alors sa cour à Mortain; il accueillit la réclamation, confirma les immunités du Mont-Saint-Michel et ordonna de restituer les droits indûment perçus dans le port de Southampton[1]. — La même année, Robert fait célébrer la dédicace de l'église de Genest, dont il assure la dotation[2].

A la Saint-Michel 1158, Henri II était venu à Avranches, pour recevoir de Conan IV, duc de Bretagne, la ville de Nantes et le comté de la Mée. Robert de Torigni le supplia d'honorer le Mont-Saint-Michel de sa visite. Le roi se rendit aux instances d'un homme dont il estimait le caractère, et à l'amitié duquel il attachait un prix particulier. Il entendit la messe au grand autel de l'église, et prit un repas, lui et ses compagnons, dans le réfectoire des religieux. Puis, étant passé dans le nouvel appartement de l'abbé, il mit sous la dépendance du monastère du Mont-Saint-Michel les églises du château de Pontorson, dont, à ce moment même, il ordonnait la reconstruction[3]. L'évêque d'Avranches vit cette concession d'un mauvais œil; il voulut même empêcher l'abbé Robert d'en jouir; mais l'intervention de l'archevêque de Rouen leva tous les obstacles[4], et les droits de l'abbaye sur les églises de Pontorson furent solennellement définis à Rouen en 1160, en présence du roi, de l'archevêque de Rouen, des évêques de Bayeux, d'Evreux, d'Avranches et de Durham, du chancelier Thomas Bec-

[1] II, 246 et 247.

[2] II, 252. C'est par erreur que la dédicace de l'église de Genest a été rapportée à l'année 1177 par les auteurs du *Gallia christiana*, XI, 520.

[3] I, 312, 313.

[4] II, 265, 266.

ket, du connétable Richard du Hommet et de Guillaume fils de Hamon[1].

En 1158, moins de deux mois après son premier pèlerinage au Mont-Saint-Michel, Henri II y revenait, le dimanche 23 novembre. A ce second voyage, il avait pour compagnon Louis VII, roi de France, avec qui, le 31 août précédent, il avait conclu un traité de paix. Robert de Torigni déploya beaucoup de pompe pour recevoir d'aussi grands personnages. Dans la procession qui alla à leur rencontre, on remarquait un archevêque, un évêque et cinq abbés[2]. Les dépenses qu'occasionnaient de pareilles fêtes ne tarissaient pas les ressources de l'abbaye. Ce fut l'année même des pélerinages royaux que Robert de Torigni put faire remettre à neuf la châsse de saint Aubert[3].

En 1161, Henri II donna à l'abbé Robert un éclatant témoignage d'estime et d'amitié. Il le choisit pour tenir sur les fonts la fille dont la reine Aliénor venait d'accoucher à Domfront et qui porta le même nom que sa mère[4]. Robert fut vivement touché de cet honneur, et vingt ans plus tard, en enregistrant dans sa Chronique le mariage de la jeune Aliénor avec Alphonse de Castille, il eut grand soin de rappeler les liens spirituels qui le rattachaient à la princesse : *Karissimam dominam meam et filiolam in baptismate*[5].

L'année suivante, Robert de Torigni reçut une nouvelle marque de la confiance de son souverain. Le château de Pontorson, reconstruit en 1158, avait été remis à la garde d'Aquilin des Fours, qui abusait de son pouvoir

[1] II, 266, 267.
[2] I, 314 ; II, 167, 227.
[3] I, 315 ; II, 227.
[4] I, 334.
[5] II, 116.

pour opprimer, par ses exactions, une partie des habitants de l'Avranchin. Afin de mettre un terme aux abus, le roi confia ce château à l'abbé Robert [1], dont la droiture était bien connue des populations de la Basse-Normandie, et qui avait déjà le patronage de l'église.

Le pape Alexandre III n'était pas moins favorablement disposé que le roi d'Angleterre pour l'abbé du Mont-Saint-Michel. Il le vit en 1163 au concile de Tours, circonstance que Robert a soigneusement relevée dans sa Chronique, et aussi dans le fragment d'Annales dont il est l'auteur [2].

S'il fallait en croire plusieurs écrivains modernes [3], l'abbé Robert, à l'issue du concile de Tours, serait allé à Rome et en aurait rapporté des bulles portant confirmation des biens de l'abbaye, et autorisation de racheter les biens précédemment aliénés. Mais ce prétendu voyage aurait été sans objet, puisque le pape Alexandre III resta en France longtemps après le concile de Tours et ne rentra à Rome que le 23 novembre 1165. Les auteurs qui en parlent ont été induits en erreur par une lettre d'Alexandre IV, du 30 septembre 1259 [4], qu'ils ont indû-

[1] I, 335. La Rubrique abrégée des abbés du Mont-Saint-Michel, qui est si sobre de détails sur Robert de Torigni, porte cependant qu'il eut la garde de Pontorson : « Fuit custos castelli de Ponte Ursonis. »

[2] II, 109 et 228.

[3] *Gallia christiana*, XI, 520. Bethmann, dans Pertz, *Scriptores*, VI, 282, note 24.

[4] Voici, d'après une copie du XVIIIe siècle (Bibl. nat., ms. français 18949, p. 358), la copie de cette lettre, qui ne peut être émanée d'Alexandre III, d'abord parce que le 30 septembre de la cinquième année de son pontificat (30 septembre 1163) Alexandre III était non pas à Anagni, mais à Sens (Jaffé, *Regesta*, p. 695), ensuite parce que les lettres d'Alexandre III sont simplement datées du jour et du mois sans aucune indication d'année :

« Alexander, episcopus, servus servorum Dei, dilectis filiis abbati

ment attribuée à Alexandre III et rapportée au 30 septembre 1163. C'est donc sans aucun fondement qu'on a supposé que l'abbé Robert avait fait le voyage de Rome vers l'année 1163. Rien n'indique qu'il ait jamais vu l'Italie, malgré les rapports fréquents que l'abbaye du Mont-Saint-Michel entretenait avec ce pays.

En 1165, Robert enchâssa un os de saint Laurent dans un magnifique reliquaire d'or et d'argent, qui avait la forme d'un bras. Il avait précédemment renfermé dans une coupe, dorée à l'intérieur et à l'extérieur, le chef d'un compagnon de saint Maurice, que l'abbé Suppon avait rapporté de l'église de Fruttuaria [1].

En 1166, le Mont-Saint-Michel reçut de nouveau la visite du roi Henri II, qui venait de Rennes, où il avait pris possession du duché de Bretagne [2]. Robert de Torigni ne resta pas étranger aux négociations qui assurèrent pour un temps la domination des Plantagenêts dans cette province : au mois de mai 1169, il dirigea, avec les évêques de Rennes et de Saint-Malo, les fêtes qu'on célébra à Rennes pour recevoir le nouveau duc, Geoffroi fils de Henri II [3].

Deux actes importants pour Robert de Torigni signalè-

et fratribus Sancti Michaelis de periculo maris, salutem et apostolicam et benedictionem. In iis que juste et rationabiliter a sede apostolica postulantur, benignum nos convenit animum gerere, et piis petentium desideriis effectum congruum indulgere. Inde est quod nos petitionem vestram, dilecti in Domino filii, justam et rationabilem attendentes, devotioni vestre auctoritate pontificali indulgemus ut liceat vobis decimas ad vestras ecclesias pertinentes, cum assensu diocesanorum episcoporum, vel si episcopi a vobis exinde requisiti in hoc consentire noluerint, per vos, de manibus laicorum redimere et redemptas libere possidere. Datum Anagnie, II kalendas Octobris, pontificatus nostri anno V. »

[1] I, 358.

[2] I, 361.

[3] II, 13 et 228.

rent l'année 1172. Il bailla au roi un dénombrement détaillé des vassaux de son abbaye [1], et il reçut au Mont-Saint-Michel plusieurs personnes de haute distinction qui étaient venues à Avranches pour traiter de diverses affaires ecclésiastiques, et pour préparer la réconciliation de Henri II avec l'église [2]. Dans le nombre se trouvait Etienne, abbé de Cluni, et Benoît, abbé de Saint-Michel de Cluse. En souvenir de cette visite, une association fut conclue entre les abbayes de Cluni, de Cluse et du Mont-Saint-Michel [3]. Les conditions en sont énoncées dans une lettre de Robert de Torigni, dont Baluze nous a conservé une copie d'après l'original des archives de Cluni [4].

En 1175, l'abbé Robert retourna en Angleterre et en rapporta une charte royale qui confirmait toutes les donations faites à l'abbaye du Mont-Saint-Michel, et même les donations qui lui seraient faites dans la suite des temps [5].

Le 11 novembre 1177, Robert assista au vote qui fit monter sur le siége épiscopal de Dol Rolland, précédemment doyen d'Avranches [6]. Peu après, ce prélat vint en l'aide à l'abbé Robert pour réformer l'institution des chanoines chargés du service paroissial au Mont-Saint-Michel [7].

En 1182, Robert dota la maison des pauvres de Genest [8], comme il l'avait fait précédemment pour l'église de ce village.

[1] II, 296.

[2] II, 33.

[3] II, 33 et 34.

[4] II, 294.

[5] II, 58.

[6] II, 72.

[7] II, 312 et 313.

[8] II, 324.

Vers la même date se place une charte peu importante en elle-même, mais qui mérite quelque attention, parce-que c'est le seul acte au bas duquel j'aie rencontré le sceau de Robert de Torigni. Dans cette charte, conservée aux archives de la Manche, il est question d'un échange de vignes conclu avec Richard du Bois [1]. Sur le sceau rond qui y est appendu, et dont il ne subsiste plus guère que la moitié [2], on distingue, d'un côté, un abbé tenant un livre, avec la légende : — HOC EST SIGILLVM A..... [3]; de de l'autre côté, saint Michel terrassant le dragon, avec cette légende..... [MICHAEL]IS DE PERICVLO MARIS.

Arrivons à l'année 1186, pour laquelle nous n'avons pas moins de trois actes de l'abbé Robert [4]. Mais, à partir de cette date, son nom disparaît des documents. Il est remplacé par celui de l'abbé Martin dans une notice de la fin de l'année 1187 [5]. Nous avons donc d'excellentes raisons pour accepter le témoignage d'un con-

[1] II, 321.

[2] Je dois une empreinte de ce sceau à l'obligeance de M. Dubosc, archiviste du département de la Manche.

[3] Si, comme je le pense, la lettre qui suit le mot *Sigillum* est bien un *a*, il faut ainsi rétablir la légende : HOC EST SIGILLVM ABBATIS SANCTI MICHAELIS. M. Léchaudé d'Anisy, qui a dessiné ce sceau il y a une quarantaine d'années (ms. latin 10072, fol. 41), a cru pouvoir lire autour de l'image de l'abbé : HOC EST SIGILLVM RO.... Quoique le sceau fût peut-être moins fruste quand il a été examiné par M. Léchaudé, il me semble douteux qu'il ait jamais porté le nom ROBERTI.

On est amené à la même conclusion, en examinant un autre exemplaire du même sceau, aussi mutilé que celui de Saint-Lô, et dont mon confrère M. Demay a bien voulu me donner une empreinte. Ce second sceau est conservé à Tours; il a sans doute été détaché d'une charte de l'abbaye de Marmoutier, dont le texte est imprimé plus loin, p. 326.

[4] II, 334, 335, 337.

[5] II, 337.

temporain, suivant lequel Robert mourut en 1186, après avoir gouverné son abbaye pendant trente-deux ans[1]. Les moines du Bec célébraient le 23 juin l'anniversaire de *Robertus abbas Sancti Michaelis de Monte*[2], et nous lisons dans un obituaire du Mont-Saint-Michel, au 24 juin, la note *Robertus de Torigneio, abbas hujus loci*[3]. C'est donc au 23 ou au 24 juin 1186 que nous devons fixer la mort de Robert de Torigni.

On vient de voir comment l'abbé Robert s'est trouvé en rapport avec les principaux membres de la société civile et religieuse de l'Angleterre, de la Normandie et de la Bretagne. La respectueuse affection qu'il avait vouée au roi Henri II peut seule expliquer l'extrême réserve avec laquelle il a parlé de la mort de l'archevêque de Cantorbéry[4]. Autrement, le silence à peu près absolu qu'il a gardé sur les démêlés du prince et du prélat serait d'autant plus étonnant qu'il avait particulièrement connu Thomas Becket. Ce fut, en effet, sur la recommandation de celui-ci qu'il concéda une église à Gervais de Chichesters, qui était à la fois clerc du roi et du chancelier[5].

Parmi les amis de Robert de Torigni, il faut citer Geoffroi de Montfort, dont les possessions s'étendaient en Bretagne et en Normandie[6], Etienne de Fougères, évêque de Rennes, qui lui dédia une pièce de vers sur la vieillesse[7], et un certain Raoul Néel, qu'il appelle son

[1] II, 229. La date de 1186 est aussi assignée à la mort de Robert de Torigni dans la Rubrique abrégée des abbés du Mont-Saint-Michel.

[2] Obituaire du Bec, dans les Mémoires de dom Jouvelin, ms. latin 13905 de la Bibl. nat., fol. 74-78.

[3] *Recueil des historiens*, XXIII, 579.

[4] II, 25.

[5] II, 267, 268.

[6] « Carissimus meus Gaufredus de Monte Forti. » II, 97. Voyez encore tome II, page 6.

[7] II, 74.

« très-cher ami, » et qui fut nommé cardinal le 15 février 1184[1].

Les relations de Robert de Torigni avec tant d'hommes distingués favorisèrent singulièrement ses goûts pour la littérature et surtout pour l'histoire. Beaucoup des ouvrages qu'il avait composés nous sont parvenus. Je vais les passer rapidement en revue.

OUVRAGES DE ROBERT DE TORIGNI.

I. *Additions à l'Histoire des ducs de Normandie par Guillaume de Jumiéges.* — Il suffit de citer cette œuvre, à laquelle j'ai déjà fait allusion[2] : mon excellent ami M. Jules Lair ne tardera pas à mettre pleinement en lumière la part qui revient à Robert de Torigni dans l'arrangement définitif du texte de Guillaume de Jumiéges.

II. *Chronique générale s'arrêtant à l'année* 1186 *et destinée à servir de complément à la Chronique de Sigebert.* — J'ai montré, dans la préface du premier volume, que Robert n'a jamais cessé de travailler à cette chronique depuis 1150 jusqu'au moment de sa mort. Il en publia une première édition en 1156 et 1157, une deuxième en 1169, une troisième et dernière en 1182, 1184 et 1186. J'ai indiqué les différences de ces trois éditions, et décrit minutieusement les exemplaires qui nous en sont parvenus, et dont le plus précieux, le plus digne de confiance, est incontestablement celui qui de l'abbaye du Mont-Saint-Michel est passé dans la bibliothèque d'Avranches.

[1] « Magistrum Radulfum Nigellum, karissimum amicum nostrum, magnæ honestatis et litteraturæ et religionis virum. » II, 128 et 129.

[2] Page III.

La chronique de Robert de Torigni, à raison de son importance capitale pour l'histoire du règne de Henri II, mériterait d'être l'objet d'un examen approfondi. Si je ne l'entreprends pas ici, c'est que, dans la préface du premier volume et dans les nombreuses notes ajoutées au bas de chaque page du texte, je crois avoir donné au lecteur le moyen de reconnaître les emprunts faits à des ouvrages antérieurs, de résoudre les principales difficultés de chronologie, de généalogie et de géographie, d'expliquer les passages embarrassants, de rectifier les inexactitudes qui ont pu échapper à Robert de Torigni, et enfin de comparer son témoignage à celui des autres historiens du XIe et du XIIe siècle.

Le succès de cet ouvrage est attesté par le nombre des copies qui nous en sont parvenues, et par celui des emprunts que lui ont faits divers écrivains du moyen-âge, tels que, pour commencer pour l'Angleterre, Raoul de Dicet[1], Roger de Wendover[2], Mathieu Paris[3], Nicolas Trivet[4], l'annaliste de Waverley[5], l'annaliste d'Osney et peut-être l'auteur de la chronique connue sous le nom de Thomas Wikes[6], peut-être aussi Jean Pike[7], auteur de la compilation contenue dans le ms. Cottonien *Julius D. VI.*

La Chronique de Robert de Torigni n'a guère été moins célèbre en France : elle est citée au XVe siècle dans deux catalogues d'historiens importants, l'un copié à la fin d'un Tite-Live de Jean le Bègue[8], l'autre inséré dans

[1] Voyez l'édition de Twysden, col. 510.

[2] Voyez l'édition de Coxe, II, 287.

[3] Voyez l'édition de Madden, I, 308.

[4] Voyez plus haut, I, XLIII, ligne 1.

[5] Voyez *Annales monastici*, éd. Luard, II, XXXII.

[6] Voyez *Annales monastici*, éd. Luard, IV, XVI et XVII.

[7] Voyez plus haut, I, XXIII.

[8] « Extractum a fine prime decadis Titi Luvii ab urbe condita, existentis penes J. le Begue, cooperta de rubeo. De viris illustribus quo

un manuscrit de Saint-Victor de Paris[1]. Dans plusieurs monastères normands, à Fécamp, à Lire, à Savigny, au Valasse, on l'adopta comme l'ouvrage le plus propre à recevoir, par voie d'interpolation, la mention des événements qui intéressaient particulièrement chacune de ces maisons. J'ai consacré un appendice[2] au texte des interpolations que j'ai pu recueillir, et j'y ai compris les additions qu'un moine du Bec fit, vers l'année 1160, à la première édition de la Chronique de Robert. J'ai essayé de bien déterminer le caractère de ces différents morceaux dans l'avertissement qui occupe les pages 137-146 du présent volume.

III. *Traité sur les ordres monastiques et les abbayes normandes.* — Cet opuscule, auquel il faut toujours recourir quand on veut étudier l'origine de nos monastères et la succession des abbés qui les ont gouvernés au XIe et au XIIe siècle, a été composé en 1154. On trouvera plus loin (p. 181-184) des détails sur les manuscrits qui m'ont servi à en donner un texte exact (p. 184-206).

IV. *Catalogues des archevêques, des évêques et des abbés de diverses églises de France et d'Angleterre.* — Au commencement et à la fin de la copie de Henri de Huntingdon que Robert avait fait exécuter pour l'abbaye du Mont-Saint-Michel[3], il ajouta ou fit ajouter 33 catalogues d'archevêques, d'évêques et d'abbés, dont 25 subsistent et mériteraient bien d'être publiés. Ils sont, en effet, restés

tempore scripserunt ita reperitur.... Robertus, abbas Sancti Michaelis de Monte in Normannia, cronicam suam digessit usque ad annum incarnati Verbi MCXLVI. » Bibl. nat. ms. latin 3343, fol. 105 et 106.

[1] « Robertus, abbas Sancti Michaelis de Monte in Normannia, cronica sua digessit usque ad annum incarnati Verbi MCLXXXVII. » Bibl. nat. ms. latin 14663, fol. 250 v°. — Voyez plus haut, t. I, p. XXX.

[2] II, 146-180.

[3] C'est aujourd'hui le ms. latin 6042 de la Bibl. nat.

inédits, quoique les Bénédictins, dans le *Gallia christiana*, en aient fait un fréquent usage, en les indiquant sous le titre de Catalogues tirés d'un manuscrit de Jacques-Auguste de Thou.

V. *Chronique des abbés du Bec.* — Je ne saurais dire jusqu'à quel point est fondée l'attribution qu'on a faite à Robert de Torigni d'une Chronique des abbés du Bec[1]; mais il est certain que la compilation, encore mal définie, que dom Luc d'Achery a publiée sous le titre de *Chronicon Beccense*, renferme beaucoup d'articles qui sont l'œuvre de Robert, et qu'on retrouve textuellement dans la grande Chronique. J'ai eu l'occasion d'en signaler en note les principaux.

VI. *Annales du Mont-Saint-Michel.* — Le manuscrit 211 de la bibliothèque d'Avranches contient de courtes Annales, dont une portion, celle qui correspond aux années 1135-1173, est incontestablement l'œuvre de Robert de Torigni. J'ai donné la partie originale de ces Annales[2], avec une notice du manuscrit qui nous en a conservé le texte. A ce morceau j'ai ajouté[3] deux autres Annales, également composées au Mont-Saint-Michel, et qui, sur plus d'un point, complètent les indications fournies, soit par la Chronique de Robert, soit par les Annales dont il a rédigé la partie la plus curieuse.

VII. *Rubrique abrégée des abbés du Mont-Saint-Michel.* — Sous ce titre : « De abbatibus hujus loci rubrica abbreviata, » on trouve dans le manuscrit 213 d'Avranches (fol. 178 et suiv.), une Chronique des abbés du Mont-

[1] « Chronicon abbatum monasterii Beccensis, auctore Roberto de Thorigneio. Manuscriptum. » Duchesne, *Bibliothèque des Autheurs qui ont escrit l'histoire et topographie de la France*, 2e édition (1627, in-8), p. 187. — Voyez le père Le Long, éd. Fontette, I, 731, n° 11692.

[2] II, 214-230.

[3] II, 230-236.

Saint-Michel[1], qui, entre autres mérites, a celui de fournir des renseignements précis sur les travaux qui signalèrent l'administration d'un grand nombre d'abbés. Cette Chronique, qui descend jusqu'au xve siècle, est l'œuvre de plusieurs rédacteurs. Comme un des changements de main les plus reconnaissables correspond exactement à la date de l'arrivée de Robert de Torigni au Mont-Saint-Michel, il est permis de conjecturer que Robert n'est pas resté étranger à la composition des premières pages de la Rubrique abrégée.

VIII. *Cartulaire du Mont-Saint-Michel.* — Au nombre des mesures que prit Robert pour mettre en meilleur ordre les affaires de son abbaye, nous devons placer en première ligne la composition d'un cartulaire, magnifique manuscrit, que la Bibliothèque d'Avranches s'honore de posséder, et qui est à la fois un chef-d'œuvre de calligraphie et un document diplomatique d'une haute importance. Je me suis borné à en extraire plusieurs actes dans lesquels Robert figure personnellement, et un récit détaillé des cinq premières années de son administration[2].

IX. *Préfaces de divers ouvrages.* — Robert de Torigni a pris soin d'expliquer la part d'initiative et de travail qu'il a prise à la composition ou à la transcription de plusieurs ouvrages. De là les lettres ou préfaces dont suit l'indication :

1° *Prologue d'une collection d'extraits de saint Augustin, faussement attribuée à Bède.* — Robert a fait de cette collection un abrégé qui remplit le manuscrit 80 d'Avranches. En tête, il explique les raisons qui le portent à attribuer

[1] Une édition de cet opuscule a été insérée par le P. Labbe, dans *Nova bibliotheca librorum manuscriptorum*, I, 350.

[2] II, 237-260.

cette compilation, non pas au vénérable Bède, mais à Pierre, abbé de Tripoli, que cite Cassiodore [1].

2° *Prologue d'une copie de l'Histoire naturelle de Pline.* — Robert enrichit la bibliothèque du Mont-Saint-Michel d'un exemplaire de l'Histoire naturelle de Pline, ouvrage qui, avant lui, était inconnu en Normandie, et dont il essaya de corriger le texte. Cet exemplaire subsistait encore au XVIIe siècle. Il a disparu au moment de la Révolution : perte doublement regrettable, puisqu'elle nous a privés d'un curieux manuscrit de l'Histoire naturelle et d'une préface de l'abbé Robert, dont les premiers mots seuls nous ont été conservés par dom Luc d'Achery [2].

3° *Lettre sur un opuscule historique de Gervais, prieur de Saint-Céneri.* — Le manuscrit 128 du Mont-Saint-Michel, dont je n'ai pu découvrir la trace, s'ouvrait par une lettre de Robert, que j'ai reproduite [3] d'après l'édition de Luc d'Achery. Elle renferme le plan d'un ouvrage que Gervais, prieur de Saint-Céneri, devait écrire sur l'histoire de Geoffroi-le-Bel et sur la succession des comtes d'Anjou et des comtes du Maine. On ignore si Gervais a jamais rempli le programme que Robert de Torigni lui avait tracé.

4° *Lettre sur un exemplaire de la seconde partie de la Chronique de Robert de Torigni lui-même.* — J'ai expliqué plus haut [4] les circonstances qui, vers l'année 1183, décidèrent Robert à envoyer à l'abbaye du Bec la portion de sa Chronique répondant aux années 1154-1182. La lettre d'envoi, faisant partie d'un manuscrit du Musée britannique, est insérée dans le présent volume [5].

X. *Catalogues des bibliothèques du Bec et du Mont-Saint-*

[1] II, 342.
[2] On les trouvera reproduits plus loin, II, 343.
[3] II, 338.
[4] I, XLIII.
[5] Pages 340-342.

Michel. — Je réserve pour un mémoire spécial l'examen des livres que Robert de Torigni transcrivit ou fit transcrire. A cet ordre de travaux appartiennent le catalogue de la bibliothèque du Bec, que Robert a inséré en tête du principal exemplaire de sa Chronique[1], et probablement aussi un catalogue de la bibliothèque du Mont-Saint-Michel, que dom Julien Bellaise signalait, en 1687, dans un manuscrit de l'abbaye de Savigny et qui paraît ne plus subsister.

XI. *Recueils de documents.* — Robert de Torigni devait conserver par devers lui la copie de beaucoup de documents que ses rapports avec tant de personnages politiques et ecclésiastiques faisaient arriver à sa connaissance. Avec son goût pour l'histoire, son amour de l'exactitude et son esprit d'ordre, dont il a donné tant de preuves, il ne pouvait manquer d'en prendre copie, afin d'y recourir quand il voulait donner plus de précision à ses souvenirs. Telle est l'origine qu'on doit, ce me semble, attribuer à différentes pièces historiques, qui, du temps de Robert, ont été ajoutées au commencement ou à la fin de plusieurs manuscrits du Mont-Saint-Michel. J'en parlerai avec quelques détails quand je raconterai l'histoire de la bibliothèque du Mont-Saint-Michel. Qu'il suffise de signaler ici le passage de la Chronique, où Robert, parlant de la charte relative au douaire de la reine de Sicile[2], prévient qu'il y avait une copie figurée de cette charte dans la bibliothèque de son abbaye, en tête d'un exemplaire du Traité d'Origène sur les Nombres.

[1] Voyez plus haut, I, XLIX. — Le texte de ce catalogue a été publié par M. Ravaisson, dans ses *Rapports sur les bibliothèques de l'Ouest*, p. 375-395.

[2] II, 77.

ROBERTI CRONICORUM

PARS ULTIMA.

1168.

ROMANORUM FREDERICUS 16. FRANCORUM LUDOVICUS 31. ANGLORUM HENRICUS 14.

Ad Natale[1] fuit rex Henricus Argentomagi, et tenuit ibi magnam curiam in nova aula sua.

Mathildis, filia regis Henrici, cum infinita pecunia et apparatu maximo ducta est in Alemanniam ad sponsum suum Henricum, ducem Sausoniæ[2] et Bajoariæ; quo-

[1] 25 décembre 1167.

[2] *Saxonie* F et Va. — Henri le Lion, duc de Saxe et de Bavière, fils de Henri, duc de Saxe et de Bavière, et de Gertrude, laquelle était fille de l'empereur Lothaire. Le départ de Mathilde pour l'Allemagne eut sans doute lieu à la fin de l'année 1167 : en effet, on lit sur le rôle de l'échiquier de la treizième année de Henri II (1166-1167) : « In liberatione trium navium de Shorham que abierunt in Saxoniam « cum filia regis; » Madox, *The history of the exchequer*, p. 251, note b. Beaucoup de passages du rôle de l'année suivante sont rela-

rum ducatuum unum habebat ex patre suo, alterum ex matre. Pater ipsius fuit Henricus dux, qui fuit natus ex filia Lotharii imperatoris, qui ante Corradum imperaverat. Hic Henricus, scilicet junior, qui filiam regis Anglorum duxit, super Paganos, scilicet Sclavos et Vindelicos, tantum adquisivit, quod fecit ibi tres episcopatus[1].

Obiit[2] Terricus, comes Flandrensis, cui successit Philippus filius ejus, qui jam diu comitatum illum rexerat, cum pater illius iter Jerusalem frequentabat.

Stephanus[3] de Filgeriis, capellanus regis Henrici, factus est episcopus Redonensis[4].

tifs à un aide qui fut levé en Angleterre à l'occasion du mariage de Mathilde avec le duc de Saxe : « Auxilium filie regis, auxilium Matilde filie regis, auxilium ad maritandam filiam regis; » Madox, ibid. p. 398 et suiv.

[1] Deux de ces évêchés avaient leurs siéges à Ratzebourg et à Mecklembourg. — Après le mot *episcopatus*, on a gratté dans M la valeur d'un peu plus d'une demi-ligne, et à la place du passage gratté on a écrit le mot *Obiit*.

[2] Thierri d'Alsace, comte de Flandre, mourut le jeudi 4 janvier 1168; Lambert de Waterloo, dans *Recueil des historiens*, XIII, 426.

[3] *Sthephanus* M. — Les trois articles suivants sont omis dans F, Va et Vi.

[4] Etienne de Fougères a écrit lui-même une notice de ce qu'il avait fait pour sa cathédrale. En voici les premiers mots, d'après un ms. du XIIe siècle, provenu de Saint-Melaine de Rennes et conservé à la bibliothèque de Rennes sous le n° 1030 : « Digna memoriæ gesta priorum inops scriptorum delet oblivio, unde rebus ecclesiasticis et « dignitatibus maximum provenit detrimentum. Eapropter ego Stephanus de Filgeriis, Redonensis ecclesiæ talis qualis episcopus et « regis Angliæ capellanus, quæ ad utilitatem ecclesiæ nostræ et honorem rationabiliter adquisivi memoriæ traducere proposui, non « inanis gloriæ titulo ductus, sed in hoc aliquantulum meæ sperans « animæ subsidium, ut quicunque legerit ista devoto corde et benigna

Fiscannense monasterium combustum est [1].

Mense Februario accidit quoddam mirabile in Cenomannensi pago, castro Freernai [2], quod castrum est Roscelini vicecomitis Cenomannensis [3], qui habet in conjugio Mathildem, filiam notham primi Henrici regis Anglorum, materteram secundi Henrici regis Anglorum, ex qua genuit Ricardum, qui ei successit, et Guillermum, cui secundus Henricus rex Anglorum dedit in Brittannia filiam Rollandi de Reus [4] cum terra ipsius. In hac itaque munitione fluvius Sartæ, qui præterfluit, fere per horam et dimidiam siccatus est, ita ut calciati siccis vestigiis possent transire, cum antea vix equi absque natatu possent transvadare. Hoc etiam accidit Londoniæ de Tamensi flumine, tempore primi Henrici regis Anglorum [5].

« voce non negligat dicere : Anima Stephani de Filgeriis, Redonensis « episcopi, requiescat in pace. »

[1] Les mots *Fiscannense m. c. est* ont été récrits dans M à la place de quelques mots grattés.

[2] Fresnay-sur-Sarthe ou le Vicomte, Sarthe, arr. de Mamers.

[3] Roscelin, vicomte du Mans, épousa Constance, fille naturelle de Henri I; Orderic Vital (V, 45) parle de ce mariage. Une donation fut faite à l'abbaye de Cluny par « Roscelinus, vicecomes Cenomannis et « Sancte Susanne, » avec l'approbation de « Constancia vicecomitissa; » Bibl. nat. Collection Moreau, 71, folio 81. Richard, vicomte de Sainte-Susanne, est témoin à une charte de l'année 1177; Bibl. nat. Collection Housseau, V, n. 1930.

[4] Ce Rolland de Rieux n'est pas compris dans la généalogie de la maison de Rieux, insérée dans l'*Histoire généalogique* du P. Anselme, V, 763.

[5] Roger de Hoveden (I, 169) rapporte qu'en 1114 la Tamise laissa son lit à sec.

Quarto decimo kalendas Marcii [1] terræ motus factus est, et globus igneus visus est per aera discurrere.

Pictavi et Aquitani ex majori parte, id est comes de Marcha [2], comes Engolismensium [3], Haimericus de Lizennioio [4], Robertus et Hugo frater ejus de Silleio [5], et alii multi, voluerunt rebellare contra regem ; et incendiis et rapinis pauperum incumbentes, circunquaque crassabantur [6]. Quod rex audiens impiger advolat; et eorum insaniæ obsistens, Lizennoium [7] castrum munitissimum cepit, captum munivit, et villas eorum et municipia destruxit. Munitis castellis suis militibus et victui necessariis, relicta ibi regina cum comite Patricio Salesberiensi, avunculo Rotrodi comitis Perticensis [8], in octavis Paschæ [9], inter Paceium et Medantum in Normannia, locuturus cum rege Francorum et injurias suas ab eo expostulaturus, accessit. Siquidem Pictavi ad regem Francorum venerant, et obsides

[1] 16 février 1168.

[2] Aldebert.

[3] Guillanme Taillefer.

[4] Sans doute Aimeri de Luzignan, qui depuis fut roi de Chypre.

[5] Robert et Hugues tiraient sans doute leur surnom de Silly en Poitou (Vienne, arr. de Montmorillon, canton de l'Ile-Jourdain, commune de Mouterre). En 1169, une donation fut faite au monastère de Montazai par « domina Mirabla uxor R. de Siliaco. » Collection de Dom Fonteneau, XVIII, 387, ms. latin 18393 de la Bibl. nat. fol. 104 v°.

[6] *Grassabantur* F et Va.

[7] *Lizen novum* F et Va. — Luzignan, Vienne, arr. de Poitiers.

[8] Rotrou III, comte du Perche, fils de Rotrou II et de Havoise de Salisbury.

[9] En 1168, les octaves de Pâques coïncidèrent avec le 7 avril. — Sur le traité conclu entre les deux rois, voyez la lettre 244 de Jean de Salisbury, éd. de Giles, II, 135.

suos contra regem Anglorum, cujus proprii erant, ei dederant. Unde cum hinc inde grandis altercacio fieret, nec rex Francorum obsides, quos contra justiciam ceperat, reddere vellet, induciæ datæ sunt usque ad octavas sancti Johannis[1].

Circa vero octavas Paschæ, dolo Pictavensium occisus est comes Patricius, et sepultus est apud Sanctum Hylarium. Successit ei filius, natus ex filia Guillermi comitis Pontivi, matre comitissæ de Warenna[2].

Antequam triguæ datæ essent, rex Anglorum submonuerat Eudonem, vicecomitem de Porrohoit[3], qui eatinus umbratico nomine comes vocabatur, et cui tanta bona contulerat, ut ad servicium et adjutorium suum veniret; quod ipse renuit, et quidam alii de Brittannis ei confœderati, scilicet Oliverus filius Oliveri de Dinam, et Rollandus consobrinus ejus[4]. Rex itaque non immerito adversus eos iratus, a capite, scilicet ab Eudone, incipiens, vastavit et combussit ejus terram, destructo imprimis castello Joscelini[5], quod habebat præcipuum. Comitatum etiam de Broerech[6] abstulit ei,

[1] 1er juillet 1168.

[2] Patrice, comte de Salisbury, fut tué en revenant de Saint-Jacques de Gallice, par Gui ou Geoffroi de Lusignan; Roger de Hoveden, I, 273, et Benoit de Petérborough, I, 343. Patrice avait épousé Hèle, fille de Guillaume Talvas, veuve de Guillaume III, comte de Varenne; Odolant Desnos, *Mémoires sur Alençon*, I, 298. Il eut pour successeur son fils Guillaume.

[3] *Porrehoït* F et Va.

[4] Voyez la lettre 246 de Jean de Salisbury, éd. de Giles, II, 142.

[5] *Jocelini* F. — Josselin, Morbihan, arr. de Ploermel.

[6] *Boerech* F et Va. C'était la leçon primitive de M. — Sur le Browerech, ou Vannetais breton, voyez *Annuaire historique et archéologique de Bretagne*, par A. de La Borderie, année 1861, p. 151.

cujus caput est civitas Venetensium, quam rex in manu sua cepit, cujus portum Julius Cæsar mirifice extollendo collaudat in libro quem scripsit de bello Gallico [1]; dimidium etiam Cornubiæ [2] ei abstulit. Obsedit etiam castellum Abrai [3]; captum munivit [4]. Vastata igitur Eudonis terra et ad libitum suum redacta, ad terram Dinannensium appropinquans, castrum Hedde [5] a Gaufredo de Monte Forti [6] sibi redditum munivit, et Tintinniacum [7] evertit. Inde Becherel [8], munitionem Rollandi de Dinam firmissimam, per aliquot dies obsidens, adhibitis machinis cepit et munivit. Lehun [9] vero, castrum in quo Rollandus maxime confidebat, quia erat natura et arte munitissimum, obsedisset, nisi brevitas termini eundi ad colloquium regis Francorum eum urgeret Tradita itaque terra Rollandi rapinis et incendiis citra Ricem [10] flumen, eadem egit in ulterioribus; nam transito amne, per Lehun descendens, et aliqua pessundans [11], monachis Lehunnensibus pepercit. Dinam [12]

[1] Livre VI, chap. XII et suiv.

[2] Sur les limites de la Cornouaille, voyez le travail de M. de La Borderie, cité dans la dernière note de la p. 5.

[3] Auray, Morbihan, arr. de Lorient.

[4] L ajoute *et Tintinniacum*.

[5] Hédé, Ille-et-Vilaine, arr. de Rennes.

[6] Geoffroi de Montfort, dont la mort sera mentionnée par Robert de Torigni un peu plus loin, à l'année 1181.

[7] Tinténiac, Ille-et-Vilaine, arr. de Saint-Malo.

[8] Bécherel, Ille-et-Vilaine, arr. de Montfort.

[9] *Ceum* F. *Cum* Va. — Léhon, Côtes-du-Nord, arr. et canton de Dinan.

[10] *Recem* F, Va et Vi. — La Rance.

[11] *Persundans* M. *Perfundans* F et Vi. La leçon *pessundans* m'a été fournie par L.

[12] Dinan, Côtes-du-Nord.

vero circuiens, quædam destruxit, quædam intacta reliquit. In pago Aletensi [1] eadem gessit.

In octavis sancti Johannis [2], ventum est ad Feritatem Bernardi [3], ubi de pace inter reges tractatum est, et infecto negocio discessum est. Nam Brittones, sicut et Pictavi, obsides regi Francorum dederant, et fide interposita paccionem acceperant, quod rex Francorum sine ipsis regi Anglorum non concordaretur. Unde et ipsi Brittanni, conniventibus [4] quibusdam Cenomanensium, per quorum terram latenter transierunt, colloquio interfuerunt. Munitis autem marchis, ex utraque parte continuata est decertatio usque ad Adventum Domini.

Rex vero Henricus caute agens, cognatum suum Mathæum, comitem Boloniæ, sibi pacificavit, spondens ei se daturum per annum maximam partem pecuniæ, pro calumpnia relaxanda comitatus Moritonii. Habebat enim filiam regis Stephani, qui fuerat comes Moritonii [5]. Cum autem idem Mathæus ad auxilium regis Anglorum, domini et cognati sui, veniret, Johannes, comes Pontivi, non permisit eum transire per terram suam; unde, necessitate cogente, navali subvectione ad regem cum multis militibus expeditis accessit. Quod rex audiens, rogatu ejusdem Mathæi cum bellico appa-

[1] Le pays de Saint-Malo.

[2] 1er juillet 1168.

[3] La Ferté-Bernard, Sarthe, arr. de Mamers.

[4] *Coniventibus* M.

[5] Le mariage de Mathieu de Flandre avec Marie, fille du roi Etienne, remontait à l'année 1160 ; voyez plus haut, t. I, p. 327 et 328.

ratu in terram Johannis perrexit, et Vimacensem pagum[1] Vulcano tradens, XL et eo amplius comburens villas, voluntati[2] suæ satisfecit.

Rex Francorum veniens latenter ad quoddam municipium Normanniæ, cognominatum Chesnebrut[3], illud combussit, et quatuor milites in eo cepit. Quo comperto, rex Anglorum illum insecutus est, multos milites cepit; inter quos etiam senescallus[4] Philippi Flandrensium comitis aduncatus est. Tradidit etiam castellum Hugonis de Novo Castello flammis et incendiis, vocatum Brueroles[5], ut combustum ex re nomen haberet. Hoc etiam fecit Novo Castello[6] per milites suos, ipso tamen absente. Vastata est similiter terra comitis Perticensis ex majori parte, ipso agente. Multa[7] etiam fecit rex Angliæ in hac guerra, quæ non audivimus, vel si audivimus, non occurrunt memoriæ.

Obiit Robertus, comes Leecestriæ, relinquens filium Robertum[8], qui accepit cum uxore sua hereditatem de Grentemesnill.

[1] Le Vimeu.

[2] *Volumplati* F.

[3] Chennebrun, Eure, arr. d'Evreux, canton de Verneuil. Voyez Le Prévost, *Mémoires et Notes*, t. I, p. 507.

[4] *Senescallum* M. — Il s'agit sans doute ici de Roger de Wavrin, qui figure avec le titre de sénéchal au bas de la charte de Thierri, comte de Flandre, relative à la fondation de la paroisse de Reninghelst; *Inventaire des archives de la Chambre des comptes de Flandre à Lille*, p. 38, nº 80. Hellin est qualifié de sénéchal dans un acte du 1er août 1169; ibid. p. 45, nº 97.

[5] Brezolles, Eure-et-Loir, arr. de Dreux.

[6] Châteauneuf-en-Thimerais, Eure-et-Loir, arr. de Dreux.

[7] Ce qui suit, jusqu'au paragraphe *Archiepiscopo quoque* inclusivement, manque dans F, Va et Vi.

[8] A Robert, comte de Leicester, IIe du nom, succéda Robert,

Mortuus est autem in Brittannia Herveus de Lehun, cui successit Guihomar filius ejus [1].

Nichilominus obiit Romæ Guido de Creme antipapa, et successit in scismate quidam pseudoclericus, cognominatus Calixtus [2].

Archiepiscopo quoque Senonensi in fata secedente [3], Willermus, electus Carnotensis, ei successit, concesso tamen ei episcopatu Carnotensi per biennium a papa Alexandro.

Venit ad curiam regis Henrici Anglorum, Saxonum et Baiocorum dux Henricus, gener ejus, et magnis ab eo honoratus muneribus in sua rediit.

Longobardi [4] ædificant civitatem haut longe a Vercellis, vocantes eam Alexandriam, ad honorem Alexandri papæ, sumptis habitatoribus ex singulis civitatibus Longobardiæ.

comte de Leicester, IIIe du nom, lequel épousa Pernelle de Grentemesnil. C'est à lui que Henri, duc de Normandie, avait fait en 1153 une concession qui a été rapportée plus haut, t. I, p. 278.

[1] Hervé de Léon, mort en 1168 selon Robert de Torigni, ou en 1169, selon des mémoires généalogiques conservés au Cabinet des titres, était fils de Guiomar de Léon, fondateur du prieuré de Saint-Melaine à Morlaix. Il eut deux enfants, Haimon, évêque de Saint-Pol, dont le meurtre sera rapporté plus bas, à l'année 1171, et Guiomar de Léon, mort en 1179. Voyez la charte de Saint-Melaine, dont je cite un extrait plus loin, à l'année 1179, dans la note relative à Guiomar de Léon.

[2] A l'antipape Paschal III, mort à Rome le 20 septembre 1168, succéda Calixte III, précédemment appelé « Johannes de Struma ; » il se soumit au pape Alexandre III le 29 août 1178.

[3] Hugues de Toucy. *Gallia christiana*, XII, 50.

[4] Article omis dans F, Va et Vi.

1169.

ROMANORUM FREDERICUS 17. FRANCORUM LUDOVICUS 32. ANGLORUM HENRICUS 15.

Rex Henricus egit Natale Domini [1] apud Argentomagum.

Obiit Bernardus, episcopus Nannetensis [2].

In epiphania [3] Domini concordati sunt rex Francorum et rex Anglorum. Henricus, filius Henrici regis Anglorum, fecit homagium regi Francorum, socero suo, de Andegavensi comitatu [4] et de ducatu Brittanniæ, quem rex concessit eidem genero suo. Nam de Normannia fecerat ei antea homagium, et concessit ei rex Francorum ut esset senescallus Franciæ, quod pertinet ad feudum Andegavense [5]. Richardus filius Henrici regis Anglorum fecit homagium regi Francorum de ducatu Aquitaniæ.

[1] 25 décembre 1168.

[2] Note omise dans F, Va et Vi. — Bernard, évêque de Nantes, mourut le 5 janvier 1169. *Gallia christiana*, XIV, 816.

[3] *Ephiphania* M. — 6 janvier 1169. Sur ce traité, qui fut conclu à Montmirail, voyez Gervais de Cantorbéry, dans Twysden, col. 1404.

[4] F et Va. ajoutent *et de Cenomanensi*.

[5] L'examen des prétentions des comtes d'Anjou à être sénéchaux héréditaires du roi de France m'entrainerait trop loin. Il me suffira de renvoyer au mémoire qui fut composé sous le règne de Henri II pour justifier ces prétentions, et qui est intitulé : « Scriptum Huonis « de Cleeriis de majoratu et senescalcia Franciæ comitibus Andega- « vorum collatis ; » on en trouvera le texte dans les *Chroniques des comtes d'Anjou*, p. 387-394.

Willermus[1] Malet cepit Robertum de Silleio[2].

In purificatione beatæ Mariæ[3] fuit Henricus filius regis Anglorum Parisius, et servivit regi Francorum ad mensam, ut senescallus Franciæ. Hanc senescaltiam, vel, ut antiquitus dicebatur, majoratum domus regiæ, Robertus rex Francorum dedit Gaufrido Grisagonella comiti Andegavorum, propter adjutorium quod ei impendit contra Othonem imperatorem Alemanniæ[4]. Dedit etiam ei quicquid habebat in episcopatu Andegavensi. Postea vero, cum Gaufridus, comes Perticensis, et David, comes Cenomannensis, essent rebelles eidem Roberto regi Francorum, prædictus rex Francorum, Gaufrido Grisagonella ferente sibi auxilium, obsedit municionem Moritoniæ[5] et cepit. Et quia David, comes Cenomannorum, evocatus a rege ad eum venire contempsit, dedit rex Gaufrido Grisagonella homagium illius, et ipsam civitatem, et quicquid habebat in episcopatu Cenomannensi[6].

[1] Article omis dans F, Va et Vi. — Guillaume Malet figure, avec le titre de sénéchal, sur les rôles de l'échiquier d'Angleterre en 1167 et 1168; Madox, *Hist. of the exchequer*, p. 35, note t, et p. 402, note a. On trouve dans *Liber niger scaccarii*, p. 93, l'état des fiefs que Guillaume Malet tenait du roi dans le comté de Somerset.

[2] Voyez plus haut, p. 4, note 5.

[3] 2 février 1169.

[4] Les auteurs des Gestes des comtes d'Anjou et de l'écrit sur la sénéchaussée de France rapportent que le roi Robert, pour récompenser Geoffroi Grise Gonelle, qui l'avait aidé à repousser Othon, roi des Allemands, lui donna « quicquid rex Lotharius in episcopatibus suis ha- « buerat, Andegavensi scilicet et Cenomannensi; » *Chronique des comtes d'Anjou*, p. 76 et 388. L'expédition d'Othon II est de l'année 978 et par conséquent bien antérieure au couronnement de Robert.

[5] Mortagne, Orne.

[6] C'est encore aux Gestes des comtes d'Anjou ou à l'écrit sur la sé-

Henricus, filius Henrici regis Anglorum, fecit homagium Philippo, filio Ludovici regis Francorum.

Henricus rex Anglorum locutus est cum Ludovico rege Francorum, apud Sanctum Germanum in Leia[1].

Gaufridus, filius regis Anglorum, fecit homagium Henrico fratri suo de ducatu Brittanniæ, jubente patre eorum.

Mortuo[2] Hasculfo de Solinneio, successit ei filius suus Gislebertus.

Mortuus est etiam Richardus de Haia, relinquens filias tres[3].

néchaussée (*Chroniques des comtes d'Anjou*, p. 77 et 389) que Robert de Torigni a emprunté ce qu'il dit de la révolte de David, comte du Mans, et de Geoffroi, comte du Perche, et de la récompense que reçut Geoffroi Grise Gonelle pour les avoir combattus. Seulement les historiographes angevins donnent le titre de « comes Corbonensis » au baron que Robert de Torigni a qualifié « comte du Perche. » En réalité, il n'exista au xe siècle ni un David, comte du Maine, ni un Geoffroi, comte du Perche.

[1] Saint-Germain-en-Laie, Seine-et-Oise, arr. de Versailles.

[2] Les deux articles suivants manquent dans F, Va et Vi. — Sur le fief et la famille de Subligny, voyez Le Héricher, *Avranchin monumental et historique*, II, 136.

[3] Richard de la Haye fut enterré dans l'abbaye de Blanchelande, qu'il avait fondée de concert avec sa femme, Mathilde de Vernon ; les épitaphes de Richard et de Mathilde ont été recueillies par A. du Monstier, dans *Neustria pia*, p. 844. — Des trois filles de Richard, on connaît : 1° Gille, qui épousa Richard du Hommet, et dont je me suis occupé à propos des attaches d'un sceau de Richard Cœur de Lion (*Bibliothèque de l'Ecole des chartes*, 3e série, IV, 60); 2° Nicolasse, qui épousa Guillaume, fils d'Erneis (Stapleton, *Rotuli scaccarii*, I, cv), et qui, après la mort de son mari, accorda à l'abbaye de Blanchelande une charte où elle est appelée « Nicholaa de Haya, filia Ricardi de Haya ; » *Monasticon anglicanum*, VI, 1116.

Rex Henricus perrexit in Quadragesima [1] Wasconiam, et destructis multis castellis, quæ contra eum erant, vel munitis, comitem Engolismensium et illum de Marcha [2] sibi pacificavit, et multos alios qui non erant tanti nominis.

Gaufridus filius regis Anglorum mense Maio venit Redonis; et Stephanus Redonensis et Autbertus Aletensis episcopi, et Robertus abbas de Monte Sancti Michaelis, et aliæ religiosæ personæ, receperunt eum cum summa veneratione in ecclesia Sancti Petri [3]. Ibi accepit hominia baronum Brittanniæ.

Rex Henricus fecit fossata alta et lata inter Franciam et Normanniam, ad prædones arcendos [4]. Similiter [5] fecerat in Andegavensi pago super Ligerim [6],

[1] En 1169 le carême dura du 5 mars au 19 avril.

[2] Il y avait d'abord dans M *comites Engolismensium et de Marcha*; c'est après coup que le mot *illum* a été ajouté en interligne dans M, sans que l'auteur de cette intercalation ait songé à remplacer *comites* par *comitem*. — Aldebert, comte de la Marche, et Guillaume Taillefer, comte d'Angoulême; voyez plus haut, p. 4.

[3] La cathédrale de Rennes.

[4] M. Merlet fait observer que ces retranchements étaient connus sous le nom de Fossés-le-Roi, et que sur une carte de l'évêché de Chartres par Jaillot, en 1701, on les voit encore tracés de Contreby à Nonancourt, en passant par Saint-Christophe, Verneuil et Tillières. *Notice historique sur la baronnie de Châteauneuf-en-Thimerais*, p. 13. Voyez aussi les *Mémoires historiques sur Alençon*, par Odolant Desnos, I, 296.

[5] La fin de ce paragraphe manque dans F, Va et Vi. Elle a été écrite après coup dans M.

[6] La charte de Henri II relative aux levées de la Loire et aux priviléges des habitants chargés d'entretenir les levées est datée « apud prata Sancti Florencii in Valea; » il y en a plusieurs copies à la Bibl. Nat.

ad aquam arcendam, quæ messes et prata perdebat, quædam retinacula, quæ torsias vocant, per triginta fere miliaria, faciens ibi ædificare mansiones hominum qui torsias tenerent. Quos etiam fecit liberos de exercitu et multis aliis ad fiscum pertinentibus.

Obiit [1] Hilarius Cicestrensis [2], et Nigellus Heliensis episcopi [3], et Petrus Gemmeticensis [4], Richardus Bernaicensis [5], Silvester Rothonensis [6] abbates.

Mense Augusto, pacificatis fere omnibus in Pictavensi pago, Wasconia, Henricus rex venit in Normanniam, et evocati Brittanni properaverunt ad eum.

Catina, civitas Siciliæ, terræ motu concussa et prostrata est, et multi in ea perierunt [7].

Rex Henricus fecit castrum munitissimum et burgum pergrande juxta haiam de Malaffre, quod vocatum est Bealveer [8].

[1] Article omis dans F, Va et Vi.

[2] J'ai cru pouvoir substituer ce mot au mot *Cestrensis* que portent les mss. par suite d'une distraction de Robert de Torigni. Il s'agit en effet d'Hilaire, évêque de Chichester, mort le 13 juillet 1169. *Monasticon anglicanum,* VI, 1159.

[3] Néel, évêque d'Ely, mourut le 30 mai 1169. *Monasticon anglicanum,* I, 462.

[4] On lit dans l'obituaire de Jumiéges, au 20 juin : « Petrus abbas, « jacet in capitulo; » *Recueil des historiens*, XXIII, 420.

[5] Sur Richard, abbé de Bernay, voyez *Gallia christiana,* XI, 831.

[6] Sur Silvestre, abbé de Redon, voyez *Gallia christiana,* XIV, 952. L'anniversaire de Silvestre est marqué au 23 juin dans l'obituaire du Mont-Saint-Michel; *Recueil des historiens,* XXIII, 578.

[7] Ici s'arrêtent les mss. P et Vi.

[8] *Belveeir* F. *Belveeiciz* Va. — Il s'agit ici du château de Beauvoir dans le Maine, localité qui n'est plus connue que sous le nom de Bourg-le-Roi (Sarthe, arr. de Mamers, canton de Saint-Paterne); voyez Cauvin, *Géographie ancienne du diocèse du Mans,* p. 83. Nous

Cum Rogerius Mala Branchia [1] dolo cepisset urbem Biteriensem, quam cives ipsius contra eum tenebant, omnes tam viros quam mulieres vel suspendio vel alio tormento morti tradidit, et novis habitatoribus illam inhabitandam tradidit. Siquidem prædicti cives dominum suum Guillermum Trenchevel, patrem Rogerii Malæ Branchæ in quadam ecclesia cum filio suo parvo crudeliter occiderant [2].

Rex Henricus fecit molendina et piscatorias Andegavis in flumine Meduanæ [3].

Cum Guillermus Goeth [4] obiisset in itinere Jerusalem, et comes Theobaldus vellet habere in manu sua Montem Mirabilem et alias firmitates, quæ fuerant Guillermi Goeth, de quibus saisitus erat Herveus de Juen [5], qui habebat in conjugio primogenitam filiam Guillermi Goeth, natam ex una sororum comitis Teo-

avons la charte par laquelle Henri II accorde des franchises aux « homines castelleti mei novi de Beauvoir super aquam de Moira in « Cenomania. » *Liber Albus capituli Cenomanensis*, p. 11, note 2.

[1] *Mala Brachia* F. Sur le sanglant traitement que Roger, vicomte de Beziers, fils de Raimond Trencavel, infligea aux habitants de Beziers en 1169, voyez D. Vaissete, III, 24.

[2] Raimond Trencavel, vicomte de Beziers, fut massacré le 15 octobre 1167. Dom Vaissete, III, 18.

[3] Vers l'année 1182, le roi Henri II donna à l'hopital d'Angers « exclusam meam Andegavensem, quam ex propriis sumptibus meis « feci et primo lapide fundavi.... cum omni emendatione quam ibi « facere poterunt tam molendinorum quam aliarum rerum ad « eandem exclusam pertinentium. » *Cartulaire de l'hopital Saint-Jean d'Angers*, par Célestin Port, p. v, n. v.

[4] Guillaume Gouet, IVe du nom, seigneur de Montmirail, épousa Elisabeth, fille de Thibaud IV, comte de Blois, et par conséquent tante de Thibaud V.

[5] Hervé de Gien épousa Mathilde, fille de Guillaume Gouet.

baldi; videns prædictus Herveus, se non posse resistere comiti Teobaldo, cum rex etiam Francorum adjuvaret partes comitis Teobaldi, utpote sororius ejus : idem Herveus, intercurrente magna pecunia et quibusdam pactionibus, tradidit Henrico regi Anglorum Montem Mirabilem[1] et aliud castrum, scilicet Sanctum Anianum in Biturico[2]. Unde discordia redintegrata est inter regem et comitem.

1170.

ROMANORUM FREDERICUS 18. FRANCORUM LUDOVICUS 33. ANGLORUM HENRICUS 16.

Ad Natale[3] fuit rex Henricus in Brittannia apud Nannetes.

Robertus, archidiachonus Nannetensis, consensu regis factus est episcopus Nannetensis, post Bernardum avunculum suum[4].

In Quadragesima[5] excessit mare limites suos, unde

[1] La cession de Montmirail à Henri II ne fut que momentanée. Le Livre blanc de l'église du Mans (p. 12, n. XXII) renferme une charte de la fin du XIIe siècle dans laquelle « Herveus de Juham » agit comme seigneur de Montmirail.

[2] Hervé de Gien conserva également le titre de seigneur de Saint-Aignan. En effet, on lit dans une charte de l'année 1172 pour l'abbaye de Pontlevoi : « Ego Herveus, castri Sancti Aniani dominus, » et dans une charte de l'année 1183 pour l'abbaye de Villeloin : « Ego Herveus « de Danzeio, dominus castri Sancti Aniani; » Bibl. nat. Collection Housseau, V, n. 1965.

[3] 25 décembre 1169. Conf. Benoit, I, 13.

[4] Voyez *Gallia christiana*, XIV, 816.

[5] En 1170 le carême dura du 18 février au 4 avril.

messes quæ prope illud seminatæ erant, in multis locis perierunt a fluctibus absortæ.

Ossa cujusdam gigantis in Anglia per alluvionem detecta sunt, cujus corporis longitudo, ut ferunt, L pedum erat.

In eadem Quadragesima transfretavit rex Henricus in Angliam [1], non tamen sine discrimine [2].

Submerso in mari Gisleberto de Abrincis, Fulco Painel, qui habebat primogenitam sororem ejus, successit ei [3].

Vicecomites per Angliam, qui exactionibus et rapinis populum afflixerant, a rege correpti sunt [4].

Post Pentecosten [5], rex Henricus, evocato filio suo

1 Henri II débarqua en Angleterre le 3 mars 1170, après avoir essuyé une violente tempête. Gervais de Cantorbéry, dans Twysden, 1410; Benoit, I, 3.

2 C'est probablement à cette traversée qu'il faut rapporter l'anecdote suivante, racontée par Gautier Map : « Transfretavimus cum « ipso [Henrico] dudum in viginti quinque navibus, quæ sibi tene« bantur ad transitum sine pretio. Tempestas autem dispersit omnes, « ad cautes et litora navibus inepta collisit, præter suam, quæ per « Dei gratiam in portum producta fuit. Misit ergo mane, singulisque « nautis secundum eorum æstimationem perdita restituit, cum non « teneretur hoc facere, fuitque summa magnæ numerositatis, et « forsan aliquis rex justum non solvisset debitum. » *De nugis curialium*, V, VI, éd. Wright, p. 231.

3 Gilbert d'Avranches est appelé par Benoit de Peterborough (I, 4) *Gilebertus de Sulennio*. Il était fils de Hascoul de Subligny, mort en 1169 (plus haut, p. 12), et de Denyse d'Avranches; voyez Stapleton, *Rotuli scaccarii*, I XCII.

4 Sur cette mesure, voyez Gervais de Cantorbéry, dans Twysden, col. 1410, et Benoit, I, 4.

5 En 1170, la Pentecôte tomba le 24 mai. Sur le couronnement du jeune roi, voyez Benoit, I, 5, Raoul de Dicet, col. 552, et Gervais de Cantorbéry, col. 1412.

Henrico in Angliam, fecit eum coronari in regem, cum magna cleri populique læticia, Lundoniæ apud Westmonasterium. Hunc inunxit Rogerius archiepiscopus Eboracensis; nam Tomas Cantuariensis citra mare per continuum fere sexennium in Galliis morabatur[1]. Huiç consecrationi interfuerunt Gislebertus Lundoniensis, Goscelinus Salesberiensis, Walterius Rofensis, Ricardus Cestrensis, Bartolomæus Exoniensis, Hugo Dunelmensis episcopi; Rogerius Wigorniensis in Normannia morabatur; Henricus Wintoniensis et Willermus Norvicensis infirmitate præpediti non affuerunt. Nam Adelulfus Carlivensis[2], et Robertus Herefordensis, et Robertus Batensis, et Robertus Lincolnensis[3], et Hilarius Cicestrensis, et Nigellus Heliensis episcopi dormierant in Domino, et adhuc cathedræ eorum vacabant. Interfuerunt vero de Normannia Henricus Baiocensis et Frogerius Sagiensis episcopi, qui cum eo venerant in Angliam. Quidam moleste ferunt quod archiepiscopus Eboracensis unxerit in regem Henricum juniorem[4]. Sed noverint quod primus Guillermus, qui Angliam armis subegit, ab Alveredo[5] religio-

[1] L'archevêque de Cantorbéry passa en France le 2 novembre 1164 et ne rentra en Angleterre que le 30 novembre 1170. Gervais de Cantorbéry, col. 1393 et 1413.

[2] Il y a peut être *Carluiensis,* dans M.

[3] *Licoln'* M.

[4] Voyez à ce sujet une lettre d'Alexandre III adressée à l'archevêque d'York et à l'évêque de Durham; elle nous a été conservée par Raoul de Dicet, dans Twysden, col. 553, et par Roger de Hoveden, II, 7.

[5] L'archevêque d'York qui sacra Guillaume le Conquérant s'appelait Aldred (Adelredus); voyez plus haut, à l'année 1065, et Orderic Vital, II, 156.

sissimo viro, Eboracensi archiepiscopo, inunctus et sacratus est, Cantuariensi archiepiscopo intra insulam Brittannie manente, Stigando scilicet, a papa excommunicato.

Margarita, filia regis Francorum, uxor Henrici junioris regis, in Angliam transiit; nec tunc tamen fuit coronata, quia rex jam coronatus erat, et episcopi discesserant.

Johannes, comes Aucensis, moritur[1], et successit ei filius ejus Henricus, quem genuerat ex filia Willermi de Albineio, quem vocant comitem de Arundel[2]. Hic duxit Aelizam reginam, relictam Henrici senioris regis Anglorum, ex qua genuit Guillermum, primogenitum suum[3], et Godefridum[4], et istam comitissam, uxorem Johannis, comitis Aucensis, de quo sermo est.

[1] Voyez la chronique des comtes d'Eu, dans *Recueil des historiens*, XXIII, 440.

[2] Jean, comte d'Eu, épousa Alix, fille de Guillaume d'Aubigny, comte d'Arundel, et de la reine Alix de Louvain; voyez plus haut, t. I, p. 215. Une charte de la comtesse Alix, postérieure à la mort de son mari, pour l'abbaye de Robert's-Bridge (*Monasticon anglicanum*, V, 667), nous fait bien connaître les liens de cette dame avec les familles d'Aubigny et d'Eu: « Noverint tam presentes quam futuri « quod ego Alizia, comitissa Augi, concessi et presenti carta mea « confirmavi, pro anima Willielmi, comitis Arundelie, patris mei, et « Alizie regine, matris mee, et pro anima domini mei J. comitis « Augi, et Godefridi, fratris mei, et Matildis et Margarete, filiarum « meurum.... His testibus: magistro Firmino, Henrico, comite Augi, « Roberto, fratre ejus.... »

[3] Guillaume d'Aubigny, comte de Sussex.

[4] Godefroi d'Aubigny, fils du comte d'Arundel et de la reine Alix, est mentionné non seulement dans la charte de la comtesse d'Eu, citée un peu plus haut (note 2), mais encore dans une charte de Guillaume, comte de Sussex, pour le prieuré de Buckenham; *Monasticon anglicanum*, VI, 419.

In die apostolorum Petri et Pauli[1], terræ motus horribilis factus est in transmarinis partibus, quo corruit civitas Tripolis, pars Damasci, Antiochiæ[2] plurimum. Agareni etiam non fuerunt expertes hujus tribulationis: nam Halapre, quæ caput est regni Loradin[3], et quædam aliæ civitates Sarracenornm, non evaserunt hanc pestem.

Mortuo Willermo comite Nivernensi ultra mare[4], Mathæus, frater Philippi comitis Flandrensium, comes Boloniæ, duxit uxorem ejus[5], sororem scilicet comitissæ Flandrensis. Hii itaque duo fratres duas duxerunt sorores, filias Rodulfi comitis Viromandorum, neptes Alienor reginæ Anglorum ex sorore, callide agentes in retinendo terram Radulfi de Parrona per quemlibet fratrum. Hic Mathæus prius habuerat filiam regis Stephani[6], et susceptis ab ea[7] duabus filiabus, rediit ad religionem, unde invita recesserat[8].

[1] 29 juin 1170. Ce tremblement de terre est rapporté à l'année 1169 par l'auteur des Miracles de Notre-Dame de Roc-Amadour (II, 20), cité dans un mémoire de M. Servois, *Bibliothèque de l'école des chartes*, 4e série, III, 31.

[2] *Anthiochie* M.

[3] Noureddin-Mahmoud, sultan d'Alep, de Damas et d'Egypte.

[4] Guillaume IV, comte de Nevers, mourut à Acre en 1168. Chronique de Vezelay, dans *Recueil des historiens*, XII, 345.

[5] Eléonore, sœur d'Elisabeth, comtesse de Flandre. La mère de ces deux princesses était Adelaïde de Guienne, sœur de la reine Aliénor.

[6] Voyez plus haut, p. 7, note 5.

[7] *Ex ea* L.

[8] Deux chartes, dont je crois devoir donner ici un extrait, nous fournissent quelques détails sur la retraite de la comtesse Marie dans l'abbaye de Sainte-Austreberte de Montreuil.

I. « Ego Desiderius, Dei gratia Morinorum episcopus, universis « sancte matris ecclesie filiis notum fieri volo quod, cum Maria,

Circa Augustum, rex Henricus rediit in Normanniam[1], relicto juniore Henrico in Anglia.

Rex Henricus fecit pacem inter comitem Tedbaldum et Herveum de Juen[2].

Mense Septembri, rex Henricus infirmatus est pene usque ad mortem apud motam de Ger[3], sed miseratione divina et supplicatione servorum Dei, quibus se humiliter commendabat, sopita adversa valitudine, sanitatem refovit.

Ægidius, Rothomagensis archidiaconus, electus est

« illustris Stephani regis Anglorum filia, divini amoris instinctu et « futuri examinis metu, salubriori prudentum accedens consilio, « sacre religionis habitum resumpsisset, sicut in ejus autenticis « scriptis continetur, Matheus, comes Bolonie, cujus illa copule « matrimoniali abrenuntiaverat, sexies viginti libras boloniensis « monete, de redditu videlicet comitatus, ab ejus possessi antecessoribus, eidem assignavit in vite subsidium..... Actum est hoc anno « Domini M° C° LXX° I°... » Bibl. nat. Collection Moreau, vol. 77, fol. 103.

II. « Ego Matheus, Boloniensis comes, tam futuris quam presentibus « notum fieri volo quod domina Maria, Anglorum regis Stephani filia, « divina providente gratia, michi quondam matrimonio conjuncta, « post duarum filiarum procreationem, in sanctam est religionem « secessa.... Elegit autem domina Maria domum sibi placabilem, « scilicet apud Monsterolium ecclesiam sancte virginis Austreberte, « que in sua sita fuit hereditate.... Actum est hoc anno incarnationis « Domini M° C LXXI. » Ibid. fol. 226.

[1] Henri II débarqua à Barfleur vers le 24 juin 1170. Benoit, I, 6.

[2] Hervé de Gien. Voyez plus haut, p. 15 et 16.

[3] Suivant Benoit (I, 6), ce fut vers le 10 août que Henri II tomba malade « ad motam Gerni quæ parum distat a Damnifronte. » Une charte de Henri II pour l'abbaye de Lonlay (Bibl. nat. ms. latin 10071, fol. 191) est datée « Apud motam de Ger; » une autre, insérée dans le cartulaire de Savigny, pièce 566, est datée « Apud Gier. » Aujourd'hui Ger, arr. de Mortain, canton de Barenton.

ad episcopatum Ebroicensem[1]; Richardus, archidiaconus Constantiensis, ad Abrincatensem[2].

Alienor, filia Henrici regis Anglorum, ad Hispaniam ducta est, et ab Amfurso imperatore solemniter desponsata[3]. Hujus imperatoris illa pars Hispaniæ quæ Castella vocatur regnum est. Hujus imperii caput civitas Toletum est. Prædicto regi propter infirmam ætatem (nondum enim adimpleverat quindecim annos) adversantur duo reges, Fernandus Galliciæ, patruus ejus, et Amfonsus Navariæ, avunculus ejus.

Mortuo Roberto filio Roberti[4] comitis Gloecestriæ[5], Amauricus, primogenitus filius Symonis comitis Ebroicensis, jussu et voluntate Henrici regis Anglorum, duxit primogenitam filiam Roberti comitis Gloecestriæ[6]. Dederat etiam ante idem rex Hugoni comiti

[1] Gilles du Perche, évêque d'Evreux de 1170 à 1179. *Gallia christiana*, XI, 578.

[2] Richard, évêque d'Avranches, de 1170 à 1182. *Ibid.* 481.

[3] Alfonse III, roi de Castille. Il eut des démêlés avec Ferdinand II, roi de Léon, son oncle, et avec Sanche VI, roi de Navarre. Ce dernier avait épousé Sanche, fille d'Alfonse-Raimond, roi de Castille et de Léon, et par conséquent tante d'Alfonse III. — Le mariage d'Aliénor avec Alfonse est rapporté à l'année 1170 par Roger de Hoveden, II, 105.

[4] Le comte de Gloucester dont il est ici question s'appelait Guillaume, et non pas Robert.

[5] Les Annales de Margan (éd. Luard, I, 16) placent à l'année 1166 la mort de Robert, fils de Guillaume, comte de Gloucester. Le trouvère qui a continué le roman de Brut mentionne en ces termes la mort du jeune Robert :

Un fiz avoit, Robert par non;
Mès tost morut, ceo fu damage,
Ke il ust esté pruz e sage.

Francisque Michel, Chroniques anglo-normandes, I, 113.

[6] Amauri d'Evreux épousa Mabire, fille de Guillaume, comte de

Cestriæ, cognato suo, filiam comitis Ebroicensis, cognatam suam ex parte patris sui [1].

Urbs Cenomannensis flagravit incendio. Cella etiam Sancti Victurii [2] combusta est, sed Deo adjuvante in melius est restaurata.

Henricus rex Anglorum perrexit causa orationis ad Rocam Amatoris [3], qui locus in Cadulcensi pago montaneis et horribili solitudine circundatur. Dicunt quidam quod beatus Amator famulus beatæ Mariæ et aliquando bajulus et nutricius Domini fuit, et assumpta piissima matre Domini ad æthereas mansiones, ipse Amator præmonitus ab ea ad Gallias transfretavit, et in prædicto loco heremiticam vitam diu transegit. Quo transeunte et in introitu oratorii Beatæ Mariæ sepulto, locus ille diu ignobilis fuit, excepto quod vulgo diceba-tur ibi beati Amatoris corpus requiescere, licet ignoraretur ubi esset. Anno ab incarnatione Domini M° C° LX° VI°, quidam indigena illius regionis ad extrema veniens, præcepit familiæ suæ, divina forsitan inspiratione, ut in introitu oratorii corporis sui glebam sepelirent. Effossa itaque terra, corpus beati Amatoris integrum reperitur, et in ecclesia juxta altare positum,

Gloucester. Elle est appelée « Mabire comestissa Ebroicensis » dans les rôles de l'échiquier, p. 434.

[1] Hugues, comte de Chester, épousa Berthe, fille de Simon, comte d'Evreux.

[2] Le prieuré de Saint-Victeur du Mans, dépendance de l'abbaye du Mont-Saint-Michel.

[3] Roc-Amadour, Lot, arr. de Gourdon, canton de Gramat. D'après Benoit (I, 7) le pélerinage de Henri II à Roc-Amadour eut lieu vers le 29 septembre 1170.

integrum peregrinis illud ostendunt; et ibi fiunt miracula multa et antea inaudita, per beatam Mariam [1]. Ad hunc ergo locum, ut diximus, rex Henricus causa orationis veniens, quia appropinquabat terræ inimicorum suorum, congregata multitudine armatorum tam equitum quam peditum, ad orationem perrexit munitus sicut ad prælium, nulli malum inferens, omnibus et maxime pauperibus in elemosinis largiter providens.

Thomas Cantuariensis archiepiscopus transfretavit in Angliam [2].

Stephanus, comes de Sanceore, frater comitis Tebaldi, perrexit Jerusalem [3], ferens secum pecuniam, quam rex Francorum Ludovicus fecerat colligere in adjutorium Jerosolimitanæ ecclesiæ.

Odo, dux Burgundiæ, nepos ejus, perrexit cum eo [4].

[1] Une longue relation des miracles de Notre-Dame de Roc-Amadour a été composée au XIIe siècle. M. Servois en a publié une notice et des extraits dans *Bibliothèque de l'Ecole des chartes*, 4e série, III, 21-44 et 228-240.

[2] Thomas, archevêque de Cantorbéry, débarqua en Angleterre le 30 novembre 1170. Gervais de Cantorbéry, dans Twysden, col. 1413.

[3] Guillaume de Tyr (XX, xxv, dans *Historiens occidentaux des croisades*, I, 988) parle du voyage d'Etienne, comte de Sancerre, en Terre-Sainte ; il fait de ce personnage un assez triste portrait : « Comitem tamen Stephanum, virum quidem carne nobilem, moribus « vero non ita, domini Theobaldi senioris Carnotensium Trecensium « comitis filium... »

[4] Robert de Torigni a voulu parler, non pas de Eudes II, duc de Bourgogne, mort en 1162, mais de son fils Hugues III, qui, par sa mère Marie, était bien neveu d'Etienne, comte de Sancerre. Sur le pèlerinage d'Eudes III en Terre-Sainte, voyez D. Plancher, *Hist. de Bourgogne*, I, 353. Le pèlerinage de Hugues, arrêté dès l'année 1170, ne s'exécuta qu'en 1171, comme le prouvent les deux chartes dont

1171.

ROMANORUM FREDERICUS 19. FRANCORUM LUDOVICUS 34. ANGLORUM HENRICUS 17.

Ad Natale[1] fuit rex Henricus ad Bur juxta Baiocas.

Annus[2] millenus centenus septuagenus,
Primus erat, primas quo ruit ense Tomas,
Quinta dies Natalis erat, flos orbis ab orbe
Vellitur, et fructus incipit esse poli.

Agareni cum multis milibus armatorum venerunt ab Affrica in Hispaniam[3].

Hamo, episcopus Leonensis, crudeliter, per consilium, ut dicunt, Guihomari fratris sui, vicecomitis Leonensis, et junioris Guihomari nepotis sui, occisus est[4].

Conanus dux Brittanniæ moritur[5], et tota Brittan-

suit un extrait. — I. « Ego Hugo, dux Burgundie..., summi patris inspi« ratione commonitus, Hierosolimam aditurus... Actum est hoc anno « ab incarnatione Domini 1170. » — II. « Ego Hugo, dux Burgundie, « Hierosolimitanum iter aggrediens... Acta sunt hæc anno ab incar« natione Domini 1171. » (D. Plancher, *Preuves*, I, LII et LIV.)

[1] 25 décembre 1170. Conf. Benoit, I, 11.

[2] Ces quatre vers semblent avoir été écrits après coup dans M. Les deux premiers se retrouvent dans beaucoup de mss. et notamment dans la chronique de Roger de Hoveden, II, 17.

[3] Conf. Benoit, I, 23.

[4] Le meurtre de Haimon, évêque de Saint-Pol de Léon, est rapporté au 25 janvier 1172 par M. Hauréau (*Gallia christiana*, XIV, 976). Ne serait-il pas mieux placé au 25 janvier 1171 ? Sur les parents de l'évêque Haimon, voyez plus haut, p. 9, note 1.

[5] Conan IV mourut en février 1171. Voyez D. Morice, *Histoire de Bre-*

nia et comitatus de Gippewis [1] et honor Richemundiæ, per filiam comitis Conani [2], quæ desponsata erat Gaufrido filio regis, in dominio regis Henrici transierunt.

Haimericus, abbas Sancti Audoeni, moritur [3].

Henricus rex venit in Quadragesima [4] ad Pontem Ursonis, et ibi per quindecim fere dies demoratus est. Hoc etiam fecit in Rogationibus et in Pentecoste [5], cum Guihomarcus [6] venit ad eum et reddidit se ei et sua castella, perterritus multitudine militum et aliorum armatorum, quos rex illo direxerat ad eum comprimendum, nisi regis voluntati obediret.

Sequenti [7] anno canonizatus est sanctus Thomas a papa Alexandro, id est sanctorum cathalogo annumeratus, et præceptum fuit ut natalis ejus dies festivus ab omnibus celebraretur, maxime ab Anglis.

Castrum Pontis Ursonis combustum est.

tagne, I, 109. Nous avons vu plus haut, tome I, p. 361, que le roi Henri II fit épouser à son fils Geoffroi Constance, fille de Conan IV.

[1] Le comté de Guingamp.

[2] Constance, fille de Conan IV.

[3] Sur Aimeri, abbé de Saint-Ouen, voyez *Gallia christiana*, XI, 146. Sa mort est marquée au 11 février dans l'obituaire du Bec. Biblioth. nat. Ms. latin 13905, fol. 74.

[4] En 1171 le carême commença le mercredi 10 février.

[5] Les Rogations de l'année 1171 coïncidèrent avec le 3, le 4 et le 5 mai. La Pentecôte arriva le 16 mai.

[6] Guiomar de Léon.

[7] Cette note a été récrite dans M sur un passage gratté; la fin de la phrase, à partir des mots *id est*, a été copiée à la marge du ms. La canonisation de Thomas Becket fut publiée par le pape Alexandre au commencement du carême (caput jejunii), probablement le mercredi des Cendres, 21 février 1173; voyez les lettres qu'il écrivit à ce sujet le 10, le 12 et le 13 mars 1173, et que Jaffé a enregistrées sous les numéros 8199, 8201, 8202 et 8203.

Urbs Norwicensis similiter combusta est, cum episcopali ecclesia et officinis monachorum[1]. Humbertus, comes Moriennæ[2], misit abbatem Sancti Michaelis de Clusa[3] ad Henricum regem Anglorum, pro componendo matrimonio inter Johannem filium regis et filiam suam, offerens ei totam terram suam. Fuit enim idem comes filius Amati comitis, et ditissimus in possessione urbium et castellorum; nec aliquis potest adire Italiam, nisi per terram ipsius.

Teobaldus, comes Carnotensis, plures Judæorum qui Blesis habitabant, igni tradidit. Siquidem cum infantem quendam in solempnitate Paschali crucifixissent ad opprobrium christianorum, postea in sacco positum in fluvium Ligeris projecerunt. Quo invento, eos convictos de scelere, ut supra diximus, igni tradidit, exceptis illis qui fidem christianam receperunt. Hoc etiam fecerunt de sancto Willermo in Anglia apud Norwiz, tempore Stephani regis[4]; quo sepulto in ecclesia episcopali, multa miracula fiunt ad sepulchrum

[1] Sur l'incendie de Norwich, voyez Gervais de Cantorbéry, dans Twysden, col. 1421.

[2] Humbert III, comte de Maurienne ou de Savoie, fils d'Amédée II. Sa fille Alix fut fiancée en 1173 à Jean sans Terre. Voyez le traité relatif à ce projet de mariage dans Rymer, I, 28.

[3] Benoit, abbé de Saint-Michel de Cluse, qui visita l'abbaye du Mont-Saint-Michel, vers la fin de septembre 1171; plus bas p. 33.

[4] Sur saint Guillaume de Norwich, dont le massacre est rapporté à l'année 1145, et en général sur les enfants qui ont passé pour avoir été immolés par les juifs pendant le moyen-âge, voyez le travail de M. Francisque Michel, intitulé *Hugues de Lincoln, recueil de ballades anglo-normandes et écossoises relatives au meurtre de cet enfant commis par les Juifs en M CCL V* (Paris, 1834, in-8).

ejus. Similiter factum est de alio apud Glovescestriam, tempore Henrici secundi regis [1]. Sed et in Francia, castello quod dicitur Pons Isaræ de sancto Ricardo impii Judæi similiter fecerunt; qui delatus Parisius in ecclesia sepultus, multis miraculis choruscat [2]. Et frequenter, ut dicitur, faciunt hoc in tempore paschali, si oportunitatem invenerint.

Obiit [3] Guillermus Talavacius, comes Pontivi, et successit ei Johannes, nepos suus, in comitatu Pontivi, ex Guidone primogenito suo. In terra vero quam tenebat de rege Anglorum in Normannia et in Cenomannensi [4] pago, successit ei Johannes comes, filius ejus. Iste duxit filiam comitis Heliæ, fratris comitis Gaufridi Andegavorum et ducis Normannorum.

Rex Henricus senior fecit investigari per Normanniam terras de quibus rex Henricus, avus ejus, fuerat sasitus die qua obiit. Fecit etiam inquiri quas terras

[1] « Anno Domini M CLX regisque Henrici sexto, quidam puer a « Judæis apud Glovernìam crucifixus est. » Chronique de Jean Bromton, dans Twysden, 1050.

[2] Rigord et Guillaume le Breton (*Recueil des Historiens*, XVII, 6 et 66) semblent rapporter à l'année 1179 le massacre du jeune Richard. Sur les reliques de cet enfant, transférées de Pontoise à Paris et conservées dans l'église des Innocents, voyez l'abbé Lebeuf, *Histoire de Paris*, éd. Cocheris, I, 107.

[3] Suivant l'*Art de vérifier les dates* (II, 753), Guillaume Talvas mourut le 29 juin 1172. Son petit-fils Jean I, fils de Gui II, fut en effet comte de Pontieu, tandis que le comté d'Alençon passa à Jean I, fils de Guillaume Talvas. Jean I, comte d'Alençon, épousa Béatrix, fille d'Hélie d'Anjou. — On lisait dans l'obituaire de Saint-Martin de Séez, au 30 juin : « Obiit Guillelmus Pontivorum comes; » Bibl. nat. ms. français 18953, p. 227.

[4] *Cenomansi* M. — Plus haut (p. 7), le ms. M porte *Cenomansium*.

et quas silvas et quæ alia dominica barones et alii homines occupaverant post mortem regis Henrici avi sui; et hoc modo fere duplicavit redditus ducatus Normanniæ.

Ris, rex Walensium, pacificatus est cum rege Anglorum Henrico. Rex Oenus, avunculus ejus, præterito anno obierat, et filii ejus regi Henrico subditi sunt.

Margarita, uxor junioris regis Henrici, transfretavit in Normanniam.

Mense Julio, rex congregavit barones suos apud Argentonium [1], et cum ibi tractaretur de profectione sua in Hiberniam, legati comitis Ricardi [2] venerunt ad eum, dicentes ex parte comitis [3] quod traderet ei civitatem Duvelinæ, et Waterford, et alias firmitates suas, quas habebat causa uxoris suæ quæ fuerat filia regis Duvelinensis, qui jam obierat [4]. Rex itaque, audito hoc nuncio, mandavit comiti quod redderet ei terram suam in Anglia et in Normannia, et planam terram in Hibernia, quam acceperat cum uxore sua; et concessit ei ut esset comes stabuli [5] vel senescallus tocius Hiberniæ.

Venerabilis Henricus, episcopus Wintoniensis et

[1] *Argento'* M.

[2] Richard de Clare, comte de Strigwil.

[3] L ajoute *Ricardi*.

[4] Le comte Richard épousa Eve, fille de Dermot Mac Murrough, roi de Leinster. Giraud le Cambrien, *Expugnatio hibernica*, éd. Dimock, VI, 255.

[5] *Com' stabuli* M. *Conestablus* L.

abbas Glastoniensis, decessit in fata[1]. Iste[2] multa bona fecit ecclesiæ Wintoniensi, in ornamentis auri et argenti et sericarum vestium. Divicias etiam suas ecclesiis et pauperibus larga manu distribuit. Ad augmentum virtutum etiam suarum, per aliquantulum temporis ante mortem suam lumine corporali privatus fuerat.

Mense Augusto[3], rex transivit in Angliam, et agregatis tam militibus quam sumptibus, quæ ad tantam expeditionem necessaria[4] erant, vigilia beati Lucæ evangelistæ[5] transivit in Hiberniam. Quam autem prospere transfretavit, applicuit, receptus sit, litteræ quas ad regem Henricum filium suum misit indicant[6].

[1] Henri, évêque de Winchester et abbé de Glastonbury, mourut le 8 août 1171 ; Raoul de Dicet, dans Twysden, col. 557. Giraud le Cambrien (*De jure et statu Menevensis ecclesiæ*, éd. Brewer, III, 360) place la mort de Henri, évêque de Winchester, au mois de septembre 1171.

[2] Au dessus de *Iste*, dans le ms. M, une main contemporaine a ajouté en interligne les mots *scilicet episcopus*, qui sont passés dans le texte de F, de Va. et de L.

[3] Raoul de Dicet, col. 557, met le débarquement du roi au 6 août 1171. Mais Gervais de Cantorbéry, col. 1419, et Benoit de Peterborough, I, 24, s'accordent pour dire que Henri II débarqua à Portsmouth le 3 août.

[4] *Necessarie* M. — Voyez dans Madox (*The history of the exchequer*, p. 438) des extraits du rôle de la 18e année de Henri II relatifs au « scutagium militum qui nec abierunt in Hyberniam nec milites nec « denarios illuc miserunt. »

[5] 17 octobre 1171. — Sur l'expédition de Henri II en Irlande, voyez Benoit, I, 25 et suiv. Roger de Hoveden, II, 29 et suiv.

[6] Cette lettre de Henri II à son fils ne nous est pas parvenue.

1172.

Romanorum Fredericus 20. Francorum Ludovicus 35. Anglorum Henricus 18.

Henricus rex junior ad Natale [1] fuit ad Bur juxta Baiocas; et quia tunc primum tenebat curiam in Normannia, voluit ut magnifice festivitas celebraretur. Interfuerunt episcopi, abbates, comites, barones, et multa multis largitus est. Et ut appareat multitudo eorum qui interfuerunt, cum Willermus de Sancto Johanne, Normanniæ procurator [2], et Willermus filius Hamonis, senescallus Brittanniæ [3], qui venerat cum Gaufrido, duce Brittanniæ, domino suo, comederent in quadem camera, prohibuerunt ne quis miles comederet in eadem camera, qui non vocaretur Willermus; et ejectis aliis de camera, remanserunt centum et decem milites, qui omnes vocabantur Willermi, exceptis plurimis aliis ejusdem nominis, qui comederunt in aula cum rege.

Henricus, dux Saxonum et Bajaorum, gener Henrici regis Anglorum, perrexit Jerusalem cum magno

[1] 25 décembre 1171.

[2] Guillaume de Saint-Jean, seigneur de Saint-Jean-le-Thomas (Manche, arr. d'Avranches, canton de Sartilly), bienfaiteur des abbayes de Savigny et de la Luzerne, fut longtemps (1160-1203) fermier pour le roi de la vicomté de Coutances; *Rotuli scaccarii*, p. 12, 218, 295 et 515. Les chartes de l'abbaye de Savigny nous apprennent qu'il épousa Olive, fille d'Etienne, comte de Penthièvre, veuve de [Henri] seigneur de Fougères (Cartul. de Savigny, n. 37, 38 et 69); en 1185 il était remarié à une dame nommée « Godehot » (ibid. n. 107).

[3] Guillaume, fils de Hamon, qui figure comme témoin dans beaucoup d'actes de Henri II, sera cité plus loin, à l'année 1186, comme le fondateur de l'abbaye de Saint-Hélier à Jersey.

comitatu militum, et magna ibi incepisset, et forsitan incepta perfecisset, nisi rex et Templarii obstitisssent. Thesauros tamen, quos secum portaverat, larga manu distribuit pauperibus et ecclesiis Sanctæ Terræ.

Post Pascha[1] rex audiens duos legatos, Albertum et Theodinum[2], ex parte domini papæ Alexandri ad se missos pro causa piæ memoriæ Thomæ, quondam Cantuariensis archiepiscopi, cum esset in Hibernia, citissime venit de Hibernia in Angliam, de Anglia in Normanniam[3]; et præmissis ad eos honorabilibus personis, locutus est cum eis primo Savigneii[4], postea Abrincis[5], tercio Cadomi[6], ubi causa illa finita est, sicut litteræ

[1] En 1172, Pâques arriva le 16 avril.

[2] *Theod'* M. *Theodor'* L. Voici les noms et les titres exacts des deux légats : « Albertus tituli Sancti Laurentii, in Lucina, et Theodinus « tituli Sancti Vitalis presbiteri cardinales. »

[3] Henri II s'embarqua le 17 avril à Wexford en Irlande, et débarqua près de Saint-David dans le pays de Galles. Il passa d'Angleterre à Barfleur vers le commencement du mois de mai. Benoit, I, 30 et 31 ; Raoul de Dicet, dans Twysden, 559 ; Gervais de Cantorbéry, ibid. 1421.

[4] L'abbaye de Savigny, au diocèse d'Avranches. L'entrevue de Henri II avec les légats dans cette maison eut lieu le 16 mai 1172; fragment du Quadriloge, recueilli par Giles, *Vita s. Thomæ*, I, 372. Les légats, dans leur lettre à l'archevêque de Ravenne (Roger de Hoveden, II, 38) mentionnent ainsi la conférence de Savigny : « Placuit tandem ad Savineium monasterium pro colloquio habendo « concurrere, ubi religiosorum virorum possemus orationibus « adjuvari. »

[5] La conférence d'Avranches, dans laquelle Henri II donna une première satisfaction aux légats, se tint le 21 mai 1172; fragment du Quadriloge et lettre des légats cités dans la note précédente.

[6] Cette assemblée de Caen dut avoir lieu le 30 mai 1172. Fragment du Quadriloge, dans Giles, I, 374.

publicæ testantur, quæ inde factæ sunt, et a multis personis quæ illuc convenerant, retinentur[1].

Rex Henricus locutus est cum rege Francorum, et misit filium suum regem juniorem in Angliam, ut Margarita, filia regis Francorum, uxor ejus, consecraretur in reginam. Hanc inunxerunt ex consilio regis Francorum Rotrodus, archiepiscopus Rothomagensis, et Ægidius, episcopus Ebroicensis, et coronaverunt regem et uxorem ejus[2]. Circa festum sancti Michaelis[3] congregavit rex episcopos Normanniæ, et Brittanniæ et venit ipse et legati Abrincas, tractaturi de ecclesiasticis negociis; sed obsistente regis infirmitate parum profeceruut. Hujus conventus causa venerunt usque ad Montem ad nos honorabiles personæ multæ, inter quas fuerunt religiosissimi viri, dominus Stephanus Cluniacensis et dominus Benedictus Clusinus abbates; et mutua vice societatem suam nobis et sibi nostram impendimus, sicut

[1] Ici Robert de Torigni fait allusion à une lettre dans laquelle les légats rendirent compte de leur mission, et dont ils envoyèrent des exemplaires à différents personnages. Nous avons dans Roger de Hoveden (II, 37) le texte de la lettre adressée à l'archevêque de Ravenne, et dans la correspondance de Gilbert Foliot (éd. Giles, II, 122) le texte de la lettre adressée à l'archevêque de Sens.

[2] Le couronnement fut célébré à Winchester le 21 août 1172, selon Raoul de Dicet (dans Twysden, col. 560), ou le 27 août, selon Gervais de Cantorbéry (ibid. col. 1421) et Benoit de Peterborough (I, 31). Le rôle de l'échiquier mentionne une dépense de 88 livres 10 sous 4 deniers « pro roba regis filii regis et regine sue in coronatione « eorum apud Wintoniam ; » Madox, *The history of the exchequer*, p. 251, note *e*.

[3] Le 27 septembre 1172, le roi fit de nouveau amende honorable dans la cathédrale d'Avranches. Benoit I, 32, et Gervais de Cantorbéry, dans Twysden, 1422. Le lendemain, 28 septembre, fut célébré un concile dont Benoit (I, 33) nous a conservé les décrets.

litteræ eorum, quæ a nobis habentur, et nostræ, quæ ab ipsis asportatæ sunt, testificantur [1]. Hoc etiam fecerat nobis piæ memoriæ Willermus, Vizeliacensis abbas [2], in capitulo Vizeliacensi. Et cum his tribus ecclesiis, scilicet Cluniacensi, Clusensi, Vizeliacensi, habemus specialem societatem, et multum nobis et illis placentem.

Circa festum sancti Martini [3] venit junior rex cum uxore sua de Anglia, et locuti sunt cum rege Francorum, ipse apud Gisorz, ipsa vero apud Calvum Montem; quos rex lætissime suscepit sicut filios suos.

1173.

ROMANORUM FREDERICUS 21. FRANCORUM LUDOVICUS 36. ANGLORUM HENRICUS 19.

Rex Henricus cum regina Alienor egit Natale Domini [4] apud Chinun regaliter. Junior vero rex cum uxore sua Margarita eandem festivitatem apud Bonam Villam [5] celebravit.

Exinde secutus est patrem suum in Andegavensem

[1] On trouvera plus loin, parmi les lettres et actes divers, le texte de la lettre de Robert de Torigni relative à l'association conclue entre les abbayes du Mont-Saint-Michel et de Cluny.

[2] Guillaume, abbé de Vezelay, mort en 1171. *Gallia christiana*, IV, 472.

[3] Vers le 11 novembre 1172. Conf. Gervais de Cantorbéry, dans Twysden, col. 1424, et Benoit, I, 34.

[4] 25 décembre 1172. Conf. Benoit, I, 35.

[5] Bonneville-sur-Touque, Calvados, arr. et canton de Pont-l'Evêque.

pagum, moraturum in illis partibus usque ad purificationem beatæ Mariæ [1], quando rex debebat loqui cum rege Arragoniæ[2] et cum comite de Morienna et cum comite de Sancto Ægidio, pro causa Tolosæ [3].

Guillermus, abbas Radingensis, factus est archiepiscopus Burdegalensis[4].

Comes de Sancto Ægidio pacificatur cum rege Angliæ de Tolosa, facto sibi humagio et Ricardo, filio suo, duci Aquitanorum[5]. Promisit ei se daturum equos magni precii, quotannis quadraginta; et si necesse habuerit, inveniet ei unoquoque anno ad servitium suum per XL dies centum milites.

In Quadragesima[6], quia rex Henricus senior removerat a consilio et famulatu filii sui Asculfum de Sancto Hylario[7] et alios equites juniores, ideo ille iratus recessit a patre, et venit Argenthomagum, et recessit inde

[1] 2 février 1173.

[2] *Arragon'* M.

[3] Suivant Raoul de Dicet (Twysden, col. 561) ce fut le 12 février 1173 qu'eut lieu à Montferrand, en Auvergne, l'entrevue de Henri II avec Alfonse, roi d'Aragon, Raimond, comte de Saint-Gilles, Girard, comte de Vienne, et Humbert, comte de Maurienne. Il s'agissait du mariage projeté entre Jean sans Terre et la fille aînée de Humbert, comte de Maurienne. Voyez plus haut, p. 27, n. 2. — Les conditions du traité conclu entre le comte de Toulouse et Henri II sont rapportées par Benoit (I, 36), qui donne aussi, au même endroit, le texte des conventions arrêtées avec le comte Humbert.

[4] *Burdegarensis* M et F. Voyez *Gallia christiana*, II, 818, et *Monasticon anglicanum*, IV, 31.

[5] Ce fut le 25 février 1172 à Limoges, que Raimond V, comte de Toulouse, fit hommage à Henri II. Geoffroi de Vigeois, dans le *Recueil des Historiens*, XII, 443.

[6] Le carême de 1173 commença le mercredi 21 février.

[7] Hascoul de Saint-Hilaire, dont la mort sera indiquée plus loin, à

noctu[1], pergens ad regem Francorum, nescientibus ministris suis, quos pater suus servitio suo deputaverat. Quem secutus est comes Robertus Mellenti[2], relinquens castella sua sine custodibus; quæ rex Henricus occupavit. Comes etiam Cestriæ Hugo, a Sancto Jacobo Galliciensi rediens, secutus est eum; et Willermus Patric senior[3], et tres filii ejus, et multi alii minoris nominis; quorum omnium domos et virgulta et silvas rex evertit. Similiter regina Alienor et filii sui, Ricardus comes Pictavensis et Gaufridus comes Britanniæ, alienati sunt ab eo.

Feria quarta ante cœnam Domini[4], prior Cantuariensis[5] et aliæ personæ honestæ venerunt ad Sanctam Barbaram in episcopatu Luxoviensi[6], ad regem Hen-

l'année 1177 (p. 64), figure en ces termes sur le rôle des fiefs normands dressé en 1172 : « Hasculfus de Sancto Hylario, II milites et dimidium, « scilicet de comitatu Moretonii I militem et dimidium, et de Abrin- « cassino I militem ; » *Recueil des Historiens*, XXIII, 697. Dans une charte qu'il accorda en 1168 au prieuré de Sacé, il se dit fils de Pierre ; Bibl. nat. Collection Moreau, 75, fol. 100.

[1] Le départ du jeune roi eut lieu le 23 mars 1173. Raoul de Dicet, dans Twysden, col. 562. Conf. Benoit, I, 41.

[2] *Bellenti* M.

[3] Guillaume Patri avait trois fils : Guillaume, qui mourut en 1174 en même temps que son père (plus bas, à l'année 1174, p. 48), Enguerran qui succéda à son père Guillaume (ibid.), et Robert que le cartulaire de Savigny, n. 241, indique comme frère d'Enguerran : « Enguerrannus Patricus et Robertus, frater ipsius. » Une charte de Raoul de la Lande pour l'abbaye de Saint-Vincent du Mans fut faite en présence de beaucoup de témoins « qui in festivitate paschali curie domini Wil- « lelmi Patric convenerant.... » Bibl. nat. Collection Moreau, vol. 67, fol. 120.

[4] 4 avril 1173.

[5] Eudes. *Monasticon anglicanum*, I, 112.

[6] Le prieuré de Sainte-Barbe en Auge.

ricum et ad legatos Romanos Albertum et Theodinum; et elegerunt Rogerium abbatem Becci ad archiepiscopatum Cantuariensem[1]. Ille vero prætendens infirmitatem suam, noluit adquiescere electioni eorum. Qui inde redeuntes in Angliam, convocatis episcopis et aliis religiosis personis, elegerunt in archiepiscopum Ricardum, priorem de Duvira, monachum suum[2].

Ricardus etiam, archidiaconus Pictavensis, electus est ad episcopatum Wintoniensem[3]; Gaufridus, filius regis Henrici naturalis, archidiaconus Lincoliensis, ad Lincoliensem[4]; Gaufridus Ridel, archidiaconus Cantuariensis, ad Eliensem[5]; Robertus Foliot, archidiaconus Lincoliensis, ad Herefordensem[6]; Raginaldus[7]

[1] L'élection de Roger avait d'abord été arrêtée en Angleterre le 2 mars 1173 par les suffragants de l'archevêque de Cantorbéry. Raoul de Dicet, dans Twysden, col. 561. Conf. Gervais de Cantorbéry, ibid. col. 1423.

[2] Richard fut élu le 3 juin 1173. Gervais de Cantorbéry, dans Twysden, col. 1425.

[3] Les élections d'évêques dont il est ici question, furent faites à la fin du mois d'avril 1173. Gervais de Cantorbéry, dans Twysden, col. 1424. — Richard, depuis longtemps archidiacre de Poitiers, nommé évêque de Winchester en 1173, fut sacré à Cantorbéry le 6 octobre 1174. Raoul de Dicet, dans Twysden, 582; Gervais de Cantorbéry, ibid. 1428.

[4] Geoffroi, fils naturel de Henri II, qui, sans avoir jamais été sacré, résigna son titre d'évêque de Lincoln au commencement de l'année 1182, comme on le verra plus bas.

[5] Geoffroi Ridel fut sacré évêque d'Ely le 6 octobre 1174. Raoul de Dicet, dans Twysden, 582, et Gervais de Cantorbéry, ibid. 1428.

[6] *Rob. Oxenofordensis archidiaconus ad Herefordiensem.* Raoul de Dicet, dans Twysden, col. 568.

[7] *Rag'* F et M. *Raginaldus* L. *Radulfus* Va. — Renaud, évêque de Bath, fut sacré en 1174, comme on le verra plus bas, p. 49.

Lumbardus, archidiaconus Salesberiensis, ad Batensem; Goscelinus, decanus Ciscestrensis, ad Ciscestrensem[1]. Posita autem die, qua consecraretur electus Cantuariensis et consecraret æque alios electos, in generali conventu episcoporum et aliorum qui convenerant, prior Cantuariensis protulit litteras Henrici regis junioris, in quibus dicebat eos non esse sacrandos; et si quis imponeret eis manus, invitabat eum ad audientiam domini papæ. Et ita infecto negocio recesserunt unusquisque ad propria.

Prior Wintoniensis factus est abbas Glastoniæ[2].

Post Pascha[3], Bernardus de Feritate[4], vertit se et castellum suum regi juniori. Similiter Galerandus de Ibera[5], Goscelinus Crispinus[6], Gillebertus de Tegulariis[7], Robertus de Monte Forti[8], Radulfus de Faie[9],

[1] *Ad Cicestrensem ecclesiam Johannes ejusdem loci decanus.* Raoul de Dicet, dans Twysden, col. 568. — Au lieu de *Ciscestrensis*, le ms. M porte *Cistrensis*.

[2] Sur Robert, prieur de Winchester et abbé de Glastonbury, voyez *Monasticon anglicanum*, I, 4, et plus bas, à l'année 1181.

[3] En 1173, Pâques tomba le 8 avril.

[4] Bernard, seigneur de la Ferté-Bernard (Sarthe, arr. de Mamers); voyez Cauvin, *Géographie ancienne du diocèse du Mans*, p. 312.

[5] Galeran, seigneur d'Ivri, dont il sera question plus loin, à l'année 1177.

[6] Voyez plus haut, t. I, p. 288.

[7] Voyez plus haut, t. I, p. 268, note 3.

[8] Robert, seigneur de Montfort-sur-Risle, beau-frère de Raoul de Fougères; sa mort sera mentionnée plus loin, à l'année 1178.

[9] Raoul de la Faye était oncle de la reine Aliénor, suivant Raoul de Dicet (dans Twysden, col. 559) et Giraud le Cambrien (*Gemma ecclesiastica*, I, LIV, éd. Brewer, II, 162). Il avait sans doute épousé une fille de Guillaume VIII, duc de Guyenne.

Gaufridus de Lizenone[1], Hugo de Sancta Maura[2] et ipsius filius, et Willermus camerarius de Tancharvilla[3] veniens de Anglia.

Philippus comes Flandrensis cepit castrum de Aubimare[4], et in eodem comitem Willermum[5], dominum ipsius castri, et comitem Simonem[6]. Inde comes Aucensis Henricus[7] subdidit se et castella sua regi juniori et comiti Flandrensi.

Post festum sancti Johannis[8], rex Francorum Ludovicus, coadunatis baronibus suis ex omni regno suo, obsedit castrum Vernolium fere per unum mensem. In quo exercitu, ut dictum est a nonnullis, fuerunt septem milia militum, excepta reliqua multitudine. Quibus restiterunt viriliter Hugo de Laci[9] et

[1] Au dire de Benoit de Peterborough (I, 343) Geoffroi de Lusignan, meurtrier du comte de Salisbury (plus haut, p. 5, note 2), était frère de Gui de Lusignan, qui devint roi de Jérusalem en 1186.

[2] D. Housseau (V, n. 1727, 1774, 1776 et 1889) a recueilli plusieurs actes relatifs à Hugues de Sainte-Maure (Sainte-Maure-de-Touraine, Indre-et-Loire, arr. de Chinon) et à ses deux fils Guillaume et Goscelin. Benoit de Peterborough (I, 47) cite comme adversaires de Henri II en 1173: « Hugo de Sancta Maura, Willelmus de Sancta « Maura, Joscelinus de Sancta Maura. »

[3] Guillaume de Tancarville, à qui le gouvernement du Poitou avait été confié après la mort de Patrice de Salisbury; Gautier Map, *De nugis curialium*, V, vi, éd. Wright, p. 234.

[4] Aumale, Seine-Inférieure, arr. de Neufchâtel. Selon Benoit (I, 47), ce fut vers le 29 juin que le comte de Flandre entra en Normandie et s'empara du château d'Aumale.

[5] Guillaume I, comte d'Aumale.

[6] Simon, comte d'Evreux.

[7] Henri II, comte d'Eu.

[8] Après le 24 juin. Suivant Benoit (I, 49) l'entrée de Louis VII en Normandie doit se placer vers le 6 juillet 1173.

[9] Sur la famille de Lacy, voyez plus haut, t. I, p. 212, note 1.— Hugues

Rex Henricus, contracto magno exercitu tam equitum quam peditum, venit Britolium, volens hominibus suis in Vernolio a rege Francorum Ludovico obsessis ferre auxilium. Quod cum rex Francorum audisset, usus consilio sapientum, a castro recessit, relicta multa parte impedimentorum et victualium [1].

Rex Henricus, convocatis baronibus Britanniæ, exegit ab eis sacramentum suæ fidelitatis. Quod cum alii utcunque observarent, Radulfus de Fulgeriis infideliter agens, vocatus a rege, parere noluit; sed castellum de Fulgeriis, quod ipse rex prius destruxerat [2], cæpit reædificare. Quod audiens Hasculfus de Sancto Hylario et Willermus Patric et tres filii sui, læti effecti, per diverticula venerunt ad eum. Comes etiam Cestriæ [3] et comes Eudo [4] secuti sunt eos. Cum rex Anglorum

[1] Louis VII abandonna le siége de Verneuil le 9 août 1173. Benoit, I, 54.

[2] Le château de Fougères avait été ruiné par Henri II en 1166. Voyez plus haut, t. I, p. 361.

[3] Hugues.

[4] Eudes, vicomte de Porhoet, épousa Berthe, fille de Conan le Gros et veuve d'Alain, comte de Richemond. Au droit de Berthe, il prétendait se mettre en possession du comté ou du duché de Bretagne, comme on l'a vu plus haut, t. I, p. 302. Le titre de *comes* ne lui est pas seulement donné par Robert de Torigni; il se trouve également dans une charte accordée en 1153, au prieuré de Josselin, et dont voici un extrait : « Ego Eudo comes..., consilio fratrum meorum, « videlicet Joscii vicecomitis et Alani Ceoche, concessi donum et « elemosinam de Lesveren.... monachis Beati Martini de castro « meo.... consuetudines quarumdam terrarum quas eis dominus « Gaufridus, pater meus, prius dederat... » Bibl. Nat. Collection Moreau, vol. 66, fol. 176. — Le cartulaire de Savigny (n. 308 et 309) renferme deux chartes émanées de « Eudo, Dei gratia dux Britan- « norum, » toutes les deux datées du mois de décembre 1155.

Henricus misisset Brebenzones suos ad devastandam terram Radulfi de Fulgeriis, et hoc ex magna parte fecissent, magna pars eorum, qui victualia ad exercitum deferebant, cum non haberent ducem neque protectorem, occisa est inter Sanctum Jacobum [1] et Fulgerias a militibus Radulfi de Fulgeriis. Radulfus de Fulgeriis castrum Sancti Jacobi tradidit incendio; similiter castrum Tilioli [2]. Rex Henricus latenter veniens Fulgerias, ut interciperet Radulfum, audito ejus adventu, fugæ petiit remedium. Prædam tamen tantam quantam aliquis in nostro vix viderat regis homines ceperunt. Siquidem Radulfus de Fulgeriis præceperat hominibus de omni terra sua quod equos et armenta et pecudes et omnem substantiam suam ducerent in suam forestam; sed antequam intrarent nemoris latibula, ab inimicis intercepti sunt, et omnia sua amiserunt. Radulfus de Fulgeriis, delinitis custodibus precio et precibus, qui custodire debebant castrum de Cumburc et civitatem Dolensem ad opus regis Anglorum, cepit illas munitiones. Quod rex audiens, misit Brebenzones suos et quosdam de militibus suis ad eorum auxilium, si necesse haberent. Quibus obviaverunt comes Cestriæ, Radulfus de Fulgeriis, Hasculfus de Sancto Hylario, Willermus Patric, et universi milites de terra Radulfi de Fulgeriis, cum magna multitudine peditum. Qui quasi in momento dispersi, milites se fugæ tradiderunt, et multi de plebe occisi sunt [3].

[1] Saint-James de Beuvron, Manche, arr. d'Avranches.

[2] Le Teilleul, Manche, arr. de Mortain.

[3] La défaite du comte de Chester et de ses complices est du 20 août 1173. Benoit, I, 56.

Comes vero Cestriæ, et Radulfus de Fulgeriis, et LX milites [1] cum eis, cum non possent effugere, quia inimici eorum obstruxerant viam fugiendi, incluserunt se in turri, excepto Hasculfo de Sancto Hylario et Willermo Patric et quibusdam aliis, qui capti ducti sunt ad Pontem Ursonis. Itaque obsessa est turris Doli a Brebenzonibus et militibus regis et plebe Abrincatina. Comes vero Eudo cum venisset de Francia, noluit morari cum Radulfo de Fulgeriis, sed abiit in Porroet [2], et firmavit castellum Goscelini [3], et cepit castellum Ploasmel [4]. In sequenti opere potest videri probitas, industria et agilitas regis Angliæ Henrici. Audivit nuntium de obsessione turris Doli, cum esset Rothomagi, nocte præcedente diem Mercurii. Ipso vero die Mercurii [5], cum jam lux esset, recessit a Rothomago, et venit Dolum sequenti die circa terciam, et obsedit turrim. Et cum præparasset machinas ad turrem capiendam, inclusi sibi providentes reddiderunt turrim et se ad voluntatem regis. Inde rex misit eosdem per firmitates suas, ut ibi custodirentur. Quosdam vero, acceptis obsidibus, secum retinuit sub libera custodia.

[1] *XL milites* F. 60 *milites* Va.

[2] Sur l'étendue du comté de Porhoët, voyez *Annuaire historique et archéologique de Bretagne*, par A. de La Borderie, année 1861, p. 154.

[3] Josselin, Morbihan, arr. de Ploermel. Voyez le fragment de charte publié p. 42, note 4.

[4] Ploermel, Morbihan.

[5] Le 21 août 1173, Henri II étant à Rouen apprit le siége du donjon de Dol; il arriva sous les murs de la place assiégée le 23 août, et s'en rendit maître le 26. Benoit, I, 57.

Comes Robertus de Leecestria volens turbare regnum Angliæ ipse, et uxor ejus[1], et Hugo de Novo Castello, consobrinus ejus[2], cum multis militibus transfretavit in Angliam[3]. Sed interceptus ipse et uxor ejus et Hugo de Novo Castello capti sunt a fidelibus regis juxta Sanctum Edmundum, et custodiæ traditi; et multi Flandrensium ibi occisi sunt, et multi alii capti et occisi; et forsitan ideo quia rapinam exercuerant in terra sancti Edmundi, regis et martyris, quod non licuit alicui impune.

Radulfus de Fulgeriis dedit obsides regi Angliæ pro se filios suos, Juellum et Willermum[4]. Ipse vero nullatenus adquievit, ut se potestati regis traderet, sed fugiendo per nemora delitescit.

Gaufridus de Poentio[5], et Bonus Abbas de Rugeio[6],

[1] Pernelle de Grentèmesnil, femme de Robert III, comte de Leicester. Voyez plus haut, page 8, note 8.

[2] Hugues III, seigneur de Châteauneuf-en-Thimerais, fils de Hugues II et d'Aubrée de Meulan, tante de Robert III, comte de Leicester.

[3] Le comte de Leicester débarqua en Angleterre le 29 septembre 1173 et fut pris le 17 octobre. Raoul de Dicet, dans Twysden, col. 573 et 574; conf. Gervais de Cantorbéry, ibid. col. 1426, et Benoit, I, 60-62.

[4] Dans une charte du mois de décembre 1163, Raoul, seigneur de Fougères, fait intervenir ses deux fils, Juhel et Guillaume: « Ego « Radulfus, Filgeriarum dominus....., concedentibus filiis meis « Juhello et Guillelmo.....; » Cartulaire de Savigny, n. 31.

[5] *Poenceio* L. Geoffroi de Poencé devait appartenir à la famille des seigneurs de la Guerche. On lit dans une charte de Marmoutier: « Ego Willelmus de Guirchia, filius Gaufredi de Poenceio....; » D. Morice (*Preuves*, I, 717). Une donation de Guillaume de la Guerche fut faite « in claustro monachorum de Poenceio; » Bibl. nat. Collection Housseau, V, n. 1671.

[6] D. Morice (*Preuves*, I, 696) a publié une charte de l'année 1183 relative à la donation que Bon-Abbé de Rougé fit à l'abbaye de

et alii exheredati de Media[1] et de Andegavensi pago, et Radulfus de Haia Normannus[2], de nemoribus infestant terram regis, carentes munitionibus castellorum. Siquidem Brebenzones regis dextruxerant castrum Quircæ[3], sicut antea pessumdederant Fulgerias, et ceteras munitiones Radulfi.

Robertus de Vitreio obiit, et successit ei filius suus Andreas, natus ex sorore Rollandi de Dinam[4]. Idem vero Rollandus, quia carebat alio herede, fecit heredem alium nepotem suum Alanum[5] de omni terra sua, in præsentia regis.

Mellerai quand elle fut dédiée par les évêques de Nantes et de Vannes; il s'y appelle *Bonus Abbas de Rogeio*. — Il est question de *Bonus Abbas* dans la charte 294 du cartulaire de Savigny.

[1] La Mée dans le diocèse de Nantes. Voyez plus haut, t. I, p. 312,

[2] « Radulfus de Haia » donna à l'abbaye de Savigny la dîme de son froment de Longueville, au diocèse de Coutances. Cartulaire de Savigny, n. 152.

[3] La Guerche, Ille et Vilaine, arr. de Vitré.

[4] La femme de Robert de Vitré se nommait Emma, comme on le voit par une charte du 1 avril 1161 : « Ego Robertus, dominus « Vitreii,.... concedente Andrea filio meo, et Emma matre mea, et « Emma uxore mea....; » Cartulaire de Savigny, n. 323. Ce renseignement est confirmé par une charte d'André de Vitré : « Andreas, « dominus Vitreii,.... pro salute anime mee et patris mei Roberti, et « matris mee Emme, et uxoris mee Matildis...; » ibid. n. 351.

[5] Le neveu et l'héritier de Rolland de Dinan se nommait Alain de Vitré, comme on le voit par une charte de Rolland lui-même : « Ego « Rollandus de Dinanno, concedente Alano de Vitreio, nepote meo, « post obitum meum terræ meæ herede futuro... » Dom Morice, *Preuves*, I, 664. Alain de Vitré prit le nom d'Alain de Dinan après la mort de son oncle. On lit dans une charte d'André de Vitré : « Con« cedentibus fratribus meis Aalano de Dinanno, Roberto, Josce« lino... ; » Cartulaire de Savigny, n. 366. Alain de Dinan demanda,

1174.

ROMANORUM FREDERICUS 22. FRANCORUM LUDOVICUS 37. ANGLORUM HENRICUS 20.

Rex Henricus egit Natale Domini[1] in Baiocensi pago apud Burum.

Guillermus, episcopus de Trigel, humanæ vitæ finem fecit[2], cui successit Ivo Brito, archipresbiter[3] Turonensis. In loco etiam Haimonis, episcopi Leonensis[4], electus est quidam archidiaconus ejusdem ecclesiæ[5], non cononice, sed simoniace; et cum haberet gratiam tam cleri quam populi, non promeruit consecrationem, impediente morte Jocii archiepiscopi Turonensis[6], in cujus loco elegerunt Turonenses clerici decanum ipsius

en même temps que son frère André de Vitré, à être enterré dans l'abbaye de Savigny : « Andreas, dominus Vitreii, et Alanus, domi- « nus de Dinan... nos elegimus domum de Savigneio, ut ibi et nos « et fratres nostri Robertus et Joscelinus habeamus sepulturam, in « capella videlicet Sancte Katerine virginis, juxta dominum Rober- « tum de Vitreio, patrem nostrum... » Ibid., n. 373.

1 25 décembre 1173. Suivant Benoit (I, 63) et suivant Gervais de Cantorbéry (col. 1426), Henri II célébra à Caen la fête de Noël 1173.

2 La mort de Guillaume, évêque de Tréguier, est mal à propos rapportée à l'année 1175 dans *Gallia christiana*, XIV, 1122.

3 *Archidiaconus* L.

4 Sur la mort de Haimon, évêque de Saint-Pol de Léon, voyez plus haut, p. 25.

5 Cet archidiacre se nommait probablement Gui. Voyez *Gallia christiana*, XIV, 976.

6 Josce, archevêque de Tours, mort en 1173 ou 1174, fut remplacé en 1174 par Barthélemi de Vendôme. *Gallia christiana*, XIV, 92.

ecclesiæ Bartholomæum, juvenem strenuum et genere nobilem.

Guillermus [1] Patric junior moritur Parisius, et Guillermus Patric, pater ejus, cui successit Ingerranus Patric, filius ejus [2], qui duxit filiam Richardi filii comitis [3].

Obiit abbas Sancti Florencii [4], et successit ei Radulfus Normannus.

Similiter satisfecit vitæ humanæ Nutritus [5] reclusus, vir honestus et magnæ religionis, ad cujus tumulum, ut quidem dicunt, qui est juxta ecclesiam Sanctæ Mariæ Ardevonensis [6], Deus magnificatur in curatione infirmorum.

Obiit etiam anno superiore Hamo de Lendecop [7], monachus Saviniensis, qui propter religionem et bona opera in pauperes carus erat Deo et hominibus.

[1] Cette note et la suivante ont été récrites dans M sur un passage gratté.

[2] Voyez plus haut, p. 35, note 7. — Enguerran Patri n'avait pas encore entièrement payé en 1180 ce qu'il devait au roi pour la succession de son père : « De Engerranno Patric II solidos et VI dena- « rios de remanente finis sui pro terra patris sui ; » *Rotuli scaccarii*, p. 54.

[3] J'ignore le nom de cette fille de Richard, fils de Robert, comte de Gloucester, lequel Richard mourut en 1175, comme on le verra un peu plus loin, p. 58.

[4] A Froger, abbé de Saint-Florent de Saumur, mort en 1173 ou 1174, succéda Raoul. *Gallia christiana*, XIV, 634. Conf. Chroniques des églises d'Anjou, p. 310 et 311.

[5] *Nutricius* L.

[6] Ardevon, Manche, arr. d'Avranches, canton de Pontorson.

[7] *Landacop* L. — A des chartes de Raoul de Fougères et de Rober

Archiepiscopus Tarentasiæ [1], qui fuerat monachus de ordine Cisterciensi, per quem in nostris temporibus in exhibitione miraculorum Deus benedicitur, cum abbate Cisterciensi Alexandro [2], missus a domino papa venit ad regem Francorum, pro reformanda pace inter regem Angliæ Henricum et filium ejus regem juniorem; sed impedientibus hominum peccatis, parum profecit.

Circa Pascha, Ricardus, electus Cantuariensis, qui anno superiore perrexerat Romam, a papa Alexandro sacratus est Anagniæ [3]. Raginaldum [4], electum Batensem, socium ejus, sacravit archiepiscopus Tarentasiæ.

de Vitré (Dom Morice, *Preuves*, I, 607) figure comme témoin « Hamo « de Landacob. » — La vie du bienheureux Hamon, moine de Savigny, rédigée par un contemporain, existe dans les trois manuscrits suivants : Bibl. nat. latin 17628, fol. 98 v° ; français 22321, p. 875 ; Musée britannique, Add. mss., n. 15264, fol. 78. Ce dernier exemplaire vient de l'abbaye de Royaumont.

[1] Pierre, archevêque de Tarentaise, pendant son séjour en France, en 1174, consacra la chapelle de Bouchard de Montmorency, comme l'atteste une charte de ce seigneur, publiée dans *Gallia christiana*, XII, instrum. 386. La vie de Pierre, archevêque de Tarentaise, qui fut canonisé par Célestin III, a été écrite par Geoffroi d'Auxerre ; voyez les Bollandistes, Mai, II, 323.

[2] Alexandre, abbé de Cîteaux, mort le 29 juillet 1175. *Gallia christiana*, IV, 988.

[3] L'élection de Richard fut confirmée par le pape le 2 avril 1174. Raoul de Dicet, dans Twysden, 580. Il fut sacré à Anagni le 7 avril. Gervais de Cantorbéry, ibid. 1426, et Jaffé, 759. Voyez aussi la lettre qui fut adressée à Henri II par Renaud, évêque de Bath, et dont le texte nous a été conservé par Benoit, I, 69.

[4] *Rag'* M et F. *Rad'* L. *Rogerium* Va. Renaud fut sacré à Saint-Jean de Maurienne, par Pierre, archevêque de Tarentaise. Gervais de Cantorbéry, dans Twysden, 1429 ; lettre de Renaud lui-même, citée dans la note précédente. Gautier Map a parlé du refus que l'archevêque de Cantorbéry fit de sacrer Renaud ; *De nugis curialium*, I, XXII, éd. Wright, p. 35.

Duæ reginæ [1] ducuntur in Angliam.

Circa idem tempus, Ludovicus, rex Francorum, congregavit Parisius omnes barones regni sui qui ei parebant, et cum eis habuit secretum ministerii sui. Juraverunt ergo comes Flandrensis [2], comes Theobaldus [3], comes de Claro Monte [4] et multi alii, quod transfretarent cum juniore rege in Angliam circa festum sancti Johannis [5], et pro posse suo subjugarent ei idem regnum. Alii vero qui remanebant, juraverunt quod cum exercitu per Normanniam pergerent, et quæcumque castella possent caperent, et patriam vastarent, aut urbem Rothomagum obsidione cingerent. Quod et fecerunt, parum proficientes.

Rex autem Henricus senior, qui multos de baronibus Franciæ oberatos habebat et magnis obsequiis et donis eos sibi familiares fecerat, hoc cognito per eos, castella sua quæ erant in finibus Normanniæ juxta Franciam, armis, militibus et victualibus munivit. Removit etiam quosdam custodes castellorum, ne aliquam sibi fraudem facerent per receptionem inimicorum suorum et longam moram. Inde locutus cum baronibus Normanniæ [6] eos admonuit, obsecravit, ut viriliter et fide-

[1] Aliénor, femme de Henri II, et Marguerite, femme du jeune roi Henri. Ces deux princesses passèrent en Angleterre, avec le roi Henri II, le 8 juillet 1174 ; Benoit, I, 72.

[2] Philippe.

[3] Thibaud V, comte de Blois.

[4] Raoul I, comte de Clermont en Beauvoisis.

[5] Vers le 24 juin 1174. Sur ce projet, voyez Benoit, I, 72.

[6] Cette réunion des barons normands eut lieu à Bonneville-sur-Touque le 24 juin ; Raoul de Dicet, col. 576.

liter agerent, et rememorarentur quod parentes eorum multociens Francos a finibus suis turpiter eliminassent.

Inde assumptis paucis, immo fere nullis de baronibus Normanniæ, cum Brebenzonibus suis transivit in Angliam [1]. Qua autem humilitate sepulcrum beati martyris Thomæ visitaverit, notandum est. Ut autem vidit ecclesiam Cantuariensem, desiliens equo, in veste lanea et nudis pedibus, pedes usque ad illam per paludes et acuta saxa cum summa devotione perrexit. In oratione ad sepulcrum gloriosi martyris in lacrimis tam devotus extitit, ut videntes ad lacrimas cogeret. Feria sexta [2] illuc venerat, et inpransus tota nocte ibi vigilavit. Mane autem facto, in capitulum monachorum pergens, subdidit se verberibus eorum, imitatus Redemptorem, qui dorsum suum dedit ad flagella. Sed ille fecit propter peccata nostra, iste propter propria.

Eadem autem die qua recessit a sancto loco, captus est Guillermus rex Scotiæ apud Anvich [3] a baronibus Eboracensibus; qui rex tota æstate cum Rogerio de Moubrai [4] et aliis complicibus suis vastaverat septem-

1 Henri II s'embarqua à Barfleur le 8 juillet 1174. Raoul de Dicet, dans Twysden, col. 576. Conf. Benoit, I, 72.

2 Le vendredi 12 juillet 1174. Raoul de Dicet, col. 577. Conf. Gervais de Cantorbéry, col. 1427.

3 *Alnewic* L. Aujourd'hui Alnwick, dans le comté de Northumberland. — Cette défaite du roi d'Ecosse eut lieu le 13 juillet, selon Gervais de Cantorbéry, dans Twysden, col. 1427. Sur la campagne du roi d'Ecosse, voy. Benoit, I, 64-69.

4 Le Livre noir de l'échiquier, p. 309, contient l'état des fiefs que Roger de Montbrai possédait dans le comté d'York.

trionales partes Angliæ pertingentes ad Scotiam. Quarta feria sequenti[1], audivit rex nuntium tanti gaudii. Rex Henricus exhilaratus tanto nuntio, facta pace cum comite Hugone Bigoth[2], et positis in firma custodia Guillermo rege Scotiæ et Roberto[3] comite Leecestriæ, cum comitibus suis transfretavit in Normanniam[4], relinquens Angliam in pace, quam fere perditam in triginta diebus recuperaverat.

Veniens itaque Rothomagum, misit marchisos suos Walenses trans Secanam, ut victualia quæ veniebant ad exercitum Francorum, in nemoribus diriperent[5]. Franci igitur ex una parte timentes regem, ex alia Walenses, de pace locuturi ad regem conveniunt. Unde rex exhilaratus terminum de pace inter eos reformanda posuit ad nativitatem sanctæ Mariæ[6] apud Gisorz. Quo termino elapso, ex utraque parte convenerunt; sed nichil profecerunt, nisi quod alium terminum circa festum sancti Michaelis[7] posuerunt inter Turonim et

[1] 17 juillet 1174. Suivant Benoit (I, 72), ce fut le jeudi 18 juillet que Henri II étant à Londres apprit la défaite du roi d'Ecosse.

[2] Henri II traita avec Hugues Bigot, comte de Norfolk, le 25 juillet 1174; Benoit, I, 73, et Raoul de Dicet, col. 578.

[3] *R. comite* M, F et L. — Suivant Benoit (I, 62, 72 et 74), Robert, comte de Leicester, fut emprisonné à Falaise dès l'année 1173. En juillet 1174, il fut transféré en Angleterre, d'où il revint, le mois suivant, pour être enfermé avec le roi d'Ecosse et le comte de Chester, d'abord à Caen, puis à Falaise.

[4] Henri II passa de Porchester à Barfleur le 7 août 1174. Raoul de Dicet, col. 578 et 581. Conf. Benoit, I, 74.

[5] Selon Benoit (I, 74) Henri II arriva à Rouen le 11 août, et les convois de vivres de l'armée française furent capturés le 12 août.

[6] 8 septembre. Voyez Benoit, I, 76.

[7] Vers le 29 septembre. Voyez Benoit, I, 76.

Ambasium [1]. Quo loco, Deo favente, pax provenit [2], et filii regis tres se patri suo humiliter subdiderunt, et rex Francorum et comes Flandrensis firmitates quas ceperant in Normannia, regi Angliæ reddiderunt. Ego vero pacem istam ascribo Dominæ nostræ Jhesu Christi genitrici, quia in vigilia Assumptionis ejus [3] universus exercitus ab obsidione recessit, et cives Rothomagenses lætum diem egèrunt in ecclesia ipsius, sicut debebant, ab obsidione liberati.

Post festum sancti Johannis, moritur Ammaricus rex Jerosolimitanus [4], et successit ei Baldewinus quartus filius ejus.

Obiit etiam Loradin, rex Alapriæ [5], et successit ei filius ejus, natus ex sorore comitis Sancti Ægidii, quam acceperat captivam in itinere Jerosolimitano. Ipsa vero et filius, assumptis induciis usque ad septem annos, promiserunt se daturos plurimam summam auri regi Jerosolimitano.

[1] *Turon' et Amb'* M.

[2] Le traité fut conclu entre Tours et Amboise, le 11 octobre 1174, selon Raoul de Dicet, col. 587, ou plutôt le 30 septembre, comme l'attestent Benoit, I, 77, et Gervais de Cantorbéry, col. 1428. Le texte du traité est dans Benoit, I, 77.

[3] 14 août 1174. Voyez Benoit, I, 76.

[4] Suivant Du Cange (*Les Familles d'Outremer*, p. 20), qui copie Guillaume de Tyr, Amauri I, roi de Jérusalem, mourut le 11 juillet 1173, et son fils et successeur Baudouin IV fut couronné le 15 juillet; mais M. Rey cite deux diplômes d'Amauri, qui, combinés avec le témoignage de Robert de Torigni, pourraient autoriser à rejeter la mort d'Amauri à l'année 1174.

[5] Noureddin-Mahmoud, sultan d'Alep, mourut le 26 mai 1173. Il avait épousé une fille naturelle d'Alfonse-Jourdain, comte de Toulouse, et par conséquent sœur de Raimond V. Il eut pour successeur son fils, Malek-es-Saleh-Ismail.

Saraguntat [1], nepos ipsius Loradin, occidit Amulanium Babiloniæ, et factus est princeps Babiloniæ et Alexandriæ.

Mortuo Drogone, abbate Sanctæ Trinitatis, successit ei Guillermus de Esprevilla, monachus Becci, prior de Evermo [2].

Mortuo etiam Roberto abbate Cormeliensi, successit ei Hardewinus, monachus Becci, prior Sancti Theodemiri vel Himerii [3].

[1] Ce fut Saladin, neveu de Noureddin, et non pas le visir Schirkouh qui mit fin à la domination des califes fatimides d'Egypte. Adhed, le dernier de ceux-ci, mourut le 13 septembre 1171. Saladin prit le titre de sultan d'Egypte en 1173, après la mort de Noureddin.

[2] Dreu, abbé de la Trinité de Rouen, mourut probablement le 10 septembre 1174. *Gallia christiana*, XI, 127. Il eut pour successeur, comme Robert de Torigni l'atteste ici, Guillaume d'Epreville, moine du Bec et prieur d'Envermeu (Seine-Inférieure, arr. de Dieppe). Les auteurs du *Gallia christiana*, XI, 127, à qui le passage de Robert de Torigni avait échappé, n'ont pas admis le nom de Guillaume d'Epreville sur la liste des abbés de la Trinité, sous prétexte qu'il n'avait pas été connu, au commencement du XIVe siècle, par l'auteur des éloges en vers des abbés de la Trinité de Rouen; mais c'est une erreur : l'auteur des éloges, d'accord avec Robert de Torigni, dit positivement qu'après la mort de Dreu, on choisit pour abbé un moine du Bec nommé Guillaume, lequel ne mourut pas abbé, mais résigna ses fonctions : « ... Abbas extitit actus Becci Guillelmus qui fuerat « monachus; Qui non decessit abbas, immo resignavit... » *Normanniæ nova chronica*, p. 40. Il faut donc inscrire sans aucune hésitation le nom de Guillaume d'Epreville sur le catalogue des abbés de la Trinité de Rouen.

[3] Les mots *vel Himerii* sont en interligne dans M; ils sont passés dans le texte de F. *Sancti Hymerii vel Theodcineri* L. — Robert de Saint-Planchais, abbé de Cormeilles, paraît être mort le 21 février 1174. *Gallia christiana*, XI, 847. Son successeur Hardouin avait précédemment administré le prieuré de Saint-Ymer (Calvados, arr. et canton de Pont-l'Évêque).

1175.

ROMANORUM FREDERICUS 23. FRANCORUM LUDOVICUS 38. ANGLORUM HENRICUS 21.

Rex Henricus egit Natale Domini [1] apud Argenthomagum.

Fredericus, imperator Alemannorum, cum uxore et liberis et cum maximo exercitu veniens in Italiam [2], obsedit Alexandriam usque ad Pascha, nichil proficiens, sed multa detrimenta sustinens.

Guarinus de Galardun [3], abbas Pontiniacensis, factus est archiepiscopus Bituricensis, sicut abbas qui idem monasterium ante illum rexerat factus fuerat archiepiscopus Lugdunensis [4].

Circa Pascha[5], junior rex pacificatus est cum patre suo, accepto ab eo et fratribus suis sacramento quod voluit. Inde rex misit ducem Ricardum, filium suum, in Aquitanniam; et Gaufridum, filium suum, comitem

[1] 25 décembre 1174. Conf. Benoit, I, 81.

[2] Octobre 1174. Voyez les *Regesta* de Boehmer, p. 137.

[3] *Gelardun* M et F. J'emprunte la forme *Galardun* à L. Guérin de Gallardon commença à administrer l'église de Bourges en 1174; il avait été abbé de Pontigny depuis 1166 jusqu'en 1174. *Gallia christiana*, II, 55, et XII, 442.

[4] Guichard, abbé de Pontigny de 1136 à 1165, et archevêque de Lyon de 1165 à 1180 ou environ. *Gallia christiana*, XII, 442, et IV, 126.

[5] En 1175, Pâques tomba le 13 avril. — Richard et Geoffroi firent hommage à leur père dans la ville du Mans; Henri fit hommage à Bur le 1 avril. Raoul de Dicet, dans Twysden, col. 585 et 586. Conf. Benoit, I, 82.

Britanniæ in Britanniam, assignans ei Rollandum de Dinam [1], ut esset procurator terræ suæ.

Fredericus imperator Alemannorum recessit ab Alexandria, et tractatum fuit de reformanda pace inter dominum papam et ipsum; sed imperator noluit adquiescere paci stante Alexandria, quam Longobardi noluerunt subvertere, et ita pax remansit. Ipse vero adhuc moratur Papiæ [2], non valens procedere nec reverti.

Gaufridus, dux Britanniæ, ea quæ comes Eudo habebat de dominio suo, scilicet Venetum, Ploasmel, Aurai, medietatem Cornubiæ [3], revocavit in dicionem suam.

Post Pascha, rex Henricus et filius suus, rex junior, transfretavit in Angliam [4]. Quia vero clerici et laici, barones et milites, ceperant de cervis suis sine ipsius licentia, emunxit eos multo argento [5].

Rex Scotiæ pacificatus est cum rege Angliæ hoc modo [6]. Fecit ei homagium et ligantiam de omni terra

[1] Rolland de Dinan, qui fut seigneur de Dinan depuis 1157 jusqu'en 1182, ou environ, selon Du Paz, *Histoire généalogique*, II, 121-124.

[2] L'empereur Frédéric, entré en Italie au mois d'octobre 1174, ne regagna ses états allemands qu'à l'automne de 1178. Voyez Boehmer, p. 137-139.

[3] Vannes, Ploermel, Auray, la Cornouaille.

[4] L'embarquement des deux rois eut lieu le 8 ou le 9 mai 1175. Raoul de Dicet, dans Twysden, col. 585; Benoit, I, 83.

[5] Conf. Benoit, I, 94 et 99.

[6] Le traité de paix entre Henri II et Guillaume, roi d'Ecosse, avait été conclu à Valognes, le 8 décembre 1174. Raoul de Dicet, dans Twysden, col. 584. Le texte du traité, daté de Falaise, se trouve dans Benoit, I, 96-99, et avec quelques différences dans la nouvelle édi-

sua, ut proprio domino; et concessit ut omnes episcopi terræ illius, qui sunt numero decem, et abbates et comites et barones hoc idem facerent. Episcopi vero et abbates homagium non fecerunt; sed sacramento se constrinxerunt, se hoc observaturos, et quod forent subditi ecclesiæ Eboracensi et archiepiscopo, et illo irent causa sacrandi, quociens necesse esset. Insuper rex Guillermus tradidit munitiones suas, scilicet Rocheburc[1] et Castrum Puellarum[2] et tertium id est Berewic[3], regi Angliæ, qni posuit in eis custodes suos; quibus etiam rex Scociæ inveniet necessaria. Præterea rex Angliæ dabit honores, episcopatus, abbatias, et alios honores in Scotia, vel, ut minus dicam, consilio ejus dabuntur.

Prior Cantuariensis[4] factus est abbas de Bello; Petrus prior Montis Acuti, Hydæ[5]; prior Bermondesiæ, Abbendoniæ[6]; prior Wintoniæ, Westmonaste-

tion de Rymer (I, 30). Ce traité fut ratifié, et le roi d'Ecosse fit hommage à Henri II dans la ville d'York, au mois d'août 1175 ; voy. Benoit, I, 94.

[1] *Rochesburch* L. Roxburgh.

[2] L ajoute *id est Edemesburch*. Edinburgh.

[3] Les mots *id est Berewic*, qui sont fournis par L, manquent dans F et Va. La place en a été laissée en blanc dans M. — Berwick-on-Tweed.

[4] Eudes. Raoul de Dicet, dans Twysden, col. 588 ; Gervais de Cantorbéry, ibid., col. 1433 ; Chronique de la Bataille, trad. par Lower, p. 163.

[5] Suivant le *Monasticon anglicanum* (II, 481 et V, 163), l'abbaye de Hyde aurait été administrée, de 1175 à 1180, par Thomas, auparavant prieur de Montacute.

[6] Roger, prieur de Bermondsey, puis abbé d'Abingdon. Annales de Bermondsey, dans *Annales monastici*, éd. Luard, III, 444.

rii [1]. De quibusdam minutaribus abbatibus tacemus [2].

Johannes Oxenefordiæ, decanus Salesberiensis, electus est ad episcopatum Norwicensem [3].

Obiit [4] Raginaldus, comes Cornubiæ, prioris Henrici regis filius naturalis, et sepultus est Radingiæ. Comitatum Cornubiensem et totam terram, quam habebat tam in Anglia quam in Normannia et in Walis, retinuit rex in manu sua, ad opus Johannis filii sui junioris, excepta parva portione, quam dedit filiabus ipsius comitis [5].

Robertus abbas Montis, scriptor horum temporum, pergens in Angliam, promeruit a domino rege cartam et sigillum omnium elemosinarum ecclesiæ Montis, quæ datæ fuerant prædictæ ecclesiæ usque ad præsens tempus et dabuntur in futurum [6].

Richardus, filius comitis Gloecestriæ, obiit, et successit ei Phillippus, filius ejus, natus ex sorore Roberti de Monte Forti [7].

1 Gautier. Raoul de Dicet, col. 588.

2 Il y avait d'abord dans M : *de quibusdam minoribus vel minutaribus abb.*

3 Cette élection est du 26 novembre 1175. Raoul de Dicet, col. 588.

4 Le 1er juillet 1175; Raoul de Dicet, col. 586. — En décembre 1175; Gervais de Cantorbéry, col. 1433, et Benoit, I, 105.

5 L'une des filles de Renaud, comte de Cornouaille, nommée Mathilde, épousa Robert, comte de Meulan, et mourut dans la période comprise entre les années 1212 et 1221. Voyez Stapleton, *Rotuli scaccarii*, I, CXCVII — CCIII.

6 Il s'agit sans doute de la charte de Henri II dont il y a des copies à la Bibl. nat., ms. latin 10072, fol. 42 et 49, et ms. français 18949, p. 453.

7 Richard, fils de Robert, comte de Gloucester, était seigneur de

Obiit [1] etiam Henricus, frater Lodovici regis Francorum, archiepiscopus Remensis.

Similiter comes Nivernensis [2].

Et quod dolendum est, et tacendum nisi ob memoriam justi viri, abbas Clarevallensis Girardus a quodam pseudomonacho ejusdem ordinis nocte cultro ter appetitus, letaliter vulneratus est. Per triduum tamen quod supervixit, confessionem, pœnitentiam et sacramenta corporis Christi suscipere promeruit [3].

Richardus, archiepiscopus Cantuariensis, congregavit magnum concilium in Anglia, civitate Lundoniensi [4]. Et adhuc vetus querela de primatu Britanniæ

Torigni, et de Creully (voir plus haut, t. I, p. 287, à l'année 1154). Il est ainsi mentionné sur le rôle des fiefs dressé en 1172 : « Ricardus, « filius comitis, III milites, de feodo Eudonis dapiferi, et ad suum servicium XI milites, præter prædictorum ; » *Recueil des Historiens*, XXIII, 694. Je ne connais pas le nom de sa femme, qui, suivant Robert de Torigni, appartenait à la famille de Montfort-sur-Risle. Son fils aîné, Philippe, est appelé « Philippus de Croelio » sur le rôle de l'année 1195 ; *Rotuli scaccarii*, p. 130. En 1187, l'abbaye de Cherbourg reçut une charte de « Philippus de Croileio, filius Ricardi filii « comitis ; » Bibl. nat. ms. latin 10068, fol. 32, v°. — Un autre fils de Richard, nommé Richard de Creully, reconnut, antérieurement à l'année 1204, des droits qui avaient été donnés à l'église de Bayeux par son père « Ricardus filius comitis, » et confirmés par « Philippus de Croilleio, frater meus primogenitus ; » Livre noir du chapitre de Bayeux, fol. 66.

[1] Le 12 novembre 1175. Raoul de Dicet, col. 588.

[2] Gui, comte de Nevers, mourut le 18 octobre 1175. *Art de vérifier les dates*, II, 564.

[3] Gérard, abbé de Clairvaux, tué à Igny par Hugues de Basoches, en octobre 1175 ; *Gallia christiana*, IV, 801. Il y a quelques détails sur cet événement dans le Mémorial de Jean de Saint-Victor, ms. latin 15011 de la Bibl. nat., fol. 396 v°.

[4] Le 18 mai 1175 ; Raoul de Dicet, col. 585 ; Gervais de Cantorbéry, col. 1429 ; Benoit, I, 84.

inter ipsum et Rogerium archiepiscopum Eboracensem perseverat [1].

Similiter Bartholomæus, archiepiscopus Turonensis, concilium habuit cum episcopis Britanniæ Redonis [2]

Hugo Petri Leonis, legatus sedis Romanæ, transit in Angliam [3].

1176.

ROMANORUM FREDERICUS 24. FRANCORUM LUDOVICUS 39. ANGLORUM HENRICUS 22.

Nix et gelu duraverunt a nativitate Domini usque ad purificationem beatæ Mariæ [4].

Obiit Richerius de Aquila, et successit ei Richerius, filius ejus [5].

[1] Conf. Benoit, I, 89 et 104.

[2] Voyez *Gallia christiana*, XIV, 93.

[3] Ce légat fut reçu par les rois d'Angleterre, à Winchester, le 31 octobre 1175; Raoul de Dicet, col. 587. Giraud le Cambrien (*De rebus a se gestis*, I, VIII, éd. Brewer, I, 40) parle du concile que convoqua à Londres, « circa clausum Pascha, Hugutio cardinalis « tituli Sancti Angeli, fungens in Anglia legatione. » Le légat est appelé par Gervais de Cantorbéry (col. 1432) *Hugutio*, et par Benoit de Peterborough (I, 104, 112 et 117) *Hugo, tituli Sancti Michaelis de Petreleonis cardinalis*, *Hugozun*, et *Hugheszun*. Il y a dans le Livre noir du chapitre de Bayeux, n. 201, une ordonnance émanée de « Hu. « Petri Leonis, Sancti Angeli diaconus cardinalis, apostolice sedis « legatus. »

[4] Du 25 décembre 1175 au 2 février 1176.

[5] Richer de Laigle, dont il a été question plus haut, t. I, p. 269, à l'année 1152, s'appelle « Richerius Aquilensis, filius Gisleberti, » dans la grande charte qu'il accorda en 1155 à l'abbaye de Saint-Lomer et qui

Obiit Richardus, comes de Streguel [1], filius comitis Gisleberti, relinquens parvulum filium ex filia regis Duvelinæ. Iste adquisivit quasdam civitates in Hibernia, silicet Duvelinam et Watrefelth [2] et alias, quas Henricus rex Anglorum, cum in eandem insulam pergeret, accepit in manu sua. Hibernenses promiserunt regi Henrico tributum de omni insula, scilicet de unaquaque domo corium bovis vel duodecim argenteos.

In vigilia Paschæ [3], circa meridiem, factus est ventus vehemens, dissipans domos et silvas eradicans.

1177 [4].

ROMANORUM FREDERICUS 25. FRANCORUM LUDOVICUS 40. ANGLORUM HENRICUS 23.

In septimana Pentecostes, Longobardi, et maxime Mediolanenses, debellaverunt exercitum Frederici im-

est conservée en original aux Archives de Loir-et-Cher. — Son fils, « Richerius de Aquila, » attesta, en 1180, que Robert d'Avesnes avait renoncé, en faveur des moines de Saint-Père de Chartres, aux droits qu'il pouvait avoir sur l'église de Chanday; Bibl. nat., Collection Moreau, vol. 84, fol. 85.

[1] *Streguel* L.

Raoul de Dicet (col. 589 et 590) rapporte au 5 avril 1176 la mort de « Ricardus, comes de Striguil, Dermucii quondam Dublinensium « regis gener. » — Richard était fils de Gilbert, comte de Pembroke; il laissa un fils, Gilbert, qui mourut en bas âge. Stapleton, II, cxxxvii.

[2] Voyez plus haut, p. 29, à l'année 1171, où cette ville est appelée *Waterford*. Le nom moderne est Waterford.

[3] 3 avril 1176.

[4] C'est par suite d'une méprise que la rubrique de l'année 1177 a été

peratoris Alemannorum[1], qui tunc morabatur in Papiensi urbe. Ipse vero vix fugiendo evasit.

Guillermus, frater comitis Thebaldi, archiepiscopus Senonensis et episcopus Carnotensis, translatus est ad Remensem archiepiscopatum[2]; et successit ei Senone præpositus Autisiodorensis et archidiaconus Senonensis, Guido nomine[3].

In Carnotensi urbe Johannes Salesberiensis[4], vir honestus et sapiens, qui prius fuerat clericus Thebaldi, Cantuariensis archiepiscopi, et postea sancti Thomæ martiris, successoris[5] ejusdem Thebaldi.

Mortuo episcopo Belvacensi, successit ei Philippus, filius comitis Roberti, fratris regis Francorum[6].

Guillermus, rex Siciliæ, ducatus Apuliæ, principatus Capuæ, per honorabiles legatos requisivit Johannam,

mise à cet endroit dans les mss. de Robert de Torigni. En effet, tous les événements dont il va être question, jusqu'à la nomination de Gautier de Chalons, inclusivement, appartiennent à l'année 1176.

[1] Bataille de Legnano perdue par Frédéric I, le 29 mai 1176, qui était le samedi après la Pentecôte.

[2] Guillaume fut installé à Reims le 8 août 1176. Raoul de Dicet, dans Twysden, col. 593. Conf. Benoit, I, 125.

[3] Gui fut sacré par Jean, évêque de Chartres, le 26 septembre 1176. Raoul de Dicet, col. 594.

[4] Le 22 juillet 1176 les mandataires du chapitre de Chartres notifièrent au chapitre de Cantorbéry l'élection qui avait été faite de Jean de Salisbury pour évêque de Chartres; celui-ci fut sacré à Sens le 8 août par Maurice, évêque de Paris, et intronisé à Chartres le 15 août. Raoul de Dicet, dans Twysden, col. 592. Conf. Gervais de Cantorbéry, dans Twysden, col. 1434, et Benoit, I, 125.

[5] *Sucessoris* M.

[6] La mort de Barthélemi, évêque de Beauvais, et l'élection de son successeur Philippe de Dreux sont de l'année 1175. *Gallia christ.* IX, 732.

filiam Henrici regis Anglorum, in uxorem, et accepit [1].

Obiit Rogerius, abbas Gemmeticensis, monachus Becci [2].

Obiit etiam Radulfus, abbas Salmuriensis, cui successit Manerius, sacrista ejusdem loci [3].

Obiit etiam Guillermus de Curceio, relinquens parvulum filium ex filia Richerii de Aquila [4].

Cessit etiam in fata Willermus de Albineio, quem vocabant comitem d'Arundel, relinquens filios quatuor,

[1] Ce fut le 24 juin 1176 que Henri II répondit aux ambassadeurs du roi de Sicile; Raoul de Dicet, dans Twysden, col. 590. La princesse s'embarqua le 27 août (ibid. col. 594), et fut conduite à Saint-Gilles en Provence le 9 novembre (ibid. col. 595). Conf. Benoit, I, 115, 116, 119 et 127. — On trouve dans Madox (*The history of the exchequer*, p. 252, note *p*) deux articles du rôle de la 22e année de Henri II relatifs aux ambassadeurs du roi de Sicile et au départ de la princesse Jeanne : « Magistro Waltero de Constanciis, archidiacono « de Oxineford, L marce, ad procurationem nunciorum regis Sicilie.... « — Pro XL ulnis de canevaz tinguendis ad cameram regis et aliis « minutis apparatibus quando filia regis ivit in Siciliam, XLII solidos. » — Une charte de l'abbaye du Bec est ainsi datée : « Anno M CLXXVI, « quo anno filia Henrici regis Anglorum perrexit in Siciliam ; » Fragments du cartul. du Bec aux Arch. de l'Eure, n. 13 de la division intitulée *Titulus circa Surci*.

[2] Roger, abbé de Jumiéges, mourut le 16 août 1176, suivant une chronique écrite dans l'abbaye de Jumiéges et dont un fragment se trouve dans le ms. de la bibliothèque de Rouen qui renferme l'ancien texte de Robert de Torigni : « M C LXXVI : Obiit Rogerius abbas « Gemeticensis piæ memoriæ XVII kalendas Septembris. » — On lit dans l'obituaire de Jumiéges, au 16 août : « Rogerius abbas, jacet in capitulo « ante sedem prioris superius. » *Recueil des historiens*, XXIII, 420.

[3] Raoul, abbé de Saint-Florent de Saumur, parait être mort le 23 juin 1176, et avoir été remplacé le 30 octobre suivant par Mainier ; voyez *Chroniques des églises d'Anjou*, p. 193 et 312.

[4] Guillaume de Courcy, sénéchal de Normandie, mourut en 1176 et fut remplacé la même année, au mois de septembre, comme sénéchal, par Richard, évêque de Winchester. Benoit, I, 124 et 125.

scilicet Guillermum de Albineio primogenitum, et alios tres natos ex Aeliza regina, uxore primi Henrici regis Anglorum [1].

Qui Guillermus duxit relictam Rogerii comitis de Clara, filiam Jacobi de Sancto Hilario, cum omni terra quam idem Jacobus habuerat in Anglia [2].

Philippus, comes Flandrensis, accepta cruce Domini, cum magna manu militum perrexit Jerusalem [3].

Hasculfus de Sancto Hilario perrexit Jerusalem, et peregre mortuus est [4].

Petrus, frater Philippi comitis Flandrensium, accepta comitissa Nivernensi, quæ fuerat uxor domini Is-

[1] Guillaume d'Aubigny mourut le 12 octobre 1176. Raoul de Dicet, dans Twysden, col. 595. Conf. Benoit, I, 125 et 127. J'ai donné plus haut (t. I, p. 215, et t. II, p. 19) quelques détails sur la femme et les enfants de Guillaume d'Aubigny, comte d'Arundel.

[2] Guillaume d'Aubigny épousa bien Mathilde de Saint-Hilaire, veuve de Roger de Clare, comte de Hertford. Stapleton, II, CXXXVII.

[3] Philippe, comte de Flandre, avait pris la croix dès le 4 avril 1175; mais il ne partit que vers le 1 mai 1177, après s'être rencontré avec Henri II à Cantorbéry le 21 avril 1177. Benoit, I, 83, 158 et 159. Voyez aussi Gervais de Cantorbéry, dans Twysden, 1435. Une charte de Philippe pour le chapitre de Cassel est ainsi datée: « Actum est hoc « Arie, dominice incarnationis anno M C LXXVII, pridie antequam « comes Jerosolimam iturus, peram peregrinationis sue susciperet; » *Inventaire des archives de la chambre des comptes à Lille*, p. 55, n. 124.

[4] Il a déjà été question plus haut (p. 35) de Hascoul de Saint-Hilaire. En mourant, ce seigneur laissa pour héritière une fille qui était en 1180 sous la garde du roi : « In conredio et vestitura filie « Hasculfi de Sancto Hilario et nutricis sue et hominis sui, XXVII « libras et VII solidos et VI denarios, quaque die XVIII denarios. » *Rotuli scaccarii*, 10. Cette fille, nommée Jeanne, épousa Freslin Malesmains, qui est appelé « Freelinus Malesmains » et « Freelinus do- « minus de Sancto Hylario, » dans le cartulaire de Savigny, chartes 101 et 102.

soldunensis castri, mortuus est[1], et ideo forsitan, quia miliciam spiritualem, id est clericatum, dimiserat, utpote qui fuerat electus ad episcopatum Cameracensem, relicta spirituali milicia, miles seculi factus fuerat. Hic ex eadem comitissa genuit unam filiam[2]. Quam comitissam cum eodem comitatu accepit comes Robertus[3], filius comitis Roberti, fratris[4] Lodovici regis Francorum; et ita facta est quadrigama.

Obiit venerabilis vir Robertus, abbas Majoris Monasterii, et successit ei Petrus, monachus ejusdem loci[5].

Deposito Radulfo abbate Cluniacensi, consobrino comitis Thebaudi, Gauterius[6], prior Sancti Martini de Campis, successit ei, et ille exabbas factus est iterum prior Caritatis.

[1] Pierre de Flandre, élu évêque de Cambrai en 1167 (*Gallia christiana*, III, 30), avait épousé Mathilde, fille de Raimond de Bourgogne, veuve d'Eudes, seigneur d'Issoudun, et de Gui, comte de Nevers. Il mourut vers le 15 août 1176. Benoit, I, 124.

[2] Gilbert de Mons (Pertz, *Scriptores*, XXI, 513) rapporte aussi que du mariage de Pierre de Flandre et de Mathilde de Bourgogne naquit une fille Sibylle, qui se maria à Robert de Wavrin.

[3] Robert, fils de Robert I, comte de Dreux, et qui fut lui-même comte de Dreux de 1184 à 1218, épousa Mathilde de Bourgogne, de laquelle il se fit séparer pour cause de consanguinité. Mathilde a le titre de comtesse de Tonnerre (M. comitissa Tornodori) dans la charte que son fils Eudes, seigneur d'Issoudun, accorda en 1190 aux bourgeois d'Issoudun; Teulet, *Layettes du Trésor des Chartes*, I, 164.

[4] *Fratris* omis dans M.

[5] Ce fut en 1176 que Pierre succéda à Robert de Blois, abbé de Marmoutier. *Gallia christiana*, XIV, 221.

[6] *Gaufridus* L. — La mort de Raoul de Sulli, abbé de Cluni, et la nomination de son successeur Gautier de Chalons doivent être de l'année 1176. Gautier de Chalons fut lui-même remplacé en 1177 par Guillaume l'Anglais. *Gallia christiana*, IV, 1142.

5

Cessit etiam in fata Robertus de Blangeio, vir honestus et relligiosus, monachus Becci et abbas Sancti Ebulfi [1].

Nichilominus etiam satisfecit humanæ vitæ Osbernus [2] abbas Liræ, cui successit frater ejus Gaufridus [3] junior; sicut et ipse successerat seniori fratri suo Guillermo; quod vix aut nunquam invenies, ut tres fratres sibi invicem succedant in regimine alicujus ecclesiæ.

Obiit Hugo Bigot comes, et successit ei Rogerius filius ejus [4].

Rogerius de Cripta, monachus Sanctæ Trinitatis Cantuariensis, factus est abbas Sancti Augustini [5] ejecto Clarenbaudo, electo illius monasterii, qui noluit accipere benedictionem a sancto Thoma, et ideo elongata est ab eo [6].

Quinta feria in cœna Domini occisus est sanctus

[1] La mort de Robert est marquée à l'année 1177 dans les Annales de Saint-Evroul, à la suite de la nouvelle édition d'Orderic Vital, V, 163.

[2] *Osb'* M et F. *Osbernus* L. — Le nom d'Osberne, abbé de Lire, est au 15 janvier dans l'obituaire de Lire, et au 11 janvier dans celui de Saint-Evroul. *Recueil des historiens*, XXIII, 470 et 484.

[3] *Gau'* M et F. *Gaufridus* L.

[4] Suivant Benoit de Peterborough (I, 143), le comte Hugues Bigot mourut un peu avant le 9 mars 1177. Sa succession fut le sujet d'un procès entre Roger, son fils aîné, et sa veuve, mère d'un jeune enfant.

[5] Cet abbé, que les historiens anglais appellent Roger de Lurdingden, fut élu en 1175. Le 17 avril 1178, le pape chargea l'évêque de Worcester de lui donner la bénédiction. Roger de Hoveden, II, 148 et 149.

[6] Sur le refus fait par Clairambaud d'être béni par l'archevêque Thomas, voyez Raoul de Dicet, à l'année 1163, dans Twysden, col. 534.

Guillermus a Judæis Parisius, qui concremati sunt igne[1].

Benedictus, prior Cantuariensis, factus est abbas de Burc[2].

In æstate et autumpno fuit maxima siccitas, unde et satio terræ, messis et fenum ex majori parte periit, e collectio messium et vindemiarum solito cicius evenit.

Nono kalendas Augusti[3] concordati sunt dominus papa Alexander et Fredericus, imperator Romanus, in civitate Veneciæ, in domo patriarchæ ipsius civitatis.

Mense Augusto, Henricus rex Anglorum senior et Gaufridus dux Britannorum, filius ejus, cum maximo apparatu transfretaverunt in Normanniam[4], quibus obviaverunt junior rex Henricus et Richardus, dux Aquitanorum, filii ejus, cum multis baronibus, cum gaudio magno et honore. Rex Henricus, assumptis filiis suis Henrico juniore et Richardo duce Aquitanorum, et congregatis baronibus suis aput Vadum Sancti Remigii[5], cum rege Francorum loqutus est ea quæ ad pacem sunt, et de susceptione crucis ad servicium Dei. Inde dominus rex misit filium suum comitem

[1] Sur les massacres d'enfants imputés aux juifs, voyez plus haut p. 27, à l'année 1171.

[2] Ce fut le 29 mars 1177 que le roi Henri II donna l'abbaye de Peterborough à Benoit, prieur de la Trinité de Cantorbéry. Benoit, I, 166; Gervais de Cantorbéry, dans Twysden, col. 1436.

[3] Le 24 juillet 1177. Jaffé, p. 773.

[4] Henri II s'embarqua le 17 août à Portsmouth et prit terre le lendemain en Normandie « apud Kapelwic. » Benoit, I, 190.

[5] Dans F le mot *Remigii* a été effacé au XIVe siècle et remplacé en

Brittanniæ cum ceteris Brittonibus ad expugnandam superbiam Guihomari de Leons.

Mauricius, episcopus Parisiensis, jam diu est quod multum laborat et proficit in ædificatione ecclesiæ prædictæ civitatis, cujus caput jam perfectum est, excepto majori tectorio. Quod opus si perfectum fuerit, non erit opus citra montes, cui apte debeat comparari [1].

Mortuo Waleranno, filio Guillermi Lupelli [2], turris Ibreii venit in manum domini regis [3], quam multum cupierat; quam nec pater ejus nec avus habuerunt.

interligne par *Nigasii*, ce qui est une grossière méprise. Il s'agit du gué de Saint-Rémi-sur-Avre (Eure-et-Loir, arr. de Dreux, canton de Brezolles). L'entrevue des deux rois eut lieu le 21 septembre 1177 selon Benoit (I, 190), ou le 25 selon Raoul de Dicet (Twysden, 599). Le texte du traité nous a été transmis par Benoit (I, 191) et par Gervais de Cantorbéry (Twysden, 1442).

[1] Ce texte est un des plus précieux qui nous soient arrivés sur la construction de Notre-Dame de Paris. Il est à rapprocher de ce que Robert Abolant (*Recueil des historiens*, XII, 298) dit sous l'année 1175: « Hic, inter præclara opera sua, ecclesiam cui præerat a fundamentis « extruxit. » Voyez Dubois, *Hist. eccl. Parisiensis*, II, 123; Lebeuf, *Hist. de Paris*, éd. Cocheris, I, 8 et 32; Guérard, *Cartul. de Notre-Dame*, I, CLXVII.

[2] Galeran, seigneur d'Ivry (Eure, arr. d'Evreux, canton de Saint-André), est ainsi mentionné sur le rôle des fiefs normands de l'année 1172 : « Galeranus de Ivreio, I militem de pincernatu, et sibi III « milites et dimidium, et regi quod rex voluerit. » *Recueil des historiens*, XXIII, 697.

[3] Voici dans quels termes Benoit de Peterborough, I, 191, rapporte la manière dont le donjon d'Ivry fut remis entre les mains du roi Henri II, à Rouen, au mois de septembre 1177 : « Venit autem ibidem, « scilicet Rothomagum, ad regem, Walleramnus de Yveri, et reddi- « dit ei castellum et turrim de Yveri, ita quod ipse Walleramnus re- « maneret inde custos ad opus regis, et dedit inde regi filium suum « in obsidem. »

Rex Henricus perrexit in Bituricensem pagum, et accepit in manu sua Castrum Radulfi de Dolis, quia erat de feudo ejus, et filiam unicam domini ejusdem castri[1], cum tota hereditate ipsius, quam dicunt quidam tantum valere quantum valet redditus totius Normanniæ. Isoldunense etiam castrum, cum omnibus pertinentiis suis, quia Odo, dominus ejusdem castri, nuper decesserat et parvulum filium reliquerat, et ad comitatum Andegavensem pertinebat, barones, qui illud custodiebant, optulerunt ei : quod noluit recipere, quia non habebat heredem, quem dux Burgundiæ, quia cognatus ejus erat, furtim abstulerat[2]. Castrum

[1] Benoit de Peterborough, I. 195, raconte ainsi l'expédition de Henri II dans le Berry : « Statim post festum sancti Michaelis (29 septembre 1177) promovit exercitum suum in Berriam, et redditum est ei Castellum Radulfi. Quo accepto, promovit exercitum suum versus Castre, « volens illud obsidere, nam dominus illius oppidi filiam Radulfi de « Dolis rapuerat, et raptam in suam custodiam tenuit, affirmans quod « illam regi non redderet. Sed cum audivisset quod rex in manu potenti appropinquasset, venit ei obviam, et, facta pace cum eo, reddidit ei filiam prædicti Radulfi, et eam tradidit custodiendam apud « Chinonem. » — Le même Benoit, I, 127, rapporte qu'en 1176 mourut « Radulfus de Dolis, qui erat ditissimus baronum regis Angliæ in « Berria, » laissant pour héritière une fille âgée de trois ans. Cette fille, nommée Denise, épousa André de Chauvigny ; voyez l'histoire des princes de Déols, par Jean de la Gogue, dont un extrait est à la Bibl. nat. dans les recueils de Besly, collection Dupuy, vol. 816, fol. 288-292. En 1190, Denise était entretenue aux frais du roi d'Angleterre, avec Aliénor, Marguerite de France et Isabelle de Gloucester ; le compte de l'échiquier de la première année du roi Richard mentionne des dépenses faites « ad opus regine, et sororis regis Francie, et domine « de Castro Radulfi, et filie comitis Gloecestrie ; » Madox, *The history of the exchequer*, p. 253, note x.

[2] Robert de Torigni a voulu sans doute parler d'Eudes, fils d'Eudes d'Issoudun et de Mathilde de Bourgogne (voyez plus haut, p. 65.)

etiam munitissimum et arte et natura Turonium, vicecomes ejusdem castri[1] reddidit ei. Totam etiam terram comitis de Marcha[2] rex Henricus VI milibus marcis argenti[3] emit, valentem, ut idem rex dixit, viginti milia marcas argenti.

Episcopus Lemovicensis, qui erat comes ejusdem civitatis, cum per decennium vixisset in cæcitate, mortuus est[4]. Castrum etiam juxta prædictam civitatem situm, in quo requiescit sanctus Martialis in monasterio suo, Richardus dux Aquitanorum abstulit vicecomiti ejusdem castri[5]; et merito, quia adjuvabat partes

note 2). Suivant Benoit de Peterborough II, 7, Henri II confia la garde de cet enfant à ladite Mathilde, dont le quatrième mari, Robert, comte de Dreux, mal à propos qualifié de comte de Nevers, aurait en 1186 livré Issoudun à Philippe-Auguste : « Comes de Neverz, cui rex « Angliæ dederat in uxorem illam quæ fuit uxor Odonis de Ysodun « cum custodia heredis, reddidit regi Franciæ Ysodun. » — En 1190, Eudes, seigneur d'Issoudun, partant pour la croisade, reconnut les franchises des bourgeois d'Issoudun, de concert avec « Ala, » sa femme ; Teulet, *Layettes du Trésor des chartes*, I, 164. Raoul de Dicet, col. 654, mentionne la présence de « dominus Ysoldune » au siége d'Acre en 1190.

[1] Raimond II, vicomte de Turenne.

[2] Par une charte datée de Grammont, au mois de décembre 1177, Aldebert, comte de la Marche, déclare avoir vendu ses états à Henri II, moyennant une somme de 15,000 livres d'angevins, plus vingt mulets et vingt palefrois. Le texte de la charte a été conservé par Benoit de Peterborough, I, 197.

[3] Suivant la charte qui vient d'être citée, la somme que Robert de Torigni évalue à 6,000 marcs d'argent montait à 15,000 livres d'angevins, ce qui porterait le prix du marc à 2 livres 10 sous, monnaie d'Angers.

[4] Géraud de Cher, évêque de Limoges, mort en octobre 1177. *Gallia christiana*, II, 524,

[5] Adémar V, vicomte de Limoges. — Sur la campagne que Richard Cœur de Lion fit dans l'été de 1176 contre le vicomte de Limoges et le comte d'Angoulême, voyez Benoit, I, 120.

comitis Engolismensium [1], qui infestabat ipsum ducem.

Obiit Ruaudus, Venetensis episcopus, vir religiosus, monachus Cistertiensis [2].

Guihomarus de Leion [3] venit ad dominum regem promittens se de omni terra sua facere voluntatem ejus.

Jarnagem [4] de Roca reddidit idem castrum domino regi et comiti Gaufrido, filio ejus.

Sicut fuerat in æstate maxima siccitas, ita fuit in hieme maxima inundatio aquarum.

Hoc anno, circa festivitatem sancti Johannis [5], multi summersi sunt in fluminibus. In mari etiam multæ naves perierunt, inter quas una, quæ portabat Gaufridum, præpositum de Beverle, nepotem Rogerii archiepiscopi Eboracensis, cancellarium regis junioris [6], et alios multos nobiles, apud Sanctum Valericum periit. Perierunt præterea naves multæ quæ afferebant vinum de Pictavensi pago, ut quidam dicunt, fere triginta vel eo amplius.

[1] *Engolimensium* M. Guillaume Taillefer IV.

[2] Ruaud, évêque de Vannes, mourut probablement en juin 1177. *Gallia christiana*, XIV, 924.

[3] *Leon* L.

[4] *Jarnage'* M. — Jarnogon, seigneur de la Roche-Bernard, Morbihan, arr. de Vannes.

[5] Vers le 24 juin 1177.

[6] C'est en 1176 que Geoffroi, prévôt de Beverley et archidiacre d'York, acheta le titre de chancelier du jeune roi Henri. Raoul de Dicet, dans Twysden, col. 589. Il périt le 29 septembre 1177 en passant d'Angleterre en Normandie. Ibid. col. 599. Ce naufrage est rapporté au 27 septembre 1177 par Benoit de Peterborough, I, 195.

In festivitate sancti Martini[1], canonici Dolenses elegerunt in archiepiscopum Rollandum, decanum Abrincensem, virum religiosum et litteratum; cui electioni interfuerunt Henricus Baiocensis et Richardus Abrincensis episcopi, et Robertus abbas de Monte, et multi viri relligiosi.

In nocte sancti Andreæ[2] factus est ventus vehemens; et in ipsa festivitate et in prædicta vigilia apparuit lux maxima mane, veniens ab Oriente usque in Occidentem; qua die[3] pugnaverunt Christiani cum Paganis aput Sanctum Georgium de Ramula. Putabat enim Saaladin, qui duxerat uxorem Noradin jam defuncti[4], quod posset capere urbem Jerusalem, defensoribus destitutam : quia comes Flandrensis duxerat fere omnes christianos milites ad obsidionem Harenc. Sed tamen rex Jerusalem et patriarcha et alii relligiosi viri, habentes paucos milites et servientes, per virtutem sanctæ crucis vicerunt innumerabilem exercitum Paganorum; cujus crucis longitudo a terra usque ad cœlum Paganis apparuit, sicut ipsi dixerunt. In hac

[1] 11 Novembre 1177. — Rolland, qui depuis fut cardinal, était d'origine italienne; dans une enquête de l'année 1181 il est appelé « Rollandus, Dolensis electus, natione Pisanus. » Morice, *Preuves*, I, 687. Rolland était déjà doyen d'Avranches en 1163; Cartulaire de Savigny, nº 19.

[2] La nuit du 29 au 30 novembre 1177. Cet ouragan et cette lueur ont été mentionnés par Gervais de Cantorbéry, dans Twysden, col. 1443.

[3] La victoire de Ramlah est fixée au 25 novembre 1177 par Raoul de Dicet. Twysden, col. 601, et par Benoit, I, 131.

[4] Sans doute la fille naturelle d'Alfonse Jourdain, dont il a été question plus haut, p. 53, note 5.

victoria Christiani auro et argento, equis et armis et victualibus locupletati sunt.

1178.

ROMANORUM FREDERICUS 26. FRANCORUM LUDOVICUS 41. ANGLORUM HENRICUS 24.

Rex Henricus senior tenuit curiam suam ad Natale[1] Andegavis; et ibi cum illo fuerunt junior rex Henricus et Richardus dux Aquitanorum et Gaufridus dux Brittannorum, filii ejus, et vix in aliqua festivitate tot milites secum habuit, nisi in coronatione sua sive in coronatione filii sui regis junioris.

Obiit Stephanus, vir honestus et litteratus, episcopus Redonensis[2]. Huic accidit quædam visio mirabilis, quam ipse episcopus cuidam monacho, familiari nostro, ante mortem suam manifestavit. Quædam enim persona ei apparens, levi sibilo hos versus ei dixit :

Desine ludere temere,
Nitere surgere propere
De pulvere.

Ipse enim multa ritmico[3] carmine et prosa jocunde et ad plausus hominum scripserat; et quia miserator hominum eum in proximo moriturum sciebat, monuit

[1] 25 décembre 1177. Benoit, I, 198.

[2] La mort d'Etienne de Fougères est rapportée au 23 décembre 1178 par M. Hauréau, *Gallia christiana*, XIV, 751.

[3] *Rimico* F et M.

eum ut a talibus abstineret et pœnitentiam ageret. Scripsit etiam vitam sancti Firmati episcopi[1], et vitam sancti Vitalis, primi abbatis Savigneii[2]. Scripsit etiam michi quinquaginta versus de senectute, in quorum ultimo prædictorum versuum unam clausulam posuit. Cui etiam mater misericordiæ apparuit in obitu suo, cui devote semper servierat.

Obiit Gaufridus, episcopus Andegavensis[3].

In media Quadragesima, XIIII kalendas Aprilis[4], dedicata est ecclesia Becci a Rotrodo archiepiscopo Rotomagensi et Henrico Baiocensi et Richardo Abrincensi et Ægidio Ebroicensi episcopis. Huic dedicationi interfuerunt reges Anglorum, pater et filius, et Johannes minor filius regis. Dedit autem rex senior in dotem ecclesiæ centum libras andegavensium annuatim, in molendinis suis de Roobec[5].

1 Cette vie de saint Guillaume Firmat a été publiée par les Bollandistes, avril, III, 334.

2 La vie du bienheureux Vital par Etienne de Fougères est encore inédite ; il y en a une copie à la bibliothèque de Fougères à la fin de l'Histoire de la congrégation de Savigny.

3 Suivant le calendrier de Saint-Maurice d'Angers (*Gallia christiana*, XIV, 571) l'évêque Geoffroi mourut le 18 janvier 1177.

4 Le 19 mars 1178, quatrième dimanche de carême. Ce passage de Robert de Torigni peut se joindre aux textes que M. de Wailly a cités (*Annuaire historique pour l'année* 1852, p. 32) pour prouver qu'au moyen-âge la mi-carême s'entendait du quatrième dimanche de carême. — La chronique du Bec donne sur cette cérémonie des détails un peu plus circonstanciés et indique notamment la manière dont fut faite la donation du roi : « ad dedicationem vero majoris altaris obtu-« lit Henricus rex pater, per capellum suum, redditum annuum cen-« tum librarum ; hoc donum patris sui confirmavit Henricus rex « junior astans ibi, per oblationem anuli sui. »

5 *Roebec* F. Les moulins de Robec, à Rouen. — Le paiement de

Robertus de Argentiis, cellerarius Gemmeticensis, factus est abbas ejusdem ecclesiæ [1].

Galterius, subcellerarius Sancti Wandregisili, factus est abbas ejusdem monasterii [2].

Radulfus de Sancta Columba factus est abbas Sancti Ebrulfi, monachus ejusdem loci [3].

Obiit Jordanus Tessun [4], et successit ei Radulfus, filius ejus, qui fecit hominium abbati Montis aput Montem, de castello de Rocha et de Columba [5].

Guillermus, rex Siciliæ, fecit cartam fieri Johannæ reginæ suæ uxori, de dotalicio [6] suo; cujus partem hic posuimus : « Guillermus [7], divina favente clementia « rex Siciliæ, ducatus Apuliæ, principatus Capuæ, per « hoc præsens scriptum damus et in dotalicium con- « cedimus Johannæ reginæ, karissimæ uxori nostræ,

cette rente est porté sur le rôle de l'échiquier de l'année 1180 : « Ab- « batie de Becco, c libras in molendinis Rothomagi de elemosina « statuta. » *Rotuli scaccarii*, 70.

[1] Les auteurs du *Gallia christiana*, XI, 196, mettent l'élection de Robert d'Argences à l'année 1177.

[2] Voyez *Gallia christiana*, XI, 180.

[3] Cet abbé tirait sans doute son nom de Sainte-Colombe (Orne, arr. d'Argentan, canton du Merlerault), dont l'église appartenait à l'abbaye de Saint-Evroul ; voyez les chartes publiées à la fin d'Orderic Vital, V, 197 et 205. Conf. *Gallia christiana*, XI, 823.

[4] *Teissun* F. Sur Jourdain Taisson et sur son fils Raoul, voyez mon *Histoire de Saint-Sauveur-le-Vicomte*, p. 31-38.

[5] La Roche-Taisson et la Colombe, Manche, arr. de Saint-Lô, canton de Percy.

[6] *Datalicio* M.

[7] Le texte complet de cette charte du roi Guillaume, en date du mois de février 1177, a été inséré dans la chronique de Benoit, de Peterborough (I, 169), dans celle de Roger de Hoveden (II, 95), et dans celle de Gervais de Cantorbéry (Twysden, col. 1430). Le mariage et

« Henrici magnifici regis Anglorum filiæ, civitatem « Montis Sancti Angeli[1], civitatem Siponti, et civitatem « Vestæ, cum omnibus justis tenementis suis et perti- « nentiis earum. In servicio autem concedimus ei de « tenementis comitis Gofridi, Alesine, Peschizam, « Bizum[2], Caprile, Baranum, et Silizum[3], et omnia « alia quæ idem comes de honore ejusdem comitatus « Montis Sancti Angeli tenere dinoscitur. Concedimus « etiam ei similiter in servicio Candelarium[4], Sanctum « Clericum, Castellum Paganum, Bisentinum et Co- « gnanum. Insuper concedimus, ut sint de tenemento[5] « ipsius dotarii monasterium Sancti Johannis de Lama « et monasterium Sanctæ Mariæ de Pulsano, cum om- « nibus tenementis, quæ ipsa monasteria tenent de « honore prædicti comitatus Montis Sancti Angeli. « Ad hujus autem donationis et concessionis nostræ « memoriam et inviolabile firmamentum, præsens « privilegium per manus Alexandri notarii nostri « scribi, et bulla aurea tipario[6] inpressa roboratum

le couronnement de la reine furent célébrés à Palerme le 13 février 1177; Benoit, I, 158.

[1] J'emprunte à M. Stubbs (édition de Roger de Hoveden, II, 96) les noms modernes des lieux cités dans le diplôme du roi de Sicile : Monte S. Angelo, Siponto, Viesti, Lesina, Peschicci, Vico, Caprile, Varano, Ceffalicchia, Candelaro, San Chirico, Castello Pagano, Bersentium, Cagnano, Lama, Pulsano.

[2] Lisez *Bicum*.

[3] Lisez *Sfilizum*.

[4] *Caudelarium* M. La bonne leçon est fournie par F.

[5] *De temento* M. Le texte conservé par les historiens anglais porte *ut sint de honore ipsius dodarii*...

[6] *Timpano* L.

« nostro sigillo jussimus decorari. » Hujus cartæ et testes et regis sigillum[1] invenies in principio libri Origenis super Numerum[2].

Ludovicus, rex Franciæ, et Henricus, rex Angliæ, convenerunt ad colloquium haut procul a Nonantiscurte[3]; et ibi tractaverunt de pace et firma concordia inter eos, et de susceptione crucis, et de itinere eorum in Jerusalem; et si aliquis regum illorum cedat in fata in ipso itinere, quod Deus avertat, superstes omnem thesaurum et omnes homines suos et omnia mobilia sua habebit sicut propria, et iter perficiet pro se et pro defuncto.

Hæretici quos Agenenses vocant, et alii multi, convenerunt circa Tolosam, male sentientes de sacramento altaris et de conjugio et de aliis sacramentis, ad quorum confutationem Petrus, legatus Romanus[4], et multæ aliæ relligiosæ personæ cum prædictis regibus convenerunt, et parum profecerunt.

Obiit Robertus de Monte Forti, et successit ei Hugo filius ejus, natus ex sorore Radulfi de Fulgeriis[5].

[1] Un croquis du signe tracé au bas du diplôme a été donné par M. Stubbs, dans son édition de Roger de Hoveden, II, 98.

[2] Le ms. du Mont-Saint-Michel, qui renfermait la charte de Guillaume, roi de Sicile, en tête du commentaire d'Origène sur les Nombres, parait être perdu.

[3] Cette note fait double emploi avec ce que Robert de Torigni a déjà dit (p. 67) de l'entrevue de Henri II et de Louis VII, au gué de Saint-Remi-sur-Avre, près de Nonancourt. Aux deux endroits, il est question du traité conclu en septembre 1177.

[4] Pierre, prêtre cardinal du titre de Saint-Chrysogone. — Sur les mesures prises en 1178 contre les hérétiques, par Louis VII et Henri II, voyez Benoit, I, 198.

[5] Suivant les auteurs de l'*Art de vérifier les dates*, Robert de

Civitas Carnotum combusta est[1], et monasterium Beati Petri de Valle; remansit tamen, Dei misericordia, ecclesia Sanctæ Mariæ et claustrum clericorum.

1179[2].

ROMANORUM FREDERICUS 27. FRANCORUM LUDOVICUS 42. ANGLORUM HENRICUS 25.

Philippus, comes Flandrensis, rediit a Jerusalem[3].

Manuel, imperator Constantinopolitanus, misit ad regem Francorum honorabiles legatos, ut daret filiam suam filio ejus[4]; quod rex concessit.

Alexander papa misit Octovianum, subdiaconum Romanæ ecclesiæ[5], ad Rothomagensem provinciam,

Montfort avait épousé Anne, fille de Henri de Fougères et sœur de Raoul de Fougères. Il y a dans le Cartulaire de Savigny, charte 300, un acte par lequel ce Robert de Montfort donne à l'abbaye de Savigny « Radulfum Belecoldre, cum omni teneamento, quod red« dit per singulum annum III solidos Andegavensium, solidum et « quictum ab omni consuetudine et exaccione. »

[1] A en juger par le silence des historiens locaux, cet incendie de la ville de Chartres et du monastère de Saint-Père-en-Vallée ne dut pas être très-considérable.

[2] Les premiers paragraphes du chapitre placé sous la rubrique de 1179 appartiennent, au moins pour la plupart, à l'année 1178.

[3] Philippe revint de la croisade au mois d'octobre 1178; voyez la continuation de la chronique de Sigebert par un moine d'Anchin, dans *Recueil des historiens*, XIII, 282.

[4] L'Empereur Manuel Comnène demanda, pour son fils Alexis, Agnès, fille du roi Louis VII.

[5] Par une lettre du 21 septembre 1178 (*Recueil des historiens*, XV, 963 et 964), Alexandre III invite les prélats de la province de Bourges

ut convocaret archiepiscopum et suffraganeos ejus et abbates illius provinciæ. Et misit similiter alios subdiaconos ad Orientem et Occidentem, Meridiem et Septentrionem, ut convenirent ad concilium generale, quod erat futurum proxima Quadragesima in civitate Romæ.

Episcopus de Trigel[1], cum pergeret Romam, ablatis rebus omnibus suis et equis, verberatus est, ita ut deficeret infra octo dies. In loco ejus electus est Gaufredus Lois, filius cujusdam burgensis, ejusdem nominis, de Guingamp[2].

Henricus rex Anglorum senior circa nundinas Montis Martini[3] transfretavit in Angliam[4].

Radulfus, frater vicecomitis de Bello Monte, cogna-

à se rendre au concile qui devait s'ouvrir à Rome le 18 février 1179, et leur recommande « dilectum filium Octavianum, subdiaconum « nostrum, virum utique providum, industrium et discretum et inter « alios clericos sui ordinis carum nobis admodum et acceptum. » Une lettre semblable dut être adressée aux prélats de la province de Rouen. Suivant Benoit (I, 206), ce fut « Albertus de Suma » qui fut chargé d'inviter au prochain concile les prélats de Normandie et d'Angleterre.

[1] *Triguel* L. Cet évêque de Tréguier se nommait Yves; voyez *Gallia christiana*, XIV, 1122.

[2] Geoffroi Loiz, de Guingamp, évêque de Tréguier de 1179 à 1216. *Gallia christiana*, XIV, 1122.

[3] Montmartin-sur-Mer, Manche, arr. de Coutances. La foire de Montmartin, l'une des plus considérables de la Basse-Normandie pendant le moyen-âge, se tenait à la fête de Saint-Martin au mois de juillet. Dans l'*Annuaire de la Manche*, année 1850, p. 540, j'ai cité beaucoup de textes, du XIe au XVe siècle, relatifs à la foire de Montmartin.

[4] C'est au mois de juillet 1178, et non pas 1179, que Henri II passa de Normandie en Angleterre. Voyez Benoit, I, 207, et Raoul de Dicet, dans Twysden, 608.

tus germanus Henrici regis Anglorum, electus est ad episcopatum Andegavensem [1].

Eclipsis solis facta est idibus Septembris [2].

Abbas Gresteni mortuus est, cui successit Guillermus de Exonia, monachus Becci [3].

Obiit Richardus, Constantiensis episcopus [4].

Eodem anno, obiit Robertus, abbas Majoris Monasterii, et successit ei Petrus, monachus ejusdem loci, qui mortuus est, cum vixisset in regimine abbatiæ fere per unum annum [5]; cui successit Herveus de Villa Pirosa [6], monachus ejusdem loci.

Hiemps facta est maxima, et duravit nix fere usque

[1] Raoul de Beaumont fut élu évêque d'Angers en 1178; voyez *Gallia christiana*, XIV, 571. Ce prélat était frère de Richard, vicomte de Beaumont (voyez plus haut, p. 3, note 3); ses parents étaient le vicomte Roscelin et Constance, fille de Henri I, roi d'Angleterre. C'est à tort qu'on lui a donné pour père tantôt le vicomte Raoul P. Anselme, VI, 583), tantôt le vicomte Richard (*Gallia christiana*, XIV, 571).

[2] Il y eut bien une éclipse de soleil le 13 septembre 1178.

[3] Suivant les auteurs du *Gallia christiana* (XI, 843), Herbert, abbé de Grestain, mourut le 15 janvier 1179, et son successeur, Guillaume d'Exeter, fut nommé en avril 1179. Dom Bénigne Thibault (Bibl. nat., ms latin 12,884, 2e partie, p. 116) cite à ce sujet les deux vers suivants :

Mense sub Aprili... quidam monachorum
Nomine Guillelmus Gresteni sede locatur.

[4] Richard de Bohon, évêque de Coutances, mourut probablement en novembre 1178. *Gallia christiana*, XI, 876. Son nom figure, avec celui de Joscelin, évêque de Salisbury, au 18 novembre, dans l'obituaire de Lire (*Recueil des historiens*, XXIII, 475) et dans celui de Lyon (éd. Guigue, p. 156).

[5] Robert de Blois, abbé de Marmoutier, dut mourir en 1176, et Pierre, son successeur, en 1177. *Gallia christiana*, XIV, 221.

[6] *H. de Pirosa* L. Hervé, abbé de Marmoutier depuis l'année 1177,

ad Purificationem sanctæ Mariæ, quæ incepit infra octo dies post Natale Domini [1]. Inundatio aquarum maxima fuit, et maxime aput urbem Cenomannensem, pontes et domos et molendina subvertens, et homines multos perimens. Hoc etiam accidit Andegavis, et in multis aliis locis.

Gaufredus, filius regis Henrici, dux Brittanniæ, viriliter egit [2]. Nam Guihomarum, vicecomitem Leonensem, qui nec Deum timebat nec hominem verebatur, et filios ejus ita subegit, quod omnia castella eorum et terram in manu sua cepit, et duas tantummodo parrochias Guihummaro seniori permisit, usque ad proximum Natale Domini, quo erant Jerusalem ituri ipse et uxor sua, et forsitan non redituri [3]. Guihummaro juniori undecim parrochias de terra patris sui concessit, retento secum de familia sua Herveo, fratre ejus [4].

Similiter fecit Richardus, dux Aquitaniæ, frater ipsius

devait tirer son nom de Villepreux, Seine-et-Oise, arr. de Versailles, canton de Marly.

[1] Du 1 janvier au 2 février 1179.

[2] Suivant Benoît (I, 239), Geoffroi quitta l'Angleterre après la fête de Pâques (1 avril 1179), pour aller combattre Guiomar de Léon.

[3] Guiomar n'alla point à Jérusalem ; il fut prévenu par la mort le 27 septembre 1179. Dom Morice, I, 114.

[4] Guiomar de Léon, fils de Hervé (voyez plus haut, p. 9, note 1), avait épousé une dame nommée Nobilis ; il en eut deux enfants, Guiomar et Hervé. C'est ce que nous apprend une charte de l'abbaye de Daoulas : « Guidomarus igitur Leonensis dominus et uxor sua Nobilis filiique sui Guidomarus et Herveus... ; » D. Morice, *Preuves*, I, 669. Nous voyons dans une autre charte que les moines de Saint-Melaine avaient des droits sur un four de Morlaix « de dono Gui. « vicecomitis, Hervei filii ejus, et Gui. filii Hervei et Nobilis uxoris « sue... ; » ibid., I, 705.

Gaufredi, de Gaufredo de Rancun[1] : nam castrum Talleborç[2], quod videbatur inexpugnabile, munitum arte et natura, obsedit, cepit, diruit, et similiter quatuor alia castella ipsius. Similiter fecit domino de Ponz[3], destruendo scilicet castellum suum Punz; qui erat confœderatus ipsi Gaufredo.

Comes Richardus, filius regis Henrici, post destructionem Tailleborc, cum perrexisset in Angliam ad sanctum Thomam et ad videndum patrem suum, quidam Bascli et Navarenses et Brebenzones venerunt ad urbem Burdegalensem, et ipsam urbem vastaverunt in suburbiis, flammis et rapina.

Guillermus comes de Magnevilla, ducta filia Willermi comitis Albæ Marlæ, factus est comes Albæ Marlæ[4].

Richardus de Luce renunciavit seculo et regiis negociis, et successit ei Richardus nepos ex Gaufredo filio suo[5].

[1] *Ranchun* L.

[2] *Tailleborc* F. Taillebourg, Charente-Inférieure, arr. de Saint-Jean-d'Angély, canton de Saint-Savinien. — Suivant Raoul de Dicet (Twysden, 603 et 604), Richard Cœur-de-Lion assiégea le château de Taillebourg le 1 mai 1179 et s'en rendit maître le 10 du même mois. Conf. Benoît, I, 212.

[3] Suivant Benoît (I, 213), le château de Pons (Charente-Inférieure, arr. de Saintes) aurait appartenu, comme celui de Taillebourg, à Geoffroi de Rancogne : « Obsedit Punce, castellum Gaufridi de « Rancona... Gaufridus de Rancona reddidit ei Punce... »

[4] Guillaume de Mandeville épousa Hadewise, comtesse d'Aumale.

[5] « Mense Julio, Ricardus de Luci, præfectus Angliæ, in ecclesia « de Liesnes, quam ipse fundaverat, veste mutata vitam finivit, et in « capitulo sepultus est. » Gervais de Cantorbéry, à l'année 1179, dans

Cum filia regis Francorum[1] duceretur ad conjugium filii imperatoris Constantinopolitani, hospitata est aput Sanctum Benedictum super Ligerim; cumque quidam ex famulis ejus vellet accelerare ignem injecto oleo, flamma exivit per foramina camini, et cecidit super tectum camini, et hoc casu tota abbatia combusta est.

Cum rex Francorum vellet coronare filium suum Philippum, posuit locum Remis, terminum assumptionem beatæ Mariæ[2]; et congregatis quæ ad tantum negocium necessaria erant, et convocatis omnibus baronibus totius regni Franciæ, ut ad eundem locum convenirent, juvenis coronandus obiter cum suis similibus in silvam venatum divertit, et amissis omnibus sociis, per unam noctem in silva vagabundus permansit. Tandem invento quodam homine, qui ad opus fabrorum carbones parabat, per eum ad socios suos reductus est. Ex solitudine tamen et pavore tantam infirmitatem incurrit quod coronatio ejus tunc remansit. Pater autem ejus iratus, et pro se et pro filio rogaturus, ad memoriam beati Thomæ in Angliam perrexit[3], cui multam humanitatem exhibuit, cum in

Twysden, col. 1456. L'abbaye de Lesnes ou de Westwood, au comté de Kent, avait été fondée en 1178, par Richard de Lucé; voyez *Monasticon anglicanum*, VI, 457.

[1] Agnès. Voyez plus haut, p. 78, n. 4. Benoît de Peterborough (I, 239) mentionne parmi les événements de l'année 1179 l'envoi à Constantinople de la princesse Agnès.

[2] 15 août 1179. Conf. Benoît, I, 240.

[3] Le pèlerinage de Louis VII au tombeau de saint Thomas est du mois d'août 1179. Raoul de Dicet, dans Twysden, col. 604 et 605; Benoît, I, 241.

Galliis exularet. Dedit autem idem rex, ob amorem et honorem Dei et beati Thomæ, monachis in Cantuariensi ecclesia jugiter Deo famulantibus centum modios vini, singulis annis præfatis monachis accipiendos[1]. Quo autem honore, quo gaudio, et quam multiplici donorum largitate rex Henricus eum susceperit, non est nostrum edicere.

Manuel, imperator Constantinopolitanus, vindicavit se hoc anno de Solimano Iconii[2], qui anno superiori illum fugaverat, et multos de militibus suis ceperat, insuper et crucem dominicam ei abstulerat. Manuel enim imperator fugavit eum, et multos de militibus ejus cepit, et ipse Solimanus urbem Iconii vacuam reliquit.

Sententia cujusdam astrologi de plagis futuris[3] :

[1] La donation d'une rente de 100 muids de vin sur la châtellenie de Poissy, faite à l'église de Cantorbéry au mois d'août 1179, est ainsi mentionnée dans le martyrologe de Cantorbéry : « Obiit Ludovicus, « rex Francorum piissimus, frater et benefactor noster, qui, devotio- « nis obtentu, beatum Thomam visitans, Cantuariam venit et super « tumbam ipsius martiris, ad opus conventus Cantuarie, centum « modios vini per quamdam cuppam auream obtulit, in perpetuam « elemosinam, annuatim in castellania Pissiaci recipiendos... » Champollion, *Lettres de rois*, I, 12. Benoît de Peterborough (I, 241) dit que les moines reçurent la charte royale « per manum Hugonis de Pu- « teaco, cancellarii regis, filii Hugonis Dunelmensis episcopi. » A défaut de la charte même du roi Louis VII, dont un extrait seulement a été publié par Madox (*The history of the exchequer*, p. 19, note c), nous avons la confirmation de son fils, en date de l'année 1180 ; voyez *Catalogue des actes de Philippe-Auguste*, p. 1, n. 1.

[2] Kilidge Arslan II, sultan d'Iconium.

[3] D'autres textes de cette prédiction ont été insérés par Benoît (I, 324) et par Roger de Hoveden (II, 290), au milieu du récit des événements de l'année 1184. J'ai comparé la version de Robert de To-

« Ab anno præsenti incarnationis Domini Nostri Jhesu « Christi M° C° LXX° IX° in septem [1] annis, mense « Septembri, duodecima indictione, sole existente in « Libra, erit, si Dominus [2] voluerit, conjunctio omnium « planetarum in Libra et cauda Scorpionis [3]. Ibi est « admirabilis rerum mutabilium mutationis signifi- « cantia [4] : sequetur enim terræ motus mirabilis, et « destruentur loca consueta perditioni, per Saturnum « et Martem manentes in signis aeris ; et erit mortali- « tas et infirmitas. Ostendit etiam eadem conjunctio « ventum validum, denigrantem aerem et obscurum « reddentem, et venenis infectum ; et in vento vox « terribilis audietur, et terrebit corda hominum, et a « regionibus harenosis sabulonem accipiet ; harenis « civitates proximas in planicie cooperiet, et primo « civitates orientales, Mecam, Baldas [5] et Babiloniam, « et omnes civitates proximas harenosis locis ; nulla « quidem evadet quæ harenis et terra non operiatur. « Signa autem hujus rei sunt hæc et præcedent. Erit « in eodem anno, antequam planetæ conveniant in « Libra, eclipsis solis, qua totum corpus ejus obscura- « bitur, et oppositione præcedente [6], luna tota patie-

rigni avec le texte inséré dans un ms. qui parait venir de l'abbaye de Ripouil, Bibl. nat., ms. latin 5132, fol. 105.

[1] *Octo.* Texte de Ripouil.

[2] *Deus* L. C'est aussi la leçon du texte de Ripouil.

[3] *Cauda Draconis.* Texte de Ripouil.

[4] *Significativa.* Texte de Ripouil.

[5] *Mecham, Baldach.* Texte de Ripouil.

[7] *Et in oppositione precedenti.* Texte de Ripouil.

« tur eclipsim; et erit eclipsis solis ignei coloris, et « deformis, ostendens majorum[1] bellum futurum cum « effusione sanguinis, prope fluvium, in terra Orientis, « similiter et Occidentis. Tunc cadet dubietas [2] inter « Judæos et Sarracenos, donec derelinquant penitus « synagogas et mahummerias [3] suas; et eorum secta « jussu[4] Dei adnichilabitur. Unde vobis notum sit, ut, « cum eclipsim videritis, a terra exeatis cum omnibus « vestris [5]. »

1180 [6].

ROMANORUM FREDERICUS 28. FRANCORUM LUDOVICUS 43. ANGLORUM HENRICUS 26.

De concilio quod Alexander papa tertius tenuit Romæ [7]. Alexander papa III tenuit generale concilium Romæ media Quadragesima. Cujus decreta, quæ ab eo et ab aliis coepiscopis ejus ibi constituta sunt, aput nos habentur.

[1] *Maximum futurum bellum.* Texte de Ripouil.

[2] *Dubietas et ignorantia.* Texte de Ripouil.

[3] *Mehumerias.* Texte de Ripouil.

[4] *Nisu Dei anullabitur.* Texte de Ripouil.

[5] A la fin du texte de Ripouil, on lit : « Ego P. inveni hanc epistolam « apud quemdam dominum archiepiscopum, pergentem ad dominum « papam, et asserentem hujus modi scriptum se habuisse a domino « Johanne Toletano, qui eam transmittebat per jam dictum archie- « piscopum ad dominum papam. »

[6] Tout ce qui est ici sous la rubrique de 1180 appartient à l'année 1179.

[7] Ce concile fut célébré au mois de mars 1179. Voyez la collection des conciles de Nicolas Coleti, XIII, 409.

Manuel, imperator Constantinopolitanus, dedit Rainerio, filio Willermi principis Montis Ferrati, filiam suam, natam ex priore uxore sua [1]. Quæ cum diceret, se nunquam alicui nupturam nisi esset rex, imperator exhilaratus fecit se coronari et uxorem suam et Alexium filium suum juniorem imperatorem cum uxore sua filia regis Francorum [2]. Similiter fecit coronari Rainerium, filium marchisi Montis Ferrati, cum filia sua, quam ei dederat; et dedit ei honorem Thesolonicensium, qui est maxima potestas regni sui post civitatem Constantinopolitanam. Corradus, frater ejusdem Rainerii [3], cepit et incarceravit Christianum, archiepiscopum Maguntiensem et cancellarium imperatoris Alemannorum.

Rex Marroc [4], in cujus potestate est tota Affrica, et etiam Sarraceni qui sunt in Hispania, mittebat filiam suam, ut quidam rex Sarracenorum duceret eam in uxorem. Quam stolus et galeæ regis Siciliæ invenerunt et adduxerunt ad dominum suum; unde rex lætus pacificatus est cum patre ejus, illa reddita; et pater

[1] Manuel Comnène donna à Renier de Montferrat, fils de Guillaume III, marquis de Montferrat, sa fille Marie, qu'il avait eue de l'impératrice Berthe ou Irène.

[2] Robert de Torigni a sans doute pris pour un couronnement la cérémonie des fiançailles d'Alexis Comnène et d'Agnès, qui eut lieu le 2 mars 1180.

[3] *Rainarii* M. Chrétien, évêque de Mayence, fut emprisonné en 1179 par Conrad de Montferrat; *Gallia christiana*, V, 479; voyez Benoit de Peterborough, I, 243.

[4] Abou Yacoub Yousouf, appelé par Benoit, I, 23, « Avigoz impera « tor de Marroc, » et par Roger de Hoveden, II, 33, « Avigoth Armi- « ramimoli imperator Affricanorum. »

ejus reddidit regi Siciliæ duas civitates, scilicet Affricam et Sibiliam[1], quas Sarraceni abstulerant Willermo regi Siciliæ, patri istius regis.

Rex Jerusalem, princeps sanctus et honestus, a Deo flagellatus, quia flagellat Deus omnem filium quem recipit, adjutus a christianitate transmarina, fecit castrum munitissimum et arte et natura super fluvium Jordanem, quod vocatur Vadum Jacob[2], ubi luctatus est Jacob cum angelo, jocundum amœnitate nemorum et pratorum et piscium et molendinorum, et proximum civitatibus Belinas et Damas. Et quia Agarenis per hoc vadum transitus est in terra Christianorum, illud quam plurimum odio habent.

Obiit Rogerius Wigornensis episcopus Turonis[3], vir genere et moribus honestus : siquidem pater ejus Robertus, comes Gloecestrensis, fuit filius primi Henrici regis Anglorum ; mater ejus, filia Roberti Belismensis, et Robertus filius Haimonis, dominus de Torigneio, fuit avus ejus[4].

[1] Nous avons vu plus haut, t. I, p. 303, note 4, que Guillaume, roi de Sicile, avait perdu en 1159 et 1160 les deux places de El-Mehadia et de Zouïla, appelées par Robert de Torigni *Affrica* et *Sibilia*.

[2] Le château du Gué de Jacob fut fortifié au mois d'octobre 1178. Guillaume de Tyr, XXI, XXVI, dans *Historiens occidentaux des Croisades*, I, 1050.

[3] La mort de Roger, évêque de Worcester, est placée au 9 août 1177 par Raoul de Dicet, dans Twysden, 604 ; conf. Benoit, I, 243.

[4] Il y a ici une légère inexactitude : les parents de Roger, évêque de Worcester, étaient bien Robert, comte de Gloucester, fils naturel de Henri I, et Mathilde, fille de Robert, fils de Haimon, seigneur de Torigni ; mais la mère de Mathilde, nommée Sibylle, était fille de Roger de Montgommery, et, par conséquent, sœur de Robert de Bellême. Voyez Orderic Vital, III, 318.

Obiit Ægidius, Ebroicensis episcopus[1].

Obiit Rogerius, abbas Becci, vir relligiosus et honestus et litteratus et timens Deum[2]. Nullus prædecessorum suorum, excepto sancto Herluino primo abbate, tanta fecit in Becco monasterio, quanta ipse. Ecclesia siquidem fere tota ædificata est in tempore suo, et dedicata; cujus pulchritudini nulla æquatur in tota Normannia. Fecit cameras cum caminis, unam super alteram, ad susceptionem hospitum et personarum. Fecit etiam domum infirmorum ingentis pulchritudinis et magnitudinis. Melioravit dormitorium in maceriis, in vitreis et coopertura. Fecit et aquæductum, per quem adduxit fontem pulcherrimum de longinquo, qui dividitur per officinas monasterii; fecit et conquam[3] pulcherrimam ad recipiendam aquam, et tectum desuper ædificavit. Maximam summam pecuniæ dedit Roberto, comiti Mollenti, pro mercato quod fecit in villa Becci[4].

[1] Gilles, évêque d'Evreux, mourut en septembre 1179. *Gallia christiana*, XI, 579.

[2] Roger de Bailleul, abbé du Bec, mourut en 1179. *Gallia christiana*, XI, 230.

[3] *Coquinam* L.

[4] « Sciant omnes cartam istam audientes vel inspecturi quod ego « Robertus comes Mellenti dedi Deo et monachis in ecclesia Sancte « Marie Becci servientibus, in liberam, puram et quietam et perpe« tuam elemosinam, pro salute mea et Galerani comitis, patris mei, « et omnium antecessorum meorum, theloneum et omnes consuetu« dines quas habebam jure hereditario in villa et tota parochia Becci. « Concessi quoque dictis monachis ut omnes ad mercatum Becci « euntes et redeuntes, vendentes et ementes, liberi sint et quieti de « pedagio per totum honorem Brionii, ubi pedagium a transeuntibus « capitur. Preterea concessi predictis monachis omnes elemosinas « et libertates quas habent ex dono antecessorum meorum et homi-

Tempore ipsius assumpti sunt de Beccensi ecclesia duodecim abbates [1], ad regimen ecclesiarum, quorum ego, qui hæç scribo, secundus fui. Rexit autem monasterium Beccense triginta et uno anno, decem diebus minus [2]. Cui successit Osbernus, prior Belli Montis [3], monachus ejusdem loci.

Isti tres supradicti, scilicet episcopus Vigornensis et episcopus Ebroicensis et abbas Becci, catartico impediente in fata cesserunt.

Plilippus, filius Ludovici regis Francorum, fuit coronatus in regem Remis a Willermo, Remensi archiepiscopo, avunculo suo, et suffraganeis ejus, in festivitate Omnium Sanctorum [4], et rex Anglorum senior misit ei magna exenia in auro et argento, et de venatione Anglicana. Huic sollempnitati interfuit junior rex Anglorum cum magno comitatu equitum, qui tanta secum

« num meorum, in terris, in pratis, in ecclesiis et decimis, in molendinis, in aquis, in vivariis, in piscariis, in villis, in hortis et hominibus, in redditibus et quibuslibet aliis rebus et consuetudinibus. « Pro hac autem donatione mea et concessione et confirmatione, » recepi de caritate ecclesie Becci, per manum Rogerii abbatis, « centum libras parisiensium, et decem libras andegavensium pro « duobus palefredis. » Copie par Dom Benigne Thibault, qui rapporte cette charte à l'année 1173; Bibl. nat., ms. latin 12884, 2e partie, p. 101. — En 1174, Roger, abbé du Bec, reconnut les droits de Robert de Harcourt sur le tiers des coutumes du Bec; ibid, p. 107.

[1] Voyez dans le même ms., p. 122, le relevé de ces douze noms d'abbés.

[2] Les chiffres ne sont pas d'accord avec ceux que donne la chronique du Bec : « annis triginta, mensibus tribus, decem diebus minus. »

[3] Osberne, prieur de Beaumont-le-Roger.

[4] 1er novembre 1179.

ex jussu patris sui tulit, ut nullius nec in ipsa festivitate nec in ipso itinere susciperet procurationem.

Decedente venerabili viro Gisleberto [1], abbate Troarnensi, successit ei Durandus de Cuvervilla [2], monachus ejusdem loci.

Et Roberto, Fontanetensi abbati, successit Robertus, prior Sancti Petri super Divam [3].

Obiit Walterius, Cluniacensis abbas [4], qui, quamvis in ecclesiæ illius regimine parum vixerit, anno scilicet uno [5] et dimidio, tamen ecclesiam illam, maximis debitis honeratam, de debito quatuor milium marcarum exhoneravit. Huic successit Willermus, monachus ejusdem loci, qui fuerat abbas Ramesiensis in Anglia [6]. Hic fecit quoddam mirabile; nam residuum debiti ecclesiæ Cluniacensis, quod erat XIIII milium marcarum, ex propriis thesauris quos adunaverat, et de mille marcis quas

[1] *Gisberto* M. *Guisleberto* Va.

[2] *Durandus de Chanbremer* L. Les auteurs du *Gallia christiana* (XI, 417) disent que, suivant les chartes de Jumièges, Durand « de Cuverville » fut nommé abbé de Troarn en 1178. L'acte auquel il est fait ici allusion est un acte de Robert, comte de Meulan, au bas duquel figure comme témoin « Durandus, Troarnensis electus; » cet acte, dont une copie est à la Bibl. nat. (Collection Moreau, vol. 82, fol. 78), se termine par la date : « Anno incarnati Verbi M CLXXVIII, quo « Rome celebratum est concilium presidente papa Alexandro III. » La mention du concile nous reporte au commencement de l'année 1179, qui, pour le rédacteur de la charte, appartenait encore à l'année 1178.

[3] Voyez *Gallia christiana*, XI, 414.

[4] Gautier, abbé de Cluni, paraît être mort en septembre 1177. *Gallia christiana*, IV, 1142.

[5] *Uno* omis dans M et Va. Ce mot est dans L.

[6] Voyez plus haut, t. I, p. 332.

Henricus rex Anglorum ei dederat, ex majori parte delevit. Fecit et aliud mirabile: priorem de stallo deposuit, qui solebat ducere in comitatu suo quadraginta equos, et jussit ut esset contentus tribus equitaturis. Fecit et aliud mirabile, quia septies viginti procurationes, quas burgenses ex consuetudine habere solebant ex donis abbatum, penitus delevit [1].

Inito conflictu Christianorum contra Salahadin, ex utraque parte multi mortui sunt, plures tamen de Christianis; et magister Templi captus est [2]. Quem cum Salahadin vellet reddere pro nepote suo, quem Christiani captum tenebant, magister Templi noluit, dicens non esse consuetudinis militum Templi, ut aliqua redemptio daretur pro eis præter cingulum et cultellum, et ita in captione mortuus est. Aliud infortunium accidit nostris; nam Salahadin cum innumero exercitu obsedit castrum de Vado Jacob, quod machinis et vi cepit [3], et milites Templi, qui intus erant, per medium serris per latera scidit; alios qui erant inferioris ordinis, decapitavit. Ipsum tamen castrum obtulit Salahadin, quod reficeret et munitum Christianis redderet, si vellent Christiani reddere ei nepotem suum, de quo supra diximus; quod utrum factum sit, nundum scimus.

[1] Guillaume l'Anglais, abbé de Cluny, de 1177 à 1180; *Gallia christiana*, IV, 1140.

[2] Le maître du Temple, qui fut pris en 1179, s'appelait Eudes de Saint-Amand. Guillaume de Tyr, XXI, XXIX, dans *Historiens occidentaux des croisades*, I, 1057.

[3] Sur la prise du Gué de Jacob, par Saladin, en 1179, voyez Guillaume de Tyr, XXI, XXX, p. 1058.

1181[1].

ROMANORUM FREDERICUS 29. FRANCORUM LUDOVICUS 44. ANGLORUM HENRICUS 27.

Rex Henricus Anglorum tenuit curiam suam in Anglia ad Natale[2] aput Notinguehan.

Guillermus, abbas Cluniacencis, in crastino Epiphaniæ[3] obiit aput Caritatem, vir plangendus de bonis quæ fecit in ecclesia sua; sed parum vixit, duobus fere annis.

Obiit Richardus, abbas Sancti Audoeni; cui successit Sanson, vir venerabilis, prior Sancti Stephani Cadomi[4].

Richardus de Humet[5], constabularius regis, cum relligiose vixisset anno uno et dimidio in abbatia de Alneto, quam ipse ædificaverat, obiit; relinquens filios

[1] La plupart des notes qui sont ici placées sous la rubrique de 1181, appartiennent en réalité à l'année 1180.

[2] 25 décembre 1179. Voyez Benoit, I, 244.

[3] 7 janvier 1180, selon toute apparence.

[4] Voyez *Gallia christiana*, XI, 146.

[5] *Humez* L. — D'après la place que cette note occupe dans la chronique, je suis porté à placer la mort de Richard du Hommet au commencement de l'année 1180; peut-être conviendrait-il de la fixer au 20 février 1180, puisqu'on trouve dans l'obituaire du Mont-Saint-Michel le nom de « Ricardus de Humez » au 20 février (*Recueil des historiens*, XXIII, 576). Dans cette hypothèse, Richard se serait retiré à l'abbaye d'Aunay vers le mois d'août 1178. Entre les nombreux textes relatifs à Richard du Hommet, qui nous sont parvenus, je citerai une charte de ce seigneur pour l'abbaye d'Aunay, dans laquelle il mentionne sa femme Agnès [de Beaumont, fille de Jourdain de Say], et

suos heredes suæ terræ, scilicet Guillermum[1], Enjorrannum[2], Jordanum[3].

Ludovicus[4], rex Franciæ, cum incidisset gravissimam ægritudinem, Philippus junior rex, filius ejus, nescio quo consilio ductus, sacramento se obligavit quod duceret loco et tempore filiam[5] Balduini comitis

ses trois fils : « Concedentibus uxore mea Agnete, et filiis meis Wil« lelmo, Engerranno et Jordano ; » l'original en est conservé aux Archives du Calvados, fonds d'Aunay, n° 25. Le sceau de Richard du Hommet est gravé dans *Archæologia*, XXXV, 494, et lithographié dans l'atlas de M. Léchaudé, pl. VII, n. 1.

[1] Guillaume du Hommet succéda à son père dans les fonctions de connétable, et les Archives du Calvados (fonds d'Aunay, n. 8) possèdent en original la charte datée de Caen, par laquelle Henri II concède « Willelmo de Humetis, constabulariam meam, quam Ricardus « de Humetis, pater suus habuit... » Guillaume épousa Lucie, bienfaitrice du couvent de Stanford : « Omnibus sancte matris ecclesie « filiis, Lucia, uxor domini Willielmi de Humet, constabularii domini « regis, salutem. Sciat universitas vestra me, assensu domini mei « Willielmi, et Ricardi, filii mei, dedisse..... ecclesie Sancti Michaelis « de Stanford et sanctimonialibus ibidem Deo servientibus, dimidiam « marcam argenti de terra mea de Bradecrofd...; » *Monasticon anglicanum*, IV, 262. Du mariage de Guillaume du Hommet et de Lucie, sortit Richard du Hommet, dont il a été question plus haut, p. 12, note 3. Le sceau et le contresceau du connétable Guillanme du Hommet, sont dessinés dans l'atlas de M. Léchaudé, pl. VII, n. 2 et 3.

[2] Voyez plus bas, p. 97, une note sur ce personnage.

[3] Une charte de l'abbaye de Troarn, publiée par M. de Caumont (*Statistique monumentale du Calvados*, II, 94), est émanée de Jourdain du Hommet et de sa femme : « Sciant presentes et futuri quod ego « Jordanus de Humeto et Hadeisa, uxor mea, filia Willelmi de Cre« picor... »

[4] Comparez le récit de Benoit de Peterborough (I, 245), qui place au commencement de l'année 1180 l'alliance de Philippe-Auguste et du comte de Flandre. Gervais de Cantorbéry (Twysden, 1457) la rapporte au mois d'avril 1180.

[5] Elisabeth de Hainaut, fille de Baudouin V, comte de Hainaut, et de Marguerite, sœur de Philippe, comte de Flandre.

Haenacensium in uxorem, natam ex sorore comitis Flandrensium; et ipse comes concessit ei, quod post mortem suam haberet in hereditatem comitatum Flandrensem, quamvis idem comes haberet masculos heredes de prædicta sorore comitissa Haenacensi[1]. Et hoc fecit idem rex sine consilio reginæ matris suæ[2] et avunculorum suorum, Willermi Remensis archiepiscopi, Henrici comitis Trecensis, Teobaldi Carnotensis, Stephani Sancerriensis, et aliorum amicorum suorum. Unde illi commoti requisierunt auxilium Henrici regis Anglorum senioris, contra nepotem suum juniorem regem Francorum Philippum.

Balduinus, abbas Fordensis, Cisterciensis ordinis monachus, magnæ relligionis et litteraturæ homo, electus est ad episcopatum Vigorniensem[3].

Obiit Robertus, abbas Glastoniæ[4].

Obiit etiam Johannes, episcopus Cicestrensis, cui successit Sefridus, canonichus ejusdem ecclesiæ[5].

Ante Pascha[6] transfretavit rex Henricus senior in

[1] Les neveux de Philippe, comte de Flandre, auxquels fait allusion Robert de Torigni, étaient Baudouin, depuis comte de Flandre et empereur de Constantinople, Philippe, depuis comte de Namur, et Henri, depuis empereur de Constantinople.

[2] Adèle de Champagne.

[3] Baudouin, abbé de Ford, au comté de Devon, fut sacré évêque de Worcester le 10 août 1180. *Monasticon anglicanum*, I, 572.

[4] Suivant Robert de Torigni, Robert aurait été abbé de Glastonbury depuis 1173 jusqu'en 1181, et suivant le *Monasticon anglicanum* (I, 4), depuis 1171 jusqu'en 1178.

[5] Jean de Greneford, évêque de Chichester, de 1173 à 1180; Siffrei II, son successeur, sacré le 17 octobre 1180. *Monasticon anglicanum*, VI, 1159.

[6] Il s'agit ici de la Pâque de l'année 1180, qui arriva le 20 avril. Conf. Raoul de Dicet, col. 610, et Benoit, I, 245.

Normanniam, et tenuit curiam suam in festivitate Paschæ Cenomannis.

Obiit Willermus, abbas Cadumi [1], et successit ei Petrus, sacrista, monachus ejusdem loci.

In die Ascensionis dominicæ [2], Philippus junior rex Francorum fecit consecrari in reginam uxorem suam, et coronati sunt ipse et ipsa ab archiepiscopo Senonensi, unde magis iratus est archiepiscopus Remensis, qui coronavit eum in regem.

Obiit Guarinus de Girardo [3], archiepiscopus Bituricensis, qui prius fuerat abbas Pontiniacensis [4].

Obiit Johannes, episcopus Carnotensis, qui descripsit passionem beati Thomæ, Cantuariensis archiepiscopi et martiris; fuerat enim cum eo conversatus in exilio [5].

Teobaldus, prior Crispeii, monachus Cluniacensis, successit Guillermo, abbati Cluniacensi [6].

[1] Les annales de Caen (*Recueil des historiens*, XII, 780, note g) mettent la mort de l'abbé Guillaume sous l'année 1180. Dans l'édition fautive de Duchesne (*Hist. Norm. scriptores*, 1020), elle est sous l'année 1079, ce qui a induit en erreur les auteurs du *Gallia christiana*, XI, 425, et M. Hippeau, *L'abbaye de Saint-Etienne de Caen* p. 52.

[2] Le 29 mai 1180. Conf. Benoit, I, 245 et 246.

[3] Le véritable nom de ce prélat paraît être *Guarinus de Galardun*; voyez plus haut, p. 55.

[4] L'archevêque Guérin paraît être mort le 20 mars 1180. *Gallia christiana*, II, 56.

[5] La mort de Jean de Salisbury est généralement rapportée au 25 octobre 1180. *Gallia christiana*, VIII, 1148. *Cartulaire de Notre-Dame de Chartres*, I, XXXVIII.

[6] Thibaud, qui fut d'abord prieur de Saint-Arnoul de Crespy, et qui mourut évêque d'Ostie. Thibaud était déjà en fonctions le 1er sep-

Obiit Ingerranus de Humet, filius Richardi de Humet; cui successit filius ejus Richardus, natus ex filia Guillermi de Similleio [1].

Obiit vir plangendus carissimus meus Gaufredus de Monte Forti in Britannia, cui successit filius ejus, natus ex filia Rualendi de Saie [2].

Rex Jerosolimitanus Balduinus dedit sororem suam

tembre 1180, comme le prouve cette date. « Facta sunt hec anno ab « incarnatione Domini MCLXXX, primo die mensis Septembris, apud « Ambertam, regnante Francorum rege Philippo primo anno, et « domni Theobaldi, venerabilis abbatis Cluniacensis primo promo- « tionis anno ; » Bibl. nat. collection Moreau, vol. 83, fol. 154. — Thibaud assista à la fondation que Philippe, comte de Flandre, fit, en 1182, d'une église dédiée à saint Thomas de Cantorbéry, près des murs de Crespy : « Facta est autem hec elemosine nostre donatio per « manus Henrici, Albanensis episcopi, sancte Romane ecclesie cardi- « nalis, apostolice sedis legati, Theobaldi Cluniacensis abbatis... » Ibid. vol. 85, fol. 230.

[1] *Simílleio* récrit dans M sur un passage gratté. Enguerran du Hommet, fils du connétable Richard du Hommet (voyez plus haut p. 93 et 94), épousa Cécile de Semilly et eut pour successeur, non pas Richard, mais Guillaume de Semilly. Il y a dans le Livre noir du chapitre de Bayeux (n. 87), une charte de « Willelmus de Simílleio, filius « Engeranni de Humeto, » relative à l'église de Pert, et dans laquelle il nomme son aïeul Guillaume de Semilly, et sa mère Cécile, fille du dit Guillaume. La charte suivante (n. 88) est émanée de « Cecilia filia « Willelmi de Simílleio. » En 1199, Guillaume de Semilly fit une donation à l'abbaye d'Aunay : « Ego Willelmus de Semilleio, assensu « et voluntate Jordani et Gaufridi et Engerranni, fratrum meorum...; » original aux Archives du Calvados, fonds d'Aunay, n. 19. Un article du rôle de l'échiquier de 1198 rappelle un accord conclu entre Guillaume de Semilly et Geoffroi, son frère : « Willelmus de Symilleio « reddit compotum de VII solidis pro I bisancio pro audienda con- « cordia inter ipsum et Galfridum, fratrem suum, de hereditate patris « et matris eorum... » *Rotuli scaccarii*, p. 378.

[2] Une charte de Geoffroi de Montfort, relative aux églises de Quettreville et de Gouville, donne quelques détails sur la famille de ce che-

cuidam optimo militi, fratri Gaufredi de Lizenun, quam prius habuerat Willermus filius marchisi de Monte Ferrato[1]; ex qua suscepit filium[2], qui servatur et nutritur ad suscipiendum regnum Jerosolimitanum, si vixerit.

Obiit Ludovicus rex Francorum, vir relligiosus et timens Deum[3], et sepultus est in quodam monasterio Cisterciensis ordinis, quod ipse ædificaverat[4]. Cui successit filius ejus Philippus, sicut jam supra diximus.

Gaufredus, filius naturalis Henrici regis Anglorum senioris, relicta ecclesia Lincoliensi, ad quam electus fuerat, factus est cancellarius regis patris sui[5].

Obiit Manuel, imperator Constantinopolitanus[6], et

valier : « Uxor etiam mea Gervasia et nostri liberi, Radulfus, Willelmus, Rollandus, Eudo, Matildis et Amicia, huic concordie benignum prebuerunt assensum... » Cartulaire de Savigny, n. 149.

1 En 1183, Baudouin IV, roi de Jérusalem, fait épouser sa sœur Sibylle, veuve de Guillaume de Montferrat (fils de Guillaume III, marquis de Montferrat), à Gui de Lusignan, fils de Hugues le Brun.

2 Il s'agit ici de Baudouin, fils de Sibylle et de Guillaume de Montferrat, qui fut roi de Jérusalem en 1185 et 1186.

3 Louis VII mourut le 18 septembre 1180.

4 L'abbaye de Barbeaux, à Fontaine-le-Port, Seine-et-Marne, arr. de Melun, canton du Châtelet. En 1182, Philippe-Auguste fit une fondation dans l'abbaye de Barbeaux pour l'entretien d'un cierge devant la tombe de son père. Catalogue des actes de Philippe-Auguste, p. 13, n° 50.

5 La renonciation définitive de Geoffroi à l'évêché de Lincoln est du 6 janvier 1182. Raoul de Dicet, dans Twysden, col. 613. Mais cette renonciation avait déjà été publiquement annoncée dans le courant de l'année 1181. Benoit, I, 271, et Gervais de Cantorbéry, dans Twysden, col. 1458.

6 L'empereur Manuel Comnène mourut le 24 septembre 1180. Il avait eu de Marie, fille de Raimond, prince d'Antioche, un fils, Alexis

successit ei Alexius, filius ejus, natus ex sorore Reimundi principis Antiochiæ. Hic duxit filiam Ludovici regis Francorum.

Mansamuz, rex Malsamutorum[1], qui fere dominatur totius Affricæ, reædificare cœpit Cartaginem antiquam, adjutus ab omnibus Agarenis qui terram illam incolunt.

Obiit Solimanus Iconii[2], qui multum Christianos diligebat et multa bona eis faciebat, et successit ei frater ejus[3].

De muliere, quæ feria quarta moritur et Sabbato resurgit[4]. Erat quidam prædives burgensis in loco qui dicitur Roca Amatoris[5], a quo monachi ecclesiæ sanctæ Mariæ et sancti Amatoris mutuo acceperant pecuniam, tradentes illi in loco pignoris cortinas ipsius ecclesiæ. Imminente autem festo genitricis Dei et vir-

Comnène, qui lui succéda et qui le 2 mars 1180 avait été fiancé avec Agnès, fille du roi Louis VII.

[1] Le roi des Almohades, que les chrétiens appelaient les Masmouda. De Mas Latrie, *Traités de paix et de commerce avec les Arabes de l'Afrique septentrionale*, p. 152, note 4.

[2] Ici Robert de Torigni a fait une confusion. En effet, le titre de sultan d'Iconium fut porté depuis 1155 jusqu'en 1192 par Kilidge Arslan II. Ce que notre auteur a voulu noter, c'est la mort de Seifeddin, sultân de Mosul, qui eut pour successeur, en 1180, son frère Azzeddin-Masoud.

[3] Ici Robert de Torigni avait d'abord inséré la note relative à la mort de Henri, comte de Champagne, dont il a rejeté le texte plus loin, p. 103, parmi les événements de l'année 1182. Cette note a été grattée dans M, mais elle subsiste dans L.

[4] Conf. Gervais de Cantorbéry, dans Twysden, col. 1458.

[5] *Rochemador* F en interligne. Sur Roc-Amadour, voyez plus haut, p. 23, à l'année 1170.

ginis Mariæ, rogaverunt prædicti monachi burgensem, ut quas aput se habebat cortinas, ad adornandam ecclesiam, tantæ sollempnitatis expleto tripudio ei restituendas, adcommodaret. Ille vero aurem cordis habens obturatam, nulla quidem prece flexus est; sed responsum eis cum tumore animi dedit, dicens quod essent cortinæ illæ çirca lectum conjugis suæ, quæ nuper ei puerum pepererat, nec aliquatenus inde possent amoveri. Quid multa? Transiit festivus dies, et ecclesia præfata ornatum suum festivalem non habuit. Sequenti vero nocte, beata Maria, mater Domini nostri, apparuit in sompnis uxori prædicti burgensis, et dixit ei : « Vir « tuus peccatum grande commisit, nec poterit impie« tatis excessus derelinqui impunitus. Tercia enim die « infans tuus spiritum exalabit, et vir tuus, debitum « morti solvens in die octava, mutabit hanc tempora« lem felicitatem suppliciis æternis; tu autem profi« cisceris ad ecclesiam meam quæ est in Betleem, et « conspectis ibi tribus sepulcris, quorum quidem duo « extrema vacua non sunt, medium tibi eliges in se« pulchrum. Interim omni quarta feria circa horam « nonam deficiet in te spiritus tuus, et decurret ab « ore tuo et naribus sanguis multus, et usque ad ho« ram nonam Sabbati veluti mortua permanebis; Sab« bato, hora nona, spiritu redeunte, duces utrasque « manus tuas super[1] faciem tuam, et continuo pristi« nus color et fortitudo in te remeabunt. » Hæc locuta est beata Maria, et abscessit. Mulier vero præ timore

[1] *Per faciem* M. La leçon *super* est fournie par L.

turbata evigilavit, et ruminans sompnium suum, cum magna sollicitudine illud memoriæ commendavit. Crastina autem illucescente die, cœpit sompnium suum conjugi suo per ordinem narrare. Miser sermonibus ejus non adhibuit fidem; nec, etiam cum videret spiritum deficere in puero, de agenda pœnitentia cogitatum habuit, sed morte præventus in die octava, juxta præostensam visionem, in supplicium lapsus est gehennale. Perturbatur mulier in alterutrius nece, et omnia sicut per sompnium monstrata fuerant, in se nichilominus intelligens accidisse, Romam sub festinatione proficiscitur, et rem summo revelat pontifici. Præterea constanter asseruit, quod in quinto anno ab illo maxima fames ingrueret, quod ex corruptione aeris innumerabilis hominum multitudo moritura esset, et quod clerum Romanum gravis animadversio feriret, nisi ab exercicio doli resipiscerent, sub quo a multis retro temporibus usque in hodiernum diem laboraverunt. At dominus papa, volens manifestius scire si sermones mulieris veritati inniterentur, commendat [1] eam duodecim nobilibus matronis, dans illis præceptum, ut, cum illa in mortem obdormiret, plantis ejus calentes subulas [2] infigerent, et de sanguine ab illius ore manante vestes suas inficerent. O rem mirabilem! Quarta feria, sicut prædixerat, hora nona, mulier expalluit et mortua est, ita ut nullus in ea remaneret vitalis spiritus, et ab ejus naribus cœpit defluere sanguis copiosus. Sed

[1] *Comendat* M.

[2] Dans F, on a ajouté en glose, au XIIe siècle : *borcas ferreas calidas*. *Borcas* est probablement une faute pour *brocas*.

matronæ, præceptorum domini papæ non immemores, pedibus mulieris calentes subulas [1] infigunt, nec ob id illa movetur. Insuper de sanguine ejus vestimenta sua tingunt, sed omnis infectio facta per sanguinem, in Sabbato nusquam comparuit, cum spiritus vitæ in mulierem remearet.

1182.

ROMANORUM FREDERICUS 30. FRANCORUM PHILIPPUS 1. ANGLORUM HENRICUS 28.

Henricus senior rex Anglorum tenuit curiam suam in Natali Domini [2] Andegavis.

Radulfus de Vennevilla, archidiaconus Rothomagensis, renunciavit cancellariæ regis, et rex dedit ei terras magnorum reddituum [3].

Gaufredus, filius regis, electus Liconiensis, factus est cancellarius regis, et renunciavit electioni Liconiensi, et rex dedit ei magnos redditus in Anglia et Normannia et Andegavia [4].

[1] Au-dessus du mot *subulas*, dans F, une main du XIIIe siècle a écrit *alesnas*.

[2] Il est probable que Robert de Torigni entend parler ici de la fête de Noël 1180, que Henri II célébra, non pas à Angers, mais au Mans. Voyez Benoit, I, 269.

[3] Raoul de Varneville fut chancelier de Henri II depuis l'année 1173. Raoul de Dicet, dans Twysden, col. 567. Nous verrons bientôt que le roi le fit monter en 1181 sur le siége épiscopal de Lisieux.

[4] Robert de Torigni a déjà mentionné une première fois, p. 98, la nomination de Geoffroi à la dignité de chancelier.

Johannes filius Lucæ, clericus regis, electus est in episcopum Ebroicensem [1].

Guihenoc, archidiaconus Redonensis, electus est ad episcopatum Venetensem [2].

Abbas Sancti Remigii Remensis Petrus [3] nichilominus electus est ad episcopatum Carnotensem.

Obiit Henricus, comes Trecensis, et successit ei Henricus, filius ejus, natus ex filia Ludovici regis Francorum [4].

Obiit Simon, comes Ebroicensis, et successit ei in comitatu Ebroicensi in Normannia Amalricus, filius ejus, et in comitatu de Rocha et in terra Franciæ Simon, alter filius ejus [5].

Circa Pascha [6], Alienor, filia regis Anglorum, uxor

[1] Jean, fils de Luc, monta sur le siége d'Evreux en 1181. *Gallia christiana*, XI, 579.

[2] La chronique de Ruis (*Historiens de France*, XVIII, 332) place aussi sous l'année 1182 l'ordination de « Guezonicus » évêque de Vannes.

[3] Le mot *Petrus*, qui manque dans M, est fourni par L. — Pierre, précédemment abbé de Saint-Remi de Reims, était déjà évêque de Chartres au mois d'octobre 1181. *Gallia christiana*, VIII, 1150.

[4] Robert de Torigni avait une première fois placé cette note parmi les événements de l'année 1181, immédiatement avant le paragraphe intitulé : « De muliere quæ feria quarta moritur et Sabbato resurgit. » Elle en a été retranchée par voie de grattage dans M ; mais elle subsiste à ce premier endroit dans L. — Henri le Libéral, comte de Champagne, mourut le 17 mars 1181. Il avait épousé Marie, fille du roi Louis VII, de laquelle il eut un fils Henri II, son successeur.

[5] Simon de Montfort mourut en 1181, laissant deux fils, Amauri, qui fut comte d'Evreux, et Simon, à qui échurent les fiefs français de la famille de Montfort, notamment la seigneurie de Rochefort (Seine-et-Oise, arr. de Rambouillet, cant. de Dourdan), que Robert de Torigni appelle mal à propos *comitatus de Rocha*.

[6] Robert veut sans doute parler de Pâques 1181 (5 avril). — Eléo-

Anfulsi regis de Castella, peperit filium, et vocatus est Senchius; pepererat etiam ante filiam unam.

Priorissa de Fonte Sancti Martini [1], mulier relligiosa et magni generis, utpote soror abbatis Savignei, qui fuit nepos Simonis comitis Ebroicensis, facta est abbatissa Sanctæ Trinitatis Cadomi [2].

Circa finem mensis Julii, Henricus rex senior transfretavit in Angliam [3].

Gaufredus, dux Britanniæ, filius regis Henrici, desponsavit uxorem suam, filiam Conani comitis Britanniæ [4].

In solempnitate Paschæ [5], aput castrum quod dicitur Mons Aureus [6], quædam mulier infamis cum acciperet corpus Domini et Salvatoris in ore suo, non glutivit illud, immo tulit et posuit in archa sua involutum

nore, femme d'Alfonse III, roi de Castille, avait donné le jour, en 1171, à une fille, Bérengère. L'infant Sanche, qui, selon Robert de Torigni, naquit en 1181, dut mourir en bas âge.

[1] La Fontaine-Saint-Martin (Sarthe, arr. de la Flèche, cant. de Pontvallain). Voyez Cauvin, *Géographie ancienne du diocèse du Mans*, p. 320.

[2] Mathilde, sœur de Simon, abbé de Savigny, ne fut peut-être pas nommée abbesse de la Trinité de Caen avant l'année 1183. *Gallia christiana*, XI, 433.

[3] Henri II passa de Cherbourg à Portsmouth vers le 26 juillet 1181. Benoit, I, 277.

[4] Ce mariage dut être célébré en 1181 : une enquête relative aux biens de l'église de Dol se termine par ces mots : « Actum anno Verbi « incarnati MCLXXXI, mense Octobri, de mandato Henrici regis Anglie « et Gaufridi, filii ejus, comitis Britannie..., anno videlicet quo pre- « dictus comes duxit uxorem. » Dom Morice, *Preuves*, I, 687.

[5] Sans doute Pâques 1181, 5 avril.

[6] Montoire, Loir-et-Cher, arr. de Vendôme.

panno lineo. Cum autem quidam juvenis, amasius ejus, aperiret eandem archam, invenit hostiam dominici corporis transmutatam in effigie carnis et sanguinis. Hoc etiam accidit in quadam villa abbatis Sancti Petri Carnotensis cuidam sacerdoti, dum teneret corpus Domini in manibus suis ad missam. Simile miraculum accidit iterum [1] in Carnotensi episcopio, tempore Roberti episcopi Britanni [2], quod quidam rusticus posuit corpus Domini in ora [3] capæ suæ, et ibi servavit illud usque ad mortem suam, et tunc ibi inventum est in specie carnis. Idem miraculum accidit cuidam muliercolæ in Flandria [4], quod, cum posuisset in cista sua, postea invenit in effigie carnis. Similiter evenit in Andegavensi civitate, cum quidam sacerdos cantaret missam, puer parvulus intererat missæ, et vidit idem puer puerum parvum pulcherrimum in manu sacerdotis sacrantis corpus Domini; qui protinus exivit foras ecclesiam, clamans omnibus quos invenit, et dicens : « Venite et videte mirabilia Dei, » et intrantes in ecclesiam nichil viderunt præter speciem panis. Hoc etiam accidit cuidam sanctissimo presbitero juxta Fiscannum, dum cantaret missam in die dedicationis ec-

[1] *It'm* M.

[2] *Britan'ni M.* Robert le Breton, évêque de Chartres, de 1156 à 1164; *Gallia christiana*, VIII, 1143.

[3] *Hora* M.

[4] Ce miracle, qui arriva dans la ville d'Arras vers l'année 1179, est longuement raconté par Giraud le Cambrien (*Gemma ecclesiastica*, I, XI, éd. Brewer, II, 40), qui prenait Arras pour la capitale de la Flandre : « In Francorum regno, urbe videlicet Atrabatensi, quæ comitatus Flandriæ caput esse solet... »

clesiæ Sanctæ Trinitatis Fiscanni[1], qui mittens diaconem suum, vocavit episcopos qui ad dedicationem convenerunt, et venerunt; et presbiter tulit in manibus suis in calice ita ut erat revestitus, et posuerunt illud in altari. Hæc facit pietas Domini ad confirmandam fidem sacramentorum suorum in nobis, in quos fines seculorum devenerunt.

Mater solidani de Iconio[2], veniens ad extrema, revelavit filio suo, quod semper celaverat, scilicet quod esset christiana, et rogavit eum ut crederet in Christum, qui est Dominus et rex omnium seculorum, et quod amaret Christianos. Quod ipse spopondit se facturum; sed dixit quod non auderet aperte credere in Salvatorem propter Paganos. Dixit ei mater sua : « Fili, « cum mortua fuero, fac michi excelsam sepulturam « et pulchram sicut piramidem; et pone super eam si« gnum crucis Christi. » Cui ille de luce hoc se facere non posse respondit. « Tu fac, inquit mater ejus, de « nocte. » Quod et factum est. In crastino cum Agareni vidissent signum illud, indignati sunt contra principem et volebant eum occidere. Tunc quidam ex ipsis, sullevatus per machinas, conabatur deponere crucem, qui voluntate Dei corruit et mortuus est. Similiter et alius interemptus est alia vice. Tercia die cum convenissent multa milia hominum ad deponendum ædificium illud, inter quos erat unus promptior ad deponendum illud,

[1] La dédicace de l'église de Fécamp fut célébrée le 16 juin 1106. Orderic Vital, IV, 270.

[2] La mère de Kilidge Arslan II, sultan d'Iconium.

venerunt fulgura et choruscationes, et illo primitus perempto, multa milia perierunt igne divino. Tunc apparuit angelus Domini, et clarissimum signum crucis posuit super piramidem illam, ex quo multi crediderunt in Christum, et adhuc crucem illam venerantur et adorant.

Arnulfus, Luxoviensis episcopus, cum per XL annos eandem ecclesiam rexisset, et in ædificando ecclesiam et pulcherrimas domos laborasset, renunciavit episcopatui, et perrexit Parisius, suos dies dimidiaturus aput Sanctum Victorem in domibus pulcherrimis, quas ibi ad opus suum construxerat[1]. Radulfus de Vennevil-

[1] Suivant Benoit de Peterborough (I, 278), Arnoul abandonna son évêché par suite de la disgrâce qu'il avait encourue pour avoir soutenu en 1173 les membres de sa famille qui s'étaient déclarés contre le roi lors de la révolte des jeunes princes. Dans plusieurs de ses lettres, et notamment dans la 127e, Arnoul parle de sa retraite à l'abbaye de Saint-Victor; il avait précédemment donné l'église de Gacé aux religieux de cette maison : « Reverentissimo domino suo Hen« rico, Dei gratia illustri et glorioso Anglorum regi, frater Arnulfus, « Sancti Victoris Parisiensis canonicus, utinam regularis. Est in « episcopatu Lexoviensi quedam parochialis ecclesia apud. Waceyum, « quam ego in manu mea possessam diutius canonicis regularibus « Sancti Victoris, priusquam ad eos demigrassem, donavi, ut, sump« tibus meis aliqua ex parte proficere posset, cum ego ad illam ec« clesiam pertransissem.... » Les Archives nationales possèdent l'original scellé de la charte par laquelle Arnoul donne à l'abbaye de Saint-Victor « ecclesiam Sancti Petri de Gaceio, cum cimiterio, jure « perpetuo possidendam. » Arnoul mourut le 31 août 1184. L'article suivant lui est consacré dans l'obituaire de Saint-Victor : « II kalen« das Septembris. Anniversarium sollemne patris nostri pie recor« dationis Arnulphi, Lexoviensis episcopi, qui magne devotionis « affectu, quam a multis retro annis erga ecclesiam nostram habuerat, « de episcopatu suo ad nos veniens, canonicus noster effectus, quietis « sibi ac sepulture locum eandem ecclesiam inter omnes alias preele-

la[1], archidiaconus Rothomagensis, qui fuerat cancellarius regis, electus est ad prædictum episcopatum.

Anno superiori, id est M° C° LXXXI, obiit Alexander papa tertius[2], ad cujus litteraturam pauci de prædecessoribus ejus infra centum annos attigerunt. Fuit enim in divina pagina præceptor maximus, et in decretis et canonibus et Romanis legibus præcipuus. Nam multas quæstiones difficillimas et graves in decretis et legibus absolvit et enucleavit. Dedit etiam ei Deus hanc gratiam, quod, cum a beato Petro usque ad ipsum fuerint centum septuaginta quatuor pontifices Romani, tres tantum præcesserunt eum in numero annorum, quo Romanæ ecclesiæ præfuerunt; beatus Petrus sedit XXV annis, Silvester primus XXIII[3], Adrianus primus totidem[4]; ipse Alexander XXII. Hic etiam te-

« git, multis et magnis beneficiis dignum et perpetuum sui nominis « et amoris memoriale posteris derelinquens. Siquidem dedit nobis « idem pater in cultu altaris duos textus, crucem et calicem, tres ca- « sulas, tunicam et dalmaticam, cappam et duo pallia. Dedit etiam « nobis ad solvenda ecclesie debita CCC libras andegavensium ; in qui- « busdam vero vasis argenteis et libris quibusdam legalibus, centum « libras parisiensium ad emendos redditus ; preterea meliorum quo- « rumdam librorum legalium sex volumina, et alios diversi generis « libros, ad retinendum in armario, nobis dedit ; sed et diversis tem- « poribus multa nobis in vita sua beneficia contulit. Statutum est igi- « tur ut, recurrente tanti patris anniversario, singulis annis ipsum « sollempniter celebretur, fiat etiam commendatio ante missam. » Bibl. Nat. ms. latin 14673, fol. 228 v°.

[1] *Vannevilla* F. La nomination de Raoul à l'évêché de Lisieux est de l'année 1181. Benoit, I, 278 ; Roger de Hoveden, II, 260.

[2] Alexandre III mourut le 30 août 1181.

[3] Sylvestre I, pape de 314 à 335.

[4] Adrien I, pape de 772 à 795.

nuit concilium Turonis anno dominicæ incarnationis M° C° LX° III° [1], in quo Octavianum cum complicibus suis anatematizavit; cui concilio nos interfuimus. Item aliud concilium tenuit Romæ anno incarnationis dominicæ M° C° LXXX [2]. Ad hoc multæ convenerunt tam ecclesiasticæ quam seculares personæ, inter quos venit quidam civis Pisanus, nomine Burgundio [3], peritus tam græcæ quam latinæ eloquentiæ. Hic attulit evangelium sancti Johannis translatum ab ipso de græco in latinum, quod Johannes Crisostomus [4] sermone omeliatico exposuerat. Hic etiam fatebatur magnam partem libri Geneseos a se jam translatam. Dixit etiam quod Johannes Crisostomus totum vetus et novum Testamentum græce exposuit. Papa Alexander præfatus tres scismaticos, qui sibi in scismate invicem successerant [5], fere per xx annos sustinuit, scilicet

[1] Le 19 mai 1163; voyez plus haut, t. I, p. 348.

[2] Ce concile fut célébré au mois de mars 1179.

[3] Sur la vie et les travaux de « Johannes Burgundio, » de Pise, mort en 1194, voyez Fabricius, *Bibliotheca mediæ et infimæ latinitatis*, éd. Mansi, I, 304, et la note que j'ai ajoutée (t. I, p. 270) à un passage de Robert, relatif à l'année 1152. — La traduction de l'explication de l'évangile de saint Jean par saint Jean Chrysostome, telle qu'elle fut rédigée par Bourguignon, se trouve à la Bibl. nat. dans le ms. latin 1782, avec une préface dans laquelle l'auteur parle de ses différents ouvrages. Le ms. latin 1778 renferme aussi la traduction de Bourguignon, suivie de cette rubrique, au fol. 111 : « Expliciunt moralia beati patris « nostri Johannis Crisostomi in sanctum euvangelistam Johannem a « Burgundione, Pisano cive, de greco in latinum translata, anno « Christi M° centesimo LXXIII. »

[4] *Crisotomus* M.

[5] *Suscesserant* M. Sur les antipapes Victor IV, Paschal III et Calixte III, voyez plus haut, t. I, p. 324 et 351, et t. II, p. 9.

Octavianum, Guidonem et Calixtum. Illis vero deficientibus, in pace ecclesiæ vitam finivit. Cui successit Hubaudus, Hostiensis episcopus, dictus Lucius, CLXXV episcopus Romanus[1].

Hic, videlicet Hostiensis episcopus, ex antiqua consuetudine ordinat et sacrat pontificem Romanum; quæ consuetudo exinde accidit, quod, martyrizato beato Sixto et sancto Laurentio ejus diacono, beatus Justinus presbiter cum clero Romano elegit Dionisium in pontificem Romanum, quem sacravit Maximus Hostiensis episcopus[2]. Ex hac consuetudine exinde Hostiensis episcopus ordinat et sacrat Romanum pontificem, et habet pallium[3] solummodo ad ea quæ pertinent in ordinatione et consecratione Romani pontificis. Eugenius papa conjunxit episcopatui Hostiensi Belitrensem, et sic fecit de duobus unum[4]. Similiter fecit de episcopatu Portuensi, cui junxit episcopatum Sanctæ Rufinæ[5], faciens, de duobus unum.

Obiit Rogerius, episcopus[6] Eboracensis, vir litte-

[1] Lucius III fut élu le 1er septembre 1181 et sacré le 6 du même mois.

[2] Maxime, évêque d'Ostie, passe pour avoir sacré le pape saint Denis en 261.

[3] *Paullium* M.

[4] Ce fut vers 1150 que le pape Eugène III réunit les évêchés d'Ostie et de Velletri. Voyez Ughelli, I, 64.

[5] L'union des évêchés de Porto et de Sainte-Rufine est attribuée par Ughelli, I, 125, à Calixte II.

[6] *Episcopus* M. La bonne leçon est fournie par L. Roger de Pont-l'Evêque, archevêque d'York, mourut le 22 novembre 1181. *Monasticon anglicanum*, VI, 1172.

ratus et industrius in augendas possessiones terrenas; ecclesiam principalem et domos episcopales non solum Eboraci, verum in omnibus maneriis suis cum redditibus multum auxit[1] ac reædificando decoravit, in tantum ut archiepiscopatus Eboracensis archiepiscopatui Cantuarensi fere coæquaretur. Multas divicias, et non sibi profuturas, reliquit[2].

Obiit Philippus, episcopus Redonensis, qui fuit primus abbas Claremontis[3]. Hic per revelationem caput ecclesiæ Redonensis solo diruit, et in ea diruptione multas pecunias invenit, ex quibus cœpit reædificare caput præfatæ ecclesiæ meliori scemate.

Obiit Hunfredus de Bohun[4], positus in exercitu cum rege Henrico juniore; quem exercitum præfatus rex in Franciam duxerat, coadjuvando partes Philippi regis Franciæ contra comitem Flandrensem[5].

[1] *Axit* M.

[2] En 1182, Henri II s'appropria l'argent qu'avait laissé l'archevêque d'York; Benoit, I, 283 et 289.

[3] Suivant M. Hauréau (*Gallia christiana*, XIV, 527 et 751), Philippe, précédemment abbé de Clermont au diocèse du Mans, aurait été évêque de Rennes dès l'année 1179. Il ne mourut pas avant l'année 1182. En effet, nous avons de lui, dans le Cartulaire de Savigny, charte 387, un acte ainsi daté : « Actum Redonis anno ab incarnatione Domini 1181, « feria quarta in octabis epiphanie, presidente in Romana cathedra « Lucio, duce existente in Britannia Gaufrido, Henrici regis filio. » Cette date correspond au 13 janvier 1182 de notre manière de compter.

[4] Honfroi de Bohon, qui est cité avec le titre de connétable dans beaucoup d'actes du roi Henri II. Il figure en ces termes sur le rôle des fiefs normands dressé en 1172 : « Hunfridus de Bohun, II milites et « septimam partem tercii militis, et ad suum servicium II milites; *Recueil des historiens*, XXIII, 694. Le Livre noir de l'échiquier, p. 109, contient l'état des fiefs que tenait Honfroi de Bohon dans le Wiltshire.

[5] La campagne pour laquelle le jeune roi Henri vint aider Philippe-

Obierunt[1] Henricus abbas Pratelli[2], et Guillermus, abbas Sancti Michaelis Ulterioris Portus[3], monachi Becci.

Anno Domini M° C° LXXX° I°, III idus Julii[4], hora nona diei, eclipsis solis, et erat pene tercia pars solis obscurata, et ab initio eclipsis ad finem spatium unius horæ æqualis et triginta octo minutorum. Eodem anno, eclipsis lunæ XI kalendas Januarii, scilicet feria tercia[5], nocte sequente, hora tercia noctis, et paulo minus quam medietas obscurata, et duravit obscuritas fere per duas horas. Anno Domini M° C° LXXV°[6] bis visa est eclipsis in luna, primo letania majore, hora prima noctis, post diem ipsum Marci evangelistæ, secundo XIIII kalendas Novenbris, nocte sequente, fere tercia hora noctis. Anno Domini M C LXXVIII[7] vidimus eclipsim[8] in luna tercio nonas Marcii, noçte sequente, hora prima

Auguste contre le comte de Flandre, dut avoir lieu vers le mois de décembre 1181. Benoit, I, 283 et 284. Conf. Gervais de Cantorbéry, dans Twysden, 1459.

[1] *Obiit Henricus, abbas Pratelli, monachus Becci.* C'est par ces mots que la Chronique se termine dans L. C'était aussi primitivement la leçon de M.

[2] Henri, abbé de Préaux, mourut probablement le 20 avril 1182. *Gallia christiana*, XI, 838.

[3] La mort de Guillaume, abbé du Tréport, arriva sans doute en février 1182. *Gallia christiana*, XI, 249.

[4] J'ai suppléé le mot *Julii*, qui manque dans les mss. Il y eut en effet une éclipse de soleil le 13 juillet 1181.

[5] Il y eut éclipse de lune le mardi 22 décembre 1181.

[6] C'est en 1176 qu'il y eut éclipse de lune le 26 avril et le 20 octobre.

[7] *M C LXVIII* M. En 1178 il y eut éclipse de lune le 5 mars et le 30 août ; éclipse de soleil le 13 septembre.

[8] *Eclipsis* M.

noctis. Eodem anno fuit eclipsis in luna, quarto kalendas Septembris, et eodem anno et mense in sole, idus Septembris, circa meridiem, toto fere obscurato. Anno etiam M C LXXIX visa est luna eclipsimari xv kalendas Septembris, post octavam horam noctis dominicæ [1]. Anno M C LXXX fuit eclipsis in sole v kalendas Februarii, feria tercia [2].

Rex Henricus senior mense Marcio transfretavit in Normanniam cum magna auri et argenti copia, paratus in adjutorium regis Franciæ ad componendam pacem inter ipsum et comitem Flandriæ, sicut et fecit [3].

Obiit Mabilia, comitissa Flandrensis, absque liberis [4].

[1] Eclipse de lune le 19 août 1179.

[2] Eclipse de soleil le 28 janvier 1180, qui était un lundi et non pas un mardi.

[3] Henri II passa de Portsmouth à Barfleur vers le 3 mars 1182; Benoit, I, 285, et Raoul de Dicet, dans Twysden, col. 613. La conférence dans laquelle la paix fut rétablie entre Philippe-Auguste et le comte de Flandre se tint vers le 28 mars 1182, à Senlis, selon Raoul de Dicet, col. 613, ou plutôt, comme dit Gilbert de Mons (Pertz, *Scriptores*, XXI, 536) « inter Silvanectum civitatem regis et Crispiacum, « castrum ipsius comitis, in loco qui dicitur Grangia Sancti Arnul- « phi. » Giraud le Cambrien (*Recueil des historiens*, XVIII, 133) nous a conservé une lettre de Henri II relative au traité dont il s'agit ici.

[4] Elisabeth de Vermandois, femme de Philippe, comte de Flandre, paraît être morte le 26 mars 1182. Benoit (I, 285) place la mort de « N. comitissa Flandriæ, filia Radulfi de Peruna, » parmi les événements de l'année 1182 antérieurs au carême. Il la mentionne une seconde fois (I, 309) comme arrivée en 1183. Gilbert de Mons (Pertz, *Scriptores*, XXI, 535) rejette cette mort à l'année 1183 : « Anno Domi- « ni 1183, tempore quadragesimali, penitentiali ebdomada ante Pas- « cha Domini, Elisabeth, nobilissima Flandrie et Viromandie comi- « tissa, Philippi comitis uxor,... a seculo migravit. »

Andronius[1], patruus imperatoris Constantinopolitani Alexii, indignatus quod ipse duxisset filiam regis Francorum in uxorem, et multos Latinorum secum haberet sibi familiares, quia ipse erat Græcus, volebat eos ab imperio ejus exterminare. Conducens ergo solidanum Hiconii[2] et multos Sarracenorum, fraudulenter introierunt civitatem, et multos Latinos[3] interfecit, et a Latinis multi Sarraceni interfecti sunt. Deo tamen volente, pax inter eos firmata est.

Johannes, episcopus Pictavensis[4], vir magnæ litteraturæ et eloquentiæ, electus ad archiepiscopatum Nerbonensem, cum Romam perrexisset[5] propter prædictam benedictionem, annuente papa Lucio, clerici primæ Lugdunensis elegerunt eum in archiepiscopum Lugdunensem, quæ sedes habet primatum super tres archiepiscopatus. Prima enim Ludunensis, id est Ludunum, est super Rodanum; secunda Ludunensis, super Secanam, id est Rothomagus; tercia Ludunensis, super

[1] Ce fut en 1182 qu'Andronic, cousin de l'empereur Alexis Comnène, fit massacrer les Latins établis à Constantinople.

[2] Sans doute Kilidge Arslan II.

[3] C'est par ce mot *Latinos* que se termine la dernière page du ms. F.

[4] Selon toute apparence, Jean, évêque de Poitiers, fut nommé archevêque de Narbonne au commencement de l'année 1182 et immédiatement appelé à l'archevêché de Lyon. Voyez *Gallia christiana*, II, 1180, IV, 130, et VI, 56. Une charte citée dans cet ouvrage (II, 1180, note), et dont le texte complet est dans la collection de Dom Fonteneau (XVI, 77), est ainsi datée : « Hoc autem factum est anno « ab incarnatione Domini 1182, anno videlicet quo Johannes episco- « pus Pictavensis, creatus est archiepiscopus Lugdunensis. » — Aux mots *Johannes episcopus Pictavensis* s'arrête le texte de la chronique dans les mss. d'Oxford et de Hanovre.

[5] *Perrexixet* M.

Ligerim, id est Turonis; quarta Ludunensis, id est Senonis, super Icaunam.

In hoc anno evenit bis vel ter. terræ motus circa festum sancti Michaelis [1].

Hoc etiam anno magna discordia facta est inter regem et filios suos, propter castellum Claræ Vallis [2], quod erat de feudo Andegavensi; et Richardus, comes Pictavensis, latenter firmaverat illud, et adhuc discordia perseverat inter patrem et filios, propter eamdem causam.

Rex Henricus senior misit exercitum in Britanniam, et obsederunt turrem Redonemsem, et ceperunt, et combustam reædificaverunt et muniverunt. Postea comes Britanniæ magnam partem ipsius civitatis et abbatiam Sancti Georgii combussit [3], et Becherel [4], castrum Rollandi de Dinam.

Audivimus a quibusdam quod Johanna, uxor Guillermi regis Siciliæ, filia Henrici regis Anglorum, peperit ei filium primogenitum, quem vocaverunt Boamundum [5]. Qui cum a baptismate reverteretur, pater investivit eum ducatu Apuliæ per aureum sceptrum, quod in manu gerebat.

[1] Vers le 29 septembre 1182.

[2] Clairvaux, Vienne, arr. de Châtellerault, canton de Lencloitre, commune de Scorbé-Clervaux. — Suivant Benoit (I, 294), l'origine de ce différend des enfants de Henri II remontait au commencement de l'année 1183. Conf. Raoul de Dicet, dans Twysden, col. 617, et Gervais de Cantorbéry, ibid. 1462.

[3] *Combuxit* M.

[4] Becherel, Ille-et-Vilaine, arr. de Montfort.

[5] Cet enfant de Guillaume II, roi de Sicile, mourut peu de temps après sa naissance.

Et quia de filiabus domini mei regis Anglorum cœpi loqui, non debeo prætermittere regem de Castella, quem vocant Anforsum parvum regem[1], quia adhuc Ferrant[2], patruus ejus, vivit; qui si moreretur, Anforsus prædictus esset rex universarum Hispaniarum. Hic Anforsus gratia Dei et virtute sua duxit karissimam dominam meam et filiolam in baptismate in uxorem, Alienor, filiam regis Anglorum, cujus consilio et auxilio multa bona ei acciderunt. Nam primum urbem Conchas[3] cepit, magnarum terrarum matricem; et ut quidam dicunt, cepit Cordubam ex parte et munivit, et duas civitates regis Lupi, Valentiam et Muciam; et multa alia bona fecit, quæ ad noticiam nostram non pervenerunt.

Tercia vero filiarum regis, id est Matildis primogenita, nupxit Henrico duci Saxonum et Bajoriarum et Suevorum. Nec est aliquis homo, qui tantas habeat possessiones, sicut iste, nisi fuerit imperator aut rex. Nam XL urbes habet, et LXVII castella, exceptis pluribus villis. Sed tamen cum esset proximus carne Frederici imperatoris Romanorum, ortis inter eos quibusdam simultatibus, consilio archiepiscoporum et episcoporum regni Alemanniæ qui habent fere omnes civitates in ditione[4] sua, illius regni imperator exulavit eum[5]; quare venit in Normanniam ad regem Henri-

[1] Alphonse III, roi de Castille, mari d'Eléonore, fille de Henri II.

[2] Ferdinand II, roi de Léon, mort le 21 janvier 1188. Il était en effet l'oncle paternel d'Alphonse III.

[3] Ce fut à la suite d'une bataille gagnée en 1177 que le roi Alphonse se rendit maître de Cuença.

[4] *Dictione* M.

[5] Ce fut à la diète de Wurtzbourg, en 1180, que Henri, duc de Saxe

cum socerum suum, cum uxore et liberis, et rex maximas expensas fecit pro eo, cotidie scilicet L libras Andegavensium [1]. Qui Deo auxiliante adhuc terram suam recuperabit per industriam et fortitudinem et divicias regis Angliæ.

1182.

ROMANORUM FREDERICUS 30. FRANCORUM PHILIPPUS 1. ANGLORUM HENRICUS 28.

Rex Henricus tenuit curiam suam apud Cadomum [2], et prohibuit ne aliquis baronum teneret curiam, sed venirent ad suam. Prædictus dux Saxonum illo venit, et ibi convenerunt mille milites et eo amplius.

Obiit Johannes, Carnotensis episcopus [3], et successit ei Petrus, qui fuerat abbas Sancti Remigii Remensis.

Obiit Galterius [4], episcopus Roffensis [5], qui fuit frater Theobaldi archiepiscopi Cantuariensis; et successit [6] ei Valerannus, Baiocensis archidiaconus.

et de Bavière, fut déclaré déchu de tous les fiefs qu'il tenait de l'empire.

[1] La valeur intrinsèque de cette somme répond à environ 1150 francs de notre monnaie.

[2] Le 25 décembre 1182. Voyez Benoit, I, 291.

[3] Robert de Torigni a déjà mentionné la mort de Jean de Salisbury (plus haut, p. 96) et la nomination de Pierre, son successeur (plus haut, p. 103).

[4] Gautier, évêque de Rochester, mourut le 26 juillet 1182. *Monast. anglic.* I, 155. Son successeur Valeran fut élu le 9 octobre et sacré à Lisieux par Richard, archevêque de Cantorbéry. Raoul de Dicet, dans Twysden, col. 614 et 615.

[5] *Ro'fensis* M.

[6] *Sucessit* M.

Obiit pater noster Richardus, Abrincensis episcopus[1], vir magnæ literaturæ tam secularis quam divinæ, morum honestate virgo ab utero laudandus.

Obiit Fulco Paganellus, et successit ei Guillermus, filius ejus[2].

Obiit Richardus, abbas Montis Burgi, et successit ei Robertus, prior et monachus ejusdem loci[3].

Johannes Commin, clericus regis Anglorum, factus est archiepiscopus Duvelinæ in Hibernia[4].

Obiit Petrus, Carnotensis episcopus[5]; cujus loco

[1] Les auteurs du *Gallia christiana* (XI, 482) disent que, suivant l'obituaire de la Luzerne, Richard, évêque d'Avranches, mourut le 29 juillet 1182. Mais Robert de Torigni, dans une lettre à l'abbé du Bec, qu'on trouvera plus loin parmi les lettres et actes divers, pièce 61, dit que l'évêque Richard mourut le jour Saint-Marc, c'est-à-dire le 25 avril, et en effet, dans l'obituaire du Mont-Saint-Michel (*Recueil des historiens*, XXIII, 578), on lit au 26 avril : « Richardus, « episcopus Abrincensis. » Richard dut mourir le 25 avril 1182 ou 1183.

[2] Foulques Painel, dont le nom revient fréquemment dans les documents du règne de Henri II, avait épousé Lesceline de Subligny, comme on l'a vu plus haut, p. 17. Son fils Guillaume Painel, premier mari d'Aliénor de Vitré, mourut en juin 1184; Stapleton, II, XLVII.

[3] Richard I, abbé de Montebourg, mort le 2 octobre 1182, et Robert, son successeur, mort en 1184. *Gallia christiana*, XI, 927.

[4] Jean Cumin, clerc de Henri II, fut nommé archevêque de Dublin le 6 septembre 1181, ordonné prêtre par le pape Lucius III à Vellctri le 13 mars 1182 et sacré le 21 du même mois. Benoit, I, 280 et 287.

[5] D'après une lettre de Lucius III (Jaffé, n. 9530), il semble que Pierre de Celles était encore évêque de Chartres, le 17 janvier 1183. Comme son anniversaire se célébrait le 20 février à Josaphat (*Gallia christiana*, VIII, 1150), et le 19 du même mois dans la cathédrale de Chartres (*Cartulaire de Notre-Dame de Chartres*, III, 46), et dans l'abbaye de Saint-Jean (Bibl. nat. ms. latin 991, fol. 2 v°, col. 2), il est assez probable qu'il mourut vers le 19 février 1183.

electus est Rainaldus de Mocon[1], thesaurarius Sancti Martini Turonensis[2], nepos comitis Theobaldi.

Galterius de Constantiis, factus episcopus Liconiensis, sacratus fuit a Richardo, Cantuariensi archiepiscopo, Andegavis, in capella domini regis[3] et in præsentia ejus[4].

[1] Renaud de Bar, ou de Mousson, fils de Renaud II, comte de Bar, et d'Agnès, fille de Thibaud IV, comte de Champagne, fut évêque de Chartres de 1183 à 1217. *Gallia christiana*, VIII, 1152. Avant de monter sur le siége épiscopal, il était prévôt de la cathédrale : une charte de l'évêque Pierre de Celles régla un différend survenu « inter Gau« fridum, decanum Carnotensis ecclesiæ, et Raginaldum de Mocione, « ejusdem præpositum ; » *Cartulaire de Notre-Dame de Chartres*, I, 203. Le 19 août 1185, Renaud ne prenait encore que le titre de « Dei « gratia Carnotensis electus; » Bibl. nat. ms. latin 5441, t. I, p. 93.

[2] On trouve en 1185 un Renaud, trésorier de Saint-Martin de Tours ; Mabille, *La pancarte noire de Saint-Martin*, p. 35.

[3] C'est-à-dire l'église de Saint-Laud, que saint Louis transféra du château d'Angers dans un faubourg de la ville. Péan de la Tuillerie, *Description d'Angers*, éd. de Célestin Port, p. 111 et 223. Raoul de Dicet (Twysden, col. 615) atteste que le sacre se fit « Andegavis, in eccle« sia Sancti Laudi. »

[4] Je ne sais d'après quelle autorité les auteurs du *Monasticon anglicanum* (VI, 1267) ont fixé au 25 juin 1183 le sacre de Gautier de Coutances, évêque de Lincoln. Une lettre de Gautier lui-même, adressée en 1196 à Raoul, doyen de l'église de Londres, nous apprend que Gautier fut reçu dans l'église de Rouen le dimanche où l'on chante *Dominus illuminatio mea*, circonstance qui fut interprétée favorablement, parce que le même morceau s'était chanté le jour de son sacre à Angers. Les mots *Dominus illuminatio mea* sont le commencement de l'introït du quatrième dimanche après la Pentecôte, qui tomba le 3 juillet en 1183. Je suis donc porté à croire que Gautier fut sacré à Angers dans l'église de Saint-Laud, en présence du roi Henri II, le 3 juillet 1183. Voici les termes même de la lettre de Gautier de Coutances : « Factumque est, Domino disponente, quod Dominica qua « cantatur *Dominus illuminatio mea* (7 juillet 1196) fuimus in ecclesia « nostra ab universo clero et populo sollemniter recepti; et a plerisque « felix est auspicium annotatum, quod quasi denuo consecrati ite-

Obiit Henricus tercius, karissimus dominus noster, juvenis rex, filius Henrici secundi excellentissimi et illustrissimi regis Anglorum, apud castrum Martel[1], III idus Junii, in festivitate beati Barnabæ apostoli, vir per omnia plangendus, non solum quia erat filius karissimi domini nostri Henrici excellentissimi regis Anglorum secundi, verum etiam quia erat pulcherrimus facie, honestus in moribus, dapsilis in muneribus, super omnes quos in nostra ætate vidimus, qui terram nondum haberet adsignatam, quamvis[2] pater ejus quindecim milia librarum Andegavensium monetæ[3] et eo amplius quotannis daret. Sed hoc parum erat ad explendam latitudinem cordis ejus. In officio militari tantus erat, ut non haberet parem, sed principes et comites et etiam reges eum timerent[4]. Veniens ad extrema, quia consilio pravorum hominum per guerram fere per annum Deum et sanctam ecclesiam et patrem suum offenderat, pœnitenciam recepit a quodam sanctissimo episcopo et multis aliis, et pa-

« rum ad pontificalem cathedram nobis esset sub eodem cantico procedendum quo pridem fuimus ad Lincolniensis episcopatus gradum « apud Andegavim consecrationis oleo delibuti » Raoul de Dicet, dans Twysden, col. 692.

[1] *Castrum Martel* récrit sur un passage gratté dans M. — Sur la mort du jeune roi Henri, arrivée le 11 juin 1183 dans le château de Martel (Lot, arr. de Gourdon), voyez Benoit, I, 301 ; Roger de Hoveden, II, 278 ; Gervais de Cantorbéry, dans Twysden, 1463.

[2] *Quanvis* M.

[3] La valeur intrinsèque de cette somme peut s'estimer à environ 345000 francs de notre monnaie.

[4] Comparez le portrait que Gautier Map a tracé du jeune roi Henri ; *De nugis curialium*, IV, I, éd. Wright, p. 139.

tri suo, in extremis, per literas mandavit, ut quod offenderat in Deum et sanctam ecclesiam pro eo emendaret, et matris suæ reginæ Anglorum et uxoris suæ sororis Philipi regis Francorum et militum suorum et servientium misereretur, quibus multa promiserat, nec eis aliquid præventu mortis dare poterat. Disposuerat ante mortem suam, ut corpus ejus in ecclesia Beatæ Mariæ Rothomagensis sepeliretur [1], ubi jacent primi antecessores ejus, id est Rollo et Willermus Longa Spata, filius ejus, duces Normannorum, Guillermus etiam comes, patruus ejus, vir per omnia plangendus [2]. Sed cum deducerent funus ejus Richardus, Cantuariensis archiepiscopus, et multæ aliæ ecclesiasticæ personæ et multi consulares et excellentissimi nominis viri, venerunt Cenomannis [3], et in ecclesia Beati Juliani corpus ejus posuerunt. In crastino Cenomannenses maxime cives sepelierunt eum in eodem loco contra voluntatem et appellationem eorum qui corpus ejus deducebant. Quo audito, pater ejus iratus, non solum pro eo quod corpus filii sui contra voluntatem ejus ibi sepelierant, sed eo multo amplius, quod ab obsidione castri Lemovicensis recesserant sine licencia

[1] Cette dernière volonté du prince est attestée par les lettres qu'écrivirent au pape Lucius III Raimond V, comte de Toulouse, Eudes duc de Bourgogne, le châtelain de Saint-Omer et Bertrand, évêque d'Agen; elles sont conservées en original aux archives de la Seine-Inférieure. Deville, *Tombeaux de la cathédrale de Rouen*, p. 162. Le texte de la lettre de l'évêque d'Agen a été publié par M. William Stubbs, dans son édition de Roger de Hoveden, I, LXVII.

[2] Voyez plus haut, t. I, p. 350, à l'année 1164.

[3] *Cenomann'* M. Plus loin, p. 127, *apud Cenomannis* est écrit en toutes lettres.

ejus, ne dicam voluntate, jussit corpus effodi et in ecclesiam Rothomagensem deferri; ubi ab archiepiscopis Rothomagensi et Cantuariensi, et episcopis Normanniæ, et abbatibus, et aliis religiosis personis, ad sinistram partem altaris Beatæ Mariæ, honorifice sicut tantum virum decebat, tumulatus est [1].

Obiit venerabilis vir Albertus, Aletensis episcopus, quem moderni de Sancto Maclovio vocant, cujus episcopatus antiquitus civitas Aleta vocabatur [2].

Magister Girardus, cognomento Puella [3], vir magnæ literaturæ et honestatis, electus est in episcopatum Cestrensem, qui [4] episcopatus habet tres sedes : Cestrensem, Coveitrensem, Licifellensem [5].

Henricus, frater Ægidii de Solereio [6], nepos abbatis Fiscanni, electus est ad archiepiscopatum Bituricensem.

Iterum Andronius [7] expulit nepotem suum Alexium

[1] Sur la sépulture du jeune roi Henri, voyez Benoit, I, 303, et le livre de M. Deville, *Tombeaux de la cathédrale de Rouen*, p. 161.

[2] Sur Albert, évêque de Saint-Malo ou d'Aleth, voyez *Gallia christiana*, XIV, 1002.

[3] Maitre Girard Pucelle fut élu évêque de Chester en 1183, et sacré le 25 septembre de cette année. Raoul de Dicet, dans Twysden, 618; Gervais de Cantorbéry, ibid. 1465; Benoit, I, 307. — Un article est consacré à Girard Pucelle dans l'*Histoire littéraire de la France*, XIV, 301.

[4] *Que* M.

[5] Chester, Coventry et Lichfield. Voyez plus haut, t. I, p. 190, à l'année 1133.

[6] Il vaudrait mieux lire *de Soleio*. Henri de Sully, frère de Gilles de Sully, et neveu de Henri de Sully, abbé de Fécamp, occupa le siége de Bourges de 1183 à 1200. *Gallia christiana*, II, 56.

[7] Andronic Comnène, après s'être débarrassé d'Alexis II (octobre 1183) et de la mère de ce jeune prince, Marie, se fait reconnaitre

juvenem imperatorem de urbe Constantinopolitana, et captum tandem demersit in mare ipsum et matrem et sororem ejus. Quibus de medio moriendo sublatis, Andronicus, qui tirannice arripuerat imperium, præcepit primogenito filio suo Manuel, ut acciperet uxorem Alexii imperatoris defuncti, sororem Philipi regis Francorum, et haberet cum eo dignitatem imperii. Quod cùm vir honestus renueret, projecit eum in vincula, et accepit illam, et contraxit incestum conjugium, si conjugium vocandum est, et fecit coronari secum filium suum juniorem Calojohannem. Cum autem Latini occiderentur per crudelitatem istius Andronii[1], quidam cardinalis Romanæ ecclesiæ, Johannes nomine, quem Romanus pontifex miserat Constantinopolim ad peticionem Manuel imperatoris[2], qui erat vir religiosus, et volebat per prædicationem illius cardinalis revocare ecclesiam Græcorum ad instituta et subjectionem Romanæ ecclesiæ, hic inquam Johannes, cum Latini occiderentur, erat in hospitio suo, veneruntque ad eum quidam religiosi viri, suadere ei ut discederet, ne occideretur. Quod cum audiret, dixit : « Absit hoc ne fiat. « Ego hic sto pro unitate ecclesiæ et præcepto do« mini mei Alexandri papæ. » Tunc irruentes in eum

empereur et épouse Agnès de France, fiancée du malheureux Alexis II.

[1] Sur ce massacre des Latins à Constantinople, voyez les annales de Nicétas Choniate, éd. de 1647, p. 162.

[2] Le cardinal d'Aragon, dans sa vie d'Alexandre III (Muratori, *Scriptores*, III, 1, 460) parle d'un ambassadeur que Manuel Comnène envoya à la cour du pape pour lui exprimer son désir de réunir l'église grecque à l'église romaine, et de deux cardinaux qui accompa-

Græci perfidi occiderunt eum, et ligantes canem cum eo, ita quod cauda canis esset in os ejus, traxerunt per vicos civitatis, et facta fovea ibi combusserunt [1] eum; et postea viri religiosi de fovea tulerunt corpus ejus, et obtime sepelierunt illud, ubi fiunt crebro miracula.

Christianus, Magonciencis [2] archiepiscopus, obiit, qui se non habebat secundum morem clericorum, sed more tiranni, exercitus ducendo et Braibencones, et multa mala fecit ecclesiæ Romanæ, et hominibus sancti Petri, et quibusdam civitatibus Langobardiæ, quæ erant contrariæ imperatori Alemanniæ domino suo.

Obiit carissimus dominus noster Rotrodus, archiepiscopus Rothomagensis [3].

Obiit Guillermus, comes Gloecestriæ [4], sine heredibus, absque tribus filiabus, quarum una est comitissa Ebroicensis; altera, uxor Guillermi, comitis de Clara; tercia est in manu Dei et domini regis, et cui voluerit dabit eam.

gnèrent cet ambassadeur à son retour : « Subsequentibus eum duobus ex cardinalibus, quos ad eumdem imperatorem idem pontifex « destinavit. »

1 *Combuxerunt* M.

2 *Magouciensis* M. Chrétien, archevêque de Mayence, mourut le 25 août 1183. Jaffé, *Monumenta Moguntina*, 412 et 693; Benoit de Péterborough, I, 309; *Gallia christiana*, V, 479.

3 La mort de Rotrou est de l'année 1183. Benoit, I, 308.

4 Guillaume, comte de Gloucester, mourut le 22 ou le 23 novembre 1183. Annales de Margan, éd. Luard, I, 17, et annales de Waverley, dans *Recueil des historiens*, XVIII, 168. Il laissait trois filles : Mabille, femme d'Amauri, comte d'Evreux; Amicie, femme de Richard

Guillermus, decanus Baiocensis, electus est ad episcopatum Constanciensem[1].

Guillermus, decanus canonicorum Sancti Petri de Curte, quæ est capella regis apud Cenomannensem urbem[2], electus est ad episcopatum Abrincensem[3].

1183.

ROMANORUM FREDERICUS 31. FRANCORUM PHILIPPUS 2. ANGLORUM HENRICUS 29.

Rex Henricus tenuit curiam suam apud Cadomum[4].

Obiit Richardus, Cantuariensis archiepiscopus[5].

Obiit etiam Girardus, magnæ religionis et literaturæ vir, Cestrensis episcopus[6].

de Clare, comte de Hertford, et Isabelle, qui depuis épousa Jean sans Terre; voyez la continuation du Roman de Brut, dans les *Chroniques anglo-normandes* de Francisque Michel, I, 113 et 114.

[1] Guillaume de Tournebu fut élu évêque de Coutances en 1179; *Gallia christiana*, XI, 876. Il y a dans le Livre noir du chapitre de Bayeux, n. 71, une charte de Guillaume, doyen de Bayeux, dont le neveu « Symon de Tornebu » était sénéchal de l'évêque de Bayeux.

[2] « Ecclesia Cenomannis Beati Petri cognomento de Curia, quæ Ce« nomannorum comitum proprie capella est... » Jean de Marmoutier, dans *Chroniques des comtes d'Anjou*, p. 274. — Sur la collégiale de Saint-Pierre de la Cour au Mans, voyez Cauvin, *Géographie ancienne du diocèse du Mans*, p. 169.

[3] Guillaume Burel, évêque d'Avranches depuis 1182 jusqu'en 1194 ou environ. *Gallia christiana*, XI, 482.

[4] 25 décembre 1182. Conf. Benoit, I, 291.

[5] Richard, archevêque de Cantorbéry, mourut le 17 février 1184. Gervais de Cantorbéry, dans Twysden, 1465; Raoul de Dicet, ibid. 618; Benoit, I, 311.

[6] Girard Pucelle, évêque de Chester, mourut le 13 janvier 1184. Gervais de Cantorbéry, 1465; Raoul de Dicet, 618; Benoit, I, 320.

Anno superiori [1], apparuit domina nostra, mater misericordiæ, sancta Maria, cuidam fabro lignario opus facienti in quadam silva, et obtulit ei sigillum iconiæ suæ et filii sui Salvatoris nostri, cujus circonscripcio [2] erat : « Agnus [3] Dei, qui tollis peccata mundi, dona « nobis pacem, » et jussit ei ut ferret illud sigillum ad episcopum Podiensem [4], ut prædicaret in provincia sua et aliis circumquaque, ut omnes qui vellent pacem tenere sanctæ ecclesiæ et filiis suis, facerent hujusmodi sigilla [5], et portarent in signum pacis, et facerent alba parva capucia ad ostentationem pacis et innocenciæ [6], et dato sacramento pacem tenerent, et inimicos pacis destruerent. Quod et factum est. Nam multi episcopi et consules et viri consulares et mediocres et pauperes, hanc sectam tenentes, pacem tenent et inimicos pacis persecuntur [7].

Obiit Willermus de Vecie [8].

[1] Sur la confrérie des Chaperons blancs du Puy, dont les premiers germes remontent à l'année 1182, et qui acquit une grande célébrité en 1183, voyez Rigord (*Recueil des historiens*, XVII, 12), Geoffroi de Vigeois (ibid. XVIII, 219), Robert Abolant (ibid. 251), l'anonyme de Laon (ibid. 705), et Gervais de Cantorbéry (Twysden, 1461).

[2] *Sic conscripcio* M.

[3] *Annus* M.

[4] Pierre IV, évêque du Puy, de 1159 à 1187. *Gallia christiana*, II, 705.

[5] Une enseigne des Chaperons blancs du Puy, portant la légende copiée ci-dessus par Robert de Torigni, a été publiée en 1855 par M. Aymar, et reproduite en 1869, par M. Aug. Chassaing, dans son édition des *Chroniques de Estienne Medicis*, I, 85.

[6] *Ignocencie* M.

[7] Ici s'arrête le ms. de Cambridge.

[8] Le Livre noir de l'échiquier, p. 318, nous offre l'état des fiefs que

Obiit Guillermus de Lancastre [1], magnæ honestatis et possessionis vir [2].

1184.

ROMANORUM FREDERICUS 32. FRANCORUM PHILIPPUS 3. ANGLORUM HENRICUS 30.

Rex Henricus tenuit curiam suam apud Cenomannis [3].

Dominus noster Galterus, Liconiensis episcopus, factus est archiepiscopus Rothomagensis [4].

Lucius papa in capite jejunii, id est feria quarta Cinerum [5], ordinavit plures cardinales, inter quos magistrum Meliorem presbiterum çardinalem, quem etiam fecit camerarium suum [6], et electum Dolensem diaconum [7], et magistrum Radulfum Nigellum [8], ka-

« Willelmus de Vesci » tenait dans le comté d'York. En 1186 le roi jouissait de la terre de « Willelmus de Vesci ; » Madox, *The history of the exchequer*, p. 203, note Q.

[1] Guillaume de Lancastre, baron de Kendal, fondateur du prieuré de Cokersand, dans le Lancashire. *Monasticon anglicanum*, VI, 906.

[2] Une ou deux lignes ont été grattées dans M à la fin de l'année 1183.

[3] 25 décembre 1183. Voyez Benoit, I, 310.

[4] Le 17 novembre 1184, le pape Lucius III approuva l'élection que le chapitre de Rouen avait faite de Gautier de Coutances. Jaffé, *Regesta*, p. 847, n. 9639.

[5] 15 février 1184.

[6] Melior, prêtre cardinal de Saint-Jean et Saint-Paul du titre de Pamachius.

[7] Roland, diacre cardinal de Sainte-Marie *in via lata*. Voyez plus haut, p. 72, n. 1.

[8] Dom Brial (*Recueil des historiens*, XVIII, 336, note) pense que

rissimum amicum nostrum, magnæ honestatis et litteraturæ et religionis virum.

Fredericus, imperator Romanorum, fecit ordinari unum filiorum suorum, non primogenitum, sed secundum, in regem Germaniæ [1].

Rex Anglorum Henricus, sapientia et divitiis suis, adquisivit sororem regis Portigalensis Hispaniæ [2] ad hoc ut fieret uxor Philippi comitis Flandrensis, cognati sui. Venit ergo ad comitem Flandrensem in habundantia auri et argenti [3]. Hujus pater, licet grandævus, ad-

Raoul Néel est le même que « magister Radulfus Niger, » de Poitiers, à qui Jean de Salisbury écrivit deux lettres en 1166 (*Joh. Saresb. opera*, éd. Giles, I, 293 et 297), et qui en 1168 devait être avec Jean de Salisbury près de Thomas Becket (ibid. II, 111). Raoul Néel souscrit les bulles des papes, avec le nom de « Radulfus, diaconus cardi« nalis Sancti Georgii ad Velum aureum, » depuis le 20 avril 1185 jusqu'au 17 mars 1188; Jaffé, *Regesta pontificum Romanorum*, p. 835 et 870.

[1] Ici Robert de Torigni a sans doute voulu parler de la chevalerie que l'empereur Frédéric fit conférer à son fils depuis empereur sous le nom de Henri VI.

[2] Sur le voyage de Mathilde, qui, pour se rendre de Portugal en Flandre, débarqua à la Rochelle, voyez Benoit, I, 310, et Raoul de Dicet, dans Twysden, col. 623. Un article du rôle de l'échiquier d'Angleterre, de la trentième année de Henri II, est relatif à ce voyage : « Rannulfo de Gedding et Henrico de Cornhill, XLVII libras et XIII « solidos et IIII denarios, ad emendum funem et instrumenta et alia « necessaria ad navem Henrici de Schornis ituram in Hyspaniam pro « puella de Portigal, per breve Rannulfi de Glanvilla; » Madox, *The history of the exchequer*, p. 252, note u.

[3] A une charte accordée en 1187 à l'abbaye de Saint-Bertin, par Philippe, comte de Flandre, figure comme témoin Mathilde, reine, fille du roi de Portugal, femme du comte; *Inventaire des archives de la chambre des comptes à Lille*, p. 70, n. 161.

huc vivit[1], qui in juventute sua super Agarenos, adjutus ab Anglis et Normannis, cepit civitatem Ulixiponam, quam vulgariter[2] vocant Lislebonam[3]. Ad quam transtulit de Valentia corpus beati Vincentii, levitæ et martyris, ut quidam dicunt[4]; sed Amoinus monachus de translatione corporis ejusdem sancti martyris, tempore Karoli imperatoris facta, aliter loquitur[5]. Fecit eandem civitatem permissione papæ archiepiscopatum, cui subdidit sex alias civitates quas adquisierat[6].

Balduinus, Wigorniensis episcopus, consecratus est in archiepiscopum Cantuariensem[7].

Obiit Gualerannus, Rofensis episcopus et capellanus archiepiscopi Cantuariensis; cui successit Gislebertus, archidiaconus Lexoviensis[8].

[1] Alfonse-Henriquez, roi de Portugal, mort le 6 décembre 1185.

[2] *Vulgaliter* M.

[3] Lisbonne fut conquise sur les Maures en 1147. Voyez plus haut, t. I, p. 246.

[4] Sur la translation des reliques de saint Vincent à Lisbonne, voyez les Bollandistes, Janvier, II, 406.

[5] Le traité d'Aimoin relatif à la translation des reliques de saint Vincent à Castres, du temps de Charles le Chauve, a été publié par les Bollandistes, Janvier, II, 406.

[6] Roger de Hoveden (III, 177) indique en Portugal un archevêché à Braga, et sept évêchés suffragants, savoir : Oporto, Covilha, Lamego, Viseu, Coimbra, Evora et Lisbonne.

[7] Baudouin, évêque de Worcester, fut élu archevêque de Cantorbéry au mois de décembre 1184 et solennellement installé le 19 mai 1185. Gervais de Cantorbéry, dans Twysden, 1474 et 1475; Raoul de Dicet, ibid. 619 et 628; Benoit, I, 319 et 338.

[8] Galeran, évêque de Rochester, mourut le 29 août 1184, et son successeur Gilbert de Glanville fut sacré le 29 septembre suivant. *Monast. anglic.* I, 155 et 156. — Au bas d'une charte de l'abbaye de Saint-Ouen de Rouen, en date du 26 juin 1182, figure « Gilbertus, « Lexoviensis ecclesie archidiaconus ; » Bibl. nat. Collection Moreau,

Johannes de Neelfa, archidiaconus Lexoviensis[1], electus est in episcopatum Cestrensem.

Petrus Giraldi factus est episcopus Macloviensis[2].

1185.

ROMANORUM FREDERICUS 33. FRANCORUM PHILIPPUS 4. ANGLORUM HENRICUS 31.

Magna discordia facta est inter Philippum regem Francorum et Philippum comitem Flandrensium, propter comitatum Viromandensem. Sed rex Francorum ex omni potentatu suo congregavit infinitum exercitum, et coegit comitem ad faciendam voluntatem suam[3].

Obiit Frogerius, episcopus Sagiensis[4], qui multum emendavit matrem ecclesiam et totum dominicum suum. Reliquit etiam immensas divitias in auro et argento, sibi non profuturas.

vol. 85, fol. 181. Vers 1178, Arnoul, évêque de Lisieux, écrivit une lettre « ad Gilbertum, Lexoviensem archidiaconum ; » *Arnulfi epistolæ*, éd. Giles, p. 291.

[1] *Hugo de Non. archidiaconus Lexoviensis* Va. Cette leçon est préférable à celle du ms. original. — Hugues de Nonant fut élu évêque de Chester en 1185 et sacré le 30 janvier 1188 ; Gervais de Cantorbéry, dans Twysden, col. 1475 et 1520.

[2] Sur Pierre Giraud, évêque de Saint-Malo, de 1184 à 1218, voyez *Gallia christiana*, XIV, 1003.

[3] Une trève devant durer de la saint Jean 1184 jusqu'à la fin de l'année 1185, fut conclue entre Philippe-Auguste et le comte de Flandre. Benoit, I, 312.

[4] C'est à tort que les auteurs du *Gallia christiana*, XI, 690, s'ap-

Obiit Robertus, electus Montis Burgi, et successit ei Guillermus, monachus ejusdem loci[1].

Johannes minor filius regis Anglorum, quem vocant Sine terra, quanvis multas et latas habeat possessiones et multos comitatus, transivit in Hiberniam, gratia Dei permittente rex futurus in illa patria[2].

Obiit Robertus, episcopus Nannetensis, vir magnæ honestatis et amicus noster, cum rediret de Jerusalem[3].

Obiit Gaufridus, Cornubiensis episcopus[4].

Abbas Ponteniacensis factus est episcopus Atrebatensis[5].

Teobaldus, abbas Cluniacensis, factus est episcopus cardinalis Hostiensis[6]; cui successit filius comitis de

puient sur l'autorité de Robert de Torigni pour faire mourir en 1184 Froger, évêque de Séez.

[1] A Robert, abbé de Montebourg (voyez plus haut, p. 118, n. 3) succéda en 1185 Guillaume, qui passe pour être mort en 1200. *Gallia christiana*, XI, 927.

[2] La campagne de Jean sans Terre en Irlande dura du 31 mars 1185 au 17 décembre suivant. Raoul de Dicet, dans Twysden, col. 626 et 629; Benoit, I, 339.

[3] Robert, évêque de Nantes, mourut probablement en janvier 1185. C'est par erreur que Robert de Torigni est cité pour montrer que la mort de ce prélat appartient à l'année 1184; voyez *Gallia christiana*, XIV, 817.

[4] Geoffroi, évêque de Quimper, mourut le 13 août 1185. *Gallia christiana*, XIV, 878.

[5] Pierre, abbé de Pontigny, puis de Citeaux, fut sacré évêque d'Arras en 1184. *Gallia christiana*, III, 328.

[6] L'époque à laquelle Thibaud devint évêque d'Ostie est incertaine; il a déjà ce titre dans des documents des mois de juin et de juillet 1183 que Lucenti a cités dans la seconde édition d'Ughelli, I, 66, note 2. — En 1184 les moines de Cantorbéry voulaient nommer pour

Claro Monte[1]. Hic prius fuit abbas cujusdam abbatiæ ordinis Cisterciensis. Inde translatus est ad abbatiam Flaviacensem. Inde, exortis quibusdam causis, factus est abbas Sancti Luciani, martyris, primi episcopi Belvacensis civitatis. Exinde, ut diximus, factus est abbas Cluniacensis.

Iterum facta est magna commotio et conceptatio[2] inter Philippum regem Francorum et Philippum, comitem Flandrensium. Comes enim Flandrensis, confusus pudore, quia fecerat voluntatem regis de comitatu Viromandensi, repletus ira et indignatione, vertit se ad regem Germaniæ, filium Frederici Romani imperatoris, ut juvaret eum, et fecit ei hominium de Flandrensi comitatu. Unde magna tribulatio exorta est in toto regno Francorum.

Anno præterito[3], obiit Balduinus, rex Jerosolimitanus, vir honestus et religiosus, et potens contra Sarracenos, licet elefantiosus. Nec hoc mirum est, quia flagellat Deus omnem filium quem recipit. Huic successit nepos ejus Henricus[4], natus ex sorore sua, cujus pater

archevêque « episcopum de Oist, qui fuerat abbas de Clunia. » Benoit, I, 320.

[1] Hugues, fils de Renaud, comte de Clermont en Beauvaisis, fut successivement abbé de Saint-Germer de Flay (1172-1180), de Saint-Lucien de Beauvais (1180-1183) et de Cluni (1183-1199). *Gallia christiana*, IV, 1143, et IX, 782 et 792.

[2] *Concertatio* Va. — Benoit (I, 321) mentionne sous l'année 1184 ce démêlé et la démarche du comte de Flandre auprès de l'empereur.

[3] Baudouin IV le Lépreux, roi de Jérusalem, mourut le 16 mars 1185.

[4] A Baudouin IV succéda, non pas Henri, mais Baudouin V, issu du mariage de Sibylle, sœur de Baudouin IV, avec Guillaume de Montferrat, fils de Guillaume le Vieux, marquis de Montferrat, et selon

fuit Willermus, filius comitis Montis Ferrati, qui fuerat natus ex nepte Frederici imperatoris Romanorum; et postea comes Jopensis[1] duxit matrem prædicti Henrici regis, qui servat prædictum juvenem regem et regnum ejus, usquequo perveniat ad perfectam ætatem[2].

Obiit Bartholomæus, vir venerabilis, episcopus Exoniensis[3].

Obiit Jocelinus, Saresberiensis episcopus[4].

Obiit Lucius papa Romanus[5], cui successit Imbertus, Mediolanensis archiepiscopus, vocatus Urbanus tertius, papa Romanus CLXXXV[6].

Dominus Walterus, Rothomagensis archiepiscopus, impetravit a domino nostro Henrico, rege Anglorum, ut abbatia Sancti Elerii, quæ est in insula Gersosii[7], quam

toute apparence d'une fille de l'empereur Frédéric I, nommée Sophie ou Ottena.

[1] Sibylle, mère de Baudouin V, épousa, en 1183, Gui de Lusignan, à qui elle apporta le comté de Jaffa. Voyez plus haut, p. 98, n. 1.

[2] Robert de Torigni n'a pas connu la mort du jeune roi Baudouin V, arrivée au commencement du mois de septembre 1186. Voyez Ducange, *Les familles d'outre-mer*, p. 24.

[3] Barthélemi, qui avait été sacré évêque d'Exeter en 1161, mourut le 15 décembre 1184, suivant le *Monasticon anglicanum*, II, 515.

[4] La mort de Joscelin, évêque de Salisbury, est rapportée au 19 décembre 1184 par Raoul de Dicet, dans Twysden, 625.

[5] Lucius III mourut le 25 novembre 1185 et fut remplacé le même jour par Urbain III.

[6] Ici trois lignes ont été grattées dans M.

[7] Forme fautive pour *Gersoii*. La charte par laquelle Henri II confirma l'union des abbayes de Cherbourg et de Saint-Hélier de Jersey est insérée dans *Gallia christiana*, XI, instrum. 254.

Willermus filius Hamonis[1] fecerat in eadem[2] insula, consilio et auxilio domini regis, jungeretur abbatiæ de Voto, quæ est juxta Cæsaris Burgum, quam imperatrix mater Henrici regis ædificaverat[3]. Erat autem tripliciter ditior, tam in Normannia quam in Anglia, quam abbatia de Voto. Erat vero utraque de ordine canonicorum regularium. Facta est itaque abbatia de Voto mater et caput, habens et perhenniter possidens abbatiam de Insula et omnia sibi pertinentia. Prædictus vero archiepiscopus Rothomagensis fecit in eadem abbatia abbatem suum capellanum, qui erat canonicus ejusdem ordinis[4]. Quidam enim constabularius domini regis Henrici, Osbernus de Hosa nomine[5], qui castrum Cæsaris Burgi, cum patria quæ ad illud pertinet, custodiebat jussu domini regis Henrici, ædificavit in eadem abbatia de Voto domum pulcherrimam, officinas idoneas in se continentem, ad opus suum; in qua post

[1] Guillaume, fils de Hamon, dont il a été question plus haut, p. 31, note 3, avait des fiefs en Basse-Normandie, sur la côte faisant face à l'île de Jersey, notamment à Saint-Maurice (Manche, arr. de Valognes, canton de Barneville). En cette qualité, il confirma une donation faite à l'abbaye de Montebourg par Raoul Corbin; Cartulaire de Montebourg, n. 630. Il est mentionné au 21 novembre dans l'obituaire de l'abbaye de Cherbourg, comme fondateur de l'abbaye de Saint-Hélier : « Obiit Guillelmus Hamonis, fundator abbatie Sancti Helerii « in Gerseio, qui debet habere unam liberationem sicut canonicus. »

[2] Les mots *Ham. fecerat in eadem* récrits dans M sur un passage gratté.

[3] Voyez plus haut, t. I, page 368.

[4] Il s'agit ici de l'abbé Benjamin. Voyez *Gallia christiana*, XI, 941.

[5] Dans mon mémoire sur les baillis de Cotentin (*Mémoires de la Société des antiquaires de Normandie*, XIX, 66), j'ai réuni un certain nombre de textes relatifs à Osbert de la Heuse.

amministrationem domini regis, quandiu vixit, satis honeste conversatus est. Ipse vero ante octo dies mortis suæ factus[1] canonicus, permissione domini regis, eidem abbatiæ dedit XXXII marcas auri; dedit etiam prædictæ abbatiæ C libras Cenomannensium, ad augendas possessiones ejusdem abbatiæ; dedit etiam eidem abbatiæ LX marcas argenti in plata, et totidem in vasis.

Prædictus archiepiscopus transtulit magistrum Willermum Hubaudum[2], qui erat abbas Grestenensis[3] et monachus Becci, ad abbatiam Sancti Martini Pontisaræ, quamvis abbatia Gresteni tripliciter esset ditior quam illa. Sed propter affinitatem vel familiaritatem, quam habebat ergá illum, et quia erant compatriotæ, voluit ipsum habere juxta se.

1186.

ROMANORUM FREDERICUS 34. FRANCORUM PHILIPPUS 5.
ANGLORUM HENRICUS 32.

Dominus rex Henricus tenuit curiam suam ad Natale[4] apud Domnum Frontem.

Henricus de Brachavilla, supprior Toarni, factus est abbas Sagiensis[5].

[1] Au mot *factus* inclusivement s'arrête M.

[2] Guillaume Hubaud, ou d'Exeter, abbé de Grestain depuis 1179 jusqu'en 1185, et de Saint-Martin de Pontoise depuis 1185 jusqu'en 1190. *Gallia christiana*, XI, 256 et 843.

[3] *Greste'* Ed. de 1513.

[4] 25 décembre 1185. Conf. Benoit, I, 343.

[5] Henri de Bracqueville, abbé de Saint-Martin de Séez depuis 1185 jusqu'en 1210. *Gallia christiana*, XI, 721.

Apud urbem Parisiorum, in quodam monasterio sancti Stephani protomartyris[1], inveniuntur reliquiæ de capillis sanctæ Mariæ xxxii, brachium sancti Andreæ apostoli, caput sancti Dionysii martyris, ejusdem urbis episcopi[2].

[1] Il s'agit de l'église Saint-Etienne, ancienne cathédrale de Paris, qui fut abattue au xiie siècle, pour faire place à la basilique édifiée par les soins de Maurice de Sully. Voyez Lebeuf, *Histoire de Paris*, éd. de M. Cocheris, I, 8. Les reliques trouvées à Saint-Etienne furent déposées dans le trésor de Notre-Dame, par ordre de Philippe-Auguste. L'obituaire de la cathédrale dit en parlant de ce prince : « Dedit « etiam partem capillorum beate Marie, tres dentes beati Johannis « Baptiste, brachium sancti Andree apostoli, lapides quibus lapidatus « fuit beatus Stephanus, et caput pretiosi martyris Dyonisii ; que « omnia in ecclesia Beati Stephani prothomartiris inventa fuerunt. » *Cartulaire de Notre-Dame*, IV, 110. — L'auteur du morceau cité dans la note suivante rapporte la découverte des reliques à l'année 1190. Suivant le Mémorial de Jean de Saint-Victor (Bibl. nat., ms. latin 15011, fol. 431 v°), les reliques auraient été trouvées seulement vers l'année 1218, dans l'église de Saint-Etienne-des-Grés : « Hoc « anno in ecclesia Sancti Stephani de Gressibus invente sunt plurium « sanctorum reliquie, primo inventi sunt ibidem capilli beate virginis « Marie, brachium sancti Andree apostoli, et ibidem inventi sunt « aliqui lapides quibus prothomartyr Stephanus fuerat lapidatus; « deinde pars capitis beati Dyonisii ; et cuilibet erat propria super- « scriptio indicans cujus essent reliquie ; et omnes reposite fuerunt « in ecclesia majore Sancte Marie Parisiensis cum magno gaudio, et « adhuc ibidem cum reverencia servantur. » Si on accepte ces derniers témoignages, il faut admettre que la chronique de Robert de Torigni doit s'arrêter à la nomination de l'abbé de Saint-Martin de Séez, et que le paragraphe relatif à la découverte des reliques de Paris était une note additionnelle dans le ms. suivi par l'éditeur de 1513. — Aucun des mss. que nous possédons aujourd'hui ne contient les vingt dernières lignes de la Chronique.

[2] Voyez le morceau que Duchesne (*Scriptores*, V, 258) a publié sous ce titre : « Quomodo [Philippi regis] tempore, elevatis sanctorum mar- « tyrum scriniis apertoque sanctissimi Dionysii scrinio, inventum est « ibidem ejusdem caput pretiosum, et de deprehensione erroris Pa- « risiensium circa istud. » Ce texte a été reproduit dans le *Recueil des Historiens*, XVIII, 338, note *a*.

ADDITIONS

A LA CHRONIQUE DE ROBERT DE TORIGNI.

AVERTISSEMENT.

On a vu[1] comment Robert de Torigni avait intercalé beaucoup d'articles additionnels dans les chroniques d'Eusèbe, de Prosper et de Sigebert, qui forment, pour ainsi dire, la première partie de son ouvrage. De même, plusieurs des religieux qui copièrent la compilation de Robert ne se firent pas scrupule d'y ajouter çà et là, par voie d'interpolation, la mention de faits qui presque toujours touchaient à l'histoire de leurs églises, et que Robert n'avait pas connus, ou qu'il avait cru pouvoir passer sous silence. Je réunis sous les titres de AUCTARIUM FISCANNENSE, AUCTARIUM LIRENSE, AUCTARIUM SAVIGNEIENSE, et AUCTARIUM VALLASSENSE, les additions de ce genre que la chronique de Robert a reçues dans les abbayes de Fécamp, de Lire, de Savigny et du Valasse. Je donne le premier de ces suppléments d'après le ms. latin 4992 de la Biblio-

[1] Plus haut, I, I. Les articles intercalés par Robert dans les chroniques antérieures constituent la première partie de sa chronique, et se trouvent dans le tome I de la présente édition, p. 1-91.

thèque nationale[1], le second d'après le ms. latin 4861[2], le troisième d'après le ms. latin 4862[3], le quatrième d'après l'édition de 1513[4]. Sauf quelques exceptions, toutes les notes comprises dans ces quatre suppléments ont été rédigées au XIIe siècle. La plupart étaient jusqu'à présent restées inédites.

Des additions d'un autre genre furent consignées, vers l'année 1160, par un moine du Bec, sur un exemplaire de la chronique de Robert qui s'arrêtait, comme celui de Bayeux, à la fin de l'année 1157, aux mots *et vocatus est Richardus*[5].

L'auteur de ces additions, élevé dans la même maison et formé à la même école que Robert de Torigni, avait appris de celui-ci les meilleurs moyens de connaître exactement et d'enregistrer fidèlement les événements contemporains. S'imaginant que Robert, absorbé par l'administration d'un grand monastère tel que le Mont-Saint-Michel, n'aurait plus le loisir d'écrire les annales de son temps, il conçut le projet de les rédiger lui-même, et les fragments qu'il nous a laissés et qui portent sur les années 1157-1160[6] montrent qu'il n'avait pas trop présumé de ses forces : remarquables par l'abondance des détails, la sûreté des informations et la clarté des expressions, ils soutiennent, sans aucun désavantage, la comparaison avec les pages que Robert a consacrées à la même période.

[1] Voyez plus haut, I, xxxiii.

[2] Ibid. I, xix.

[3] Ibid. I, iv.

[4] Ibid. I, lxii.

[5] Dans la présente édition, I, 310.

[6] Je crois pouvoir attribuer au même religieux une note relative à la naissance de Mathilde, fille du roi Henri II, en 1156, note que j'ai reproduite (I, 297, note 3), d'après le ms. Y 15 de Rouen. La même note se trouve aussi dans le ms. U 74 de Rouen (fol. 170 v°), dont il sera question plus loin, p. 143 et 144.

Cette continuation, malgré son importance, est jusqu'à présent restée inaperçue et incomprise. Les continuateurs de Dom Bouquet, qui en avaient trouvé quelques articles dans l'extrait que Dom Jean Durant avait rapporté d'un ms. du Vatican[1], n'en reconnurent pas le caractère, et les prirent pour une rédaction plus développée de la partie correspondante de la chronique de Robert. Cette confusion se retrouve dans l'édition de Bethmann, qui a purement et simplement reproduit[2] les extraits souvent fautifs des bénédictins, sans soupçonner que le texte complet et exact se trouvait dans un manuscrit de Rouen qu'il avait examiné : *Ipse inspexi*, et dans un manuscrit de Paris qu'il dit avoir, non pas seulement examiné, mais collationné : *Contulimus Waitz et ego*[3]. C'est donc ici que paraîtra pour la première fois dans son intégrité et sous sa forme véritable l'intéressant supplément à la chronique de Robert que plusieurs manuscrits nous offrent pour les années 1157-1160.

Que ce morceau soit une variante de la chronique de Robert, comme semblaient le croire les Bénédictins et Bethmann après eux, c'est ce qu'il est impossible d'admettre.

En effet, ce ne saurait être une rédaction antérieure à celle que présente le manuscrit du Mont-Saint-Michel, c'est-à-dire le manuscrit original de la chronique de Robert, telle que l'auteur en arrêta le texte dans les dernières années de sa vie : car le fragment que j'appelle *Continuatio Beccensis* contient sur quelques événements des détails plus complets et plus circonstanciés que la portion corres-

[1] *Recueil des historiens*, XIII, 300-304. Outre la copie de Jean Durant, les Bénédictins ont aussi consulté le ms. latin 4861 ; voyez la note *a* de la page 304.

[2] Pertz, *Scriptores*, VI, 507.

[3] *Ibid.* 295.

pondante de la chronique de Robert dans le manuscrit du Mont-Saint-Michel et dans les autres manuscrits de la deuxième et de la troisième rédaction. Or il n'est pas admissible que Robert, en revoyant son œuvre, en ait supprimé plusieurs pages excellentes, pour y substituer un récit composé dans le même esprit, mais, à certains égards, beaucoup moins précis et circonstancié. Je me borne à relever trois exemples :

CHRONIQUE DE ROBERT.	CONTINUATION DU BEC.
Mortuo Gaufrido, comite Nannetensi, fratre Henrici regis Angliæ, mense Julio...	Gaufridus, filius secundus Imperatricis, frater regis Anglorum et comes Brittonum, universæ carnis ingressus est viam VII kalendas Augusti; qui in eadem civitate Nannetensium, cujus comes exstiterat, cum magno honore sepultus est. Tutet ab æterno, etc.
Henricus rex mense Augusto transfretavit in Normanniam, et locutus cum rege Francorum Ludovico super Ettam fluvium...	Henricus rex Anglorum, omni Wallia sibi subjugata et facta tributaria, vigilia Assumptionis Sanctæ Mariæ transfretavit in Normanniam. Qui citius veniens Rothomagum, accepit collocutionem a rege Francorum Ludovico, quæ facta est II kalendas Septembris, inter Gisorth et Novum Mercatum, cum prælatis sanctæ ecclesiæ et baronibus utriusque provinciæ.

Silence sur une entrevue des rois de France et d'Angleterre en juin 1159.

Octavo idus Junii, septimo et sexto, inter regem Francorum et regem Anglorum et episcopos et barones utriusque partis, fit collocutio apud Heldincort de conventionibus videlicet quas inter se super matrimonio sobolis suæ antea habuerant, et de exercitu regis Anglorum ad Tolosam obsidendam ituro. Ubi ad concordiam non venerunt, quia, etc.

Le morceau que nous examinons n'est donc pas un premier essai que l'auteur aurait abandonné quand il donna à son œuvre une forme définitive. Il ne peut pas davantage être pris pour le commencement d'une nouvelle rédaction que Robert aurait entreprise et qu'il n'aurait pas menée au-delà de l'année 1160. En effet, nous remarquons dans ce morceau plusieurs articles moins complets que les articles correspondants du texte ordinaire de Robert, par exemple :

Chronique de Robert.	Continuation du Bec.
Rex Angliæ venit Argentomagum, et in festo nativitatis beatæ Mariæ ibidem jussit submoneri exercitum totius Normanniæ, ut essent apud Abrincas in festivitate sancti Michaelis, ituri super Conanum ducem Britanniæ, nisi redderet regi civitatem Nanneticam	Henricus rex Anglorum, eodem mense (Septembri), cum magno militum exercitu invadit Brittones; qui adventu ejus non modice attoniti, reddentes ei civitatem Nannetensium, eorum præcipuam, cujus frater ejusdem regis comes extiterat, omnes ejus dominio se subdiderunt.

quam invaserat... In festivitate sancti Michaelis venit Conanus comes Redonensis et sui Britanni cum eo Abrincas, et reddidit regi urbem Nannetis, cum toto comitatu Mediæ, valente, ut fertur, LX millia solidorum Andegavensis monetæ.

Simon, comes Ebroicensis, tradidit Henrico regi Anglorum firmitates suas quas habebat in Francia, scilicet Rupem Fortem, Montem Fortem, Esparlonem et reliquas. Quod magno detrimento fuit regi Francorum, cum non posset libere procedere de Parisius Aurelianis et Stampis, propter Normannos quos rex Henricus posuerat in castris comitis Ebroicensis.

Interea, malis in terra multiplicatis, circa festum sancti Martini, comes Ebroicensis omnia castella sua quæ erant in Francia regi Anglorum tradidit, in quibus rex custodes suos posuit.

De plus, l'auteur de la continuation, quel qu'il fût, ne savait pas, quand il écrivait, quels étaient les successeurs de Gautier Duredent, évêque de Chester, et de Robert de Warlevast, évêque d'Exeter, morts l'un et l'autre en 1159. Or le texte ordinaire de Robert de Torigni mentionne à l'année 1161[1] la nomination de Barthélemi et de Richard Péché aux siéges épiscopaux d'Exeter et de Chester. Le morceau dont il s'agit n'a donc pas pu être rédigé par

[1] Plus haut, I, 333.

Robert de Torigni après l'achèvement du texte dont nous avons dans le manuscrit du Mont-Saint-Michel un exemplaire authentique.

J'ai montré que ce morceau ne peut avoir été composé par Robert ni avant ni après l'achèvement de sa chronique, telle que nous l'offre le manuscrit du Mont-Saint-Michel. Ce morceau n'est donc pas sorti de la plume de Robert. Sans pouvoir en nommer l'auteur, je n'hésite pas à affirmer qu'il a été rédigé dans l'abbaye du Bec. Autrement, comment expliquer les détails que l'auteur donne sur l'entrevue de Louis VII et de Henri II en novembre 1158 dans l'abbaye du Bec, sur la manière dont Henri II célébra au Bec la fête de l'Ascension en 1159, et enfin sur la mort et la sépulture de Robert du Neufbourg dans la même abbaye. Il est à remarquer que ces derniers détails sont passés dans la compilation qu'un moine du Bec forma au xve siècle et qui est connue sous le nom de *Chronicon Beccense*.

J'ai donc intitulé Continuatio Beccensis les pages qu'un moine du Bec a ajoutées vers l'année 1160 à la première rédaction de la chronique de Robert de Torigni. Cette continuation nous a été conservée dans six manuscrits :

L. ms. latin 4861 de la Bibliothèque nationale, copie d'un ms. de l'abbaye de Lire ; voyez plus haut, I, XIX.

J. ms. Y 15 de la Bibliothèque de Rouen, jadis de l'abbaye de Jumiéges ; plus haut, I, XIII.

V. ms. 553 de la reine de Suède au Vatican, jadis de Saint-Wandrille ; plus haut, I, XVII.

H. ms. U74 de la Bibliothèque de Rouen, jadis de l'abbaye de Jumiéges, fol. 171, à la suite de l'Histoire de Henri de Huntingdon. Je donne en note[1] la description de ce manuscrit.

[1] Ce volume, écrit dans l'abbaye de Jumiéges, au XIIe siècle, com-

Ms. latin 6043 de la Bibliothèque nationale, extrait du ms. U 74 de Rouen.

Ms. U 56 de la Bibliothèque de Rouen, jadis de Saint-Ouen, abrégé du ms. latin. 6043.

J'ai dû négliger ces deux derniers manuscrits, et je n'ai connu le manuscrit du Vatican que par les extraits des Bénédictins; mais j'ai d'autant plus attentivement collationné les trois autres manuscrits qu'ils sont tous les trois indépendants les uns des autres.

posé de 302 feuillets, hauts de 324 millimètres et larges de 230, contient différents ouvrages sur l'histoire d'Angleterre, savoir :

Fol. 1. « Historia Anglorum, edita a Gaufrido Monemutensi. »

Fol. 59. Extraits de l'Histoire de Bède (I, XV, XXIII-XXVI et XXXIV; II, I-III), principalement relatifs à l'évangélisation de la Grande-Bretagne.

Fol. 62. « Hystoria Anglorum noviter edita ab Henrico Huntendu- « nensi archidiacono. » Même texte que celui du ms. latin 6042 de la Bibl. nat. et s'arrêtant comme lui aux mots : « animi pericula non reformidantis fuerit. » Voyez plus haut, I, LV.

Fol. 166 v°. Continuation de Henri de Huntingdon, comprenant: 1° pour les années 1147-1157, un extrait de la chronique de Robert de Torigni (fol. 166 v° — 171); 2° pour les années 1157-1160, un extrait de la continuation du Bec (fol. 171-172 v°).

Fol. 173. « [Venerabilis Bedæ] ecclesiastica hystoria gentis Anglo- « rum. »

Fol. 276. Fragments du livre X de l'Histoire de Henri de Huntingdon, faisant double emploi avec ce qui est copié dans le même ms. fol. 160-166.

Fol. 278 v°. « Libellus Bede presbiteri de temporibus minor. »

Fol. 282 v°. « Libellus Bede de natura mundi. »

Fol. 289. « Liber Gilde Sapientis de primis habitatoribus Britannie, « que nunc dicitur Anglia et de excidio ejus. » C'est l'exemplaire de l'Histoire de Nennius que Petrie, dans son édition, désigne par la lettre R.

Fol. 299. Seconde copie, incomplète à la fin, du traité de Bède sur les temps, inséré déjà au fol. 278 v° du même manuscrit.

L ne dérive ni de J ni de H : car il renferme un certain nombre de paragraphes qui manquent dans J et dans H.

J ne dérive pas de H, puisqu'il renferme plusieurs paragraphes qui manquent dans H, — ni de L, puisqu'il offre de bonnes leçons qu'on ne trouve pas dans L, par exemple *Dominica ante Natale,* au lieu de *Dominica autem Natalis*, dans la note relative à l'ordination de Froger, évêque de Séez.

H ne dérive pas de L : beaucoup de noms propres s'y présentent sous des formes différentes de L et tout à fait semblables à J, ce qui n'est pas étonnant, puisque J et H ont tous les deux été faits dans la même abbaye. Toutefois H ne dérive pas de J : entre autres preuves, je citerai un bourdon que j'ai relevé dans J et qui n'est pas dans H. Le copiste de J, trompé par le retour du mot *militum* à deux lignes d'intervalle, a omis une clause du traité conclu en 1158 entre Henri II et Louis VII : *In Normannia, civitatem Abrincatensem, et duo castella, et mille libras, et fiscum ducentorum militum.* Cette clause est exactement reproduite dans H [1].

La composition de l'anonyme du Bec est, à vrai dire, la seule continuation de la Chronique de Robert de Torigni qui nous soit parvenue. C'est à tort qu'on a ainsi désigné et même publié deux Chroniques ou fragments de Chroniques dont il suffira de dire ici quelques mots. L'une est une Chronique de Normandie, depuis 1169 jusqu'en 1272, qui se trouve juxtaposée à la Chronique de Robert dans le manuscrit de Saint-Victor [2], mais qui, dans

[1] Les fragments de Robert de Torigni qui sont dans H n'ont pas non plus été transcrits d'après J. En effet, dans ce passage de l'année 1151 : « .... congregato *ingenti* exercitu venerunt usque Sagium... « Iterum *rex* Ludovicus congregans... » (plus haut, I, 254 et 255) les mots *ingenti* et *rex*, qui manquent dans J, sont bien dans H, fol. 166 v°.

[2] Voyez plus haut, I, XXVIII et XXIX. — Cette prétendue continuation

la pensée de l'auteur, n'a jamais dû servir de suite à la Chronique de Robert. L'autre est un fragment des Annales de Jumiéges pour les années 1187-1210, qui a été maladroitement soudé à la Chronique de Robert dans l'édition de 1513[1] et dans différentes réimpressions. L'espace me fait défaut pour donner le texte de ces deux morceaux, et pour en bien expliquer l'origine et la nature ; mais comme ils sont l'un et l'autre absolument étrangers à l'œuvre de Robert de Torigni, je puis sans inconvénient me dispenser de m'en occuper ici.

AUCTARIUM FISCANNENSE.

566.

Sanson, Dolensis archiepiscopus, consanguineus sancti Maclovi, et successor Sansonis, Maglorius, qui de transmarina Britannia ad cismarinam transierant Britanniam, clarent sanctitate et doctrina[2]. Hujus sancti Sansonis archiepiscopi habetur brachium apud Ruppem Guidonis in Francia in prioratu monachorum[3]. Canonizato namque eodem sancto viro, volentes clerici

a été publiée dans le recueil d'André Du Chesne, p. 1003, et par fragments dans le *Recueil des historiens*, XII, 788, XVIII, 345, et XXIII, 213.

[1] Voyez plus haut, I, LXII. J'ai donné quelques indications (I, XVI, XVIII et XXIX) sur les textes des Annales de Jumiéges.

[2] La phrase qui précède appartient à la chronique de Sigebert.

[3] Les Bollandistes, dans ce qu'ils ont dit des reliques de saint Samson (juillet, VI, 591-593) n'ont pas parlé du bras conservé dans l'église de la Trinité de la Roche-Guyon (Seine-et-Oise, arr. de Mantes, canton de Magny), église qui dépendait de l'abbaye de Fécamp.

Dolensis ecclesiæ amplificare eandem, dignum duxerunt, in supplementum operis, ad questas publicas quosdam de suis consociis cum dicto sancto brachio destinare. Peragratis igitur multis locis, dicti nuncii pervenientes ad dictum locum, ipsum inde tollere minime valuerunt, ipso sancto faciente, cujus gratia ab incolis frequentissime multa divina beneficia sentiuntur. Ipsi Deo gloria in secula.

588.

Natus est sanctus Audoenus.

Claruerunt tempore isto sacræ virgines Maura et Brigida, filiæ et heredes regis Scotorum, quæ, relictis omnibus, Christum sequentes, peregreque[1] unacum fratre suo Yspadio, armis secularibus inepto, malentes vitæ suæ diebus omnibus proficisci quam mundanis nuptiis copulari, visitatis sancti Petri liminibus, aliis quoque pluribus sacris locis, multisque patratis virtutibus gloriosis, in Belvacensino pago, Baleigniaco[2] a latronibus sunt occisæ et ibidem sepultæ, unacum fratre et pluribus aliis sequentibus easdem[3].

[1] Le ms. porte *pereregre*.

[2] Balagny-sur-Thérain, Oise, arr. de Senlis, canton de Neuilly-en-Thelle.

[3] Sur sainte Maure et sainte Brigide, voyez, outre les *Antiquités du diocèse de Beauvais*, par Pierre Louvet, et les recueils hagiographiques du P. Giry et d'Adrien Baillet, un livret intitulé : *Histoire des saintes princesses Maure et Brigide, martyrisées à Balagny et transportées à Nogent-les-Vierges en Beauvoisis* (Beauvais, 1602, in-12). Dom Ruinart a cité, d'après un ms. de la collégiale de Creil, une vie

662.

Hæc (Balthildis regina), cum disposuisset, pio affectu mota, sanctarum virginum et martyrum Mauræ et Brigidæ corpora a Baleigniaco in Belvacensino, ubi ea a die martyrii sui usque ad præsens humata jacuerant, ad Chalam monasterium deportare, imposuissetque reverenter et honeste eadem seu imponi fecisset in carpento, in eundo ad dictum monasterium, juxta Credolium castrum, villa Nongento [1], stetit nutu divino immobile ipsum carrum. Quod sancta Dei femina cum vidisset, divinum perpendans adesse judicium, præcepit ductores a carpento omnino recedere divinamque permittere fieri voluntatem, statimque boves trahentes illud absque humano ductore iter arripientes ad dextram vel ad sinistram diverti nullatenus potuerunt, donec ad ecclesiam dictæ villæ venientes, ubi substiterunt, ubi nunc quanti sint meriti dictæ virgines cotidie divina gratia manifestat.

665.

Obiit sanctus Wandregisilus.

latine de sainte Maure et de sainte Brette, dont parle Grégoire de Tours dans son traité *de gloria confessorum*, c. XVIII.

[1] Nogent-les-Vierges, Oise, arr. de Senlis, canton de Creil. Le prieuré de Nogent-les-Vierges dépendait de l'abbaye de Fécamp. Il y a aux archives de la Seine-Inférieure un petit registre très-intéressant, intitulé : « Incipit de censibus et aliis redevantiis anno Domini « M° CC° nonagesimo secundo a prioratu beatarum virginum Maure « et Brigide personis tam ecclesiastiois quam secularibus debitis an- « nuatim... »

1044.

Ab hoc anno orditur Johannes de Sacro Bosco[1] cyclum suum, qui continet quingentos xxx IIos annos, in quo cycli solares et lunares et indictionum et cetera omnia ad compotistas pertinentia, reprobatis præcedentium tractatibus, satis utiliter continentur.

1078.

In regimine monasterii Fiscannensis Johanni defuncto successit tertius abbas ejusdem loci Willermus, monachus Cadomensis, vir sanctus et admodum litteratus[2].

1108.

In regimine monasterii Fiscannensis Willermo Rogerius quartus abbas successit.

1139.

In regimine monasterii Fiscannensis Rogerio successit Henricus, monachus Cluniacensis et nepos Stephani regis Anglorum, ejusdem loci abbas quintus.

[1] Sur Jean « de Sacro Bosco » ou de Holywood, mort en 1244 ou 1256, voyez *Histoire littéraire de la France*, XIX, 1-4. Son traité de comput a été plusieurs fois imprimé au XVIe siècle.

[2] Sur l'abbé Guillaume de Ros et sur ses successeurs mentionnés dans les notes suivantes, voyez *Gallia christiana*, XI, 207.

1168.

Combusta est Fiscannensis ecclesia IIII° kalendas Julii, quarta feria post octavas Pentecostes[1].

Auctarium Lirense.

1065.

Fuit[2] igitur iste Willermus[3] magnæ nobilitatis et strenuæ virtutis, cognatus ducis, filius Osberni procuratoris principalis domus, filii Herfasti Gunnoris[4] comitissæ fratris, et ducem Willermum præ cæteris virtute strenua et consilio prudenti juvit. De quo refertur quod in expugnatione Danfronti[5], cum adversus Gaufridum Martellum bellum a duce pararetur, et exercitus sibi invicem die crastina essent conflicturi, missus sit speculatum, cum Rogerio de Monte Gomerici, qui

[1] En 1168, le 29 mai tomba bien le mercredi après les octaves de la Pentecôte. — Dans le ms., en regard de cette note, une main du XIV° siècle a ajouté cette remarque : « Nota de combustione prima « ecclesie Fiscannensis. » — Cette note est passée du ms. de Fécamp dans celui du Valasse, mais elle y a été insérée, par erreur, au milieu des événements de l'année 1170.

[2] Une grande partie de ce paragraphe a été reproduit dans *Gallia christiana*, XI, instr. 123, comme tiré des recueils des Sainte-Marthe.

[3] Guillaume, fils d'Osberne.

[4] Au lieu de *Gunnoris*, les bénédictins ont imprimé *junioris*. Je ne relève pas les autres inexactitudes de l'édition.

[5] Sur la reprise de Domfront aux troupes de Geoffroi Martel, en 1048, voyez Guillaume de Jumiéges, l. VII, c. XVIII, dans Duchesne, p. 276.

mentem quoque hostis arrogantissimam perdiscerent ex colloquio ipsius, et hosti equum domini sui, vestitum et arma præsignarent. Imitatus est dominum suum ducem in quam plurimis strenuitatibus, et præcipue in hoc quod, sicut dux duo cœnobia construxit apud Cadomum, ita et ipse in proprio fundo duo condidit cœnobia in honorem sanctæ Mariæ, unum apud Liram, ubi Adeliza, uxor ejus, Rogerii de Toenio filia, tumulata quiescit [1], alterum apud Cormelias [2], ubi ipse humatus est.

Primus abbas Liræ fuit venerandæ simplicitatis vir Robertus de Caleto, cui divina visione locus idem præmonstratus est. Nam in pago Uticensi apud Boscum Renoldi [3] cuidam sacerdoti leproso ter apparuit visio, qua in tribus sabbatis commonitus est ut Roberto de Caleto intimaret quatinus in loco qui Vetus Lira dicebatur, et in quo capella sancti Christofori fuerat, cœnobium construeret in honorem sanctæ Mariæ. Quod audiens venerandus vir lacrimas ex intimo cordis fudit affectu, et Deo gratias agens, continuo, comite ipso leproso, pervenit ad Willermum Osberni filium, quem venationi insistentem invenerunt in foresta quæ modo Britolii cognominatur. Cui cum visionem supradictam retulissent, respondit Willermus non esse credendum sompniis, quia multos errare fecerunt sompnia. Cui

[1] Sur la sépulture d'Adelize de Toeny, femme de Guillaume, fils d'Osberne, dans l'abbaye de Lire, voyez Orderic Vital, II, 236.

[2] Cormeilles, Eure, arr. de Pont-Audemer.

[3] Le Bosc-Renoult-en-Ouche, Eure, arr. de Bernay, canton de Beaumesnil.

presbyter leprosus intulit se in aurem talia dicturum ex admonitione visionis quibus discredere non posset. Seorsum itaque posito dixit presbyter : « Mandat tibi « ille qui mihi visionem aperuit ut hoc Deo auxiliante « facias, et cohibeas te a pessimo illo crimine quo de- « tineris. Quod nisi feceris, dampnationi perpetuæ « subjacebis. » Crimen presbyter nominatim insinuavit; et his intersignis Willermus credulus visioni, precibus venerabilis Roberti assensum præbuit, et confestim illi tradens per cornim cervi quem ceperat decimam totius forestæ concessit, et datis dominiis et decimis prædictum fundavit cœnobium[1]. Secundus abbas Liræ fuit Erfastus; tertius Barno; quartus Ernaldus; quintus Hildebertus; sextus Gislebertus, monachus Sancti Ebrulfi; septimus Willermus, monachus ejusdem loci; octavus Rodulfus, monachus Becci : hic ordinem reparavit; nonus Hildierius, monachus Sancti Ebrulfi, qui industria et labore suo et in Anglia et in Normannia ecclesiis et possessionibus plurimum auxit cœnobium; decimus Willermus, monachus ejusdem loci[2].

Cormeliis[3] primus præfuit Robertus, monachus Sanctæ Trinitatis Rothomagi, qui in mari naufragio periit; cui successit Gaufridus, ejusdem loci monachus;

[1] Ici s'arrête le fragment publié dans *Gallia christiana*.

[2] La mort de Guillaume, abbé de Lire, paraît être de l'année 1166, comme on le verra un peu plus loin, p. 155.

[3] Ces détails, et plusieurs de ceux qui précèdent, sont empruntés au traité de Robert de Torigni sur les abbayes de Normandie.

et illi Willermus, monachus Becci; et illi Benedictus, monachus ejusdem loci.

Prædictus Willermus bello anglico inter præcipuos enituit, et subjugata Anglia urbi Guentæ nobili et valenti præposuit[1], ut vice sua interim toti regno versus Aquilonem præesset. Hunc ex omnibus Normannis paterno more sibi fidissimum domi bellique perspexerat, simul fortitudine egregium et consilio, sive rei domesticæ sive militaris, necnon Domino cœlesti multo affectu devotum; hunc Normannis karum, Anglis maximo terrori esse sciebat; hunc præ cæteris familiaribus a pueritia utriusque dilexerant et exaltaverant in Normannia. Dejectis autem maximis Merciorum consulibus, Edwino interfecto et Morcaro in vinculis constituto[2], huic Willermo dedit rex Willermus insulam Vectam et comitatum Herefordensem[3], eumque cum Walterio de Laceio[4] aliisque probatis pugilibus contra Britones bellis inhiantes opposuit.

His breviter de Willermo filio Osberni dictis, ad ducis Willermi historiam redeamus.

1099.

Willermo filio Osberni, comite Herefordiæ, Flan-

[1] Sur l'autorité que Guillaume fils d'Osberne exerça à Winchester. Voyez Orderic Vital, II, 166 et 167.

[2] Sur la révolte d'Edwin et de Morcar, voyez Orderic Vital, II, 182

[3] Ce fut en 1071 que Guillaume-le-Conquérant donna à Guillaume fils d'Osberne le comté de Hereford et l'île de Wight. Orderic Vital, II, 218.

[4] Orderic Vital (II, 218), parle des combats livrés aux Gallois, en 1071, par Gautier de Lacy.

drensium armis, ut superius dictum est, occiso [1], Willermus rex hereditatem ejus filiis ipsius distribuit. Willermus major natu Britolium et Paceium et reliquam partem paterni juris in Normannia obtinuit, et omni vita sua fere XXX annis tenuit. Rogerus autem, junior frater, comitatum Herefordiæ totumque fundum patris in Anglia obtinuit, sed paulo post [2], propter perfidiam et proterviam suam, perdidit, et in carcere regis Willermi usque ad mortem perduravit. Willermus autem, post varios eventus, hoc anno ab incarnatione Domini M° XC° VIIII°, tempore Roberti ducis, apud Beccum, v idus Januarii, obiit [3], et in claustro Lirensis cœnobii, quod in proprio pater ejus fundo construxerat, sepultus quiescit, ejusque honorem Eustachius, filius ejus, obtinuit. Cui rex Henricus Julianam, filiam suam, in conjugium sociavit. Quibusdam autem simultatibus inter illos exortis [4], abstulit ei rex Henricus prædictum honorem, et Radulfo de Wader [5] tribuit, ac postmodum comiti Legercestriæ Roberto, cum prædicti Rodulfi filia [6], totum honorem tradidit.

[1] En février 1071.

[2] En 1074. Voyez Orderic Vital, II, 258.

[3] Guillaume de Bréteuil mourut au Bec le 12 janvier 1103. Voyez Orderic Vital, II, 407, et IV, 183 et 185.

[4] Eustache de Bréteuil se révolta en 1118 contre Henri I. Orderic Vital, IV, 315 et 473.

[5] Vers 1119, Henri I donna la baronnie de Bréteuil à Raoul II de Gael. Orderic Vital, IV, 339 et 394.

[6] Amicie.

1136.

Obiit Eustachius de Britolio [1].

1147.

Obiit piæ memoriæ domnus Hildierius, nonus abbas Sanctæ Mariæ Liræ.

1148.

Obiit Herveus, heremita Sancti Petri de Lerru [2].

1152.

Deposito Vincentio, abbate Castellionensi, subrogatur Silvester, monachus Lyræ, vir venerandæ simplicitatis [3].

1166.

Obiit magnarum virtutum vir venerabilis Willermus, abbas Liræ, religionis monasticæ optimus moderator,

[1] Orderic Vital (V, 58) rapporte qu'Eustache de Brételuil mourut à Pacy, au commencement du carême de l'année 1136.

[2] Le Liéru, Eure, arr. d'Evreux, canton de Bréteuil. — « Herverius, heremita de Lerru, » figure comme témoin dans les deux chartes du 8 décembre 1142, relatives à l'introduction des moines du Bec dans l'église de Beaumont-le-Roger. Cartulaire de Beaumont-le-Roger, fol. 6 v° et 16 v°.

[3] Sur la liste des abbés de Conches, les auteurs du *Gallia christiana* (XI, 639) ont inséré, entre Vincent et Silvestre, le nom d'un Bernier, qui doit sans doute être placé ailleurs.

cui successit, mira Dei dispositione, frater ipsius Osbernus, prior ejusdem loci. Rexit autem Lirensem ecclesiam idem Willermus honeste et viriliter annis fere viginti.

1177.

Horum[1] primus [Guillermus] Lirensem ecclesiam, cum prius nullius esset nominis, inchoavit; secundus [Osbernus], inenarrabiliter auxit; tertius [Gaufridus] decenter consummavit. Officinas etiam totius abbatiæ vel ædificaverunt vel ædificatas in melius redegerunt. Ornamentis ecclesiam quantis decoraverint non est facile enarrare. Horum temporibus fama religionis floruit Lirensis ecclesia.

AUCTARIUM SAVIGNEIENSE.

1085.

Guillermus rex, hoc anno, in Franciam exercitum duxit prædavitque regnum regis Philippi, et multos suorum neci dedit. Provocaverat namque eum rex Philippus dicens : « Tu jaces, inquit, quasi mulier « puerperia. » Biberat enim potionem, quia ægrotus erat. At ille remisit nuncios dicens : « Dicite regi « vestro, quando ad missam iero, centum milia can-

[1] Cette note a été ajoutée dans le ms. L, à la suite du passage dans lequel Robert de Torigni parle de Guillaume, d'Osberne et de Geoffroi, abbés de Lire C'est à ces trois abbés que se rapporte le mot « Horum. »

« delas tibi libabo[1]. » Combuxit itaque castrum nobile quod vocatur Maante, etc.[2].

1098.

Principium[3] et origo ordinis Cisterciensi[s]. In Burgundia, videlicet in loco qui dicitur Molismus, Robertus abbas monasterium condens, viros religiosos secum aggregavit et consuetudines aliorum monachorum aliquandiu tenuit. Postea vero regulam sancti Benedicti, in loco ubi de labore manuum loquitur, secundum litteram intuens, dixit discipulis suis ut litteram regulæ per omnia sequerentur. Illi autem nolentes novas adinventiones sequi, dixerunt se non recedere a traditis sanctorum præcedentium patrum institutis, Martini scilicet, Mauri, discipuli sancti Benedicti, Gregorii, Maioli. Ille autem hoc audiens, recessit ab eis cum XII monachis, diuque locum quæsivit idoneum ad explendum suum propositum, et relictis duobus locis, alter post alterum, in quibus interim habitaverunt, tandem

[1] Cette anecdote se trouve dans beaucoup d'auteurs du moyen-âge, et notamment dans la Chronique de Tours (*Recueil des historiens*, XII, 463), dans celle de Guillaume Godel (ibid. XIII, 672), et dans le *Roman de Rou* (II, 290). Le moine de Savigni, qui a interpolé la Chronique de Robert de Torigni, vers le milieu du XIIe siècle, est probablement l'un des plus anciens écrivains qui aient recueilli cette tradition.

[2] Le reste comme plus haut, I, 66.

[3] Les détails qu'on va lire sur les Cisterciens et sur les Chartreux, sont empruntés au traité de Robert de Torigni sur les ordres monastiques, que je publie un peu plus loin.

Odo dux Burgundiæ dedit eis prædium in episcopatu Cabillonensi, in loco qui nunc Cistercius appellatur. Ibi itaque Robertus abbas monasterium fundavit et aliquandiu cum eisdem fratribus habitavit, Deoque donante in brevi plerosque æmulatores districtæ religionis habere promeruit. Cumque Molismenses per aliquot tempus pastore carerent, viroque Dei virtutibus famoso discedente despicabiliores fierent, Urbanum papam supplices adierunt, eique prorsus enodata serie rerum quas superius rettuli, consilium et auxilium ab eo postularunt. Ille paterno affectu utrisque consuluit. Abbati enim jussit ut prius monasterium repeteret, et ne laberetur regulariter regeret, ac in alio quod post modum inceperat quemlibet idoneum de suis substitueret[1]. Redeunte itaque Roberto ad Molismense cœnobium, primus fit abbas Cisterciensis Albericus post ipsum[2]. Cui successit Stephanus Anglicus, qui ambo magnæ religionis fuerunt. Ipso adhuc vivente et jubente, Guido, abbas Trium Fontium, electus est et per duos annos idem monasterium rexit, quod[3] postea reliquit. Deinde Rainaldus, filius Milonis comitis de Bar super Sequanam, ei successit. In desertis atque silvestribus locis monasteria proprio labore condiderunt, et sacra illis nomina sollerti provisione imposue-

[1] Jaffé, p. 476, n. 4336, a rapporté, au mois d'avril 1099, la lettre d'Urbain II, relative au retour de Robert dans son monastère.

[2] Sur les premiers abbés de Clairvaux, voyez *Gallia christiana*, IV, 984.

[3] Le ms. porte par erreur *quem*.

runt, ut est Domus Dei, Clara Vallis, Elemosina, Curia Dei, et alia plura hujus modi, quibus auditores solo nominis nectare invitantur festinanter experiri quanta sit ibi beatitudo quæ tam speciali denotetur vocabulo. Multi nobiles et divites et profundi sophistæ pro novitate singularitatis ad eos concurrerunt et inusitatam districtionem sponte amplexati sunt.

Eodem fere tempore quo ordo Cisterciensis exortus est, Carturiensis etiam in episcopatu Grannopolitano adinventus est. Genus hoc heremitarum sub priore agit, nec numerum tertium decimum eorum multitudo transcendit. Unusquisque in cella sua privatis diebus separatus ab aliis orat, dormit et manducat, quæ tamen cellæ contiguæ et loco conjunctæ sunt. Festis diebus ad ecclesiam et ad mensam conveniunt, et de spiritualibus humiliter inter se conferunt; instituta vero et nocturni et diurni officii secundum regulam sancti Benedicti persolvunt.

1099.

Quidam[1], hujus temporis victoriam[2] his quatuor versibus sic expressit :

Virginis a partu Domini qui claruit ortu,
Anno milleno centeno, quo minus uno,
Undecies Julio jam Phœbi lumine tacto,
Jerusalem Franci capiunt virtute potenti.

[1] Cette note se rapporte à la prise de Jérusalem par les Croisés.

[2] Le copiste a ajouté en interligne : *vel victoriæ tempus.*

1112.

Hoc[1] tempore, magister Guillermus de Campellis, qui fuerat archidiaconus Parisiensis, vir admodum litteratus, habitum canonici regularis assumens, cum aliquibus discipulis suis, extra urbem Parisius, in loco ubi erat quædam capella sancti Victoris martyris, cœpit monasterium ædificare clericorum. Assumpto autem illo ad episcopatum Catalaunensium, venerabilis Gelduuinus, discipulus ejus, primus abbas ibi factus est. Sub cujus regimine multi clerici nobiles secularibus et divinis litteris instructi ad illum locum habitaturi convenerunt. Inter quos magister Hugo Lothariensis, et scientia litterarum et humili religione maxime effloruit. Hic multos libros edidit.

Hoc anno etiam exordium Savigneii fuit.

1124.

Ecclesia Savigneii dedicata est kalendis Junii[2] in honore sanctæ Trinitatis, ab abbate Vitale incepta et usque ad retrochorum expleta, deinde a Gaufrido abbate perfecta. Huic dedicationi interfuerunt episcopi quinque, Turgisus Abrincensis, et Ricardus Constantiensis, et Ricardus Baioçensis, et Johannes Sagiensis, et Hildebertus Cenomannensis.

[1] Paragraphe emprunté au traité de Robert de Torigni sur les ordres monastiques.

[2] 1 juin 1124.

1138.

Obiit Gaufridus, secundus abbas Savigneii.

1147.

Hoc anno, donnus Serlo, abbas Savigneii, se dedit ordini Cisterciensi, cum omnibus abbatiis ad se pertinentibus, et hoc fecit in manu donni Bernardi, abbatis Clarevallensis, in præsentia venerabilis papæ Eugenii et omnium abbatum Cisterciensis capituli. Et[1] concessus est ei et successoribus suis prioratus omnium aliorum abbatum post dompnum Cisterciensem et quatuor primos abbates. Et ab eo tempore obtinuit, quod continue sine interrupcione qualibet singulis annis unus erat diffinitorum abbas Savigneii. Et in hac possessione fuit abbas Savigneii anno Domini M° CC° XL° III°, videlicet per nonaginta sex annos continue. Nec mirum, si in hoc abbatia Savigneii per consensum capituli honorabatur, quæ sua conversione ordinem Cisterciensem, tunc temporis substantia tenuem, plurium abbatiarum multitudine adaugens, in Domino quam plurimum honoravit, dum, zelo religionis, suas consuetudines et suum capitulum generale apud Savigneium celebrari consuetum reliquit, ut in humilitate et sancta servitute Cisterciensis ordinis susciperet instituta. Unde bene cavere debent in posterum tam abbas Savigneii

[1] La fin de cette note a été ajoutée dans la marge en 1243.

quam tota congregatio, ne, in grave sui præjudicium, istis juribus suis fraudetur ecclesia Savigneii, nec propter hoc ipsis objici poterit aliquatenus conspiratio. Aliud est enim defendere culpam personæ, aliud causam et jus ecclesiæ suæ; ad quod tenetur ex professione, quam facit cum in abbatem benedicitur aliquis.

Hoc anno, beatus Guillermus Nyobe migravit ad Dominum.

1150.

Obiit Henricus, Filgeriarum dominus, in ecclesia Savigneii factus monachus[1].

1152.

Hoc anno institutum est in capitulo Cisterciensi, ne aliquam novam abbatiam sine majori consilio construerent, quia numerus earum quæ constructæ erant de illo ordine usque ad quingentas fere abbatias processerat. Post hujus anni capitulum, domnus Serlo, abbas Savigneii, apud Claram Vallem remansit, curam abbatiæ suæ volens relinquere, ex hoc sibi et ecclesiæ putans consulere. Et quia hoc tamdiu desideraverat et quæsierat, utpote amator sanctitatis et quietis, ut in-

[1] Une charte de Henri de Fougères est ainsi datée : « Apud Savi« gneium, anno ab incarnatione Domini MCL, tempore estivo, quando « adjutorio gratie Dei, factus sum monachus ejusdem loci. » Cartulaire de Savigny, n° 20.

quietudines et vanas exaltationes refugeret, visum est Bernardo, abbati de Clara Valle, ut ejus petitioni assentiret, si tamen monachi Savigneii consentirent. Misit ergo Philippum, priorem suum, qui suasit eis ut cederent et alium abbatem eligerent. At illi dixerunt consilium abbatum qui de illa domo exierant et citra mare erant super hoc se velle habere. Convenientes igitur abbates habuerunt consilium domnum Serlonem se nolle dimittere. Et tamen quia de reditu ejus dubitabant, duas alias venerabiles personas elegerunt, ut vel unam earum haberent. Sed ambæ renuerunt. Nolens ergo Bernardus abbas omnino desolatos esse monachos Savigneii, remisit eis domnum Serlonem, ut domum conservaret, donec ipse illuc veniret, et ut tam ipsi quam domui consuleret.

1153.

Anno præsenti, post Pentecosten, venit Savigneium domnus Gotsuinus [1], abbas Cistercii, domnumque Serlonem secum reduxit; et electus est in abbatem Savigneii domnus Ricardus de Curceio, ejusdem ecclesiæ monachus, qui in eadem abbatia in prudentia et honestate ab adolescentia excreverat, atque in ea diu prior extiterat.

Obiit et Gotsuinus, quintus abbas Cisterciensis, cui successit Lambertus abbas.

[1] Gosuin, abbé de Clairvaux, mourut le 31 mars 1155. *Gallia christiana*, IV, 986.

Auctarium Vallassense.

1157[1].

Anno ab incarnatione Domini M CLVII, xv kalendas Julii[2], processit conventus cum abbate suo Richardo de Blosevilla a Mortuo Mari, missus a domino Stephano, tunc abbate Mortui Maris, et venit in hunc locum qui dicitur Votum[3], situm in territorio Rothomagensi. Multis namque precibus Matildis, imperatrix, filia magni Henrici regis Angliæ et mater illustris Henrici regis Angliæ, a prædicto Stephano, abbate Mortui Maris, obtinuit ut conventus inde mitteretur ad construendam abbatiam Cisterciensis ordinis, ad laudem et honorem Dei et beatæ Mariæ omniumque sanctorum.

1164.

Obiit illustris comes Galerannus Mellenti, qui multa bona contulit ecclesiæ Beatæ Mariæ de Voto, quæ sita est in territorio Caletensi, in terris, in silvis, in vineis et redditibus[4].

[1] La note suivante est insérée au milieu des événements de l'année 1158.

[2] Des détails fort circonstanciés qu'on lit à la fin de la chronique de la fondation de l'abbaye du Valasse (éd. de M. F. Somménil, p. 21 et 22), il résulte que les moines confiés à Richard de Blosseville partirent de Mortemer le lundi 10 juin, que Richard fut béni à Rouen le mardi 11, et qu'il prit possession le mercredi 12 de l'abbaye du Vœu ou du Valasse. La date du lundi 17 juin, donnée par le moine du Valasse qui a interpolé la chronique de Robert, est inexacte.

[3] L'édition porte *Botum*.

[4] Galeran, comte de Meulan, mourut en avril 1166.

1181.

Anno verbi Incarnati M C LXXXI, episcopatus Alexandri papæ XXII, Rotroldi Rothomagensis archiepiscopi XVI, tertio nonas Martii[1], dedicata est ecclesia Sanctæ Mariæ de Voto, sita in territorio Rothomagensi, in honore ejusdem genitricis Dei Mariæ a domino Henrico, Baiocensi episcopo, assistentibus episcopis Richardo Abrincensi et Reinaldo Bathoniensi, astante illustri rege Anglorum Henrico[2], Matildis imperatricis filio, anno regni sui XXVII.

CONTINUATIO BECCENSIS.

1157.

Mense Decembri, apud Romam obiit Johannes, Wirecestrensis episcopus, vir religiosus et apprime eruditus, et successit ei Alveredus[3], clericus et familiaris regis Anglorum Henrici[4].

[1] 5 mars 1181.

[2] Dans une charte dont M. l'abbé Somménil (*Chronicon Valassense*, p. 100 et 101) a cité un passage, Richard Cœur de Lion rappelle la manière dont Henri II dota l'abbaye du Valasse, le jour de la dédicace : « Dotem quam dominus rex Henricus pater noster, in dedica-« tione ejusdem ecclesie, eis dedit et per annulum suum super altare « obtulit, qui, ob hujus rei testimonium, juxta sigillum nostrum est « appensus... »

[3] *Alvredus* L.

[4] Jean de Pageham, évêque de Worcester, sacré le 4 mars 1151, mort

1158.

Balduinus [1], rex Jerosolimitanus, cum Terrico, comite Flandrensi, et Reinaldo de Sancto Walerico [2], qui cum maxima multitudine Jerusalem devenerant, et omni equitatu suo, ingressus est terram Paganorum, decem fere dietas continentem. Qui obsidentes civitatem [3] Cæsaream, cum, nutu Dei, quadam facta tempestate, coram eis funditus corruisset et principem ejus cum multis involvisset, residuos muros civitatis terræ coæquaverunt, et gentem residuam necaverunt. Qui cum inde recessissent, castellum munitissimum Harenc debellaverunt, et custodes suos ibidem dimiserunt, et inde procedentes cum magna adquisitione et lucro Jerusalem feliciter redierunt.

Gaufridus filius secundus Imperatricis, frater regis Anglorum et comes Brittonum, universæ carnis ingressus est viam VII kalendas Augusti; qui in eadem civitate Nannetensium [4], cujus comes exstiterat, cum magno honore sepultus est.

à Rome en 1158, eut pour successeur Auvré, qui fut intronisé le 13 avril 1158 et mourut en 1160. *Monasticon anglicanum*, I, 572.

[1] Ce paragraphe manque dans H.

[2] *Walenio* L. Voyez plus haut, I, 316.

[3] *Civitatem* omis dans J.

[4] *Nanneticensium* J. — Au lieu de *civitate*, J et V portent *urbe*. — La mort de Geoffroi, rapportée ici au 26 juillet 1158, est mise par dom Morice (I, 104) au 27 juillet. — Voyez plus haut, I, 311.

Tutet[1] ab æterno Deus hunc miseratus Averno,
Detque sibi regnum cœlesti lumine plenum..
Virgo Dei mater, ne spiritus atterat ater,
Obtineat rogitans regnum sibi luminis optans[2].

Henricus, rex Anglorum, omni Wallia sibi subjugata et facta tributaria, vigilia Assumptionis sanctæ Mariæ[3] transfretavit in Normanniam. Qui citius veniens Rothomagum, accepit collocutionem a rege Francorum Ludovico[4], quæ facta est II kalendas Septembris, inter Gisorth et Novum Mercatum, cum prælatis sanctæ ecclesiæ et baronibus utriusque provinciæ. Justitia igitur de cœlo prospiciente, rex Francorum Ludovicus coram prædictis personis filiam suam ex secunda sua muliere primogenitam, nomine Constantiam[5], dimidium annum aliquantulum excedentem, dedit Henrico, secundo filio regis Anglorum, tres fere annos habenti, cum toto Wergesin[6] et munitionibus ejusdem, quod jure antiquitatis[7] olim fuerat regis Anglorum. Cujus

[1] Cette épitaphe manque dans J, V et H.

[2] *Operans* L.

[3] 14 août 1158.

[4] Au lieu de *Ludovico quæ facta est*, J et V portent *l'. que fcà*, passage qui a été mal à propos rendu par *videlicet quinta feria* dans l'édition des continuateurs de Dom Bouquet et dans celle de Bethmann. En 1158, le 31 août tomba un dimanche. — Le ms. H porte *VII k. Septembris*.

[5] Cette princesse s'appelait Marguerite. Constance était le nom de la mère de Marguerite.

[6] Le Vexin.

[7] *Quod antiquitus*. Edit.

tamen terræ et omnium munitionum rex Francorum retinuit custodiam usque ad nubiles annos puellæ, hac tamen divisione, ut si filius regis Anglorum moriatur ante maritalem ipsius puellæ copulationem, secundus vel tertius vel ceteri ducerent eam uxorem, sub dotis nomine a rege Anglorum recipientes in Anglia civitatem Lincoliensem et mille libras, et fiscum trecentorum militum; in Normannia[1] civitatem Abrincatensem et duo castella et mille libras et fiscum ducentorum militum. Cujus pactionis fidejussores exstiterunt episcopi utriusque partis.

Mense Septembri, Henricus rex Anglorum perrexit Parisius, ut filiam regis, quam suo filio acceperat, adduceret in Normanniam[2]. Cui cum rex Francorum Ludovicus cum magno honore et comitatu veniret in obviam, in aula Parisiensi regia, ut tanto regi oportuit apparata, cum magno omnium tripudio eum suscepit. Qui cum die illa sero admirabili omnibus dilectione et dilectionis alternatione simul comedissent, rex Francorum in crastino eum cum filia sua usque Meduntam[3] conduxit, in adventu regis Anglorum et recessu omnibus necessariis ab eodem rege Francorum largiter attributis.

Eodem mense[4], natus est filius quartus regi Anglorum in Anglia, nomine Gaufridus.

[1] Les mots *in Normannia-militum* sont omis dans J.

[2] Voyez plus haut, I, 312.

[3] *Medantem* J. *Medantam* H.

[4] Le 23 septembre 1158. Plus haut, I, 312.

Henricus rex Anglorum, eodem mense, cum magno militum exercitu invadit Brittones; qui adventu ejus non modice attoniti, reddentes ei civitatem Nannetensium, eorum præcipuam, cujus frater ejusdem regis comes extiterat, omnes ejus dominio se subdiderunt[1]

Incepto igitur castello Ursi Ponte, a Sancto Michaele duobus distante milibus, rex Henricus cum magno exercitu obsedit Thoars, castellum inexpugnabile, in confinio Pictavorum et Andegavensium. Cui, in triduo capto castello usque ad turrim, etiam turris reddita est, comite[2] ejusdem expulso.

Mense Novembris, cum rex Francorum ad orationes Sancti Michaelis de periculo maris proficisceretur, rex Anglorum obvians ei, cum maximo honore recepit eum apud Paceium, apud Ebroicas et Novum Burgum[3], ut videret filiam suam, quæ ibi alebatur. Deinde apud Beccum solemni processione ambo reges suscepti[4] sunt, in qua fuerunt tres episcopi et aliæ plures personæ; ibique illa nocte cum magno gaudio quieverunt, rex Francorum in aula majori, et rex Anglorum in alia. Hoc enim decreverat rex Anglorum, ut semper rex Francorum, decentiori hospitio[5] quiesceret. Hoc in loco

[1] Voyez plus haut, I, 313.

[2] Thouars était possédé, non par un comte, mais par un vicomte, qui, en 1158, était Geoffroi IV de Thouars. *Notice sur les vicomtes de Thouars*, par M. Imbert, p. 45.

[3] *Noviburgum* J et H. Voyez plus haut, I, 313 et 314.

[4] *Recepti* J et H.

[5] *Hospitiolo* J.

dixit rex Francorum neminem se posse [1] tantum diligere quantum regem Anglorum. Mirabile dictu! Quis unquam audivit reges Anglorum et Francorum tanta dilectione copulari? Inde cum discederent, rex Anglorum fecit societatem regi Francorum per civitates suas et castella usque Sanctum Michaelem, et deinde [2] per Rotomagum usque in Franciam, inveniens ei in omni itinere affluenter necessaria.

Eodem mense, obtentu regis Francorum, filii comitis Theobaldi fecerunt pacem regi Anglorum; nam antea inimici fuerant ad invicem [3].

Hoc anno [4], hyemps tenuis, vindemia mediocris, pax maxima terris, seges valida.

1159.

Balduinus, rex Jerusalem, duxit uxorem neptem imperatoris Constantinopolitani [5].

Rex Anglorum Henricus in Natali Domini tenuit curiam suam apud Cheresborch [6] ut tantum regem decebat, cum magno videlicet principum comitatu.

Walenses rebellant in Anglia, non ad modicum An-

[1] *Neminem post se tantum* L et H. *Neminem posse tantum* J.

[2] *Deinde* omis dans J et V.

[3] Il s'agit ici du traité conclu entre Henri II et Thibaud V, comte de Blois ; voyez plus haut, I, 314.

[4] Ce paragraphe et le suivant manquent dans H.

[5] Théodora, nièce de l'empereur Manuel Comnène, qui se remaria dans la suite à Andronic Comnène.

[6] *Cheresburch* J. — Robert de Torigni (I, 317) mentionne aussi la présence de Henri II à Cherbourg le 25 décembre 1158.

glos infestantes. Qui tandem, dum quoddam castellum quod rex Anglorum in Walia construxerat obsiderent, a militibus regis turpiter fugati sunt, multis suorum interemptis.

Circa [1] octavas Epiphaniæ, Thebaldus, episcopus Parisiensis, olim prior Sancti Martini de Campis, jura mortis pius pater exsolvit [2], et cessavit episcopatus aliquantulum.

Deposito abbate Sancti Ebrulfi, præficitur abbas ejusdem loci Robertus de Blanzeio, monachus Beccensis, prima ebdomada Septuagesimæ [3].

Henricus rex Anglorum, intrante Quadragesima [4], cum optimatibus suis perrexit usque Pictavorum urbem, accepturus consilium ut Tolosæ civitatis sibi subderet [5] dominium, quam Pictavensium duces jure hereditatis antea possederant. Sed quia comes Sancti Ægidii, qui sororem regis Francorum Constantiam duxerat et tres pueros ex ea susceperat [6], in munitionibus Tolosæ civitatis, quæ multæ sunt, confidens, et regis Francorum auxilio fretus, obtemperare noluit, apud civitatem Turonorum ab utroque rege super hoc celebrato concilio, non congruente [7] utriusque voluntate,

[1] Les deux paragraphes suivants manquent dans H.

[2] Cette mort paraît être du mois de janvier 1158. Plus haut, I, 311.

[3] Du 8 au 14 février 1159. Voyez plus haut, I, 322.

[4] Le premier dimanche de carême en 1159 tomba le 1er mars.

[5] *Civitas sibi subderetur in dominium* J.

[6] Raimond V, comte de Toulouse, épousa en 1154 Constance, sœur du roi Louis VII.

[7] *Congruenti* J et H.

Henricus rex Anglorum exercitum Angliæ et Normanniæ, Cinomanensium et Andegavensium, Aquitanorum, Wasconiæ et Brittonum, ad festivitatem sancti Johannis Baptistæ[1] apud Pictavensem urbem congregari præcepit[2], de omnibus episcopatibus et abbatiis prædictarum provinciarum infinitam accipiens pecuniam, ut videlicet tantum exercitum circa urbem prædictam regere posset usque festum Omnium Sanctorum.

Pridie nonas Maii[3] combusta est civitas Rothomagensis.

Rex Anglorum Henricus, cum magno comitatu optimatum suorum, fuit ad festum Ascensionis Domini[4] et ad solemnem processionem et missam apud Beccum, et cum per tres dies ibi moraretur, recessit Rothomagum.

Octavo idus Junii, septimo et sexto, inter regem Francorum et regem Anglorum, et episcopos et barones utriusque partis, fit collocutio apud Heldincort[5], de conventionibus videlicet quas inter se super matrimonio[6] sobolis suæ antea habuerant, et de exercitu regis Anglorum ad Tolosam obsidendam[7] ituro. Ubi ad concordiam non venerunt, quia rex Francorum

[1] Vers le 24 juin 1159.

[2] Sur l'époque exacte de la campagne du roi Henri II contre le comte de Toulouse, voyez une note de D. Vaissete, II, 643.

[3] 6 mai 1159.

[4] 21 mai 1159.

[5] *Hilliricort* Edit. Il doit être question de Heudicourt, Eure, arr. des Andelys, canton d'Etrépagny.

[6] *In matrimonio* J et H.

[7] *Obsidendam* omis dans J et V.

nolebat concedere ut Tolosam acciperet propter sororem suam et nepotes.

Quoddam genus latronum, retroactis temporibus inauditum, infestat Angliam sub habitu religionis : adjungebant enim se viatoribus ut monachi, et dum in anfractibus viarum vel nemorum simul deveniunt, suis facto sono sociis, eos interimunt, denarios eorum et spolia diripientes.

Malcolmus, rex Scotiæ, cum XLV navibus XVI kalendas Julii[1] transfretavit in Normanniam, qui dum usque Pictavensem urbem, ubi regis Anglorum exercitus congregabatur, deveniret, ab eodem rege honorifice susceptus est.

Rex Anglorum Henricus, post festum sancti Johannis Baptistæ, exercitum suum promovit a Pictavensi urbe, usque dum propinquaret Tolosæ civitati; cujus exercitus magnitudinem, divitias et feritatem non est nostræ parvitatis evolvere.

Magister Petrus Longobardus, vir magnæ scientiæ et super Parisiensium doctores admirabilis, electus est Parisiensis episcopus, et sacratus circa festum apostolorum Petri et Pauli[2].

Circa easdem octavas[3], Ludovicus rex Francorum cum rege Anglorum colloquium habuit, de obtinenda videlicet pace cum comite Sancti Ægidii, prope Tolo-

[1] 16 juin 1159.

[2] Vers le 29 juin 1159. Cette date n'a pas été connue des auteurs du *Gallia christiana*, VII, 68, pour l'article qu'ils ont consacré à Pierre Lombard.

[3] Vers le 6 juillet 1159.

sam. Sed cum nichil pacis obtentum fuisset, orta inter eos simultate et tantæ retrohabitæ pacis discordia, malo totius patriæ, ab alterutro divisi sunt. Rex igitur Francorum intravit Tolosam, sibi et nepotibus suis concessam; fuitque ibi assidue cum ejusdem comite, quamdiu rex Anglorum mansit in provincia. Rex autem Anglorum, suorum principum usus consilio, noluit regem obsidere; sed castella circum posita obsidens, in brevi obtinuit, et universam provinciam miserabiliter vastavit, et cepit Montem Regalem [1] et civitatem Cahors [2] cum subjacenti provincia. In qua civitate, post recessum suum, multitudinem magnam armatorum dimisit, ad custodiendum eam et cetera castella quæ ceperat, quorum dux extitit cancellarius regis [3]

Audita igitur utriusque regis discordia, Franci et Normanni inter se miserabiliter compugnant, in confinio videlicet Franciæ et Normanniæ.

Tunc comes Theobaldus, qui erat in adjutorium [4] regis Anglorum, fecit ei hominium, et jussu regis repedavit in Franciam, ad augmentum doloris Francorum.

Kalendis [5] Augusti, Robertus de Novo Burgo, vicedominus totius Normanniæ, vir magnæ prudentiæ et bonitatis, multatus infirmitate, factus est monachus

[1] Probablement Montréal-le-Vieux, Dordogne, arr. de Bergerac, canton de Villamblard, commune d'Eglise-Neuve d'Issac.

[2] *Caors* J et H.

[3] Thomas Becket.

[4] *Adjutorio* J et H.

[5] Cette note a été insérée dans la Chronique du Bec. — Tout ce qui suit, jusqu'à la lettre d'Alexandre III inclusivement, est omis dans H.

Beccensis ecclesiæ, sua omnia propria, quæ magna fuerant, prius pauperibus largiter distribuens.

Sexto kalendas Augusti[1] in nostris partibus facta est tempestas grandinis admirandæ magnitudinis, segetes omnes vastans quascunque tetigit.

Tertio[2] kalendas Septembris obiit Robertus de Novo Burgo[3], qui, quinque fere ebdomadibus monachus existens Beccensis, suæ abstinentiæ et admirandæ religionis, virtutum etiam omnium in brevi, Dei virtute, ditatus auspicio, omnibus ecclesiæ majoribus bene vivendi reliquit exemplum, cum antea dives, nunc quidem pauperrimus, secutus est Christum.

EPITAPHIUM[4].

Respicis angustum præscissa rupe sepulchrum:
Hoc jacet in tumulo Robertus de Noviburgo[5].
Qui mare qui cœlum qui totum continet ævum,
Hunc faciat vere Paradisi regna videre.

Kalendis[6] Septembris, Adrianus papa universæ

[1] 27 juillet 1159.

[2] Ce paragraphe a été inséré dans la Chronique du Bec.

[3] *Noviburgo* J. — La mort de Robert du Neufbourg, jadis sénéchal de Normandie, est aussi rapportée au 30 août 1159 par Robert de Torigni, plus haut, I, 322; voyez aussi l'obituaire de l'église d'Evreux, dans le *Recueil des historiens*, XXIII, 463.

[4] L'épitaphe est omise dans J.

[5] La forme *Noviburgo* est nécessaire pour la mesure. Au reste, elle se trouve presque constamment dans L.

[6] Sur la mort d'Adrien IV et l'avènement d'Alexandre III, voyez plus haut, I, 324.

carnis ingressus est viam, cui successit Rollandus, cancellarius Romanæ ecclesiæ, qui et Alexander dicitur papa CLXXIII, licet quidam de clero Octavianum cardinalem presbyterum elegissent, qui et Victor dicitur, de quo præfatus Alexander in litteris suis, ad regem Anglorum transmissis, inter cetera dicit[1] :

« Duo vero, Imerius videlicet de Sancto Martino[2] et « Guido Cremensis[3], Octavianum nominantes, ad ejus « electionem pertinaciter intendebant. Unde et ipse « Octavianus in tantam audaciam vesaniamque pro- « rupit ut mantum quo[4] nos renitentes et reluctantes, « juxta morem ecclesiæ, Odd.[5] prior diaconorum in- « duerat, tamquam arrepticius a collo nostro violenter « excussit et secum inter tumultuosos fremitus aspor-

[1] La lettre dont on va lire un extrait est à peu près identique aux lettres que le pape Alexandre III adressa le 26 septembre 1159 à l'archevêque de Gênes, le 5 octobre à l'évêque de Bologne et à l'archevêque de Saltzbourg, et le 13 décembre aux prélats de la Ligurie et d'autres provinces italiennes (Jaffé, n. 7127, 7129, 7130 et 7136). J'ai comparé le texte des mss. de notre chronique avec le texte de la lettre à l'archevêque de Gênes (conservée par Cafaro, dans Pertz, *Scriptores*, XVIII, 28), avec le texte de la lettre à l'archevêque de Saltzbourg (Hartzheim, *Concilia Germaniæ*, III, 378) et avec le texte de la lettre à l'évêque de Bologne (Coleti, *Concilia*, XIII, 68).

[2] Le ms. original de Cafaro porte *I. de Sancto Martino*, ce que Pertz a mal à propos rendu par *Johannes de Sancto Martino*. C'est aussi la leçon adoptée par Coleti. On lit dans Hartzheim *Ivo de Sancto Martino*, ce qui n'est pas meilleur. Il s'agit en effet de Imarus, évêque de Tusculum (1142-1169), qui, dans sa jeunesse, avait été moine de Saint-Martin des Champs. Ughelli, I, 231.

[3] *Cremon'* J. Dans la suite, de 1164 à 1168, Gui de Crème fut antipape sous le nom de Paschal III.

[4] Nos mss. portent par erreur *quod*.

[5] *Odo* Coleti et Hartzheim. Le nom manque dans Cafaro.

« tavit. Quem[1] cum quidam de senatu de manibus « eripuisset, mantum quem secum portaverat, abs- « tracto pilleo et inclinato capite, per manus capellani « sui ambitiosius[2] assumpsit. Verum ex divino judicio « contigit quod ea pars manti quæ tegere anteriora « debuerat, multis videntibus et ridentibus, posteriora « tegeret. Et[3] cum ipse emendare studiosius[4] voluis- « set, quia capitium manti extra se raptus non poterat « invenire, collo fimbrias circumduxit, ut saltem man- « tus ipse appensus ei quoquo modo videretur. Quo « facto, portæ ecclesiæ quæ firmatæ fuerant reseran- « tur, et armatorum cunei quos pecuniæ largitione « conduxerat, evaginatis gladiis, cum immenso strepitu « concurrerunt[5]. Fratres vero, timentes ne a militibus « truncarentur, se in munitionem ecclesiæ nobiscum « pariter receperunt, ibique novem diebus continuis, « ne exinde exiremus, fecit nos, quorumdam senato- « rum assensu, quos pecunia corruperat, die noctuque « armata manu custodiri. Deinde idem senatores, re- « cepta inde pecunia, in artiori et tutiori loco apud

[1] Je n'ai pas cru pouvoir conserver la leçon *quod* de nos mss. parce que la forme masculine *mantus* se trouve plus bas et qu'elle est également fournie par les autres textes. Au reste, la phrase suivante est un remaniement et un abrégé, dont la rédaction appartient vraisemblablement à notre chroniqueur.

[2] Nos mss. et la plupart des textes portent *ambitiosus*. J'ai adopté la leçon de Cafaro.

[3] Cette phrase manque dans Cafaro.

[4] Cette leçon est justifiée par J et par les textes de Coleti et de Hartzheim. *Studiosus* L.

[5] *Incurrerunt* J. *Cucurrerunt* Cafaro et Coleti.

« Trans Tyberim posuerunt, et post triduum, cum consecrationem assensu cleri et populi accepissemus, « ipse cum suis ab urbe recessit, quærens per « coactionem imperatoris Alemanniæ episcopos coadjutores quibus consecrari posset. Noverit interim « dignitas vestra quod eum cum suis coadjutoribus « excommunicavimus. Unde monemus vos ne eum vel « suos vel litteras aliquando recipiatis. »

Circa festum sancti Michaelis, rex Anglorum, suorum principum usus consilio, cum exercitu suo ad propria repeditans, Estrepineium[1] juxta Gisorth obfirmavit, quod rex Francorum antea diruerat. Recedente, ut dictum est, rege Anglorum a prædicta provincia, continuo rex Francorum, repeditans adpropria, de ecclesiis et de omni terra sua multam accepit pecuniam. Omnes interea ecclesiæ utriusque patriæ enixius fundebant preces ad Dominum, ut ambos reges ad pristinam pacem reduceret. Audiens igitur rex Francorum regem Anglorum supradictum castellum obfirmasse, timens de suis, cum suo exercitu illuc usque properavit.

Interea, malis in terra multiplicatis, circa festum sancti Martini[2], comes Ebroicensis omnia castella sua quæ erant in Francia[3] regi Anglorum tradidit, in qui-

[1] *Estrepinneium* J et H. Etrépagny, Eure, arr. des Andelys. Une charte de Henri II pour l'abbaye de Préaux est ainsi datée : « Teste « Rotrodo, Ebroicensi episcopo, apud Strepeneium ; » Cartul. de Préaux, n° 62.

[2] Vers le 11 novembre 1159.

[3] Voyez plus haut. I, 326.

bus rex custodes suos posuit Sic Simon de Aneto[1] fecit.

Silvester[2], abbas Castellionis, tunc temporis migravit a seculo, et successit ei Gislebertus, Ebroicensis monachus[3].

Adventu interim Domini propinquante, obtentu magnorum virorum patriæ, ambo reges inducias acceperunt usque ad octavas Pentecostes[4].

Dominico ante Natale Domini[5], Frogerius, archidiaconus et elemosinarius regis Anglorum, ordinatus est episcopus Sagiensis.

Hoc anno, inundatione pluviarum, quæ a festo sancti Johannis Baptistæ usque ad festum sancti Michaelis[6] pene assidua facta est, Sequana et aliæ aquæ alveos ultra modum excedentes, magnum dampnum genti circumpositæ intulerunt.

Obiit Walterius, Cestrensis episcopus, et successit.....[7]

[1] *De Anto* J. Simon, seigneur d'Anet (Eure-et-Loir, arr. de Dreux), était à la fois vassal du roi de France et du duc de Normandie; il figure dans une charte de 1157 (*Cartulaire de Notre-Dame de Chartres*, I, 166) comme seigneur d'Illiers-l'Evêque au diocèse d'Evreux : « Dominus quoque Symon de Aneto, qui tunc erat dominus Illeiarum... » Il est ainsi mentionné sur le rôle des fiefs normands de l'année 1172 : « Symon Aneti, II milites, et ad suum servicium IIII milites. » *Recueil des historiens*, XXIII, 695.

[2] Note omise dans H.

[3] Voyez *Gallia christiana*, XI, 639.

[4] Jusqu'au 22 mai 1160.

[5] *Dominica autem* L. Voyez plus haut, I, 324, note 3. — Cet article manque dans H, ainsi que les deux suivants.

[6] Du 24 juin au 29 septembre 1159.

[7] Le nom est resté en blanc dans L, dans J et probablement dans

1160.

Rex Anglorum Henricus ad Natale Domini[1] fuit apud Falesiam, et leges instituit ut nullus decanus aliquam personam accusaret sine testimonio vicinorum circummanentium qui bonæ vitæ fama laudabiles haberentur. De causis similiter quorumlibet ventilandis instituit ut, cum judices singularum provinciarum singulis mensibus ad minus simul devenirent, sine testimonio vicinorum nichil judicarent, injuriam nemini facere, præjudicium non irrogare, pacem tenere, latrones[2] convictos statim punire, quemque sua quiete tenere, ecclesias sua jura possidere.

Obiit Robertus, Obxoniensis[3] episcopus, et successit[4] ei Bartholomæus[5].

V. Ce passage est omis dans H. Richard Péché, successeur de Gautier Duredent sur le siége de Chester, ne fut nommé qu'en 1161 ; cette nomination n'était sans doute pas encore connue dans l'abbaye du Bec quand on y écrivait la présente note.

[1] 25 décembre 1159.

[2] Les mots *latrones — tenere* omis dans J.

[3] *Obsoniensis* J. Sur Robert, évêque d'Exeter, voyez plus haut, I, 292 et 325.

[4] A ce mot *successit* s'arrêtent J, V, H et les deux mss. modernes dérivés de H. Le moine du Bec, auteur de cette continuation, ne savait pas, quand il écrivait ceci, quel était le successeur de Robert.

[5] Les mots *ei Bartholomeus* ont été suppléés par le moine de Lire, qui a incorporé la continuation du Bec dans sa copie de la Chronique de Robert de Torigni. A la suite de la note relative à l'évêque d'Exeter, le même moine de Lire a transcrit les articles de la Chronique de Robert se rapportant au retour de Henri II en Normandie et à la mort de Guillaume, comte de Mortain (plus haut, I, 325 et 326); après quoi, il reprend régulièrement le texte de Robert de Torigni, à partir des mots *Kalendis Januarii, terræ motus....* (I, 327, ligne 3).

TRAITÉ DE ROBERT DE TORIGNI

SUR LES

ORDRES MONASTIQUES ET LES ABBAYES NORMANDES

AVERTISSEMENT.

Ce traité, que Robert de Torigni considérait lui-même comme un appendice de sa Chronique[1], peut se diviser en deux parties. Dans la première, l'auteur fait connaître les ordres religieux qui prirent naissance à la fin du XIe siècle et au commencement du XIIe. Dans la seconde, il nomme les fondateurs et les abbés des monastères qui furent restaurés ou fondés en Normandie, du Xe au XIIe siècle. Neuf anciens manuscrits[2] nous en sont parvenus.

Ms. du Mont-Saint-Michel, n° 159 d'Avranches (plus haut, I, XLV), fol. 170 v°. XIIe siècle.

[1] Robert de Torigni, quand il fait allusion dans ce traité aux donations pieuses de Rollon, renvoie à ce qu'il en a dit *plus haut* dans sa Chronique : « Sicut superius jam diximus. » Aussi, dans la plupart des manuscrits, le traité sur les ordres monastiques est-il joint à la Chronique.

[2] J'ai négligé les copies modernes, comme celle qui est dans la 5e partie de la *Hierarchia Neustriæ* de Robert Cenalis (ms. latin 5201, fol. 151), et celle qui est insérée dans les recueils de Dom Anselme Le Michel (ms. latin 13817, fol. 340).

Ms. de Jumiéges, n° Y. 15 de Rouen (plus haut, I, XIII), fol. 186 v°. XII° siècle.

Ms. du chapitre de Bayeux (plus haut, I, IX), fol. 211 v°. XII° siècle.

Ms. de Fécamp, n° 4992 de la Bibl. nat. (plus haut, I, XXXIII), fol. 125 v°. XII° siècle.

Ms. de John Pyke, au Musée britannique (plus haut, I, XXIII). XII° siècle.

Ms. de Savigny, n° 5232 de la Bibl. nat.[1] fol. 72. XII° siècle.

Ms. de l'Université de Cambridge (plus haut, I, XLIII). XIII° siècle.

[1] Voici la description sommaire de ce ms. du XII° siècle, que les moines de Savigny offrirent à Colbert en 1679, et auquel Baluze assigna le n° 1059 dans la bibliothèque Colbertine.

Fol. 1. « Venerabilis Bedæ Historia Anglorum. » Le commencement manque. Les premiers mots conservés sont : « Filii oportet ut opus bonum, » vers le milieu du chap. XXIII du livre I.

Fol. 62 v°. « Incipit res gesta Britonum a Gilda sapienter (*sic*) composita. » Texte incomplet de l'Histoire des Bretons de Nennius, désigné par la lettre P dans l'édition de Petrie, *Mon. brit.* p. 67 de la préface.

Fol. 67 v°. Catalogue des rois d'Angleterre depuis Ina jusqu'à Guillaume-le-Roux.

Fol. 67 v° et 71. Lettre de Henri de Huntingdon sur les rois bretons et extraits du même auteur sur la géographie et les saints de l'Angleterre. Publiés plus haut, I, 97 et 111.

Fol. 72. Texte abrégé du traité de Robert de Torigni sur les ordres monastiques et les abbayes normandes.

Fol. 74 v°. Développement de quelques textes empruntés à l'Ecriture et aux Pères.

Fol. 75 v°. Notice sur les abbés de Marmoutier, publiée un peu plus loin.

Fol. 76. « Expositio Bedæ de tabernaculo Testimonii. »

Fol. 110. « Expositio Bedæ de Templo Salomonis. »

Fol. 130. « Expositio Bedæ super Canticum Abbacuc prophetæ. » Le copiste n'a pas achevé la copie de ce traité.

Ms. de Saint-Wandrille, n° 553 du fonds de la Reine au Vatican (plus haut, I, XVII). XIIIe siècle.

Ms. Bodleien 212, à Oxford (plus haut, I, XXXVI). XIVe ou XVe siècle.

Robert de Torigni composa ce traité en 1154, comme il le dit expressément en parlant des abbés de Jumiéges : « Usque ad annum M C LIIII dominicæ incarnationis, quo « iste catalogus abbatiarum Normanniæ factus est a no- « bis... » Il en retoucha quelques articles, et lui donna la forme définitive peu d'années plus tard. La rédaction primitive se trouve dans les mss. de Jumiéges, de Saint-Wandrille et de Fécamp ; elle avait d'abord été copiée dans celui du Mont-Saint-Michel, mais le texte en a été remanié au XIIe siècle par les soins de Robert lui-même, de telle sorte qu'aujourd'hui il représente tout à fait la seconde rédaction. Nous avons la seconde rédaction non-seulement dans le ms. du Mont-Saint-Michel, mais encore dans ceux de Bayeux, de Savigny et de la Bodleienne.

Il y a dans les mss. de Jumiéges, de Fécamp et de Bayeux quelques additions, qui, selon toute apparence, ne doivent pas être attribuées à Robert de Torigni.

On possédait jusqu'à présent quatre éditions du traité des ordres monastiques et des abbayes normandes : la première, donnée en 1651 par Dom Luc d'Achery, à la fin des Œuvres de Guibert de Nogent (p. 811), d'après le ms. du Mont-Saint-Michel ; — la deuxième, insérée en 1806 par Dom Brial, dans le *Recueil des historiens* (XIV, 381-387), d'après l'édition de 1651 et le ms. de Savigny ; — la troisième, imprimée en 1830 dans le *Monasticon anglicanum* (VI, 1061-1065), d'après le ms. de la Bodleienne; — la quatrième, en 1855, dans la Patrologie latine de Migne (CCII, 1309-1320).

Pour la présente édition; je me suis attaché à reproduire

le texte de la rédaction définitive, conformément aux manuscrits du Mont-Saint-Michel, de Bayeux, de Savigny et d'Oxford. J'ai ajouté en note les leçons de la première rédaction, telles que nous l'offrent les mss. de Jumiéges et de Fécamp. Je désigne ces différents mss. par les lettres suivantes :

B, ms. de Bayeux.

F, ms. de Fécamp, n° 4992 du fonds latin, à Paris.

J, ms. de Jumiéges, n° Y. 15 de Rouen.

M, ms. du Mont Saint-Michel, n° 159 d'Avranches.

O, ms. d'Oxford, représenté par l'édition du *Monasticon anglicanum*.

S, ms. de Savigny, n° 5232 du fonds latin.

De immutatione ordinis monachorum. De abbatibus et abbatiis Normannorum et ædificatoribus earum.

Libet in præsenti demonstrare qualiter et a quibus antiqua consuetudo victus et habitus monachorum immutata sit. In [1] Burgundia est locus qui dicitur Molismus. Ibi, tempore Philippi regis Francorum, Robertus abbas cœnobium condidit, et magnæ religionis discipulos aggregavit. Post aliquantos annos, regulam sancti Benedicti perscrutatus [2] ad litteram, voluit per-

[1] En parlant des origines de Citeaux, de Chezal-Benoit, de Tiron et de Savigny, Robert de Torigni devait avoir sous les yeux le livre VIII d'Orderic Vital; voyez l'édition de M. Le Prévost, III, 435-451.

[2] *Perscrutans* S.

suadere discipulis suis ut labore manuum viverent, decimas et oblationes clericis qui diocesi deservirent relinquerent, femoralibus, staminiis pelliciisque abstinerent. At illi, e contra, nitentes consuetudinibus quæ in occiduis orbis monasteriis observabantur, quas constat esse institutas a beato Mauro, discipulo sancti Benedicti, et a beato Columbano, et, ut ad modernos veniam, a sancto Odone, abbate Cluniacensi, dicebant se ab eis non recedere. Hæc Robertus audiens et in sua sententia permanens, recessit ab eis cum xx et uno[1] sibi assentientibus, diuque locum quæsivit idoneum sibi suisque sodalibus, qui decreverant regulam sancti Benedicti, sicut Judæi legem Moysi, ad litteram penitus observare. Tandem, Odo filius Henrici, Burgundiæ dux, illis compassus, prædium eis in loco qui Cistercius dicitur, in episcopatu Cabilonensi[2], largitus est. Ibi Robertus abbas cum electis fratribus aliquamdiu habitavit, Deoque donante, in brevi plerosque æmulatores districtæ religionis, quam in illo heremo arripuerat, et suæ sanctitatis habere promeruit. Cumque Molismenses per aliquod[3] tempus pastore carerent, viroque Dei virtutibus famoso discedente, despicabiliores erga vicinos et notos fierent, Urbanum papam supplices adierunt, eique prorsus enodata serie rerum quas superius retuli, consilium et auxilium ab eo pos-

[1] M portait primitivement : *Cum duodecim*. C'est la leçon de J et F. On lit pareillement dans Orderic Vital (III, 441) : *cum duodecim sibi assentientibus*.

[2] *Cabillonensi* M.

[3] *Aliquot* M et S.

tulaverunt. Ille vero paterno affectu utrisque consuluit : abbati enim apostolica jussit auctoritate ut prius monasterium repeteret, et, ne laberetur, regulariter regeret, ac in alio, quod postmodum inceperat, quemlibet de suis idoneum substitueret. Redeunte itaque Roberto abbate ad Molismense[1] cœnobium jussu Urbani papæ, primus Albericus factus est abbas Cisterciensis post ipsum; cui successit Stephanus Anglicus; qui uterque magnæ religionis fuerunt. Ipso adhuc vivente et jubente, Guido[2], abbas Trium Fontium, electus est, et per duos annos idem monasterium regens utcunque, tandem insipienter reliquit. Deinde Reinaldus[3], filius Milonis comitis de Bar super Sequanam, ei successit. Quo mortuo, anno ab incarnatione Domini M° C° L° I°, Gotsuinus[4], qui erat abbas cujusdam monasterii in Viennensi provincia, natione Lothariensis, factus est quintus abbas Cisterciensis, excepto Roberto abbate Molismensi, qui illum ordinem inchoaverat, sed, querimonia Molismensium et jussu Urbani papæ, ut prædictum est, ad prius monasterium redire compulsus[5] fuerat. Jam fere LV anni sunt ex quo Robertus abbas, ut dictum est, Cistercium incoluit, et tanta virorum copia illuc confluxit ut inde fere abbatiæ quingentæ a M°[6] nona-

[1] *Molimense* J et F.

[2] *Wido* S.

[3] *Rainaldus* J et S.

[4] *Gorsuinus* J.

[5] Dans M, les mots *ad prius — compulsus* sont récrits sur un passage gratté.

[6] *M°* ajouté en interligne dans M et F. Ce chiffre manque dans J.

gesimo octavo anno incarnationis dominicæ usque ad annum ejusden divinæ incarnationis M C LII [1] consurgerent. Et hac de causa, in generali capitulo, ubi annuatim mediante mense Septembris apud Cistercium abbates, et etiam episcopi qui assumpti sunt de illo ordine, conveniunt, quatinus neglegentiæ quæ omnino in tot et tantis conventibus nequeunt evitari emendentur, hac de causa, inquam, quia tantum multiplicabantur abbatiæ ejusdem ordinis, statutum est ut amplius nullam novam abbatiam instituerent [2]. In desertis atque silvestribus locis monasteria proprio labore condiderunt, et sacra illis nomina sollerti provisione imposuerunt, ut est Domus Dei, Clara Vallis, Elemosina, Curia Dei, et alia plura hujus modi, quibus auditores, solo nominis nectare, invitantur festinanter experiri quanta sit ibi beatitudo quæ tam spetiali [3] denotetur vocabulo. Multi nobiles et divites [4] et profundi sophistæ pro novitate singularitatis ad eos concurrerunt et inusitatam districtionem sponte amplexati sunt.

Eodem fere tempore quo ordo Cisterciensis in Cabilonensi parrochia exortus est, Carturiensis etiam in episcopatu Gratianopolitano adinventus est. Genus hoc heremitarum sub priore agit, nec numerum tercium decimum eorum multitudo transcendit; unusquisque in

[1] La date *MCLII* récrite sur un endroit gratté dans M. Il y a par erreur *MLII* dans J ; il y avait aussi primitivement *MLII* dans F.

[2] Voyez plus haut, I, 270, et II, 162.

[3] *Spirituali* suivant une correction interlinéaire de S.

[4] *Et potentes*, au lieu de *et nobiles*, dans F.

cella sua privatis diebus, separatus ab aliis, orat, dormit et manducat; quæ tamen cellæ contiguæ et loco conjunctæ sunt. Festis diebus ad ecclesiam et ad mensam conveniunt, et de spiritualibus humiliter inter se conferunt. Instituta vero et nocturni et diurni officii secundum regulam sancti Benedicti persolvunt.

Exacto aliquanto tempore exinde ex quo Cisterciensis ordo inceptus est, Andreas, genere Italus, de Valle Brutiorum monachus, effloruit, et in Bituricensi pago monasterium quod Casale Benedicti nuncupatur construxit.

Hisdem temporibus, tres socii in religione fuerunt, Bernardus, qui prius fuerat abbas Quinciaci in Pictavensi solo, et Robertus de Arbrexo, et Vitalis heremita, qui fuerat capellanus comitis Moritolii. Hi singuli singula monasteria ædificaverunt.

Bernardus, quia nolebat monasterium Quinciaci, quod hactenus liberum fuerat, monachis Cluniaci subjici, cum Paschalis papa ei exinde vim inferret, illud relinquens, adjutus a venerabili Ivone, Carnotensi episcopo, et Rotrone, comite Moritoniæ, in loco silvestri qui Tiron [1] dicitur cœnobium in honorem sancti Salvatoris construxit. Hic omnes ad se venientes suscipiebat, et artes quas noverant legitimas infra monasterium exercere præcipiebat. Cui successit Willermus Pictavensis, vir litteratus et admodum religiosus.

Robertus de Arbrexo, vir aptus ad lucrandas animas et prædicandum verbum Dei, cœnobium quod Fons

[1] *Tyron* J, F et S.

Ebraudi dicitur in confinio Andegavensis et Pictavensis soli ædificavit, et sanctimoniales feminas sub artissima regula ibidem congregans, eis Petronillam abbatissam præfecit. Qua mortua, successit ei in regimine ejusdem monasterii Matildis, soror Gaufridi comitis Andegavensis.

Vitalis heremita, optimus seminiverbius, in confinio Normanniæ et minoris Britaniæ, in vico Savinneio [1], monasterium ædificans, modernas institutiones, in aliquibus Cisterciensibus similes, monachis suis imposuit. Huic successit Baiocensis Gaufridus, Cerasiensis [2] monachus, vir admodum litteratus et in religione fervens. Hic multa monasteria ædificavit, et consuetudines prioribus arciores Savinniensibus [3] imposuit. Cui, post Evanum Anglicum, qui parvo tempore eidem monasterio præfuit, successit venerabilis Serlo de Valle Badonis [4] juxta Baiocas, qui fuerat prædicti Gaufridi in seculo discipulus, et monachatum susceperat prius cum eo in monasterio Cerasiensi, sed relicto illo monasterio, pro majori religione expetierat Savinneium. Hic, quia pro velle suo non ei obtemperabant monasteria sibi subdita, auctoritate Eugenii Romani pontificis [5], subdidit se et omnia monasteria sua Cisterciensi ordini, et exinde post paucos annos, ut Deo liberius posset vacare, relicta cura monasteriorum, in monasterio

[1] *Savineio* J. *Savigneio* S.

[2] *Cesariensis* F.

[3] *Savigniensibus* S.

[4] *Badodis* J. *Sello de Valle Baclodis* F.

[5] *Eugenii pape* J et F.

Claræ Vallis, Deo et sibi vacans, delituit. Cui successit in regimine Savinneii Ricardus de Curceio, prior ejusdem loci.

Eodem[1] tempore, magister Willermus de Campellis, qui fuerat archidiaconus Parisiensis, vir admodum litteratus et religiosus, habitum canonici regularis assumens, cum aliquibus discipulis suis, extra urbem Parisius, in loco ubi erat quædam capella sancti Victoris martyris, cœpit monasterium ædificare clericorum. Assumpto autem illo ad episcopatum Catalaunensium[2], venerabilis Geldoinus[3], discipulus ejus, primus abbas ibi factus est; sub cujus regimine multi clerici nobiles, secularibus et divinis litteris instructi, ad illum locum habitaturi convenerunt[4], inter quos magister Hugo Lothariensis et scientia litterarum et humili religione maxime effloruit : hic multos libros edidit, quos, quia vulgo habentur, non oportet enumerare.

Eodem etiam tempore, novi canonici regulares apud Truncum[5] Berengarii et apud Præmonstratum[6] adunati sunt, labore manuum viventes, et laneis vestibus et his rusticanis[7] et vilibus utentes.

[1] Ce paragraphe a été inséré, sous la rubrique de « Anonymus monachus Gemeticensis, » parmi les témoignages relatifs à Hugues de Saint-Victor que les chanoines réguliers de Saint-Victor ont rassemblés en tête de l'édition des Œuvres de Hugues, publiée à Rouen en 1648 (*Patrologia*, vol. 175, col. CLXV).

[2] *Caulalanensium* M et S. *Cataulanensium* J. *Cantolanesium* F.

[3] *Gelduvinus* J. *Geldewinus* F.

[4] *Conveniunt* J et F.

[5] *Trucum* S.

[6] *Apud Pratum Monstratum* J et F. C'était la leçon primitive de M.

[7] *Et rusticanis* F.

Videntes itaque abbates nominatissimorum monasteriorum, quæ reges Francorum et alii consulares viri et potentes in prædiis suis ædificaverant, sed propter habundantiam divitiarum nimium dissoluta erant, monachos novi ordinis, Cisterciensis scilicet et Carturiensis, necnon etiam canonicos quos prædiximus, vitam suam sub districta religione agere, rubore suffusi, vel sponte, vel inviti, coacti videlicet a regibus et pontificibus, monachos ordinatissimorum monasteriorum, scilicet Cluniaci, Majoris Monasterii, Becci et aliorum æque in religione vivere studentium, ad se evocant, et ad eorum exemplum vitam suorum subditorum conformare satagunt. Ad regimen etiam abbatiarum minus religiosarum assumuntur plurimi abbates de illis monasteriis, quæ in religione aliis præcellere videbantur.

Quoniam de monasteriis noviter factis aliqua diximus, libet de ducum Normanniæ piis operibus in ædificatione sive reædificatione monasteriorum aliqua vel breviter commemorare.

Rollo igitur, qui et Robertus, angustia temporis post baptismum præventus, nullum monasterium vel instituit vel renovavit; sed, sicut superius jam diximus[1], multas possessiones pluribus ecclesiis et monasteriis donavit.

Willermus[2], filius ejus, Longa Spata, monasterium Gemmeticense, quod sanctus Philibertus construxerat,

[1] Voyez plus haut, t. I, p. 12.

[2] *Guillelmus* S.

sed Hastingus paganus destruxerat, restauravit, in quo fuerunt abbates a sancto Philiberto usque ad exterminium ejusdem[1] monasterii viginti, a restauratione vero, quæ sub Martino abbate facta est, quem Gerloc, comitissa Pictavensis, cum duodecim monachis a monasterio Sancti Cypriani Pictavis misit Willermo, fratri suo, duci Normanniæ[2], usque ad annum M C L IIII dominicæ incarnationis, quo iste catalogus abbatiarum[3] Normanniæ factus est a nobis, fuerunt abbates XIIII[4], quorum ultimus fuit Eustachius, ejusdem loci monachus.

Primus Ricardus[5], filius Willermi ducis, tria monasteria, unum Fiscanni in honorem summæ Trinitatis, aliud in monte Tumba in honorem sancti Michaelis, tercium Rothomagi in veneratione sancti Petri sanctique Audoeni, multas possessiones quæ eis a Paganis ablatæ fuerant restituendo, restauravit, licet Ricardus, filius ejus, plurima prædia addendo et ordinem monachicum in eis ponendo, ipsa consummaverit.

Monasterio Fiscannensi primus abbas præfuit Willermus, Cluniacensis[6] monachus, et habuit sub regimine suo monasterium Sancti Benigni Divionis, Sanctæ Trinitatis Fiscanni, Sancti Germani Parisiensis, Sancti

[1] *Ejusdem* omis dans J et F.

[2] Voyez plus haut, t. I, p. 16.

[3] *Abbatiarum* omis dans J et F.

[4] *Abbates XV, quorum ultimus fuit Petrus, monachus Cluniacensis* B.

[5] *Richardus* S.

[6] Dans F le mot *Cluniacensis* a été effacé et remplacé par le mot *Divionensis*.

Faronis Meldis, sancti Michaelis de Monte Tumba et alia monasteria fere XXX.

Secundus[1] abbas Fiscanni, Johannes Langobardus. Tercius Willermus, monachus Sancti Stephani Cadomi. Quartus Rogerius, ejusdem loci monachus. Quintus Henricus, monachus Cluniacensis[2].

In monasterio Sancti Michaelis[3] jam fuerunt abbates fere XIIII^cim^, quorum decem habuerunt de extraneis monasteriis[4].

Hildebertus primus abbas factus est in monasterio Sancti Audoeni post restaurationem. Secundus Herfastus. Tercius Nicholaus, filius tercii Ricardi ducis Normanniæ. Quartus Helgotus[5], prior Cadomi : hic ordinem emendavit. Quintus Willermus; sextus Reinfridus[6], ejusdem loci monachi[7]. Septimus Freherius, monachus Cluniacensis.

[1] La plupart des catalogues qui suivent sont omis dans S.

[2] *Henricus, nepos Stephani regis, monacus Cluniacensis* F.

[3] *Jam fuerunt abbates quos hab. de extr. mon.* J. — *Jam fuerunt abbates quorum habuerunt de extraneis locis* F; mais le mot *monasteriis* a été rétabli en marge.

[4] Voici la liste de ces abbés, telle que nous l'offre le ms. latin 6042, fol. 1 v° : « Nomina abbatum Sancti Michaelis de periculo maris. Mai- « nardus I. Mainardus II. Hildebertus. Hildebertus. Almodus. Theo- « dericus. Suppo. Rodulfus. Rannulfus. Rogerius. Rogerius. Richar- « dus. Bernardus. Gaufridus. Robertus. *Martinus. Jordanus. Ra- « dulfus.* » Ces trois noms ont été ajoutés après coup dans le ms. 6042, lequel, selon toute apparence, a été exécuté pour l'abbaye du Mont-Saint-Michel, au temps de l'abbé Robert de Torigni. Voyez plus haut, I, LIX.

[5] *Hisgotus* M.

[6] *Reinfredus* J et F.

[7] *Monachus* J.

Secundus Ricardus, dux Normanniæ, ex integro abbatiam Sancti Wandregisili[1], quam Fontinellam antiquitus vocaverunt, reædificavit. A sancto Wandregisilo usque ad Mainardum, qui tempore primi Ricardi cœperat eundem locum pro posse suo emendare, fuerunt abbates XXIIII. A Mainardo usque ad præsens tempus, duodecim, quorum ultimus fuit Rogerus, monachus ejusdem loci, qui adhuc superest[2].

Judith comitissa, uxor secundi Ricardi, fecit monasterium Bernai.

Hujus custodes fuerunt Rodulfus, abbas Sancti Michaelis, et post ipsum Theodericus Gemmeticensis, quorum prior dedit Uticum et Bellum Montellum Hunfrido de Vetulis, sequens vero medietatem burgi Bernaii patri Rogerii de Monte Gommerici, qui erat propinquus ejus, ut inde se procuraret quando Bernaium venisset. Primus ibi factus est abbas Vitalis, monachus Fiscanni. Cui cum post modum Willermus rex Anglorum abbatiam Sancti Petri Westmonasterii[3] dedisset, Osbernus, frater ejus, monachus Troarnensis, secundus præfuit monasterio Bernai[4]. Tercius Nicolaus, monachus Fiscannensis. Quartus Ricardus, monachus ejusdem loci.

Monasterium Sancti Taurini Ebroicensis prædictus

[1] *Wandregili* S.

[2] *Superest* ajouté en interligne dans M.

[3] *Westimonasterii* M.

[4] *Monasterio Bernai* omis dans J et F.

Ricardus secundus, dux Normanniæ, ex parte restauravit.

Cui monasterio nostris temporibus præfuerunt abbates Radulfus[1], Willermus, Paulus, Philippus, Ranulfus, monachi Fiscanni.

Item Villare[2] Monasterium, quod sanctus Philibertus olim construxerat, prædicti principis uxor, scilicet Judith, ad opus sanctimonialium reparavit[3].

Venerabilis Herluinus, in proprio solo monasterium Becci ædificans, primus eidem monasterio præfuit, cui successerunt Anselmus, Willermus, Boso, Tebaldus[4]. Letardus, Rogerus, ejusdem monasterii monachi[5].

Robertus, dux Normanniæ, filius secundi Ricardi, ædificavit monasterium Cerasiacense[6].

Primus abbas ibi præfuit Durandus, monachus Sancti Audoeni. Secundus Almodus, exabbas Sancti Michaelis de Monte. Tercius Garinus[7], monachus Sancti Michaelis. Quartus Hugo, monachus Troarnensis. Quintus Hugo, monachus ejusdem loci.

Willermus dux, filius prædicti Roberti, duo cœno-

[1] *Rodulfus* B.

[2] *Willare* J.

[3] Dans M les mots *construxerat-reparavit* ont été écrits sur un passage gratté. La rédaction primitive : *construxerat, prædictus princeps ad opus sanctimonialium reparavit*, nous a été conservée par J et F.

[4] *Thebaldus* J.

[5] Cette liste des abbés du Bec est absolument semblable à celle qui a été écrite au XIIe siècle dans le ms. latin 6042 de la Bibl. nat. fol. 1 v°.

[6] On avait d'abord écrit dans J *Cesariense*, qu'on a depuis corrigé en *Cerariense*. F porte bien *Cesariense*.

[7] *Suannus* J. *Guarinus* F.

bia Cadomi ædificavit, unum virorum et alterum feminarum. Monasterio monachorum primus abbas præfuit Lanfrancus, prior Becci. Secundus Willermus; tercius Gislebertus; quartus Robertus; quintus Eudo [1]; sextus Alannus; septimusPetrus [2], ejusdem loci monachi.

Willermus filius Geroii, monachus Becci, et nepotes ejus, Robertus et Hugo de Grentemaisnil, restauraverunt monasterium Sancti Ebrulfi [3] apud Uticum. Sed quia idem Willermus, cum suscepisset habitum monachi apud Beccum, dederat eundem locum Beccensi monasterio (unde etiam Lanfrancus, qui postea fuit abbas Cadomi, cum tribus monachis illo directus est ad habitandum), ideo dedit villam Russeriæ ecclesiæ Becci pro commutatione ecclesiæ Sancti Ebrulfi [4].

Primus abbas præfuit huic monasterio Theodericus Gemmeticensis. Secundus Robertus, prior ejusdem loci. Tercius Osbernus, monachus Sanctæ Trinitatis Rothomagensis. Quartus Manerius [5]; quintus Rogerius;

[1] Le texte primitif de ce passage, d'après les vestiges qui subsistent dans M, devait être : *Quintus Tustenus*; *sextus Eudo*; *septimus Alannus*; *octavus Petrus*, *ejusdem loci monachi*. C'est aussi la leçon de J et de F.

[2] B ajoute : *octavus Willermus*.

[3] Il y avait d'abord dans M *Ebulfi*.

[4] Les renseignements que Robert de Torigni donne ici sur la fondation de l'abbaye de Saint-Evroul et sur la donation de la Roussière (Eure, arr. de Bernay) à l'abbaye du Bec, sont tirés du livre III d'Orderic Vital, éd. Le Prévost, II, 16 et 17.

[5] *Mainerius* J et F.

sextus Garinus[1]; septimus Ricardus; octavus Ranulfus[2]; nonus[3] Bernardus, monachi ejusdem loci.

Goscelinus[4], vicecomes Arcacensis[5], patruus Godefridi patris Mathildis uxoris Willelmi camerarii, fecit monasterium Sanctæ Trinitatis in monte Rothomagi, et monasterium instituit Sancti Amandi intra muros ejusdem civitatis, ad opus sanctimonialium.

Monasterio Sanctæ Trinitatis de Monte primus præfuit Isembertus Teutonicus[6], vir religiosus, monachus Sancti Audoeni; secundus Reinerius[7]; tercius Walterius; quartus Helias; quintus Walterius, ejusdem loci monachi.

Eodem tempore, scilicet sub duce Willermo, restauratum est monasterium Sanctæ Crucis Sanctique Leufredi, de terra quæ fuerat Helthonis[8] de Cruce. Primus abbas factus est hujus monasterii post restaurationem Albericus. Secundus Henricus; tercius Willermus, monachi Sancti Audoeni. Quartus et quintus, Garnerius et Rodulfus, monachi ejusdem loci.

Rogerius de Toenio construxit monasterium Castellionis, cui monasterio primus et secundus abbates præfuerunt Gillebertus et Willermus, monachi Fiscanni.

[1] *Guarinus* J et F. *Gaurinus* B.

[2] *Rannulfus* F.

[3] *Undecimus* M et B.

[4] *Joscelinus* S.

[5] *Archacensis* F.

[6] *Theutonicus* J.

[7] *Rainerius* J et F.

[8] *Hellonis* J.

Tercius et quartus Willermus et Lotardus, monachi Blesis. Quintus Gillebertus, monachus Becci. Sextus et septimus Simplicius et Vincentius, monachi Columbenses. Octavus Bernerius, monachus ejusdem loci. Nonus item prædictus Vincentius. Decimus Silvester, monachus Liræ[1].

Willermus filius Osberni, Normanniæ dapifer et cognatus Willermi ducis, duo monasteria in honorem beatæ Dei genitricis Mariæ ædificavit : unum apud Liram, in quo Aelizam[2], uxorem suam, filiam Rogeri de Toeneio[3], postmodum sepelivit; alterum apud Cormelias, in quo ipse mortuus conditus est.

Primus abbas Lyræ fuit Robertus, ejusdem loci monachus. Secundus Erfastus[4]; tercius Barno; quartus Ernaldus[5]; quintus Hildebertus; sextus Gislebertus, monachi Sancti Ebrulfi. Septimus Willermus, ejusdem loci monachus. Octavus Radulfus, monachus Becci; hic ordinem reparavit. Nonus Hilderius, monachus Sancti Ebrulfi. Decimus Willermus[6], monachus ejusdem loci.

Cormeliis primus[7] præfuit Robertus, monachus

[1] *Lyre* J.

[2] *Elizam* S.

[3] *Rogerii de Toenio* F.

[4] *Elfastus* F.

[5] *Bernardus* J.

[6] *Willermus* omis dans F et J. — Cet article et le suivant sont passés dans les Additions à la Chronique, plus haut, p. 152.

[7] *Primus abbas fuit* F.

Sanctæ Trinitatis Rothomagi, qui in maris[1] naufragio periit. Cui successit Gaufridus, ejusdem loci monachus; et illi Willermus[2], monachus Becci; et illi[3] Benedictus, monachus ejusdem loci.

Hunfridus de Vetulis[4] Pratellis duo monasteria ædificavit : unum monachorum, et alterum sanctimonialium. Monachis primus abbas præfuit Aufridus[5], monachus Sancti Wandregisili. Cui successit Gaufridus, monachus ejusdem loci; cui Ricardus de Crumellis, vir religiosus et valde litteratus, qui fuerat monachus Sancti Vigoris Baiocensis, sub Roberto de Tumba Helenæ, qui fuit illius loci primus abbas et ultimus. Ricardo successit alter Ricardus; et illi Reinaldus[6], ejusdem loci monachus; et illi Michael, monachus Becci.

Rogerius de Monte Gommerici[7], filius Rogerii vicecomitis Oximensis, in honorem sancti Martini duo monasteria ædificavit, unum in suburbio Sagiensis urbis, et alterum in vico suo Troarno[8] super Divam.

Monasterio Sagiensi primus præfuit Robertus, monachus Sancti Martini Troarni. Secundus Rodulfus,

[1] *Mari* F.

[2] La place du mot *Willermus* laissée en blanc dans F.

[3] *Huic Benedictus, monacus ejusdem loci; et isti Robertus, monachus et prior Fiscanni* F.

[4] *Gaufridus de Vetulis* F.

[5] *Anfridus* J et F.

[6] *Rainaldus* J, F et B.

[7] *Gomerici* J.

[8] *Troario* J.

monachus ejusdem loci. Cui successit Hugo; et illi, Gislebertus, item Gislebertus et Johannes, monachi ejusdem loci.

At monasterio Troarnensi primus præfuit Durandus[1], monachus Fiscanni. Cui successit Arnulfus, prior Sagii; et illi, Andreas, monachus ejusdem loci; et ei, Ricardus, monachus Cluniacensis[2]; et illi, Gislebertus, monachus ipsius loci.

Fecit etiam, immo restauravit, prædictus comes Rogerius monasterium feminarum apud Almanechias, ubi olim sancta Oportuna[3] fuerat abbatissa, antequam Normanni in regnum Francorum venirent.

Lecelina, comitissa Aucensis, relicta Willermi comitis, qui fuerat naturalis frater secundi Ricardi Normannorum ducis, adjuta a filiis suis, Roberto comite Aucensi et Hugone episcopo Lexoviensi, monasterium Sancti Petri super Divam virorum, et monasterium feminarum ante urbem Lexoviensem virili animo construxit.

Monasterio Sanctæ Mariæ Divæ primus abbas factus est Ainardus, monachus Sanctæ Trinitatis de Rothomago. Cui successit Fulco, prior Sancti Ebrulfi; Fulconi, Benedictus, prior Sancti Audoeni. Quartus Gauterius[4], monachus Gemmeticensis. Quintus Robertus, monachus Sancti Dionisii. Sextus, septimus et octavus

[1] *Pie memorie Durandus* F.

[2] *Et huic Ricardus monachus Cluniaci, et ei vir vite venerabilis Gislebertus monachus ipsius loci* F.

[3] *Opportuna* J

[4] *Wallerius* J. *Gallerius* F.

Radulfus, Ricardus et Haimo[1], monachi ejusdem loci. Nonus Warinus, monachus Cluniacensis[2].

Filius vero prædictæ Lezelinæ[3] Robertus, comes Aucensis, monasterium Sancti Michaelis Ulterioris Portus ædificavit. In quo primus abbas fuit Herbertus, monachus Sanctæ Trinitatis de monte Rothomagi. Secundus Alveredus monachus. . . . .[4] Tercius Osbernus, monachus ejusdem loci. Quartus Fulcherius, monachus Cluniacensis.

At Rogerius de Mortuo Mari, filius Walterii de Sancto Martino, frater vero primi Willermi de Warenna, monasterium Sancti Victoris in proprio solo fundavit. Cui præfuerunt abbates Ricardus, Robertus, Mainardus, Hugo[5], monachi Sancti Audoeni.

Ricardus, comes Ebroicensis, in eadem urbe ad opus sanctimonialium monasterium Sancti Salvatoris construxit.

Monasterium Sanctæ Mariæ Gresteni Herluinus[6] de

[1] *Haymo* J et F.

[2] *Nonus Guarinus, monachus Cluniacensis. Decimus Ricardus, ipsius loci monachus* B.

[3] *Lecheline* J. *Leceline* F.

[4] Place d'un mot gratté dans M. Le blanc n'a été réservé ni dans J ni dans F.

[5] Après *Hugo*, J et F ajoutent *Thomas*.

[6] Toute la fin de cet article, à partir du mot *Herluinus*, a été récrite dans M à la place d'un passage gratté.

Voici la rédaction primitive conservée par J et F : *Monasterium Sanctæ Mariæ Gresteni Robertus comes Moritolii fecit. Primus abbas ejusdem, Robertus, monachus Sancti Martini Sagii.*

Contevilla condidit, in quo ipse requiescit corpore, et Herleva, uxor ejus. Horum filii fuerunt Robertus, comes Moritolii, qui idem monasterium auxit, et Odo, episcopus Baiocensis.

Primus abbas ejusdem monasterii Gaufridus, monachus Sancti Sergii Andegavensis. Secundus Fulcoius, monachus Sagii. Tercius Herbertus, monachus ejusdem loci. Consuetudines et monachos in initio habuerunt, partim de Sancto Wandregisilo, partim de Pratellis.

Hugo, vicecomes Abrincatensis, postea vero comes Cestrensis, abbatiam Sancti Severi in Constantinensi [1] episcopatu fecit.

Primus abbas ejusdem fuit Ascelinus [2], monachus Gemmeticensis. Secundus Arnulfus, Ebroicensis. Tercius Petrus, monachus Sancti Benedicti Floriaci. Quartus Robertus, ejusdem loci monachus. Quintus Guido, Cestrensis.

Monasterium Sanctæ Trinitatis Exaquei [3] Eudo cum Capello fecit.

Primus abbas ejus Rogerius, monachus Becci. Secundus [4] et tercius Gaufridus et Garinus, monachi ejusdem loci. Quartus Robertus, monachus Cadomi. Quintus et sextus Radulfus et Rogerius, monachi ejusdem loci.

[1] *Constantimensi* J.

[2] M portait d'abord *Anselmus*. C'est la leçon de J, F et O.

[3] *Exaquii* F.

[4] La fin de cet article, à partir de *Secundus*, a été écrite dans M sur un passage gratté. Dans J et F l'article se termine ainsi : *secundus Robertus, Cadomi.*

Nigellus, vicecomes Constantiniensis[1] cœnobium Sancti Salvatoris construxit.

Primus abbas ibi factus est Benignus, monachus Fiscanni. Secundus Hamelinus. Tercius Anfridus[2]. Quartus Willermus. Quintus Hugo, monachus[3] Sancti Michaelis de Monte.

Monasterium Sancti Stephani Fontaneti primus Rodulphus Taison, qui fuit avus tercii Radulfi[4], patris scilicet Jordani Taixon[5], adjutus ab Herneisio[6], fratre suo, condidit.

Primus abbas ibi constitutus est Gaufridus, monachus Sancti Wandregisili. Secundus Hugo, monachus Troarni. Tercius Herbertus, monachus Cadomi. Quartus Willermus, monachus ejusdem loci. Quintus Robertus, monachus Cadomi.

Monasterium Montis Burgi ædificatum est a Rogerio[7], monacho Sanctæ Crucis, in dominio ducis Normanniæ.

Cujus primus abbas effectus est idem Rogerius, vir religiosus et socius Wimundi, qui postea fuit episcopus Aversanus. Huic Rogerio prædictus Wimundus scribit

[1] *Constantinensis* F.

[2] *Ansfridus* J et F.

[3] *Monachi* J.

[4] *Rodulfi* J et F.

[5] *Jordanis Taisson* F. *Jordanis Taixon* S.

[6] *Hersio* J et F.

[7] Les mots *a Rog.* omis dans J et ajoutés à la marge par une main du XVe ou XVIe siècle. F porte *edificatum est in modo sancte Crucis in dom.*

librum de corpore Domini. Secundus abbas fuit Ursus, subprior[1] Gemmeticensis, qui et ordine et ædificiis eundem locum nobilitavit. Tercius Petrus; quartus Walterius, ejusdem loci monachi. Hanc abbatiam dedit Henricus[2], rex Anglorum, Ricardo de Reviers[3], ut eam custodiret et augmentaret[4] sicut propriam. Quod et idem facere curavit.

Rogerius de Ibreio[5] condidit monasterium de Ibreio. Primus abbas ibi fuit Petrus, monachus Columbensis. Secundus Durandus, monachus Becci. Tercius Osbernus, monachus Fiscanni. Quartus Hubertus, monachus Columbensis. Quintus Normannus, monachus Becci. Sextus Hubertus, monachus Sancti Petri Carnoti. Nullus autem eorum adhuc potuit reperire ibi sepulturam.

Monasterium Sanctæ Mariæ Lonlei primus Willermus Talevatius, qui[6] castrum Domni Frontonis in monte exciso nemore erexit, ædificavit; qui locus, licet in episcopatu sit Cenomannensi, ad ducatum tamen Normanniæ pertinet. Primus abbas ibi fuit Willermus, monachus Sancti Benedicti Floriaci. Secundus Hugo, monachus ipsius monasterii. Tercius Guarinus, monachus Ebronis. Quartus Rannulfus, monachus Cadomi.

[1] *Supprior* F.

[2] Au lieu de *Henricus*, M semble avoir primitivement porté *Guillermus*. C'est la leçon de J et F.

[3] *Revers* J et F.

[4] *Aumentaret* M.

[5] *Iberio* F.

[6] La suite de cet article, à partir des mots *qui castrum*, a été récrite dans M sur un passage gratté. La rédaction primitive, conservée dans J et F, était ainsi conçue : « Monasterium Sanctæ Mariæ Lonlei

Quintus Lamfredus, monachus ejusdem monasterii. Sextus Johannes, monachus Sancti Launomari Blesis. Quo deposito, successit septimus Bermo, monachus Sancti Martini Majoris Monasterii.

De Majori Monasterio et abbatibus ejus [1].

Primus abbas Majoris Monasterii post sanctum Martinum fuit Gaubertus, qui constitutus est ab eo, et multi alii post ipsum usque ad adventum Normannorum. Tunc, desolata ecclesia, canonici Sancti Martini de Novo Castello miserunt ibi conventum clericorum. Postea Hugo Capet, rex Francorum, dedit illam ecclesiam Odoni, comiti Turonensi, qui misit Cluniacum, et adduxit inde Guislebertum, cum duodecim aliis monachis, anno ab incarnatione Domini M°. Hunc Guislebertum idem comes fecit abbatem ejusdem loci anno M° IIII°; quod et sanctus Maiolus, abbas Cluniacensis, concessit, cum Majus Monasterium per quatuor annos fuisset cella Cluniaci. Huic Odoni successit alius Odo, filius ejus, pater

« primus Willermus Talevatius, qui, exciso nemore, in monte quodam « castrum nomine Danfront erexerat, a fundamentis ædificavit. Hoc « situm est in episcopatu Cenomannensium, licet ad ducatus Nor- « manniæ feudum pertineat. Primus abbas illius Rannulfus, mona- « chus Cadomi. »

[1] Ce chapitre, qui n'est sans doute pas de Robert de Torigni, a été ajouté au traité des abbayes normandes dans le ms. de Savigni, n° 5232 du fonds latin, fol. 75 v°. Le dernier des abbés nommés dans ce catalogue, Robert, administra l'abbaye de Marmoutier de 1155 à 1165; *Gallia christiana*, XIV, 320.

comitis Tebaldi; qui ambo jacent in capitulo Majoris Monasterii. Secundus abbas post Guislebertum fuit Sichardus. Tertius Gaubertus. Quartus Albertus. Quintus Bartolomeus. Sextus Bernardus. Septimus Hilgotus, antea episcopus Suessionensis. Octavus Willelmus. Nonus Odo. Decimus Garnerius. Undecimus Robertus.

ANNALES DU MONT-SAINT-MICHEL.

AVERTISSEMENT.

A l'abbaye du Mont-Saint-Michel, comme dans la plupart des grands monastères, il était d'usage, au XIe et au XIIe siècle, d'employer les marges d'un tableau chronologique, contenant les indications utiles au comput ecclésiastique, pour y insérer, au milieu des événements de l'histoire générale, les mentions de faits intéressant l'histoire de la province, du diocèse et surtout de l'abbaye. Vers l'année 1120, un moine du Mont-Saint-Michel dressa un tableau des années qui commençait à la naissance de Jésus-Christ et se prolongeait jusqu'à l'année 1292, et probablement au-delà ; puis, prenant pour base de son travail les Annales de Rouen, il inscrivit, à droite et à gauche, en regard d'un grand nombre d'années, des notes historiques se rapportant à ces mêmes années. Différents religieux ont continué l'œuvre dont la première partie avait été exécutée vers 1120. Les notes des années 1135-1173 ont été tracées par une même main, peut-être par la main de Robert de Torigni. Il est du moins incontestable que Robert de Torigni a composé ce bout d'annales, qui, à certains égards, peut être considéré comme le premier germe de la partie correspondante de la Chronique. Entre beaucoup d'indices, je relèverai la mention relative au concile de Tours en 1163 : *Alexander papa tenuit concilium Turonense, cui NOS INTERFUIMUS QUI HÆC SCRIPSIMUS.*

Les Annales du Mont-Saint-Michel, dont une portion est due à Robert de Torigni, étaient le complément indispensable de la Chronique. J'en donnerai la partie originale, et j'y joindrai deux autres morceaux analogues, mais d'une moindre étendue, savoir : 1° des annales s'étendant de l'année 506 à l'année 1154, et contenant d'importantes indications pour l'histoire du Mont-St-Michel au XIe et dans la première moitié du XIIe siècle ; 2° de très-courtes annales rédigées au Mont-Saint-Michel, et allant de l'arrivée de Rollon à la mort de Guillaume-le-Conquérant, 876-1087.

Ce dernier morceau m'a été fourni par un feuillet de manuscrit du Mont-Saint-Michel, aujourd'hui conservé à la Bibliothèque nationale (Ms. latin 11830, fol. 2), et contenant, outre les courtes annales, un catalogue des empereurs romains et une notice des donations faites en 1116 à l'abbaye de Saint-Melaine par André de Vitré ; la transcription date du XIIe siècle.

Les Annales de 506 à 1154 nous ont été conservées par une copie du XVe siècle, qui fait partie du ms. 213 de la bibliothèque d'Avranches (fol. 170) ; elles ont été publiées sous le titre de *Chronicon Sancti Michaelis de periculo maris*, par le Père Labbe, dans la *Nova bibliotheca manuscriptorum* (I, 347), et d'après Labbe dans la Patrologie de Migne (vol. 202, col. 1321)[1] ; des fragments en ont été insérés

[1] J'ai négligé d'autres annales que contient le même ms. 213 (fol. 172), et qui ont été publiées dans la *Bibliotheca* de Labbe (I, 349), dans la Patrologie de Migne (vol. 202, col. 1323), et par fragments dans le *Recueil des Historiens* (VI, 239 ; X, 175 ; XI, 29). En effet, elles se

dans le *Recueil des Historiens* (X, 247 ; XI, 255 ; XII, 772).

La bibliothèque d'Avranches possède le manuscrit original des grandes annales, dont l'ensemble est jusqu'à présent inédit[1]. Il est utile de décrire exactement le volume dont fait partie cet exemplaire original.

Notice du ms. 211 d'Avranches (jadis 204 du Mont-Saint-Michel).

Volume sur parchemin, haut de 28 centimètres et large de 22, formé au XVIIe siècle par la réunion de cahiers qui avaient appartenu à différents manuscrits. Il est intitulé au dos : *Ms: Historia Montis S Michaelis et chronicon*, et a été souvent cité sous le titre de : *Historiæ Sancti Michaelis volumen majus.* Il faut y distinguer cinq parties.

PREMIÈRE PARTIE (FOL. 1-66).

Fol. 1. Légende sur la fondation de l'église de saint Michel au Mont-Gargan.

« De apparitione... sancti Michaelis in Monte Gargano.

« Anno dominice incarnationis quingentesimo sexto, indi-

rapportent presqu'entièrement à la Bretagne et à l'Anjou. Je me borne à y relever, sous l'année 981, une note relative à un abbé du Mont-Saint-Michel : « Eodem tempore, sub Gaufrido Conani filio, Mai-« nardus abbas Rothoniense monasterium et abbatiam Sancti Michae-« lis de Periculo maris optime rexit, sed Rothoniense vivensdimisit. »

[1] La page du ms. qui renferme les années 1135-1173 des Annales a été reproduite en fac-simile pour les études des élèves de l'Ecole des chartes. — La plupart des notes relatives au Mont-Saint-Michel ont été publiées par l'abbé Desroches, dans les *Mémoires de la Société des Antiquaires de Normandie*, XI, 75.

« tione quarta decima, regnante piissimo imperatore « Zenone... propter eos qui hereditatem capiunt salutis, « auxiliante Domino nostro Jhesu Christo, qui cum Patre « et Spiritu sancto vivit et regnat in secula seculorum. »

Fol. 5. Légende sur la fondation de l'église de saint Michel au Mont-Tombe.

« Postquam gens Francorum Christi gratia insignita... « desiderium provenerit sumendi, prestante Domino « nostro Jhesu Christo, qui cum Deo patre in sancti spiri- « tus unitate vivit et regnat per cuncta seculorum secula. « Amen. »

Fol. 11. Miracles du Mont-Saint-Michel rédigés au XIIe siècle, sauf quelques additions.

« Miracula per beatum Michaelem archangelum patrata « in ecclesia que dicitur Tumba in periculo maris sita, « nomine ipsius archangeli fabricata. Provincia Lugdu- « nensis secunda... »

Fol. 12 v°. « De adventu Rollonis... » — Fol. 13 v°. « De « Guillermo Rollonis filio. » — Fol. 14. « De Ricardo. « Guillermi filio. » — Fol. 15 v°. « Qualiter ibidem sint « monachi constituti. » — Fol. 20. « De clerico qui teme- « rario ausu sancta voluit inspicere pignora. » — Fol. 21. « Quali plexus est ultione qui in sancto templo presumpsit « excubare. » — Fol. 22 v°. « De translatione beati Aut- « berti. » — Fol. 25. « Miraculum. Placuit etiam summe « divinitati eundem sanctum Autbertum... » — Fol. 25 v°. « De paralitica meritis beati Autberti curata. » — Fol. 26. « Relatio domni Baldrici, Dolensis archiepiscopi, de scuto « et gladio que duo in Monte Sancti Michaelis qui Tumba « dicitur oratores admirantur. » — Fol. 31 v°. « De reper- « tione sanctarum reliquiarum. Exigente deinde mole... » — Fol. 33. « Qualiter Norgodus, presul Abrincensis, Mon- « tem Sancti Michaelis quasi ardere viderit. » — Fol. 34.

« De muliere que in monasterium Sancti Michalis nequi-« bat ascendere. » — Fol. 36 v°. « De peregrino qui in-« jussus lapidem de eodem loco detulit. » — Fol. 38. « De « muliere que in medio mari peperit. » — Fol. 40. « De « custode ipsius monasterii divinitus percusso. » — Fol. 41 v°. « De quibusdam monachis ibidem celesti igne « cohercitis. » — Fol. 42. « Miraculum. Melos angelicum « in eodem templo... » — Fol. 42 v°. « De quodam homine « contracto ante altare Sancti Michaelis pristine sanitati « restituto. » — Fol. 44. « Miraculum. Anno Domini « millesimo ducentesimo septuagesimo, die Martis ante « Cineres... »

Fol. 45. Miracles du Mont-Saint-Michel, collection rédigée au XIVe et au XVe siècle.

« Secuntur multa miracula anno Domini millesimo « trecentesimo tricesimo tercio, ad laudem et honorem « Dei per ministrum suum beatissimum Michaelem ar-« changelum patrata. Anno supra scripto in nocte ultima « diei Penthecostes... »

Dans cette partie du ms., qui a été copiée au XVe siècle, sur deux colonnes, ont été ajoutées : 1° (fol. 65 v°) une note de Dom François Gingat, relative à une statue de la Vierge, qu'il trouva le 19 avril 1694 derrière une boiserie de la chapelle sous terre ; 2° (fol. 66) une note du XVIe siècle, relative au privilége de jubilation que les religieux du Mont-Saint-Michel pouvaient obtenir après cinquante ans de profession religieuse.

DEUXIÈME PARTIE (FOL. 67-77).

Cahier de parchemin, rempli par un tableau chronologique, écrit au commencement du XIIe siècle et sur les marges duquel sont disposées les Annales du Mont-Saint-Michel. Les notes dont se composent ces annales sont de différentes mains, comme je l'ai indiqué plus haut. Le tableau s'arrête à l'année 1292; il est probable qu'il se continuait sur des feuillets qui ont disparu.

TROISIÈME PARTIE (FOL. 78-83).

Cahier de parchemin, écrit au xve siècle et contenant (fol. 79 et 80) les Gestes de l'abbé Pierre le Roi. Plusieurs passages sont mutilés, le relieur ayant trop rogné le bas des feuillets.

Dans ce cahier est intercalée une feuille de papier (fol. 81 et 82), sur laquelle on a noté plusieurs détails de l'histoire du Mont-Saint-Michel depuis 1589 jusqu'en 1626.

QUATRIÈME PARTIE (FOL. 84-155).

Registre en parchemin, contenant le texte ou l'analyse d'actes relatifs à l'abbaye du Mont-Saint-Michel. C'est une compilation de la première moitié du xive siècle. Les actes rapportés en entier appartiennent à cette époque et sont pour la plupart émanés de l'abbé et du couvent du Mont-Saint-Michel. En tête de la compilation (fol. 84), se lit le titre suivant : « Registrum litterarum sub sigillis « nostris confectarum anno Domini M° CCC° octavo. »

Au fol. 113 v° commence un inventaire méthodique des titres de l'abbaye; il se termine au fol. 137 v° par la liste des églises qui étaient associées avec l'abbaye du Mont-Saint-Michel. Au bas de ce fol. 137 v° est une note d'où il résulte que l'inventaire fut rédigé en 1326 : « Hec extrac- « tio facta fuit anno Domini M° CCC° vicesimo VI°, die

« Martis post octabas nativitatis beate Marie virginis, per « aliquos fratres deintus ; et quia multa ibi continentur « forte inutilia vel defectiva in aliquo, ipsi rogant legentes « ut eos habeant excusatos ; nam ipsi collegerunt littera- « rum, cyrographorum seu cartarum substantiam breviter, « prout melius potuere. »

CINQUIÈME PARTIE (FOL. 156-210).

Légendaire du Mont-Saint-Michel, écrit avec beaucoup de soin en gros caractères, sur deux colonnes, au XIe siècle. Il contient des leçons sur les apparitions de saint Michel et sur la dédicace des églises, notamment les suivantes :

Fol. 156. Légende sur la fondation de l'église de Saint-Michel au Mont-Gargan. « Memoriam beati Michaelis « archangeli toto orbe venerandam... — ... propter eos « qui hereditatem capiunt salutis, auxiliante Domino « N. J. C. qui cum P. et S. s. vivit et regnat in secula « seculorum. Amen. »

Fol. 161 v°. Homélie de Claude de Turin : « Omelia « Claudii .. Post inventum staterem, post tributa reddita, « quid sibi vult... »

Fol. 180 v°. Légende sur la fondation du Mont-Saint-Michel : « Incipit revelatio ecclesiæ sancti Michaelis ar- « changeli in monte qui dicitur Tumba, in occiduis parti- « bus, sub Childeberto rege Francorum et Autberto « episcopo. Postquam gens Francorum Christi gratia in- « signita longe lateque... — ... celerum namque febrici- « tantibus fert opem quotiens desiderium provenerit su- » mendi. »

Fol. 189. Homélie de Bède. « Omelia Bedæ presbiteri. « Quia propitia divinitate, fratres karissimi, sollempnia « dedicationis ecclesiæ celebramus... »

Il y a des lacunes entre les fol. 202 et 203, et entre les fol. 203 et 204.

Fol. 205 v°. Homélie de saint Augustin. « Sermo beati « Augustini episcopi de dedicatione Templi. Quotiens- « cunque, fratres karissimi, altaris templive festivitatem « colimus, si fideliter et diligenter... »

Fol. 207 v°. Autre homélie du même docteur. « Sermo « beati Augustini episcopi. Recte festa ecclesiæ colunt qui « se ecclesiæ filios esse cognoscunt... »

Sur la dernière page du ms. (fol. 210 v°), qui est en partie restée blanche, on lit les noms suivants, en caractères du XIe siècle : « Tethaldus frater noster, et Ricardus filius « ejus. Herbertus, Rodulfus filius ejus, et Ersenda uxor « ejus. Rainaldus et Enna uxor ejus. Rannulfus frater « noster. Oslac. Golueth. »

Annales a nativitate sancti Johannis ad annum M CC XCI.

Natus est Johannes Baptista transactis ab origine mundi V[m] centum nonaginta octo annis et mensibus sex, Octoviano imperium tenente, qui secundus imperator de Romanis fuit.

1. Natus est Christus anno XLII Octoviani.

Ab Adam usque ad XLII annum Augusti Cæsaris, quo natus est Dominus, anni quinque milia centum nonaginta novem, quem constat sexta feria annunciatum, prima feria natum, quinta feria baptizatum, sexta feria id est VIII[vo] kalendas Aprilis passum. A die autem nativitatis ejus usque ad diem passionis sunt anni XXX[ia] duo, menses tres, dies undecim.

Natus est Christus anno Cæsaris Augusti XL[mo] secundo, indictione IIII, anno II[o] cicli decennovennalis, epacta II[a], concurrente V[o] terciæ lineæ bissextilis, VIII[vo] kalendas Januarii, die prima Sabbati, luna XIII, ebdomada juxta Danielis prophetiam sexagesima sexta, Olimpiadis autem centesimæ nonagesimæ terciæ.

Anni ab urbe condita D CC L II.

15. Obiit Octovianus, succedente Tyberio.

Sexto kalendas Aprilis, XVII luna, Christus in templo audit doctores et interrogat.

27. Pilatus procurator in Judæa. Hunc annum primum ponit in cyclo suo Victorius, in quo fuerunt duo gemini consules, qui est annus quintus decimus Tyberii, imperante Tyberio XV.

30. Christo baptizato, doctrina ejus et miracula incipiunt. In isto anno passio Salvatoris in aliquibus cronicis adnotatur.

. . . .

708. Johannes papa. — Hoc[1] tempore revelatio hujus loci facta est sub Alberto, Abrincis episcopo.

. . . .

875. Hoc anno cum suis Rollo Normanniam penetravit.

878. Adrianus papa.

888. Karolus imperator obiit. Cui successit Arnulfus.

[1] Cette note a été ajoutée après coup au XIIe siècle.

893. Initium regni Karoli pueri.

898. Arnulfo successit Ludovicus. Hoc tempore Rollo cum exercitu suo Carnotensem urbem obsedit; sed episcopus ejusdem urbis, Waltelmus nomine, vir religiosissimus, tunicam sanctæ Mariæ in manibus ferens, Rollonem ducem divino nutu fugavit et civitatem liberavit.

911. Ludovico successit Conradus. Hoc anno Rollo dux efficitur christianus.

912. Factum est bellum de Paganis Carnotis civitate sub Roberto et Richardo.

914. Facta est pax inter Karolum et Rollonem deditque ei Karolus filiam suam nomine Gislam, de qua nullum filium habuit.

915. Hoc anno beatus Audoenus relatus est de Francia in Normanniam, regnante Karolo.

916. Mortua Gisla, accepit Rollo Popam uxorem, filiam comitis Silvanectensis Widonis, de qua genuit Guillelmum.

917. Obiit Rollo, primus dux Normannorum. Cui successit Guillelmus, filius ejus.

919. Conrado successit Heinricus, filius ejus.

922. Obiit Karolus. Successit Ludovicus.

926. Hoc tempore firmata est amicitia inter regem Franciæ Ludovicum et Heinricum regem Theutonum[1], in quo placito fuit Willelmus dux Normannorum et Richardus dux Burgundionum. Willelmus vero, de

[1] Le ms. porte *Theutorium*.

placito rediens, filium Ludovici Lotharium Lugduno de sacro fonte levavit.

934. Henrico Otto successit. Hoc tempore, factum est prælium inter Willelmum comitem et Riculfum fraudulentum ceterosque infideles Guillelmi comitis, in loco qui dicitur Pratum Belli.

943. Hoc anno occiditur Guillelmus, filius Rollonis, cui successit Richardus, filius ejus, qui Vetus dicitur.

951. Otto rex Italiam ingressus eamque sibi subjugavit.

960. Auctoratum est hoc sacro scripto, tam a domno Johanne papa quam a Lothario Francorum rege, ut monasterium Montis Sancti Michaelis perpetualiter insigniatur ordine monachili, et ut nullus nomine vel officio abbatis fungatur ibi nisi quem idem monachi de suis elegerint præesse sibi.

962. Hoc tempore, baptizavit Henricus, præsul sanctissimus Baiocensis ecclesiæ, primum Richardum filium Willelmi.

965. Mainardus I, primus abbas[1].

966. Mortuo Ludovico, successit Lotharius.

972. Obiit Lotharius, in quo progenies Karoli Magni a regno funditus destituitur. Filii enim regis Lotharii capiuntur, et Hugo Magnus, filius Hugonis, Roberti ducis filii, in regem elevatur. —Hoc tempore, venit Aigroldus, rex Danorum, consilio Normannorum fidelium Richardi pueruli, Normanniam, et pugnavit contra

[1] Note ajoutée après coup.

Ludovicum regem, in quo prælio occisus est Herluinus, comes Monasterioli, et rex Ludovicus captus est; sed Gerberga regina, consilio Hugonis Magni, filium suum Lotharium in obsidem misit, et duos episcopos Hildierum Belvacensem et Guidonem Suessoniensem, pro observanda fide, et rex a captione liberatus est, et Richardus in patria comes firmiter est corroboratus.

982. Mortuo Ludovico, successit Karolus, frater ejus, filius Lotharii. Eodem anno, rebellavit contra Karolum dux Francorum Hugo, et unctus est in regem Remis civitate, et Robertus filius ejus rex ordinatus est. Hic deficit regnum Karoli Magni.

983. Otto junior imperator obiit, et Otto filius ejus successit.

986. Obiit Ludovicus, et Lotharius ejus filius successit.

989. Hoc tempore Lotharius rex Francorum terram Arnulfi invasit, quia sibi servire noluit. Atrepatensem urbem et munitiones plures cepit. Sed Richardus eum regi pacificavit.

991. Mainardus II, secundus abbas [1].

993. Obiit Robertus, rex Franciæ.

996. Richardus, Normannorum dux, filius Guillelmi, obiit. Cui successit Richardus secundus, filius ejus. Obiit Hugo rex, cui Robertus, filius ejus, successit.

999. Gerbertus papa.

[1] Note ajoutée après coup, de même que les mentions de Hildebert I et de Hildebert II, aux années 1009 et 1017.

1001. Guillelmus abbas suscepit abbatiam Fiscannensem.

1002. Otto imperator obiit, et Henricus successit.

1003. Johannes papa.

1006. Obiit Hildebertus, qui restauravit monasterium Sancti Audoeni.

1009. Hildebertus I, tercius abbas.

1017. Obiit Judita comitissa. — Hildebertus II, quartus abbas.

1023. Hoc anno inchoatum est hoc novum monasterium a Richardo secundo comite et Hildeberto abbate, qui abbas ipso anno obiit. Eodem anno abbas Suppo [1] suscepit hanc abbatiam.

1026. Obiit Richardus secundus, dux Normannorum. Cui successit Richardus tercius, qui eodem anno mortuus est. Robertus, frater ejus, suscepit regimen.

1027. Obiit Ricardus III, et Mangisus, episcopus Abrincensis [2].

1028. Hic sumpsit curam pastoris Johannes abbas Fiscannensis.

1030. Obiit Guillelmus, abbas Fiscannensis. — Almodus, quintus abbas [3].

1031. Obiit Robertus, rex Francorum. Cui successit Henricus, filius ejus. — Theodericus, sextus abbas.

[1] Le mot *Suppo* a été récrit à la place d'un nom gratté.

[2] Cette note est d'une autre main que le corps des Annales. La même main a tracé en regard de l'année 1026 la note : *Obiit Ricardus secundus*, qui fait double emploi avec la note précédente.

[3] Le nom de *Almodus*, comme aussi celui de *Theodericus*, à l'année 1031, a été écrit après coup.

1033. Ordinatus est abbas septimus[1] Suppo hujus loci.

1035. Hic Robertus, Normannorum princeps, ab Hierosolimis rediens, obiit. Cui in regnum successit filius ejus Guillelmus in puerili ætate.

1037. Obiit Robertus, archiepiscopus Rotomagensis. Cui successit Malgerius, qui, culpa sua exigente, depositus est.

1039. Clemens papa. — Obiit Corradus[2] imperator. Henricus, filius ejus, successit.

1042. Mortalitas hominum magna.

1048. Damasus papa. — Bellum Valles Dunæ. — Hoc anno abbas Radulfus octavus[3] suscepit hanc abbatiam vivente Suppone.

1053. Leo papa, qui et Bruno, obiit.

1054. Bellum apud Mare Mortuum. — Deposito Malcherio, successit Maurilius, Rotomagensis archiepiscopus.

1056. Victor papa.

1057. Stephanus papa.

1060. Nicholaus papa. — Rex Francorum Henricus migrat, succedente filio Philippo. — Obiit Radulfus abbas, vivente Suppone.

1061. Obiit donnus abbas Suppo.

1062. Alexander papa.

[1] Le chiffre VIIus a été ajouté après coup en interligne.
[2] Les mots *Corradus imperator* récrits sur un endroit gratté.
[3] Le chiffre VIIIus ajouté en interligne.

1063. Hoc anno subjugata est Cenomannis comiti Normannorum Guillelmo. — Rannulfus nonus abbas [1].

1065. Etwardus rex moritur Anglorum. Cujus regnum invasit Heroldus, de quo fecerat heredem Guillelmum ducem Normannorum.

1066. Hoc anno cometa ingens apparuit, et obiit Conanus dux Brittanorum. Et Guillelmus dux et princeps Normannorum transiit mare cum ingenti apparatu navium, et conflixit cum Anglis, quos et devicit, interfecto eorum rege Heroldo, cum XV milibus militum, II idus Octobris, die Sabbati, et in die Natalis Domini rex gentis illius effectus est.

1067. Obiit Maurilius, Rotomagensis archiepiscopus, cui successit Johannes, filius Radulfi comitis, fratris Richardi primi, qui prius Abrincatensi ecclesiæ VII annis et tribus mensibus præfuit, et postea rogatu Alexandri papæ, concedente Guillelmo principe et rege Anglorum, adeptus est cathedram metropolitanæ Rotomagensis ecclesiæ.

1073. Alexander papa præfuit. Huic successit Gregorius, qui prius Heldebrannus vocatur.

1076. Terræ motus factus est.

1077. Eclipsis lunæ rubens.

1079. Obiit Johannes, archiepiscopus Rotomagensis. Cui successit Guillelmus, qui erat monachus et abbas Sancti Stephani Cadomi.

[1] La note *Ran. n. a.* a été écrite par une autre main que le corps des Annales.

1083. Obiit Mathildis, nobilis regina Anglorum, de cujus nobilitate largiflua multa apud plures ecclesias habentur beneficia.

1085. Obiit Gregorius papa. Eodem anno obiit donnus Rannulfus, abbas et monachus hujus loci, piæ memoriæ. Huic successit Rogerius X[1] Cadomensis, non electione monachorum, sed vi terrenæ potestatis.

1087. Obiit Guillelmus, rex Anglorum et dux Normannorum, cujus amor et justicia tanta viguit in sancta ecclesia quod eandem vivere fecit et Deo servire in continua pace atque concordia. Cui successerunt filii ejus Guillelmus, qui cognomine dictus est Rufus, in Anglia, et Robertus in Normannia. In eodem anno, obiit Gregorius papa, cui successit per unum mensem abbas Sancti Benedicti Montis Cassini, et post eum[2] successit Urbanus. Et Rotbertus, dux Apuliensis, moritur, qui vocatur Wiscardus: cui successit Rogerius, et Boamundus frater ejus.

1090. Obsessio[3] montis hujus, quæ facta est a Guillelmo Rufo, rege Anglorum, et a Roberto, comite Normannorum, Henrico fratre eorum in hoc monte incluso.

1095. Hoc anno apud Clarum Montem Urbanus papa concilium tenuit, cui interfuerunt episcopi et abbates Norman[niæ], et in quo a præfato papa sancci-

[1] Le chiffre X ajouté en interligne par une autre main.
[2] *Cum* dans le ms.
[3] Le scribe avait d'abord écrit : *Obsidio*.

tum est ut, crucibus in vestibus fixis, Christiani cum armis Jerusalem pergerent, quod et factum est.

1096. Hoc anno Hierosolimitanum iter inchoatum est, monitu Urbani papæ.

1097. Cometa visa est mense Octobri.

1098. Cœlum ardere visum est V kalendas Octobris, die Natalis Domini; sol in nigredinem versus fuit.

1099. Jerusalem capta est a Christianis per laudanda bella Francorum, VIII idus Julii. Ab hac die computatis XXI, inventa est crux Domini a supradictis peregrinis, II nonas Augusti.

1100. Hoc anno occisus est Guillelmus, rex Anglorum, Rufus, filius illius Guillelmi qui ipsam terram conquisivit, sinistro casu sagittæ in Nova Foresta, a manibus Gualterii Tirelli. Priusquam hoc accidisset de rege, cœpit sanguis decurrere de quodam fonte in ipsa Anglia. Hoc anno Henricus effectus est rex Anglorum. Hoc[1] anno pars non modica ecclesiæ Montis Sancti Michaelis corruit in Sabbato vigiliæ Paschæ,[a] monachis more solito matutinis peractis. In cujus ruina portio quædam dormitorii monachorum non minima destructa atque eversa est. cum omnibus thoris et pannis, monachis tamen in eisdem requiescentibus, gratia Dei et patrocinio sancti Michaelis absque læsione liberatis.

1102. Paschalis papa. Hoc anno visus est a non-

[1] Je ne sais pas si la note relative à la chute d'une partie de l'église du Mont-Saint-Michel se rapporte à l'année 1100 ou bien à l'année 1103.

nullis prope ac procul positis sanctus Michael archangelus, prout credimus, in figura columpnæ rutilantis, nocte scilicet ultimæ suæ festivitatis, penetrasse basilicam[1] hujus montis.

1105. Hoc anno factum est bellum apud Tenechebrai inter Henricum regem Anglorum et Robertum comitem Normannorum et Willelmum comitem Moritonii, in quo idem ambo comites capti sunt, et multi alii proceres Normanniæ capti sunt. Hoc etiam anno Rotgerius Cadomensis, abbas hujus loci, fecit capi de monachis nostris a rege Anglorum et distribui per abbatias Normanniæ. Qua re indignatione non modica commoti sunt cæteri monachi, regem adierunt eique desolationem et expoliationem extirpationemque sui loci viva racione ostenderunt. Quo audito, rex mandavit abbati ut ad se apud Cadomum veniret, monachisque præcipiens ut cum eo redirent. Ierunt utrique. Quibus coram rege positis, sciens abbas se reum in omnibus existere, cum monachis contendere noluit; verum propria sponte nulloque cogente regi baculum pastoralem reddidit ac dimisit. Huic successit Rotgerius XI[2], quidam monachus Gemmeticensis, rursum non voluntate neque electione monachorum, sed vi regiæ potestatis.

1106. Rogerius XI abbas[3]. Hoc anno apparuit stella, per longum ex se emittens radium, mense Februario.

[1] Le ms. porte : *penitrasse basicam.*
[2] Le chiffre XI, ajouté en interligne.
[3] Les mots *Rog. XI a.* ont été écrits par une autre main.

Boamundus in Galliam venit uxoremque accepit. Pictavis concilium fuit. Henricus imperator moritur, et successit Karolus, filius ejus. Gaufredus Martel, comes Andegavorum, interficitur. Paschalis papa Franciam venit, et concilium apud Trecas agitur.

1112. Hoc anno combusta est hæc ecclesia Sancti Michaelis igne fulmineo, cum omnibus officinis monachorum, monachis tamen gratia Dei nullam læsionem patientibus, VII kalendas Maii, feria VI ebdomadæ Paschæ, monachis matutinas canentibus. Hoc eodem[1] anno cepit rex Henricus Robertum de Belismo ad curiam suam.

1117. Hoc[2] anno a multis circa mediam noctem visa est luna tota sanguinolenta. Post non modicum vero temporis visum est cœlum ita rubeum ut pene ardere videretur. Dehinc, vigilia Natalis Domini, subsecutus est ventus ita vehemens cum præcedente nocte ut multarum ecclesiarum turres et pinnacula cum signis destrueret, et maximas silvarum atque nemorum arbores radicitus evelleret, et domus firmas corrui compelleret, et plurima pericula in terra faceret.

1124. Ricardus abbas XII.

1131. Bernardus XIII abbas, monachus Becci.

1134. Obiit Robertus, dux Normannorum.

1135. Obiit Henricus, rex Anglorum et dux Normannorum......[3].

[1] *Idem* dans le ms.

[2] A partir d'ici, l'écriture change.

[3] La fin de cette note a été enlevée par le relieur.

1137. Obiit Ludovicus, rex Francorum, et successit Ludovicus, filius ejus. Obiit Lotharius imperator, et successit Corradus. Siccitas magna fuit ita ut terra arderet.

1138. Thebaldus, abbas Becci, factus est archiepiscopus Cantuariæ.

1140. Stephanus, rex Anglorum, captus est in Purificatione Sanctæ Mariæ, apud Lincoliam, a Roberto, comite Gloecestriæ, et Rannulfo, comite Cestrensi.

1141. Obiit Johannes, imperator Constantinopolitanus, et successit Emmanuel, filius ejus.

1142. Obiit Ricardus de Belfo, episcopus Abrincensis, et successit Ricardus, decanus ejusdem ecclesiæ. Obiit Innocentius papa, et successit Cœlestinus.

1143. Civitas Rothomagi reddida est comiti Andegavensi Gaufrido. Obiit Cœlestinus papa, et successit Lucius.

1144. Obiit Lucius papa, et successit Eugenius. Cœperunt homines prius apud Carnotum carros lapidibus honustos et aliis rebus humeris trahere, ad opus ecclesiæ, et ibi et in aliis ecclesiis miracula fiebant.

1146. Ludovicus rex Francorum, Jherosolimam profectus, parum profecit.

1149. Obiit Bernardus, abbas Montis, et successit Gaufridus, monachus ejusdem loci.

1150. Obiit Gaufridus, dux Normannorum, et successit Henricus, filius ejus. Obiit Gaufridus, abbas Montis.

1151. Obiit Corradus imperator, et successit Fredericus, nepos ejus. Separatus est rex Francorum ab

Alienor, uxore sua, propter consanguinitatem, quam duxit Henricus, dux Normannorum.

1152. Mortuo Eugenio papa, successit Anastasius. Stephanus, rex Anglorum, et Henricus, dux Normannorum, cognatus ejus, concordati sunt. Obiit Ricardus Abrincensis episcopus, et successit Herebertus.

1153. Obiit Rogerius, rex Siciliæ, et successit Guillelmus, filius ejus.

1154. Obiit Anastasius papa, et successit Adrianus. Robertus de Torigneio, monachus Becci, electus ab omni conventu Montis, factus est abbas ejusdem loci. Obiit Stephanus rex Anglorum, et successit Henricus, dux Normannorum, nepos Henrici regis ex Matillide imperatrice.

1156. Corpus Bartholomæi apostoli inventum est Romæ, et corpus Paulini Nolani episcopi.

1157. Obiit Petrus, Cluniacensis abbas, et orta dissensione, successit Hugo supprior.

1158. Ludovicus rex Francorum et Henricus rex Anglorum contraxerunt matrimonium de filiis suis Henrico et Margareta. Ludovicus rex Francorum venit ad Montem Sancti Michaelis causa orationis, et Henricus rex Anglorum, conducens eum. Robertus abbas fecit meliorari capsam beati Auberti, et reposuit in ea totum corpus ejus, præter caput, quod per se servatur. Corpora trium magorum qui Christum quæsierunt, apud Mediolanum reperta, ad Coloniam translata sunt.

1159. Rex Henricus cum magno exercitu perrexit Tolosam. Obiit Adrianus papa, et successit Alexander.

1161. Obiit Theobaldus, Cantuariæ archiepiscopus.

1162. Fame et mortalitate cismontani, maxime in Aquitania, laborant. Thomas, cancellarius regis, fit archiepiscopus Cantuariæ. Duo Ricardi duces Normanniæ, apud Fiscannum, levati de tumulis suis, positi sunt retro altare Sanctæ Trinitatis.

1163. In octabis Pentecostes, Alexander papa tenuit concilium Turonis, cui nos interfuimus qui hæc scripsimus.

1164. Obiit Hugo, archiepiscopus Rothomagensis.

1165. Rotrodus, episcopus Ebroicensis, fit archiepiscopus Rothomagensis.

1166. Rex Henricus contraxit matrimonium inter Gaufridum, filium suum, et Constanciam, filiam Conani, comitis Britanniæ.

1167. Rex Henricus perrexit in Britanniam, et subdidit sibi omnes Britones, et eciam Leonenses. Obiit Matillis imperatrix, mater Henrici regis, et sepulta est Becci.

1169. Gaufridus, filius Henrici regis Anglorum, venit Redon[es], et Stepfanus Redonensis et Aubertus Aletensis episcopi et Robertus abbas Montis susceperunt eum in ecclesia Beati Petri. Ibi accepit hominia baronum Brittanniæ.

1170. Rex Henricus fecit coronari Henricum filium suum Lundoniæ apud Westmonasterium. Ricardus, archidiaconus Constantiensis, fit episcopus Abrincensis post Acardum.

1171. Rex Henricus tranfretavit in Hiberniam, et

subjugavit eam ex magna parte sibi. Sanctus Thomas, archiepiscopus Cantuariæ, martirizatus est in ecclesia Sanctæ Trinitatis Cantuariæ, et Deus magnificat eum, non solum in curatione infirmorum, verum etiam in resuscitacione mortuorum.

1172. Rex Henricus fecit consecrari in reginam Margaretam, filiam Ludovici regis Francorum. Hanc inuncxerunt Rotrodus, archiepiscopus Rothomagensis, [et Ægidius, episcopus Ebroicensis] [1].

1173. Filii Henrici, regis Anglorum, recesserunt a patre suo, et adhæserunt Ludovico, regi Francorum [2].

1186. Obiit [3] Robertus abbas; rexit XXXII annis. Cui successit Martinus XVI, qui rexit tribus annis cum dimidio.

1191. Jordanus XVII incipit.

1210. Obiit Guillelmus Tholomæi, episcopus Abrincensis, cui successit G. de Ostilleio.

1212. Hoc [4] anno obiit Jordanus abbas; [rexit XXI annis]. Cui successit Radulfus [de Insulis, XVIII].

1214. Hoc anno caupti sunt comes Flandrensis, comes Boloniæ, comes Saleberiæ, comes pilosus Ale-

[1] Je rétablis d'après la Chronique les mots *et Æg. ep. Eb.* qui ont été coupés par le relieur.

[2] Ici s'arrête la portion des Annales écrite au XIIe siècle.

[3] Cette note et celles des années 1191, 1210, 1236, 1252, 1264, 1269 et 1291 ne paraissent pas avoir été insérées dans le ms. avant le commencement du XIVe siècle.

[4] Cette note et la suivante ont été écrites dans la première moitié du XIIIe siècle, à l'exception des mots que je mets entre crochets, lesquels ne sont peut-être pas antérieurs au commencement du XIVe.

manniæ, in bello a Philipo, rege Francorum, et multi alii.

1236. Obiit Guillelmus de Ostilleio, episcopus Abrincensis. Cui successit Guillelmus de Sanctæ Mariæ Ecclesia. Obiit Radulfus de Villa Dei, cui successit Ricardus Tustini XXI.

1252. Obiit Guillelmus de Sanctæ Mariæ Ecclesia, episcopus Abrincensis ; cui successit Ricardus Angelus.

1264. Obiit Ricardus Tustini abbas ; rexit XXVIII annis. Cui successit Nicolaus Alexandri XXII.

1269. Obiit Ricardus Angelus, episcopus Abrincensis. Cui successit Radulfus de Thevilla.

1291. Obiit Radulfus de Thevilla, episcopus Abrincensis. Cui successit Gaufridus le Boucher.

ANNALES AB ANNO DVI AD ANNUM M CLIV.

Anno ab incarnatione DVI facta est revelatio beati Michaelis in monte Gargano sub Zenone imperatore et Gelasio papa.

Anno DCC VIII facta est revelatio beati Michaelis in monte Tumba, sub Childeberto rege Francorum et Autberto episcopo Abrincensi.

Anno DCCC LI venit Hastingus in regnum Francorum.

Anno DCCC LXXVI venit Rollo in Normannia, v° kalendas Decembris.

Anno DCCCC XVII obiit Rollo, cui successit Guillermus, filius ejus.

Anno DCCCC XLII occisus est Guillermus filius Rollonis, cui successit Ricardus, filius ejus, qui primus posuit monachos in ecclesia Sancti Michaelis in periculo maris, anno Domini IXc LXVI, Mainardum scilicet primum abbatem, qui fuerat abbas Sancti Wandregisili per V annos, et alium Mainardum, nepotem suum, cum ceteris monachis.

Anno [1] DCCCC XCI successit Mainardo abbati Mainardus nepos ejus.

Anno DCCCC XCVI obiit primus Richardus, dux Normannorum, cui successit secundus Ricardus, filius ejus. Hic Ricardus duxit Judit, sororem comitis Britanniæ, ex qua genuit duos filios, Ricardum et Robertum, qui ei successerunt. Gaufridus vero comes Britanniæ, Hadevisam, sororem prædicti Ricardi, ex qua genuit duos filios, Alanum et Eudonem.

Anno M IX, consilio ducis Ricardi, secundus Mainardus, jam gravatus senio, elegit successorem sibi domnum Hyldebertum, monachum ejusdem loci.

Anno M XXIII inchoata est nova ecclesia Beati Michaelis a Ricardo secundo comite, et Hildeberto secundo abbate, qui abbas eodem anno obiit; cui successit Almodus.

Anno M XXVI obiit secundus Ricardus dux Normannorum, cui successit tertius Ricardus, filius ejus, qui

[1] Article omis dans l'édition du P. Labbe.

eodem anno mortuus est; cui successit Robertus, frater ejus.

Anno M XXXIII ordinatus est Suppo, abbas monasterii Sancti Michaelis.

Anno M XXXV obiit Robertus, dux Normannorum, rediens ab Jerusalem, cui successit Willermus, filius ejus nothus, adhuc puer, utpote septennis.

Anno M XLVIII factum est bellum apud Walesdunas a Guillermo, duce Normannorum, contra Guidonem comitem, cognatum suum. Eodem anno, Suppo dimisit abbatiam Montis, et successit ei Radulphus, monachus Fiscannensis.

Anno M LIII factum est bellum apud Mortuum Mare. Eodem anno Radulpho abbati successit Ranulphus, monachus ejusdem loci.

Anno M LXIII subjugata est Cenomannis comiti Normannorum Guillermo.

Anno M LXVI Guillermus dux Normannorum, mare transiens, victo Heraldo, regnum Anglorum subjugavit.

Anno M LXXXVII obiit Guillermus, rex Anglorum, et successerunt ei filii ejus Willermus Rufus in Anglia, et Robertus primogenitus dux in Normannia.

Anno M XC obsessio montis hujus facta est a Guillermo rege Anglorum et Roberto duce, Henrico eorum fratre in hoc monte incluso.

Anno M XCV papa Urbanus tenuit concilium apud Clarum Montem.

Anno M XC VI iter Jerusalem a Christianis.

Anno M C occisus est Guillermus Ruffus, rex Anglorum, et successit ei Henricus, frater ejus.

Anno M C II visus est a nonnullis prope ac procul positis sanctus Michael archangelus, prout credimus, in figura columnæ igneæ, in nocte scilicet suæ festivitatis, penetrasse ecclesiam hujus montis.

Anno M C VI factum est bellum apud Tenerchebrai inter Henricum regem Anglorum et Robertum ducem Normannorum, fratrem suum, in quo idem dux et Willermus comes Moritonii et multi alii capti sunt. Eodem anno, Rogerus abbas dimisit abbatiam Sancti Michaelis, et rex Henricus fecit eum abbatem Cerneliensem. Huic successit Rogerus, prior Gemeticensis.

Anno M C XII combusta est ecclesia Sancti Michaelis igne fulmineo, cum omnibus officinis monachorum, burgo illæso, cum esset subtus monasterium, quod mirum est.

Anno M C XVII factus est ventus validus in vigilia nativitatis Domini.

Anno M C XIX factum est bellum inter Henricum regem Anglorum et Ludovicum regem Francorum, in quo bello multi optimates Franciæ capti sunt.

Anno M C XX submersus est in mari ante Barbeflutum Willermus filius Henrici regis Anglorum, et multi alii cum eo.

Anno M C XXIII Rogerus abbas dimisit abbatiam Montis.

Anno M C XX IIII Ricardus de Mere, monachus Cluniacensis, factus est abbas Montis, quem tenuit per tres annos.

Anno M C XXVIII occisus est Willermus, comes Flandrensis, filius Roberti ducis Normannorum. Eodem anno, Robertus de Thorigneio, qui postea factus est abbas Montis, assumpsit habitum religionis Becci.

Anno M C XXXI Bernardus, monachus Becci, factus est abbas Montis.

Anno M C XXXV obiit Henricus, rex Anglorum et dux Normannorum; cui successit Stephanus comes.

Anno M C XXXVIII, debacatione Abrincatensium furentium, combustum est castrum Montis, excepta ecclesia et officinis monachorum, mense Augusto.

Anno M C XLI captus est Stephanus, rex Anglorum, apud Lincolniam in bello a Roberto comite.

Anno M C XLIIII reddita est turris Rothomagi Gaufredo comiti Andegavensi, et exinde factus est comes Normannorum.

Anno M C XLV cœperunt viri et mulieres humeris carros honustos lapidibus et alia materia, humiliter et cum magna devotione, ad opus ecclesiarum trahere. Et ibi eveniebant multa miracula.

Anno M C XLVII perrexit Conradus, imperator Alemannorum, et Ludovicus, rex Francorum, et socii eorum, Jerusalem, ubi parvum vel nichil profecerunt.

Anno M C XLIX obiit Bernardus, abbas Montis, et successit ei Gaufredus, monachus ejusdem loci, qui sequenti anno mortuus est. De discordia quæ fuit inter Ricardum de Musca et Robertum Harditum propter abbatiam Montis, nichil attinet dicere, nisi quia ipsi et Ricardus Abrincensis episcopus [in] itinere Romæ obierunt peregre.

Anno M C LI obiit Gaufredus, dux Normannorum et comes Andegavorum, et successit ei Henricus, filius ejus, natus ex Matilde imperatrice, filia primi Henrici, regis Anglorum.

Anno M C LIII concordati sunt Stephanus, rex Anglorum, et Henricus, cognatus ejus, dux Normannorum.

Anno M C LIIII, mense Maio, VI kalendas Junii, feria quinta infra octabas Penthecostes, electus est Robertus de Thorigneio, prior claustralis Becci, ad regimen ecclesiæ Sancti Michaelis, ab omni conventu. Eodem anno obiit Stephanus, rex Anglorum; successit ei Henricus secundus, dux Normannorum.

ANNALES AB ANNO DCCCLXXVI AD ANNUM MLXXXVII.

Anno dominicæ incarnationis DCCC LXXVI Rollo cum Normannis Gallis appulit.

Anno DCCCCXII baptizatus est idem Rollo cum suis.

Anno DCCCC XLIII peremptus est Guillelmus filius Rollonis.

Anno DCCCC LXV auctoratum est sacro scripto, tam a domno papa Johanne quam a Lothario Francorum rege, ut monasterium Montis Sancti Michaelis perpetualiter insigniatur ordine monachili, utque nullus nomine vel officio abbatis fungatur ibi, nisi quem idem monachi de suis elegerint præesse sibi.

Anno DCCCC XCVI Richardus primus obiit.

Anno M XXIII incoatum est hoc novum monasterium

a Richardo secundo comite et Hildeberto abbate, qui abbas ipso anno obiit.

Anno M XXVI obiit Richardus secundus.

Anno M XXVII obiit Richardus tercius, et Mangisus episcopus.

Anno M XXXIII suscepit Suppo hanc abbatiam.

Anno M XXXV obiit comes Rotbertus.

Huic Rotberto successit Willelmus, filius ejus, nothus tamen. Iste Willelmus Britannorum insulam cum maxima classe ingressus est, Haraldoque rege bello superato et cum multis milibus suorum interfecto, licet non parvo sanguine suorum, victoria regnoque potitus est, ac deinde usque ad obitus sui diem utramque gentem, Normannos videlicet atque Anglos, summa æquitate strenuissime rexit. Obiit autem iste talis ac tantus vir apud Rotomagum, Normannorum metropolim, anno a dominica incarnatione M LXXX VII, mense Septembrio, sepultusque est Cadomi, ad patrocinia prothomartiris Stephani.

LETTRES, CHARTES & PIECES DIVERSES

DE

L'ADMINISTRATION DE ROBERT DE TORIGNI.

I. *Actes de l'abbé Robert de Torigni*[1]. 1155-1159.

1. Anno ab incarnatione Domini M° C° L° V°, regni vero secundi Henrici regis Anglorum primo, eodem etiam anno quo Robertus abbas vocatus est ad regimen monasterii Sancti Michaelis, idem abbas emit terram Rualendi prepositi de Genez, que [est] intra clausum nemoris de Briun et masuram Goisberti, que reddit III solidos. Et propter ista, accepit domum que fuit Petri Valepich, et ortum unum. Testes : Johannes filius Bigoti, Gervasius filius Helie, Radulfus Cognatus.

2. Eodem anno, Robertus de Monte Gardun et Evennus, frater ejus, in parrochia Sancti Broeladi dimiserunt calumpniam quam faciebant in decima de Roge, et pro hoc habuerunt de karitate ecclesie XX solidos

[1] Cartulaire du Mont-Saint-Michel, fol. 112 v° — 118.

andegavensium. Testes : Guido filius Rannulfi dominus eorum, Robertus filius Hyrfoen, Savalo, Robertus de Monasterio.

3. Eodem anno, Alanus presbiter de Buceio dedit Deo et Sancto Michaeli v quarteria albe avene annuatim reddende in grantia sua. Et hoç donum fecit pro Radulfo, nepote suo, quando susceptus est ad monachatum. Quod donum concessit Ricardus, nepos ejus et heres. Exinde Ricardus Cardun fuit plegius. Testes : Rualend Calcebof, Sawalo, Robertus de Monasterio, Rogerus de Monasterio.

4. Eodem anno, cum manerium Ertincunbe propter diuturnam verram esset desolatum et dominica dissipata, Robertus de Sancto Pancratio, qui tunc erat prior in Anglia supra terram Sancti Michaelis, ipse et sotii sui strenue laboraverunt in terris dominicis retrahendis ad utilitatem ecclesie Montis. Et quia monachi non habebant ullam propriam mansionem in eodem manerio, predictus Robertus et sotii sui erga Fulcardum filium Orgarii tantum fecerunt quod Orgarius clamavit quietam et abjuravit masuram in qua pater suus manserat juxta fluvium Erti, ubi monachi fecerunt hallam Sancti Michaelis. Et propter hoc idem Fulcardus accepit inde in excanbium unum ferlingum terre et iiii acras de dominico, solutas et quietas ab omnibus rebus que ad monachos pertinent; et insuper habuit pro hoc excanbio de denariis Sancti Michaelis v solidos, quos accepit per manum Roberti de Monte Sorel. Testes : idem Robertus, Jachob filius ejus, Ro-

bertus de Stontuna, Hardingus prepositus, et alii multi, et hundreda manerii. Hoc concessit Robertus abbas et collaudavit, cum venisset in Angliam, anno ab incarnatione Domini M° C° L VII°.

5. Eodem anno, Ricardus episcopus Constanciensis dimisit quietum personatum ecclesie Sancti Paterni Roberto abbati, quia volebat per calumpniam in illa ecclesia aliam personam habere preter abbatem; cui abbas non adquiescens, dixit se esse personam omnium ecclesiarum que erant Sancti Michaelis; quod etiam venerabilis Hugo, Rothomagensis archiepiscopus, in quodam conventu episcoporum, qui anno preterito Rothomagi fuerat, cum de eadem ecclesia inter predictum episcopum Constanciensem et Robertum abbatem esset disceptatio, dixit abbatem de Monte esse personam omnium ecclesiarum suarum. Sed tamen, sicut predixi, clamavit quietum personatum ecclesie Sancti Paterni, et inde fecit cartam suam coram archidiaconis et canonicis suis, et pro hoc habuit unum palefridum de LX solidis cenomannensium. Testes : Philippus archidiaconus, Ricardus archidiaconus, et alie persone ecclesie, Ricardus de Lesellis, Thomas frater ejus, Robertus Hay, Robertus Taphorel, et alii multi.

6. Eodem anno, Ricardus, archidiaconus Constanciencis, qui cognominatur Episcopus, qui habebat ad feudi firmam terram de Estreis, reddidit Roberto abbati cautionem quam habebat de conventu Montis pro eodem pacto. Et hac de causa dedit ei abbas

XXX solidos cenomannensium. Testes qui supra : nam in eadem die, cum episcopo de personatu, et cum archidiacono de firma finitum est.

7. Eodem anno, mortuo Hugone de Hulmo, cum Rualendus, filius ejus, vellet facere hominium suum de feudo Ascheteville Roberto, abbati de Monte, abbas requisivit ab eo XVI marcas argenti, quas pater suus ab abbate Berna[r]do habuerat pro vadimonio Ascheteville, nec reddiderat. Tandem, intercurrentibus utrimque sapientibus viris, abbas remisit XVI marcas, et Rualendus dimisit calumpniam de Belfelgere, et recognovit quod Belfelgere erat de parrochia Sancti Pancracii, non de parrochia Ascheteville. Quod audiens Gislebertus de Campellis, sororius ejus, qui erat excommunicatus pro eo quod tenebat per vim Belfelgere, petiit absolutionem ab abbate. Et accepit, dimissa calumpnia de Belfelgere, interpositis paucis diebus, idem Gislebertus ab abbate terram de Belfelgere pro V quarteriis frumenti et molta et decima ipsius terre. Testes : Willelmus de Sancto Johanne, Thomas de Lesellis, et Ricardus frater ejus, Robertus de Monasterio, et alii multi.

8. Eodem anno, Guillelmus de Verdun pacificatus est cum abbate et monachis de Monte de molendino de Tisseel, quod ibi fecerat super molendinum monachorum, hac conditione quod Guillelmus faciet venire homines suos in proximo manentes et vicinos suos quos poterit ad illud molendinum, et monachi habebunt medietatem molendini, et Willelmus aliam. Testes :

Bertran de Verdun, Willelmus de Brae, Rualend Calcebof.

9. Eodem anno, abbas Robertus dirationavit sedem unius molendini in Constantino pago, in villa que dicitur Sancte Marie Ecclesia, per duellum, contra Ricardum, episcopum Constanciensem; ad cujus feudum Robertus de Anslevilla volebat attornare predictum molendinum, cum esset in feudo Sancti Michaelis. Et hoc fuit factum in assisa apud Karentun, in presentia Arnulfi episcopi Lexoviensis et Roberti de Novo Burgo, qui tunc erant magistri justicie totius Normannie. Testes : Robertus de Novo Burgo, Willelmus de Vernone, Willelmus de Verdun, Johannes de Gabreio, Robertus prefectus de Fulchereville, Ricardus de Halvilla.

10. Eodem anno, cum Robertus abbas vellet tenere unum duellum de honore Sancti Paterni apud Montem Sancti Michaelis, et Guillelmus de Sancto Johanne prohiberet ne bellum de honore Sancti Paterni duceretur extra ipsum honorem, idem abbas, in assisa, apud Danfrontem, ostendit hoc verbum Arnulfo, episcopo Lexoviensi, et Roberto de Novo Burgo, qui erant justicie regis, et consideratione curie regis adjudicatum est quod omnes barones Normannie qui tenebant in capite de domino Normannie, sicut abbas Montis facit, possent, si vellent, omnia sua bella, etiam de remotissimis terris suis, adducere ad suam capitalem mansionem, et ita abbas diracionavit quod posset, si vellet, omnia bella de tota terra sua ad Montem Sancti

Michaelis adducere. Testes : Robertus de Novo Burgo, Haslculfus de Solligneio, Gislebertus de Campellis, et alii multi.

11. Eodem anno, Robertus abbas redemit medietatem vinee de clauso Johannis Raher, quod Johannes filius Bigoti habebat in vadimonium pro VII libris cenomannensium. Testes : Rualendus prepositus, Radulfus Cognatus, Petrus Episcopus, Robertus Hai.

12. Eodem anno, Rualend Calcecof dimisit Deo et Sancto Michaeli et abbati de Monte unum pratum apud Belveer, quod injuste diu tenuerat, et aliud apud Montiter, et morsellum terre ibidem reddens unum boisellum frumenti, et in Genez dimisit totam terram Roberti de Moncello, exceptis duabus acris que sunt inter duas vias, et excepta sede domus sue, et has duas acras concessit ei abbas, quia ipse Rualend dimisit reliquam terram. Dimisit etiam quicquid habebat de terra Petri filii Desirree. Concessit etiam ei abbas unam masuram juxta domum suam, ad censum XII cenomannensium. Dimisit etiam idem Rualend omnes consuetudines hominum suorum mercaturam exercentium, et feudum infirmarie quod abbas disvadiavit ab eo. Testes : Johannes filius Bigoti, Ricardus de Lesellis, Rualend prepositus de Genez.

13. Eodem anno, Robertus abbas emit hortulum Ansgoti filii Ligerii, ad augendam curtem Genetii, IIII libris cenomannensium. Testes : Johannes filius Bigoti, Petrus Episcopus, Gerardus Carp[e]ntarius.

14. Anno ab incarnatione Domini M° C° L° VI°,

Henricus rex Anglorum perdonavit Roberto abbati de Monte Sancti Michaelis forisfacturam Gervasii filii Helie de Genetio, de rapina qua impediebatur ab hominibus Ville Dei, tali pacto quod idem Gervasius acciperet excanbium de pistrino Genetii. Et exinde rex fecit cartam suam abbati, quam abbas, cum Gervasius excanbium concessisset, ei tradidit; et in excanbium pistrini terram de Felgere, et terram ubi fuerunt vinee de Sancto Johanne, et duos metereios Sancti Paterni, et terram de Estreis, pro LX quarteriis frumenti ad mensuram granarii de Genetio, ei dedit. Testes: Johannes filius Bigoti, Rualend prepositus, Petrus Episcopus, Radulfus Cognatus.

15. Eodem anno, Robertus abbas invadiavit terram Roberti filii Rannulf de Granvilla, usque ad VI annos, pro XII libris cenomannensium. Testes: Johannes filius Bigoti, Ricardus de Lesellis, Thomas frater ejus, Rualend prepositus de Genez.

16. Eodem anno, Robertus abbas, tran[s]fretans in insulam Gersoii, fecit monachum Rogerum filium Rannulfi, qui dedit unam acram terre; et Osbernus, filius ejus, invadiavit omnem terram suam, usque ad VI annos, pro XVII libris andegavensium, Rualendo monacho, qui servabat terram Sancti Michaelis in eadem insula. Testes: Stephanus prepositus, Gislebertus Brito, Gislebertus de Hoga.

17. Eodem anno, Philippus de Chartrai dedit Deo et Sancto Michaeli et Sancto Germano episcopo et martyri de Chartrai et Roberto abbati de Monte,

cognato suo, ecclesiam Sancti Audoeni de Gersoi, et capellam Sancte Marie in eadem parrochia, et Alanus de Winceleis capellam suam. Testes : ipsi sibi invicem, Hamonius presbiter, Willelmus de Asneriis, Gislebertus de Hoga.

18. Eodem anno, Robertus abbas, de insula Gersoi in insulam Guernereii [transfretans], fecit monachum Guillelmum Gaium, presbiterum capelle Sancti Gregorii, et ipsam capellam tradidit abbas Godefrido Viver [1], et saisivit eum de clave ecclesie, vidente Ricardo Monacho, vicecomite terre comitis Cestrie in eadem insula, qui Godefridus juravit ibidem fidelitatem abbati. Testes : Robertus presbiter et decanus de Walo, Anschetillus prepositus, Gislebertus prepositus.

19. Eodem anno, Robertus abbas deliberavit ecclesiam Sancti Salvatoris de Guernereio, quam Radulfus de Grenteis habebat pro quindecim quarteriis frumenti, et abbas dedit ei XX solidos andegavensium. Et ille Radulfus clamavit illam ecclesiam omnino quietam abbati. Testes : Gislebertus prepositus de Valo, Anschetil prepositus, Jordanus de Nigro Monte.

20. Eodem anno, Robertus abbas, rediens de insula Grennereii, adduxit secum Nigellium filium Drogonis, et fecit eum monachum. Et ipse et Gervasius filius ejus dimiserunt omnem calu[m]pniam quam faciebant de ecclesia Sancti Salvatoris. Et abbas dedit Gervasio quandam desertam terram juxta domum suam,

[1] Ou peut-être *Juver*.

et ille abjuravit ecclesiam et totam calumpniam quam habebat super illam. Dederunt etiam idem et Gervasius filius ejus [terram] quam habebant apud Sanctum Paternum, quam Thomas de Lesellis habebat in vadimonium. Testes : Robertus de Grenteis, Ricardus filius ejus, Petrus Viteclin, Gislebertus prepositus de Valo.

21. Eodem anno, Robertus abbas de Monte misit in placitum Thomam de Lesellis de terra quam Nigellius et Gervasius dederant Sancto Michaeli. Tandem ad hoc res ducta est quod abbas dimisit ei terram illam, et Thomas dedit ecclesie Sancti Michaelis censum illius terre, scilicet V solidos andegavensium. Testes : Ruallend Calcebof, Raginaldus Grandis, Robertus Taphorel, Johannes filius Bigot.

22. Anno ab incarnatione Domini M° C° L°VII°, Robertus abbas, cum venisset in Angliam, cepit in manu sua apud Erticunbam VI insulas quas IIII homines habebant ad censum pro duobus solidis. In illis autem insulis, tam in prato quam in bosco, sunt fere XX acre.

23. Eodem anno, auxit Robertus abbas censum Ricardi filii Sawi de XXII denariis, pro dimidia virgata terre quam diu tenuerat gratis.

24. Eodem anno, concessit Robertus abbas Adam presbitero ecclesiam Erticunbe pro XL solidis et pro decima dominici quieta et pro decima unius ferlingi, cum antecessor illius haberet integram decimam tam de dominico quam de rusticis, cum tota ecclesia, pro VI solidis.

25. Eodem anno, Robertus abbas adquisivit et emit per pecuniam Sancti Michaelis virgatam terre quam Jordanus frater Engerranni tenebat, in qua virgata sunt X et VII acre marlate, excepta reliqua terra non marlata. Testes harum quatuor actionum : Harding prepositus, Robertus de Monte Sorel, Jachob filius ejus, Ricardus filius Sawi, Helias frater ejus, et totus hundredus.

26. Eodem anno, Robertus abbas, apud Otritoniam, propter excanbium vie que erat inter duo gardina Sancti Michaelis, que conjunxit, quam fecit ire per terram Nicholai presbiteri, dimisit eidem Nicholao duos denarios de gablo terre quam habebat de dominico pro VI denariis juxta domum suam. Testes : Alricus prepositus, Jordanus de Bodelai, Rasa.

27. Eodem anno, Robertus abbas et monachi de Monte Sancti Michaelis invadiaverunt apud Versun duas partes feudi de Buris de Radulfo de Cliceio, a Purificatione Sancte Marie usque ad duos annos, pro XII marchis argenti ad pensum et guardam, et ille XII marche fuerunt empte a monachis XV libris cenomannensium. Testes, ex parte monachorum : Gildeinus de Versun, Rogerus filius ejus, Rogerus frater ejus, Tostenus Goher, Paganus presbiter; ex parte Radulfi : Willelmus de Torneio, Johannes filius ejus, Radulfus de Versun.

28. Eodem anno, cum abbas Robertus remeasset de Anglia, et venisset ad regem Anglorum Henricum apud Moretolium, et querelam deposuisset in auribus

ejus quod ministri sui de Hamtona cepissent pontagium de equis suis ad portum Hamtone, idem rex benignissime omnes proprias res Sancti Michaelis et abbatis et monachorum de Monte per totam terram suam, et in Anglia et in Normannia, fecit liberas de omni consuetudine et theloneo et passagio et pontagio. Et exinde fecit Roberto abbati[1] cartam suam, cujus transcriptum, ad majorem evidentiam rei, hic subjecimus :

CARTA.

« Henricus, rex Anglorum, et dux Normannorum et « Aquitanorum et comes Andegavorum, justiciis et vi- « cecomitibus et prepositis et omnibus ministris suis « Anglie et Normannie et portuum maris, salutem. « Precipio quod omnes res monachorum de Monte « Sancti Michaelis, quas homines eorum poterunt affi- « dare suas esse proprias, sint quiete de theloneo et « passagio et pontagio et omni consuetudine per « totam terram meam Anglie et Normannie et per « portus maris. Et prohibeo ne quis eos inde dis- « turbet injuste, super X libras forisfacture. Teste « Roberto de Novo Burgo. Apud Moretolium. »

Jussit iterum idem rex per breve suum ministris suis de Hamtona ut pontagium quod acceperant de equis abbatis redderent. Testes : Robertus de Novo Burgo, Philippus episcopus Baiocensis, Johannes filius Bigot, Boso de Thorigneio.

[1] Le ms. porte *Rob abbus*.

29. Eodem anno, Robertus abbas de Monte disvadiavit duo molendina apud Britevillam, et terram que fuerat Rogerii de Versun, quam Willelmus filius Rogerii habuerat in vadimonium jam per XV annos, pro L marcis argenti et eo amplius. Testes : Gilduinus de Versun, Rogerius frater ejus, Turstinus Goherius.

30. Eodem anno, abbas Robertus et monachi de Monte dederunt XXX solidos cenomannensium Osberto de Evreceio, pro una masura quam pater suus Osbertus dederat Deo et Sancto Michaeli, quando venit ad monachatum; sed predictus Osbertus dicebat hoc esse factum sine suo assensu, et ideo calumpniabatur donum; sed tandem pro predictis XXX solidis assensum prebuit, et videntibus parrochianis, in ecclesia Evreceii, presente Raginaldo de Sancto Johanne monacho, ipsum donum concessit, et deinceps se illud tenere sacramento firmavit. Testes: Boselinus presbiter, Graverench[1] de Ebreceio vicecomes, Rannulfus Buticularius, Gelduinus de Versun.

31. Eodem anno, Robertus abbas et monachi de Monte dederunt XX solidos cenomannensium Rogerio Tisun, pro terra quadam juxta boscum Domni Johannis, quam idem Rogerius dicebat suam et monachi itidem calumpniabantur. Sed tandem ad hoc res deducta est quod idem Rogerius calumpniam dimisit et abjuravit, et de caritate ecclesie predictos XX solidos cenoman-

[1] *Gravenrelh* dans le ms.

nensium abbas dedit ei, et concessit illi monachatum aut fratri ejus Roberto presbitero. Testes : Guillelmus filius Teci, Hugo et Johannes filius ejus, Philippus presbiter de Domno Johanne, Rogerius de Bec, Ricardus Coquus. Hanc terram postmodum locavit Robertus abbas Roberto, presbitero Sancti Laudi, pro VI quarteriis frumenti et operatione molendini et uno reguardo. Testes qui supra.

32. Eodem anno, Ricardus de Domno Johanne, veniens ad monachatum, dedit Deo et Sancto Michaeli terram suam totam que erat feudum unius wavassoris. Retinuit autem XX [acras] ad opus Rannulfi, filii sui primogeniti, liberas et absolutas ab omnibus rebus, preter hoc quod pertinet ad dominicum servicium ducis Normannie. Jam dederat antea Sancto Michaeli XX acras pro Ricardo filio suo, quando venit ad monachatum. Genero vero suo, Turstino, cum filia sua dederat dudum IIII acras, quas Robertus abbas et conventus, pro prece ipsius Ricardi et filii sui Ricardi, concessit ei omnino quietas, exceptis duobus reguardis ad Natale et ad Pascha et operatione molendini. Et de ista terra quam Ricardus dedit Sancto Michaeli divadiavit abbas Robertus quandam landam quam Philippus presbiter habebat in vadimonio pro XXXVI rothomagensibus. Sunt [1] autem in ipsa terra Ricardi, que modo est in dominico Sancti Michaelis, exceptis XX acris quas Rannulfus filius ejus habet, et IIII [2] quas

[1] Au lieu de *sunt* le copiste a mis *est*.

[2] Le ms. porte *III*.

filie sue dedit Richelde, LX acre. Et ex ipsa locavit abbas Robertus, in illa die qua recepit eam, quandam partem pro V quarteriis frumenti. Testes: Philippus presbiter de Domno Johanne, Gaufridus clericus frater ejus, Johannes frater ejus, Willelmus de Bosco, Durant filius Roberti de Thorigneio, Ricardus de Valdre, cocus abbatis.

33. Eodem anno, Alvredus de Maidreio, quando venit ad monachatum, dedit Deo et Sancto Michaeli V solidos cenomannensium de redditu annuatim in maresco Ardevonis. De istis debet Robertus Peil levé XVI denarios, Milo Haroche VIII denarios, Petrus filius Dulcie et Lanbert filius Riculfi VIII denarios, Via XII denarios, Bernerius Faber IIII denarios, Albericus Insulanus IIII denarios, Ricardus Malivalas IIII denarios, David Fortis IIII denarios. Dedit etiam ortum unum ibidem, et unam masuram in Ardevone juxta domum Roberti Fabri. Calumpniabat etiam duas acras terre et dimidiam inter Ardevonem et Passus, de feudo Alani de Monte, quas dimisit. In Monte Sancti Michaelis dedit duas masuras, videlicet domum Alani et Durandi Franci. Hoc donum concesserunt Paganus de Saviz, gener ejus, et filia ipsius Alvredi, uxor hujus Pagani, et abjuraverunt omnem calumpniam. Testes: Willelmus de Brae, Hamo Ruffus, Hasculfus Brasart, Radulfus Cognatus, Ricardus cocus abbatis.

34. Eodem anno, rex Anglorum Henricus, apud Cadomum, pro prece monachorum, fecit recognoscere per jusjurandum legalium hominum, utrum, tempore

Henrici regis, avi sui, homines Sancti Michaelis de Britavilla et de Versun et homines monachorum et sanctimonialium Cadomi adducerent fenum regis, sicut Robertus comes Gloecestrie, post mortem Henrici regis eos cogebat facere, an per denarios regis idem fenum apportaretur. Cum autem sacramentum jurassent Robertus portarius castelli et Radulfus de Leun, Hunfridus de Burnelvilla et Fulco de Herovilla, qui erant dominici servientes regis, mala consuetudo que tempore werre elevata fuerat, studio pii principis decidit, et homines Sancti Michaelis inde quieti extiterunt, et causa ipsorum homines monachorum et sanctimonialium Cadomi. Et per denarios regis idem fenum apportari, sicut juratum fuerat, preceptum est. Testes : Robertus de Novo Burgo dapifer, Willelmus filius Johannis, Robertus filius Bernardi, prepositus Cadomi, Gelduinus de Versun, Rogerus frater ejus, Turstinus Goherius.

35. Eodem[1] anno, in assisa apud Cadomum, cum Robertus abbas de Monte Sancti Michaelis conquereretur de Jordano de Sacchevilla, quod quasdam consuetudines et exactiones per vim capiebat in hominibus de Eventhot, et volebat manutenere eos et quasi tueri contra abbatem, eo quod antecessores ejus dedissent Sancto Michaeli predictam villam Eventhot, diffinitum in plenaria curia regis, utpote in assisa ubi

[1] Le paragraphe suivant a été publié par Dom Bessin, *Concilia Rotomagensis provinciæ*, I, 82.

erant barones IIII comitatuum Baiocasini, Constantini, Oximini, Abrincatini, quod, ex quo aliquis in Normannia dat aliquam elemosinam alicui abbatie, nichil omnino ibi potest retinere vel clamare preter orationes, nisi specialem habeat cartam de hoc quod vult retinere ducis Normannie, in cujus manu sunt omnes elemosine, ex quo donantur abbatiis vel ceteris religiosis locis. Hoc judicium aprobaverunt et confirmaverunt Robertus de Novo Burgo, dapifer et justicia totius Normannie, Philippus episcopus Baiocensis, Arnulfus Lexoviensis, Ricardus Constanciensis, Willelmus Talevat comes Ponthivi, Ingergerius de Boun, Philippus filius Erneisi, Guillelmus Johannis, Godardus de Valz, Athard Pocin, et alii multi.

36. Eodem anno, abbas Montis Robertus fecit dedicare ecclesiam Sancte Marie de Genetio, et dedit eidem ecclesie in dotem unam acram terre ad Mae, que unum quarterium frumenti reddebat. Rualendus prefectus dedit dimidiam acram; Gervasius filius Helie, dimidiam. Testes : Herbertus episcopus, Robertus abbas, Guillelmus Hairun, Johannes filius Bigoti, Durandus nepos Roberti abbatis, Rogerius de Becco, et alii multi.

37. Eodem anno, Rotbertus abbas de Monte Sancti Michaelis concessit Nicholao sacerdoti, filio Rainaldi, in elemosinam, ecclesiam de Genetio, quam pater ejus in elemosina habebat, tali pacto omnibus diebus vite sue habendam, quod pater ipsius et ipse Nicholaus et Symeon frater ejus dimiserunt decimam partem se-

getum ipsius ville, et sextam partem septem festorum annualium; et de confessionibus que fiunt i[n] Quadragesima, de quibus solebant reddi decem solidi, a modo ecclesie Sancti Michaelis ab eodem Nicholao reddentur quindecim. Hec omnia tenenda juraverunt Rainaldus sacerdos, ipse Nicholaus, Symeon frater suus, Rualendus pretor, Gervasius filius Helie, Johannes Rufus. Hujus rei testes sunt ipse Rotbertus abbas, Rannulfus prior, Rualendus Calcebof.

38. Eodem anno, Guillelmus de Brahe, veniens ad monachatum, dedit terciam partem unius villanagii, quod tenebat, scilicet IX acras terre, et pratum Baldrici, quod ipse invadiaverat pro VII solidis cenomannensium, a filiis Baldrici, quod reddit unum quarterium frumenti et decimam partem campi Hamerici. Testes : Guillelmus de Brahe prefectus, Haimo Rufus, Herveus de Entraim, Rotbertus filius Liar.

39. Eodem anno, Guillelmus presbiter de [I]vitot causam quam adversus Rotbertum, abbatem Sancti Michaelis de Monte, super decimam de Perrella, que est in Guernerrei insula, ingressus fuerat, coram Richardo Constanciensi episcopo refutavit, et prefato abbati decimam illam, cum omnibus ejus pertinentiis, in terra et melagio, quietam adclamavit; et ipse et frater ejus Alanus et filius ejus Ricardus super sanctum euvangelium unusquisque eorum juravit quod nichil in ea deinceps adclamarent. Receperunt etiam exinde, ex dono et gratia abbatis et monachorum, XIII libras andegavensium, et alteri fratrum religionis sus-

cepture concessum, eo retento ut secum deferat que tunc dinoscetur habere. Testes ex utraque parte : Ansgotus abbas de Lucerna, Osbernus cantor Constanciensis, Philippus, Johannes, Guillelmus, archidiaconi, Rannulfus de Collevilla, Thomas de Leisiaus, Robertus Taforel, et alii multi tam clerici quam laici. Ex hoc fecit Ricardus Constanciensis episcopus cartam sigillatam Roberto abbati.

40. Eodem anno, cum Rotbertus abbas, in presentia Hugonis Rothomagensis archiepiscopi, invitasset Goscelinum, presbiterum ecclesie Sancti Laurentii de Terra Vasta propter duas garbas Isembardi Popel et Rainaldi de Nuieria, quas idem clericus in presentia Ricardi Abrincis episcopi disrationaverat, ut ipsi dicebat, instantia predicti abbatis ad hoc res deducta est ut, in presentia Hugonis Rothomagensis archiepiscopi, Goscelinus et socii ejus de abbate eam susciperent et annuatim incensi libram de recognicione ecclesie Beati Michaelis redderent. Testes : Hugo archiepiscopus Rothomagensis, Gaufredus, Laurentius, archidiaconi, Richardus Cardun.

41. Anno ab incarnatione Domini M° C° LVIII, cum Fulco Paganellus calumpniaretur presemtacionem presbiteri de Sartilleio, et inter ipsum et Rotbertum abbatem Montis longa esset concertatio, tandem ad hoc res deducta est quod idem Fulcoius cum fratribus suis Thoma et Johanne venit ad Montem Sancti Michaelis, et omnes concessit elemosinas quas antecessores sui, scilicet Guillelmus filius Guimundi, avus

suus, et Rotbertus de Abrincis, filius suus et avunculus istius, dederunt Sancto Michaeli et monachis ibidem Deo famulantibus, scilicet decimam de Servun, et decimam de Luoth, et decimam terre sue de Ponz, et decimam meteerie sue de Cavine, et decimam trium vavassorum de Folmuchun. Ecclesia[m] etiam de Sartilleio, quam Rannulfus Avenel, avunculus ejus, dedit Deo et Sancto Michaeli, cum omnibus ad eam pertinentibus, quando factus est monachus Montis, quia predicta ecclesia devenit in tenementum ejusdem Fulconis, integre concessit et omni modo quietam et amodo absque reclamacione aliqua, et quicquid ad eam pertinet, scilicet integram decimam, presentacionem presbiteri, dotem ecclesie, sicut ab antecessoribus suis et parrochianis eidem ecclesie concessum est. Concessit etiam in Costainvilla servitium et censum masure Picardi, quam Rannulfus Avenel dedit Deo et Sancto Michaeli. Concessit iterum ecclesiam Sancti Nicholai de Ranstun, et cimiterium, et dotem ipsius ecclesie, quam Gislebertus de Abrincis, avus uxoris ejus, dedit Deo et Sancto Michaeli et ecclesie Sancte Marie de Tumba Helene. Ista omnia supradicta Fulcoius Paganellus et fratres sui, Thomas et Johannes, per brachium sancti Auberti posuerunt super altare Sancti Michaelis, et cartam in sigillo Fulcoii propriis signis muniverunt. Testes ex parte abbatis et monachorum : Johannes filius Bigot, Ricardus de Leisiax, Ruallendus prepositus de Genetio ; ex parte Fulcoii : Guillelmus de Verdun, Henricus Muldac, Rotbertus de Caroles, clericus ipsius.

42. Eodem anno, Rotbertus de Brehal et filius ejus Rotbertus, calumpniantes capellam Sancti Johannis de Collevilla, decimam feudi de Torta Cavata, in quo eadem capella est, retinuerunt, dicentes se ibi matrem ecclesiam facturos. Quod audientes Rotbertus abbas de Monte et Ansgotus decanus, qui erat vicarius abbatis in Colleville, in curia Constantiensi, in presentia Ricardi episcopi, querimoniam de ista invasione imposuerunt, et capellam predictam menbrum esse ecclesie Colleville veridicis assercionibus et legitimis testibus comprobaverunt. Unde illi causa cadentes et judicio ecclesiastico excommunicati, quicquid invaserant restituerunt. Testes : Ricardus episcopus, Ricardus, Philipus, Johannes, Guillelmus archidiaconi, Guillelmus de Verdun, Rotbertus de Bosco, Rannulfus de Collevilla.

43. Anno ab incarnacione Domini M° C° L° IX°, de festivitate Sancti Remigii in quatuor annos, invadiavit Rotbertus de Belveer, pro sex libris cenomannensium, terram suam quam dederat uxori sue in dotem, ipsa bene hoc concedente, Philipo fratre insuper fide sua in manu Johannis filii Bigoti illud idem sororem suam tenere assecurante. De ista tenent Johannes Trainefer II solidos et VI denarios, Radulfus Loiscan III solidos, Rotbertus Faber III solidos, Hugo filius Mainer VIII denarios de prato, Rohes uxor Malenfant II solidos, Johannes Barre XII denarios, Rannulfus de Mola VIII denarios, Gislebertus Loeis VIII denarios, Toroldus XIIII denarios, Albericus filius Anschetil III denarios,

Igerius filius Malcheirii VI denarios, Goinus filius Nobile VIIII solidos, Quadrigaria IIII denarios; ortus Gisle Brito est in dominico, qui solebat reddere V solidos; campus Preli, qui est in dominio, ad hoc additur, ad tringinta solidos perficere. Hujus rei testes sunt: Savalo, Ricardus Cocus, Radulfus Mostel, et alii multi, et omnes monachi.

44. Eodem anno, Lucas filius Henrici camerarii et Matheus frater ejus renuntiaverunt calumpnie quam faciebant pro ecclesia Sancti Stephani Montis, et quicquid juris illi vel antecessores sui in illa ecclesia habuerant vel clamaverant, in manu Rotberti abbatis refutaverunt, vidente hoc et concedente Rannulfo priore, patruo eorum, Rualendo, Guillelmo filio Arnulfi, Philippo, monachis; laicis, Hugone filio Odonis, Bernerio Pulcra barba. In ipsa die, videntibus predictis, tam monachis quam laicis, Rotbertus abbas dedit illam ecclesiam in elemosinam, sicut suam propriam, Rotberto clerico, filio Radulfi Carpentarii. Testes qui supra.

45. Eodem anno, Ansgotus decanus, in sacrario ecclesie Constanciensis, presente Ricardo episcopo et Rotberto abbate, Ricardo, Philipo, Johanne, Guillelmo, archidiaconis Constanciensibus, Petro de Sancta Susanna, Guillelmo de Sancto Pancracio, Guillelmo de Verdun, Thoma de Leixax, et aliis multis, renunciavit calunnie quam supra decimam de Belfegerei faciebat. Et fuit recognitum quod terra de Belfegerei erat de parrochia Sancti Pancracii, non de parrochia Anschitilville.

46. Eodem anno, Rotbertus presbiter de Brevineio, calumpnians decimam terre que est in confinio parrochiarum Donni Johannis et Bevreneii, de qua Rotbertus abbas antea cum ipso et fratre ejus Rotgerio Tisone finierat, causa cecidit in curia Baiocensi, et remansit decima ecclesie Donni Johannis.

47. Eodem anno, presbiter de Britecolvilla similiter calunniabatur quandam partem decime ecclesie Donni Johannis, et Goscelinus prior Donni Johannis et Philipus presbiter offerebant eidem presbitero ut si vellet eam probare esse de sua parrochia, illam haberet; sin autem, ipsi probarent eam esse de sua; idem presbiter utrumque renuit, et ideo judicio curie causa cecidit. Testes : Ricardus de Vals vicedominus Philipi episcopi Baiocis, Nicholaus de Condeto decanus, Ricardus de Lambervilla, Guillelmus filius [Ma]thei, Durandus prefe[c]tus Torineii nepos ejus, Ricardus de Fornels, Hugo Male Herbe, et alii multi.

48. Eodem anno, Durandus Festu, veniens ad monachatum, dedit Deo et sancto Michaeli XIIII solidos cenomannensium quos habebat in orto Ansgerii, quem ipse invadiaverat, undecim solidos in terra Rainier, quam similiter ipse Durandus invadiaverat. Et dimisit donum et omne tenementum Asconi Laumacor, et ex hereditate sua dimidium quarterium frumenti ad Belveer, de manu Vitalis filii Galan, et terram dominii Sancti Michaelis que est juxta nemus, et omnia alia dominia Beati Michaelis ex se et omnibus suis jure jurando dimisit, nisi per abbatem sive per monachos ibidem constitu-

tos. Testes : Guillelmus Tros, Radulfus, Guillelmus, Radulfus, Guillelmus, Radulfus, monachi, Guillelmus Bree prefectus, Rainaldus Canis, Genchardus filius ipsius Durandi, laici.

49. Eodem anno, Gaufridus sacerdos de Mainil Drogonis et Geslinus diaconus, nepos ejus, requirentes monachatum in monasterium beati Michaelis, obtulerunt ecclesiam de Mainil Drogonis, quam habebant in elemosinam, et que erat in patrimonio eorum, Rotberto abbati. Predictus autem abbas, illam nolens nisi honeste et secundum ordinem suscipere, perrexit Constancias, cum clericis illis, et indicavit Ricardo episcopo quomodo requirerent monachatum et de dono ecclesie. Ille autem respondit quod Radulfus de Musca, dominus illius ville, presentacionem presbiteri in illa ecclesia clamabat, unde episcopus jussit eum venire Constancias, in crastino Nativitatis Beate Marie, ad ostendendum quid in illa ecclesia clamaret. Ante predictum vero diem, Osmundus filius Ricardi Vasce et heres, cum Radulfus de Musca retineret duas garbas decime duarum partium ville, nam ille habebat duas partes ville illius, predictus vero Osmundus terciam, et in illa tercia erat ecclesia, hic inquam Osmundus, in curia regis, apud Warreium, disrationavit sacramento legalium hominum presentationem presbiteri et duas garbas, sicut antecessores sui semper habuerant. Veniente autem die constituta, Rotberto abbate Constancias et clericis predictis presentibus, et Osmundo advocato et domino illius ecclesie, nepote Gaufridi et

fratte Geslini clericorum, cum Radulfus de Musca nec veniret, nec legatum nec exonnium pro se mitteret, clerici predicti ecclesiam in manu episcopi reddiderunt. Et ipse Osmondus presentationem presbiteri, et quicquid juris in illa ecclesia habebat in manu episcopi similiter misit, et episcopus inde Rotbertum abbatem Montis integre et personaliter saisivit, et pro hac concessione suscepit idem abbas ad monachatum Geslinum, fratrem Osmundi, et Gaufredum, patruum ejus. Testes : Ricardus episcopus, Ricardus, Philipus, Johannes, Guillelmus, arçhidiaconi Constancienses, Ansgotus decanus, Petrus de Sancta Susanna, Guillelmus de Sancto Pancracio, Rotbertus de Bosco. Exinde fecit Richardus episcopus Rotberto abbati et çonventui Sancti Michaelis cartam sigillatam.

50. Raginaldus[1] Rufus recepit in feudum et hereditatem sibi et heredibus suis ab abbate Roberto, et fecit ei homagium, terram de ultra pratis, que terra dicitur terra de Sevel. — Rogerus le Goz recepit in feudum et hereditatem sibi et heredibus ab abbate Roberto, et fecit ei homagium, terram ultra le Doit, ubi mansionem [fecit], per IIII solidos cenomannensium. — Gauterus de Ponte Ursonis accepit terram [de] dominio Sancti Michaelis ab abbate Roberto in feudum et hereditatem, et mansit in ea.

[1] La date des concessions suivantes est incertaine.

II. *Accord entre l'abbé Robert de Torigni, d'une part, et Rualen du Homme et Gilbert de Champeaux, d'autre part*[1]. — 1155.

Anno ab incarnatione Domini M° C° LV°, primo anno regni regis Anglorum Henrici secundi, tunc temporis Roberto de Torinneio ecclesiam Sancti Michaelis de Periculo maris regere incipiente, defuncto Hugone de Hulmo, prout consuetudo successorum est, Rualendus, predicti Hugonis filius et heres, per se suosque familiares eundem abbatem suppliciter postulavit ut ipsius hominium de Anschetevilla suscipere non abnegaret. Super que abbas respondit nequaquam hoc se facere nisi prius Deo et sancto Michaeli terram de Belfelgereio redderet, quam pater ejus diu injuste et sub excommunicatione tenuerat. Qui rei veritatem per suos familiares recognoscens, Deo et sancto Michaeli, antequam hominium suum faceret, terram sicuti abbas interrogaverat reddere non distulit, istis huic rei testimonium adhibentibus : Guillermo de Sancto Johanne, Gisleberto de Campellis, Thoma de Leisels, Guillermo Males, Roberto Taforel, aliisque quam plurimis. Cujus animi benignitatem abbas prospiciens, sedecim marchas argenti et unum palefridum album, quem pater ejus ab abbate Bernado super prefatam villam mutuaverat, pro calumnio terre dimisso, sibi condonavit. Tunc Gislebertus de Campellis videns eandem terram,

[1] Copie contemporaine, insérée vers la fin du ms. 128 d'Avranches.

quam cum sorore Rualendi a patre ejus Hugone acceperat, et pro qua etiam duobus annis fere excommunicatus fuerat, se amplius non posse tenere, per brachium sancti Autberti Sancto Michaeli super ipsius altare reddidit, istis eodem loco cernentibus illum a prefato abbate absolvi et disciplinari : Ranulfo priore, Radulfo cantore, Willelmo de Sancto Paterno, monachis; Sauswalo, Rualendo pretore, Roberto de Monasterio, et Rogerio, laicis. Longo tempore post, Gislebertus, sua suorumque supplicatione, prefatam terram a predicto abbate tali conditione suscepit ut ex ea hominium sibi faceret annuatimque quinque quarteria frumenti et decimam et moltam redderet.

III. *Extrait d'une confirmation des biens de l'abbaye du Mont-Saint-Michel accordée par le pape Adrien IV à la demande de l'abbé Robert*[1]. — 13 février 1156.

Adrianus, episcopus, servus servorum Dei, dilectis filiis Roberto, monasterii Montis Sancti Michaelis de Periculo maris abbati, ejusdemque loci fratribus, tam presentibus quam futuris, regularem vitam professis, in perpetuum. Religiosam vitam eligentibus, etc.

Ego Adrianus, catholicæ ecclesiæ episcopus, subscripsi.

[1] Original mutilé ayant servi d'enveloppe à une gargousse, Bibl. nat. ms. latin 9215, pièce cotée Mont-Saint-Michel, n. 3. Copie du XVIIIe siècle, Bibl. nat. ms. français 18949, p. 352. Ancienne copie. attestée par Etienne, évêque de Dol, Archives de la Manche.

Ego Ymarus, Tusculanus episcopus, subscripsi.

Ego Cencius, Portuensis et Sanctæ Rufinæ episcopus, subscripsi.

Ego Guido, presbyter cardinalis tituli Sancti Grisogoni, subscripsi.

Ego Hubaldus, presbyter cardinalis tituli Sanctæ Praxedis, subscripsi.

Ego Gerardus, presbyter cardinalis tituli Sancti Stephani in Celio Monte, subscripsi.

Ego Henricus, presbyter cardinalis tituli Sanctorum Nerei et Achillei, subscripsi.

Ego Oddo, diaconus cardinalis Sancti Georgii ad Velum Aureum, subscripsi.

Datum Beneventi, per manum Rolandi, sancte Romane ecclesie presbiteri cardinalis et cancellarii, idibus Februarii, indictione IIII^ta^, incarnationis dominice anno M° C° L° V°, pontificatus vero domni Adriani pape IIII anno secundo.

IV. *Accord entre l'abbé Robert et Guillaume, prêtre d'Yvetot, au sujet de la dime de la Perrelle à Guernesey*[1]. — 10 juin 1157.

Omnibus sancte matris ecclesie catholicis, tam presentibus quam futuris, Ricardus, Dei gratia Constanciensis episcopus, in Domino salutem. Que coram rectoribus sancte ecclesie finem capiunt, ne iterum in

[1] Original scellé. Archives de la Manche. Copie Bibl. nat. ms. latin 10072, fol. 40. — Voyez plus haut, p. 253.

controversiam veniant, equum est scripto et sigilli munimine diligenter confirmare. Eapropter universitati vestre notum fieri volumus quod Willelmus, sacerdos de Ivetot, causam quam adversus venerabilem abbatem Robertum et monacos Sancti Michaelis de Monte super decima de Perrella in Gerneroio ingressus fuerat, coram nobis refutavit, et prefato abbati decimam illam, cum omnibus ejus pertinenciis, in terra et melagio, quietam adclamavit, ipse et frater ejus Alanus et filius suus Ricardus. Et super sanctum evangelium unusqui[s]que eorum juravit quod nichil in ea deinceps clamarent, et si qui super hac emergerent impetitores, abbatiam prefatam et monacos inde pro posse suo juvarent Receperunt etiam proinde, ex dono et gratia abbatis et monachorum, XIII libras andegavensium, et alteri fratrum religionis suscepture concessum, eo retento ut secum deferat que tunc dinoscetur habere. Facta est hec composicio et confirmata coram nobis, et assistentibus his fratribus nostris et amicis : Ansgoto abbate de Lucerna, et ejusdem loci priore, O[sberno], cantore nostro ; Philippo, Willelmo, Johanne archidiaconis nostris ; Alvredo, Willelmo, Roberto de Sancto Laudo, Roberto de Milleio, canonicis ; Ansgoto decano, Rogero capellano, et aliis multis ; anno ab incarnatione Domini M° C° LVII, IIII idus Junii, in ecclesia Sancte Marie Constanciensis, ante altare apostolorum beati Petri et Pauli. Hoc autem ut inconcussum maneat, auctoritate nostra et sigilli nostri munimine confirmamus, et ne quis contraire conetur, anathematis censura prohibemus.

V. *Lettre du roi Henri II, relative aux églises de Pontorson qu'il confirmait à l'abbé Robert*[1]. — Vers 1158.

Henricus, rex Anglorum et dux Normannorum et Aquitanorum et comes Andegavorum, Hugoni, archiepiscopo Rothomagensi. Sciatis quod concessi abbati et monachis Sancti Michaelis de Monte ecclesias meas de Ponte Ursonis, sicut rex Henricus, avus meus, eas illis concessit. Quare mando vobis quod, si episcopus Abrincensis eis aquam benedictam ad opus illarum ecclesiarum dare noluerit, vos ipse eis illam date, ne ecclesie castelli mei, quod noviter firmavi, sine officio divino remaneant. Teste Roberto de Novo Burgo. Apud Sanctum Jacobum. Per Gervasium, clericum cancellarii.

VI. *Lettre de Hugues, archevêque de Rouen, au sujet des droits de l'abbé Robert sur la chapelle de Pontorson*[2]. — Vers 1158.

Hugo, Dei gratia Rothomagensis archiepiscopus, dilecto filio Hereberto, Abrincensi episcopo, salutem, gratiam et benedictionem. Sciat dilectio tua nos, prece domini nostri regis Henrici et ex jure auctoritatis nostre

[1] Orig. Archives de la Manche. Copies, Bibl. nat., ms. latin 5430 A, p. 79 et 292 ; ms. latin 10072, fol. 69.

[2] Original, Archives de la Manche. Copies, Bibl. nat., ms. latin 5430 A, p. 80 et 292 ; ms. latin 10072, fol. 69. — Publié dans *Gallia christ.* XI, instr. 114.

metropolitane, dedisse aquam benedictam dilecto filio nostro Roberto, abbati Sancti Michaelis de Periculo maris ad capellam de Ponte Ursonis, et licentiam divina celebrandi in eadem capella, quoniam tu semel et secundo et tercio requisitus aquam benedictam ei dare noluisti. Valeto.

VII. *Charte de Hugues, archevêque de Rouen, touchant les droits de l'abbaye du Mont-Saint-Michel sur les églises de Pontorson*[1]. — 1160.

Universis matris ecclesie filiis, Hugo, Dei gratia Rothomagensis archiepiscopus, salutem, gratiam et benedictionem. Noverint cuncti presentes apices vel lecturi vel audituri controversiam inter Abrincensem ecclesiam et monasterium Sancti Michaelis de Monte super ecclesiis Pontis Ursonis exortam in presentia regis Anglorum secundi Henrici nostraque et episcoporum Philippi Baiocensis, Rotrodi Ebroicensis, Herberti Abrincensis, Hugonis Dunelmensis, Thome cancellarii, Ricardi conestabli, aliorumque plurimorum procerum, Rothomagi, hoc modo esse sopitam : quod donum primi et secundi Henrici regum Anglorum de predictis ecclesiis predicto monasterio factum de cetero ratum haberetur et inconcussum, atque presbitero de Boce, Alano, in cujus parrochia predictum castrum, ut

[1] Orig. Archives de la Manche. Cartul. du Mont-Saint-Michel, fol. 118 vo. Copies, Bibl. nat., ms. latin 5430 A, p. 79; ms. latin 10072, fol. 45.

ferebat, edificatum erat, pro tota querela sua decidenda et compescenda, optio daretur, vel tunc viginti libras andegavensium finilater accipiendi, vel tunc etiam decem et annuatim dum adviveret decem solidos predicte monete habendi. Testes autem supradicte transactionis sive concordie sunt dominus noster Henricus rex Anglorum, Philippus Baiocensis, Rotrodus Ebroicensis, Herbertus Abrincensis, Hugo Dunelmensis episcopi, Thomas cancellarius regis, Ricardus de Hugmeth, Guillelmus filius Haimonis, et alii multi qui huic negotio interfuerunt. Quod sigilli nostri munimine confirmamus, ne aliqua occasione vel fraude iterum in controversiam veniant que finem legitimum sunt sortita. Actum Rothomagi, anno ab incarnatione Domini M° C° LX°.

VIII. *Concession d'une église faite par l'abbé Robert à Gervais de Chichester, clerc du chancelier Thomas Becket*[1]. — Vers 1160.

Sciant omnes, tam presentes quam futuri, quod ego frater Robertus abbas totusque conventus de Monte Sancti Michaelis, amore regis Henrici et peticione Tome cancellarii, concessimus et dedimus et presenti carta nostra confirmavimus Gervasio Ciscestrensi, clerico ejusdem cancellarii, ecclesiam nostram de Basingis, cum omnibus pertinentiis suis, tenendam in vita sua,

[1] Orig. Archives de la Manche. Copie, Bibl. nat., ms. latin 10072, fol. 69.

ita quod singulis annis, tam de ista ecclesia quam de ecclesia de Saleburna quam tenet, nobis VIII libras sterlingorum persolvet, scilicet in festo Purificationis Sancte Marie quatuor libras, et in Nativitate sancti Johannis alias quatuor libras. Quare volumus et concedimus quod predictus Gervasius prefatam ecclesiam libere et honorifice, quandiu vixerit, per predictum censum teneat, et eam cum appendiciis suis pro voluntate sua canonice ordinet atque disponat. Ipse autem Gervasius ecclesie nostre, omnimodam fidelitatem servaturum tactis sacris juravit, nec se in vita sua ad detrimentum nostrum illam ecclesiam impediturum. CIROGRAPHUM.

IX. *Confirmation par le roi Henri II de la concession faite par l'abbé Robert à Gervais de Chichester*[1]. — Vers 1160.

Henricus, rex Anglorum, et dux Normannorum et Aquitanorum, et comes Andegavorum, archiepiscopis et episcopis suis Anglie, et omnibus sancte matris ecclesie fidelibus, salutem. Sciatis quod Robertus abbas et totus conventus Sancti Michaelis de Monte dederunt et in elemosinam concesserunt Gervasio de Cicestria, clerico cancellarii et meo, ecclesiam suam de Basingis, cum omnibus pertinentiis suis, ad tenendum de eis in vita sua, ita quod singulis annis eis inde persolvat septem libras et octo solidos sterlingorum, et ita quod

[1] Original, Archives de la Manche. Copie, Bibl. nat., ms. latin 10072, fol. 174.

idem Gervasius predictam ecclesiam vel aliquid de pertinenciis suis in vita sua non impediet quare predicti monachi post decessum ipsius in aliquo sint perdentes. Et volo et firmiter precipio quod idem Gervasius istam conventionem legaliter teneat; et si eam legaliter non tenuerit, perdat. Hujus autem concessionis et conventionis testis sum ego et utrinque plegius. Testibus : Thoma cancellario, et Ricardo de Campivilla. Apud Valonias.

X. *Lettre de l'abbé Robert, reconnaissant les droits de l'abbaye de Saint-Sauveur-le-Vicomte sur l'église de Saint-Clément à Jersey*[1]. — Vers 1160.

Robertus, Dei gracia Sancti Michaelis de Monte abbas, et conventus sibi a Deo commissus, domno Hugoni, abbati Sancti Salvatoris, et suo sacro conventui, salutem et caritatis officia. Testificamur presenti et venture generationi ecclesiam Sancti Clementis de Petri villa in Gerseio vestri esse juris. Quod si quid in ea habuimus aut habemus, vobis gratanter concedimus.

XI. *Charte par laquelle Achard, évêque d'Avranches, sur la présentation de l'abbé Robert, confère l'église de Genêts à Michel, clerc du Mont*[2]. — 13 août 1164.

A. Dei gratia Abrincensis ecclesie qualiscunque minister, universis catholice matris ecclesie filiis, salu-

[1] Cartulaire de Saint-Sauveur-le-Vicomte, p. 90, n. 206.
[2] Cartulaire du Mont-Saint-Michel, fol. 134.

tem. Notum esse volumus universis, tam presentibus quam futuris, quod nos, ad presentationem R. abbatis Montis Sancti Michaelis de periculo maris, toto ejusdem loci annuente conventu, concessimus Michaeli clerico de Monte in elemosinam presbiteratum ecclesie de Genetio, in ea integritate possidendum in qua Raginaldus presbiter unquam melius illum tenuisse dinoscitur, videlicet ut predictus Michael medietatem habeat de omnibus oblationibus [1] et beneficiis que ad altare pertinent, exceptis septem festivitatibus subscriptis, Natali scilicet Domini, Theophania, Purificatione, Pascha, Ascensione, Assumpcione sancte Marie, festivitate Omnium sanctorum, in quibus non pertinet ad eum nisi sexta pars oblationum, nisi forte illis diebus aliquem in parrochia obire contigerit. De his enim que ad exsequias pertinent, quacunque die contingent, ad sacerdotem pertinet media pars. In primiciis, in decimis hortorum et agnorum, in purificationibus tercia pars, sed lane media. Capella juxta majorem ecclesiam propria est monachorum; sed quando sacerdos ibi ministrat, de universis oblationibus que ad manum ejus veniunt, vel etiam alio quolibet tempore in capella a parrochianis suis offeruntur, accipit medietatem. De blado totius parrochie de decimis de campartis habet galbam XXI^{am}. In propria tamen agricultura monachorum nihil accipit. Terra que data est ecclesie, est propria sacerdotis, cum decima ipsius tota. Pre-

[1] *Ablationibus* dans le ms.

terea concessum est prefato clerico ab abbate et monachis ut de proprio eorum canone in eadem ecclesia singulis annis habeat XX^ti solidos andegavensium, quos sui predecessores eis reddere solebant, reddentque successores ipsius. Ut autem hec donatio firma et inconcussa maneret, scripto nostro eam premuniri et auctoritate nostri sigilli confirmare curavimus, seb testibus istis : magistro Rollando decano, Godefrido archidiacono, Guillelmo thesaurario, Gisleberto cantore, Richardo de Haia, Willelmo de Salesberes, Guillelmo etiam de Sancto Paterno, monachis, et multis aliis. Actum anno dominice incarnationis M° C° LX° IIII°, regni secundi Henrici regis Anglorum et ducis Normannorum decimo, idus Augusti.

XII. *Confirmation de différents biens de l'abbaye du Mont Saint-Michel octroyée à l'abbé Robert par Etienne, évêque de Rennes*[1]. — 30 septembre 1164.

Stephanus, Dei patientia Redonensis ecclesie humilis minister, Roberto, venerabili abbati Sancti Michaelis de Periculo maris, et successoribus suis ibidem regulariter substituendis in perpetuum. Pontificalis officii debitum nos multipliciter admonet et invitat ut justis religiosorum virorum petitionibus aurem benivolam commodare et augmentationi ecclesiarum propensius

[1] Original, Archives de la Manche. Copies, Bibl. nat., ms. latin 5430 A, p. 51 et 171.

operam dare debeamus. Eapropter, dilecte in Domino frater Roberte, fervorem caritatis et odorem religionis que in ecclesia tua Deo operante teque viget ministrante odorantes, devotionem quoque quam erga ecclesiam Beati Petri Redonensis et nos habere dinosceris attendentes, ecclesiam Ville Amois cum pertinentiis suis, et ecclesiam de Polleio cum pertinentiis suis, et cetera beneficia tam mundana quam ecclesiastica que in episcopatu nostro in presentiarum nosceris rationabiliter possidere, aut in futurum tu et successores tui largitione fidelium vel quoquo modo juste et canonice, prestante Domino, poteritis adipisci, salvo jure episcopali et Redonensis ecclesie, auctoritate beati Petri et nostra, volente et concedente Radulfo archidiacono, ecclesie Beati Michaelis de Periculo maris confirmamus et presentis sigilli patrocinio communimus. Nulli ergo omnino de cetero fas sit hanc paginam nostre confirmationis ausu temeritatis infringere vel ei aliquatenus contraire. Si quis autem huic nostre confirmationi temere contraire attemptaverit, iram Dei incurrat et anathematis sententia feriatur. Facta est hec confirmatio apud Vitreium, in camera monachorum Sancte Crucis, anno ab incarnatione Domini M CLXIIII, II kalendas Octobris, audientibus istis et videntibus : Radulfo archidiacono, Elia cantore, Eveno capellano nostro, Johanne decano Vitreiensi, Philippo de Polle, Andrea capellano Sancte Crucis, Engeberto monacho Majoris Monasterii, Juhello de Sancto Leonardo.

XIII. *Accord entre l'abbé Robert et le sous-doyen de l'église de Bayeux, au sujet des dîmes d'Albrey, à Evrecy*[1] — Janvier et mai 1165.

Willelmus Baiocensis ecclesie decanus et ejusdem ecclesie conventus canonicorum, omnibus sancte matris ecclesie filiis, in Christo salutem. Notum vobis fieri volumus quod, cum diutius agitata esset controversia inter Robertum de Thorigneio, abbatem Sancti Michaelis de periculo maris, et Robertum de Mestenon, subdecanum ecclesie nostre, super quibusdam decimis de territorio de Alebraio, quas abbas ad monasterium suum subdecanus vero ad jus prebende sue dicebat pertinere, in hunc modum facta est inter eos compositio : subdecanus siquidem vel quivis alius qui post eum habiturus est prebendam de Alebraio non dabit decimas de tota terra, videlicet de quinque acris et dimidia et dimidia virgata, que nunc ibi continentur intra fossata que claudunt masuagium suum, videlicet curtem suam, et novum virgultum et vetus et vineam, quocumque modo terra illa excolatur. De instauramentis etiam suis sive nutrimentis non dabit decimas, neque de lana, neque caseis, neque omnino de aliquibus que sint sua propria, sive habeat ea penes se infra curtem suam, sive extra in territorio illius prebende.

[1] Cartulaire du Mont-Saint-Michel, fol. 118 v°. La contre-partie de cette charte, rédigée au nom de l'abbé Robert, se trouve à Bayeux, dans le Livre noir du chapitre, fol. 31, n. 115.

Si autem subdecanus terram illam clausam fossatis totam vel pro parte concesserit alicui excolendam, sive vero ibi constituat domicilium, sive ad tempus habitationem, sive neutrum, habebit ipse subdecanus omnes decimas de terra; de animalibus vero que non erunt propria subdecani, etiam si ibi demorentur, habebit abbas decimas. De tota etiam terra prebende que nunc est extra predicta fossata, et de omnibus aliis, sive pecudibus sive pomis sive lana sive ceteris de quibus solvuntur decime, habebit abbas universas decimas; et etiam si subdecanus, vel alius qui post eum habiturus est eam prebendam, de terra que nunc est extra fossata que nunc sunt, augmentaverit masuagium suum, de illo augmento habebit abbas omnes decimas. Subdecanus etiam a monachis habebit singulis annis XX solidos Andegavensis monete vel Rothomagensis, vel eque valentis, si preter has duas contigerit aliam currere in Normannia, antequam permittat servientem abbatis colligere decimas frugum vel deferre de terra sua. Hec autem compositio inita fuit sub pacto facto in rem non in personam, ut in perpetuum teneat[ur] inter quemlibet abbatem et monachos predicti loci et quemlibet canonicum de Alebraio. Prolocutum est hoc et concessum Baiocis in capitulo ante altare beati Petri, post majorem missam, III° nonas Januarii, et postea confirmatum in capitulo Beati Michaelis de periculo maris, VII idus Maii, sicut carta ejusdem capituli quam subdecanus habet de eadem actione testatur, anno ab incarnatione Domini M° C° LXV, presidente universali catholice ecclesie Alexandro papa III, regnante Henrico glorioso rege Anglorum et duce Normannorum et Aquitanorum et comite Andegavorum, presentibus istis, ex parte nostra : me Willelmo decano, magistro Hunfredo Bove, Patricio archidiacono, Rogerio archidiacono, Thoma archidiacono, Galler[anno] archidiacono, Guillelmo custode, Ricardo succentore, Guillelmo de Brolio, magistro Herberto, Ricardo de Ros, Bartholomeo, Helia de Sancto Georgio; ex parte monachorum : Roberto abbate, Radulfo de Foleherio ballivo monasterii, Guillelmo de Salesberia capellano, Raginaldo de Sancto Johanne, Boselino sacerdote, Michaele clerico, Graver[endo] de Ebreceio, Ruallendo de Genet, Bosone de Sancto Laudo, Ricardo de Bosco.

XIV. *Echange entre l'abbé Robert et Guillaume de Saint-Jean*[1]. — 3 Novembre 1165.

Cirographum. — Quoniam altius memoriæ imprimuntur que scriptis retinenda mandantur, universis quibuscumque presens innotuerit scriptum notificare dignum statuimus me Robertum, abbatem Montis Sancti Michaelis in periculo maris, et ejusdem loci conventum concessisse Willelmo de Sancto Johanne universam terram nostram inter Thar et Tharnesiam usque ad terram Sancti Ursini, et in excambium dedisse, pro feudo Alani de Buceio, in quo sedet medium

[1] Deux exemplaires originaux, Archives de la Manche. Cartul. du Mont-Saint-Michel, fol. 121 v°.

ecclesie, et medium cimiterii Buceii, unde eidem Willelmo X solidos Andegavensium et equi servitium persolvebat, et pro feudo Rogerii filii Hugonis in Pomereia, unde duo quartaria et dimidium frumenti ad magnam mensuram reddebat, et pro feudo etiam Willelmi de Grainvilla, quod ei antea, pro eo quod in ecclesia de Buceio eum habere prediximus, concesseramus. Hec autem omnia prememoratus Willelmus nobis quiete habere dedit et absolute, et nos ex diverso terram nostram libere ei concessimus habendam. Hanc autem terram, de qua loquimur, dedit idem Willelmus pro Dei amore in elemosinam canonicis de Lucerna, in nostro et conspectu et permissu. De hac autem eadem terra, de qua mentionem habuimus, portionis cujusdam, quam ad boscum confovendum idem canonici clauserunt, et quam etiam custodire et conservare pacti sunt, medietatem nostris retinuimus usibus. Actum publice in capitulo Montis, anno ab incarnatione Domini M° C° LX° V°, regni Henrici, regis Anglorum et ducis Normannorum et Aquitanorum [1] et comitis Andegavorum, XI, III nonas Novembris. Ex parte capituli Montis : Robertus abbas Montis, Ruall[endus] prior, Ansg[erus] cantor, Robertus Otritonie, Michael clericus, Thomas sacerdos, Philippus de Leisaus, Ricardus de Leiseaus, Thomas Hoellus; ex parte Willelmi : Gislebertus de Camp[ellis], Robertus de Veim, Hugo de Sancto Planch[esio], Ruall[endus] de Hum[mo], Ricardus capellanus, hujus rei testes habiti sunt.

[1] Les mots *et Aquitan.* manquent sur un exemplaire et dans le Cartulaire.

XV. *Charte octroyée par l'abbé Robert à l'abbaye de la Luzerne*[1]. — 4 Décembre 1165.

Robertus, abbas ecclesie Sancti Michaelis de periculo maris, et ejusdem loci conventus, venerabilibus in Christo fratribus Ansgoto abbati totique conventui Sancte Trinitatis de Lucerna, salutem. Petitionibus vestris gratum impartientes assensum, concedimus vobis, intuitu pietatis, quendam collem vestro monasterio imminentem[2], qui terminis istis limitatur, id est a rupe que sursum prominet, usque dum per Albam Spinam ad viam perveniatur, et a summitate collis usque ad locum in quo confluit Tharnesia in Tharnum. Concedimus etiam vobis illud tantillum terre quod est inter predictum collem et alveum Tharni; terram quoque illam quam venerabilis predecessor noster donnus Bernardus abbas dedit vobis, et illam quam commutatione quadam recepit a nobis Willelmus de Sancto Johanne, et ab ipso vestris usibus est collata. Ex hac autem gratuita donatione sive concessione, preter orationum suffragia quibus a modo nostre fraternitatis societas non desinet invicem subvenire, nichil commodi temporalis requirimus, nisi quod ad causas domus nostre, vel ecclesiasticas vel seculares, abbas vester, cum reverentia evocatus, aut de fratri-

[1] Original, Archives de la Manche.

[2] Au dos de la charte, on lit, en caractères du XIIe siècle : « Melior. Carta Roberti abbatis et capituli de Monte de terra de Gariei et de colle ultra Tar, justa molendinum Patric. »

bus vestris aliqui, nobiscum debeant vel sine nobis, nostris tamen sumptibus et impensis, proficisci. Hec autem inter nos societatis erit conventio ut, audito obitu cujuslibet monachorum nostrorum, unusquisque vestrum qui sacerdotes fuerint missam unam pro eo celebret, et nos quoque id idem pro vobis reciproce faciemus. Actum est hoc publice in capitulo Montis, anno ab incarnatione Domini M° C° LXV°, II nonas Decenbris, presidente universali catholice ecclesie Alexandro papa III, et regnante Henrico glorioso rege Anglorum et duce Normannorum et Aquitanorum et comite Andegavorum, istis presentibus : Willelmo abbate de Fulgeriis, Ansgerio priore, Guillelmo de Sancto Johanne, Ricardo de Lexavis, Ricardo de Veino et aliis multis.

XVI. *Lettre de l'abbé Robert, relative à une concession faite à l'abbaye de la Luzerne*[1]. — 28 Décembre 1165.

Robertus abbas et conventus Montis Sancti Michaelis in periculo maris, dilectis in Christo fratribus Ansgoto abbati et conventui de Lucerna, rei et religionis profectum. Fraternitatis vestre caritas sepius nobis est conquesta quod, ex vicinitate cujusdam collis qui vestre supereminet habitationi, non modica vobis aliquando molestia proveniret; pastores enim et venatores, collis illius eminentia gratum sibi dante spatium consistendi,

[1] Cartulaire du Mont-Saint-Michel, fol. 123.

ludos ibidem frequenter agunt ac joculares concinunt cantilenas. Quibus inde deorsum loca prospectantibus patet omne quod in illis aut est aut agitur, ut, duplici tedio, grave sit quod vident et gravius quod videtur. Si quos etiam de fratribus viderint laboribus occupatos, multa super illos inclamare ludicra non verentur. Hanc igitur infestationem omnimodis effugere cupientes, crebris nos adiistis precibus, ut necessitati vestre consentiremus predictum loci spatium excambire, quatenus, in vestram proprietatem colle recepto, vestra prudentia fossis ac sepibus excluderet infestantes. Hec apud nos vestra conquestio fuit, hec vestre peticionis summa. Nos autem ex nostris aliorum scandala cognoscentes, religionis injurias equa mente non potuimus, licet in aliis, sustinere. Quapropter, ad vestre supplicacionis preces exaudiendas, quantum permisit ratio, pietas inclinavit, et quamvis raro contingere videamus ut ex monasterii cujusquam possessionibus vel etiam per venditionem alia subleventur, nos tamen, ex intuitu caritatis, necessarium vobis locum commodare maluimus quam commutare, scientes non que venduntur sed que dantur a Domino in gratiam reputari. Concedimus ergo vobis predictam terre portionem, et eam pro Christi nomine, sicut gratis accepimus, gratis impertimur, utilem sane, si non frugibus aut pascuis aut ad exitus ampliandos, tamen, quod non minimum est, ad predictum incommodum repellendum : parva namque prestantibus commoda non minus est per quod grandis importunitas devitatur. Terra hec his undique terminis limitatur, id est a rupe que sursum prominet usque dum per Albam Spinam perveniatur, et a summitate collis usque ad confluentiam fluviorum[1]. Ex hac ergo, ut diximus, gratuita donatione, preter orationum suffragia, quibus a modo nostre fraternitatis societas non desinet invicem subvenire, presentis commodi nichil a vestra requirimus caritate, nichil, inquam, nisi quod ad causas nostre domus, vel ecclesiasticas vel seculares, quotiens opus fuerit, abbas vester aut de fratribus qui vocati fuerint nobiscum [debeant], vel etiam sine nobis, nostris tamen sumptibus, proficisci. Nos vero terram istam, et eam quam dedit abbas Bernardus, sed et illam quam Willelmus de Sancto Johanne commutatione recepit et ab ipso vestris usibus est collata, vobis auctoritate beati Michaelis et nostra confirmamus, et eo quo date sunt tenore perpetuo et firmiter et inconcusse statuimus possidendas.

Undecies centum sex annos fecerat Agnus,
Tresque dies tantum retinebant mensis et annus,
Quando carta fuit patre scripta jubente Roberto,
Ut per scripturam semper sit res in aperto.

XVII. *Accord entre l'abbé Robert et le curé de Saint-Méloir au diocèse de Saint-Malo*[2]. — 30 Décembre 1165.

Usus approbat et ratio non dissentit, quod plurum stabilivit assensus, per apices litterarum ad postero-

[1] Une main contemporaine a ajouté en interligne cette explication : « Id est Tar et Tarnese. »

[2] Cartulaire du Mont-Saint Michel, fol. 134.

rum noticiam memorie commendari. Ego itaque Albertus, Dei gratia Sancti Maclovii humilis minister Dei, tam presentibus quam futuris notificare dignum duxi contentionem que inter venerabilem fratrem nostrum Robertum, abbatem de Monte, et Hugonem sacerdotem, de redditibus et beneficiis ad ecclesiam Sancti Melorii pertinentibus agebatur, sedatam esse, ita quod in tribus anni sollempnitatibus, scilicet in die Natalis Domini, in Pascha, in festivitate Omnium sanctorum, de oblationibus monachi duas partes habeant, sacerdos vero terciam. De his autem oblationibus que per annum evenerint, provisum est ut inter monachos et sacerdotem per medium parciantur, exceptis illis que pro parrochiali cura sacerdotem contingunt, scilicet oblationibus fraternitatum, babtismi, sponsalium, confessionum, et eis omnibus que de mortuis contigerit provenire. De decimis autem statutum est quod ad granciam monachorum omnis frugum decima congregetur, et exinde nona pars sacerdoti, residuum monachis assignentur. Et ut sacerdos istam concederet pactionem, monachi sibi vita comite IIII^{or} minas, duas siliginis et duas ordei, annuatim debent persolvere. Actum est hoc tercio kalendas Januarii, apud Sanctum Maclovium de Insula, anno ab incarnatione Domini M° C° LX VI°. Testibus : abbatibus Sancti Jacuti et Sancti Salvatoris de Castro et Sancti Jacobi de Munfort, et Radulfo archidiacono, et Ge. priore Sancti Maclovii, D. priore Leonensi, B. Alterius(?), Rualendo priore de Monte, et aliis pluribus.

XVIII. *Accord entre l'abbé Robert et Rualend de Genêts*[1].
12 Juillet 1166.

Innotescat universis, tam presentibus quam futuris, quorumcumque manus scriptum presens attigerit, quod Ruall[endus] de Genecio renuntiavit in universum prefecture Genecii et eis que pertinent ad prefecturam, in hunc modum quod nec ipse nec heredes sui in prefectura de cetero aliquid clamabunt. Et ob hoc donaverunt Robertus abbas Montis Sancti Michaelis in periculo maris et conventus ejusdem loci predicto Ruallendo id quod habebant in Estreiis, et apud Genecium id quod habebant de dominico in Rumilleio inter viam publicam et boscum predicti Ruallendi et vivarium, adeo solutum et quietum sibi et heredibus suis habendum prout illud possidebant, preter decimam dominici ipsius, quam suis retinuerunt usibus. Hanc autem conventionem juravit idem Ruallendus a se et heredibus suis in solidum, prout distincta est, observandam. Acta est siquidem hec eadem conventio assensu et consilio domini regis Henrici secundi. Actum publice in capitulo Montis, IIII° idus Julii, anno dominice incarnationis M° C° LX° VI°, regni vero predicti gloriosi regis Angl[orum] XI°. Testibus : Willelmo de Sancto Johanne, Gisleberto de Camp[ellis], Radulfo de Potte-

[1] Original, Archives de la Manche. Cartulaire du Mont-Saint-Michel, fol. 122. Dans le Cartulaire, à la suite de la charte, on lit : « Formam hujus cyrographi habet Ruallendus signatam sigillo Beati « Michaelis. »

rello, Ricardo de Veimo, Radulfo de Humme, Hugone Bigoto, Ricardo de Bosco, Matheo. — CIROGRAPHUM.

XIX. *Accord entre l'abbé Robert et Gervais fils d'Hélie*[1]. 12 Juillet 1166.

Noverint universi ad quos scriptum presens pervenerit quod Gervasius filius Helye dedit in elemosinam ecclesie Montis Sancti Michaelis in periculo maris totum excambium in integrum quod accepit a monachis pro universo feudo quod habebat in pistrino, videlicet terram de Fulgereio, et terram vinearum de Sancto Johanne, et terram de Estreiis, et in bosco de Collevilla feudum Petri de Landa, et feudum Berselep[us], mediator[um]. Et ob hoc concesserunt Robertus, abbas Montis Sancti Michaelis in periculo maris, et conventus ejusdem loci eidem Gervasio monachatum cum voluerit; et interim dederunt ei C solidos cenomannensium et pellitiam unam et bottas et XII quarteria de blado per annum, et IIII panes monachi singulis diebus. Terminus autem denariorum : primus, ad festum sancti Michaelis, secundus ad Natale Domini, tertius ad Pascha, quartus ad Pentecosten; ad unumquemque autem istorum[2] terminorum XXV solidi predicto

[1] Deux exemplaires originaux aux Archives de la Manche. Cartul. du Mont-Saint-Michel, fol. 122. Dans le Cartulaire, cette charte est suivie des mots : « Scriptum istud habet Gervasius in cirographo suo « signatum sigillo Beati Michaelis. »

[2] *Horum* dans l'autre exemplaire.

Gervasio solvendi sunt; bladum vero totum in mense Septembri. Actum publice in capitulo Montis, IIII idus Julii, anno Dominice incarnationis[1] M° C° LX° VI°, presidente universali catholice ecclesie Alexandro papa III, regnante vero glorioso rege Anglorum et duce Normannorum et Aquitanorum et comite Andegavorum Henrico. Testibus : Willelmo de Sancto Johanne, Gisleberto de Camp[ellis], Radulfo de Potterello, Ricardo de Veimo, Radulfo de Humme, Hugone Bigoto, Ricardo de Bosco, Math[eo]. — CIROGRAPHUM.

XX. *Confirmation par le roi Henri II de l'accord que l'abbé Robert avait conclu avec Rualend de Genêts et Gervais fils d'Hélie*[2]. — 13 Juillet 1166.

Henricus, rex Anglorum et dux Normannorum et Aquitanorum et comes Andegavorum, archiepiscopo Rothomagensi, episcopis et abbatibus, comitibus, baronibus, justiciis, vicecomitibus et omnibus ministris et fidelibus suis Normannie, salutem. Sciatis me concessisse et presenti carta confirmasse conventionem que facta est inter Robertum abbatem de Monte Sancti Michaelis et Ruallendum de Genecio rationabiliter de prefectura Genecii, et etiam conventionem que rationabiliter facta est inter predictum abbatem et Gervasium filium Helye de excambio pistrini, sicut cyrographa inter

[1] Les mots *dominice inc.* omis dans un exemplaire.

[2] Original, Archives de la Manche. Cartulaire du Mont-Saint-Michel, fol. 122 v°. Copie, d'après le Cartulaire, ms. latin 10072 de la Bibl. nat. fol. 173.

eos facta testantur, que coram me lecta fuerunt, et ipsi coram me concesserunt. Et ideo volo et firmiter precipio quod predicte conventiones firme et stabiles inter eos maneant et inconcusse teneantur ab eis et successoribus suis. Testibus : Ricardo archidiacono Pictavensi, magistro Johanne Cummino, magistro Radulfo de Tamesword, Ricardo de Hummetis conestabulario, Jordano Teissun, Willelmo filio Hamonis et Fulcone Paenello et Willelmo de Sancto Johanne. Apud Fulgerias in exercitu[1].

XXI. *Accord conclu entre le roi Henri II et l'abbé Robert au sujet des travaux à faire au donjon de Gavray*[2]. — 14 Juillet 1166.

Henricus, rex Anglorum et dux Normannorum et Aquitanorum et comes Andegavorum, archiepiscopo Rothomagensi, episcopis, abbatibus, comitibus, baronibus, justiciis, vicecomitibus et omnibus ministris et fidelibus suis Normannie, salutem. Sciatis me clamasse quietam ecclesie Sancti Michaelis de Monte et abbati et monachis ibidem Deo servientibus operationem quam facere solebant ad turrim meam de Guavreio, ita tamen quod abbas et barones de honore Sancti Paterni daturi

[1] Dans le Cartulaire, le copiste a ajouté, à la fin de la charte, la note suivante : « Data per manum magistri Stephani. III° idus Julii, « anno ab incarnatione Domini M° C° LX° VI°, regni vero Henrici « gloriosi regis Anglorum XI°. »

[2] Cartulaire du Mont-Saint-Michel, fol. 122 v°. Copie d'après le Cartulaire, ms. latin 10072 de la Bibl. nat. fol. 173.

sunt singulis annis ad festum sancti Michaelis conestabulario ejusdem castelli XX solidos Andegavensium vel Romesinorum si cucurrerint. Nec liceat alicui gravennariorum vel bedellorum propter predictos XX solidos intrare terram abbatis, sed mittet abbas per ministrum suum conestabulario illius castelli XX solidos Andegavensium vel Romesinorum, si cucurrerint, ad festum sancti Michaelis. Et propter hanc concessionem dedit michi predictus abbas, et barones de predicto honore, C libras Andegavensium. Testibus : Ricardo archidiacono Pictavensi, magistro Johanne Cummin, Willelmo comite de Arundello, comite Eudone, Ricardo de Humetis conestabulario, et Jordano Teissun, Fulcone Paenello, Willelmo de Sancto Johanne, Gaufredo Monacho. Apud Fulgerias.

Data[1] per manum magistri Stephani, II idus Julii, anno ab incarnatione Domini M° C° LX° VI°, presidente universali catholice ecclesie Alexandro papa III, regnante vero glorioso rege Anglorum et duce Normannorum et Aquitanorum et comite Andegavorum Henrico anno XI°.

XXII. *Confirmation par le roi Henri II d'un accord conclu entre l'abbé Robert et Rualend de Genêts*[2]. — Après 1166.

Henricus, rex Anglorum et dux Normannorum et Aquitanorum et comes Andegavorum, archiepiscopo Ro-

[1] La date suivante ne devait pas être mentionnée sur la charte originale; elle a, selon toute apparence, été ajoutée par le rédacteur du Cartulaire.

[2] Original, Archives de la Manche. Bibl, nat., ms. latin 10072, fol. 46 v°.

thomagensi, episcopis, abbatibus, comitibus, baronibus, justiciis, vicecomitibus, ministris et omnibus fidelibus suis totius Normannie, salutem. Sciatis quod Rualemus de Genetio coram me clamavit quietam et abjuravit de se et heredibus suis Roberto abbati et monachis Sancti Michaelis de Monte prefecturam Genetii quam tenebat hereditarie, et in manu mea eam reddidit. Et ego inde predictum abbatem saisivi. Et propter hoc abbas dedit ei viginti libras Andegavensium. Preterea dedit ei et heredibus suis terram illam quam Gervasius filius Helie habebat pro excambio pistrini, ita quod Rualemus et heredes sui habeant et teneant eam bene et in pace. Reddidit etiam prefatus abbas ipsi Rualemo et heredibus suis totum reliquum feodum predicti Gervasii, salvo jure et servitio quod eadem terra debet ecclesie Sancti Michaelis de Monte, et inde fecit ei homagium Rualemus coram me. Et si quis in hoc feodo aliquid clamaverit, abbas inde rectum teneat in curia sua. Concessit etiam illi et heredibus suis abbas prenominatus vavassoriam Reginaldi presbiteri, cognati sui, salvo servitio quod inde debet illa prefate ecclesie, et feodum Turpis Infantis, cognati sui, salvo servitio ecclesie. Et propter hoc Rualemus abjuravit de se et heredibus suis et clamavit quietam abbati et monachis predictis ecclesiam Genetii quam calumpniabatur. Et similiter abjuravit de se et heredibus suis et clamavit quietum totum ministerium prefecture predicte et pistrini. Quare volo et firmiter precipio quod predictus abbas et predicti monachi habeant et teneant predictam prefecturam et ecclesiam et ministerium pistrini, ita bene et in pace et libere et plenarie et integre et honorifice, sicut convenit inter eos et carta mea testatur. Testibus : Gaufrido archidiacono Cantuariensi, Ricardo archidiacono Pictavensi, et Gilone archidiacono Rothomagensi, Walerano archidiacono Baiocensi, Clarembaldo abbate Sancti Augustini Cantuariensi, Manassero Biset dapifero, Ricardo de Luci, Willelmo Malet, Bertranno de Verdun. Apud Radinges.

XXIII. *Accord entre l'abbé Robert et Georges fils de Herlewin*[1]. — Vers 1167.

Cirografum. — Noverint tam presentes quam futuri quatinus contentio fuit inter Robertum abbatem et Jorges filium Herlewin et capitulum, de landa Roberti et de maisura Berengier, super qua re in talem venerunt compositionem : quod [s]cilicet supradictus Jorgius dimisit quiete et in pace ecclesie Sancti Michaelis la landa Robert, et abbas et capitulum dimisit ei la maisura Berengier en franche vavasuriæ. Testis Robertus abbas, et Ruelandus prior, Turgis de Maildri, Robert de Balveir, Robertus de Auseis, Alveredus Pulcher, Alanus coqus, et alii.

XXIV. *Charte de l'abbé Robert relative à l'église de Poilley*[2]. 1er Janvier 1167.

Noverint universi ad quorum noticiam presens scriptum devenerit quod Philippus de Polleio ecclesiam de Polleio dimisit.

[1] Original, Archives de la Manche.
[2] Copies, Bibl. nat., ms. latin 5430 A, p. 53 et 160.

Ego autem Robertus, Dei patientia abbas Montis Sancti Michaelis in periculo maris, et conventus loci ipsius, ecclesiam supranominatam, intuitu solo pietatis, Auberto clerico in elemosinam donavimus; ipse autem de ecclesia predicta L solidos Andegavensis monete unoquoque anno nobis ad festum sancti Michaelis, sive priori nostro de Villa Amois, sine ulla contradictione persolvet, et insuper ecclesiam ipsam adversus episcopum et archidiaconum de omnibus querelis sine ulla occasione quietabit. Hanc autem conventionem, prout distincta est, tacto sacrosancto evangelio juravit se modis omnibus observaturum, presentibus istis : Rua-[lendo] priore, Ernulpho subpriore, Ansgerio cantore, monachis, Philippo de Polleio, Michaele clerico; canonicis de Monte, Thoma sacerdote, Erberto, Roberto clericis; Richardo de Bosco, Guitone, laicis. Actum anno dominice incarnationis M° C° LXVII°, kalendis Januarii, in capitulo nostro Montis.

XXV. *Donation faite au Mont-Saint-Michel par Philippe de Carteret, en présence de l'abbé Robert*[1]. — 5 Janvier 1167, v. st.

Ne temporis accessu presentis rei geste veritas oblivionis nube tegatur, perhennem illi memoriam scripture beneficio comparamus. Sit igitur semper et ab omnibus notum quod ego Philipus de Cartrahio dono

[1] Original scellé, aux Archives de la Manche. Copie, Bibl. nat., ms. latin 10072, fol. 174.

et confirmo et manu mea offero ad altare sancti Michaelis in Monte Tumba, ad opus ipsius beati Michaelis et ecclesie sue et monachorum, elemosinam meam et antecessorum meorum que est in Gersoio, presentibus huic donationi et concedentibus uxore mea Nicholaa, filio meo Raginaldo, nepote meo Guillelmo, multisque meis hominibus et amicis. In hac elemosina continetur ecclesia Sancti Audoeni integre et perfecte, cum universis ad ipsam pertinentibus, preter id solum quod de decimis frugum monachi Sancti Salvatoris et sanctimoniales habere debent. Presbiterum vero querere et in ecclesia tenere vel removere ad monachos Sancti Michaelis libere pertinebit. Est etiam in hac elemosina capella Sancte Marie, cum omnibus pertinentiis ejusdem, juxta quam paravi et dedi monachis congruam mansionem. Ut autem hec nostra donatio Deo acceptior et nobis utilior esse possit, omnem ab ea calumpniam et impedimentum excludimus, et quieta prorsus dimittimus stramina frugum, tres sextarios avene, pelliceam, botas, pelves, mapulam, cereos, que prius exinde querebamus, et nostre elemosine perpetuam et quietam constituimus libertatem. Hoc etiam michi meisque successoribus a monachis est concessum quod, si uni de propinquioribus consanguineis nostris monachatum petierimus, uni soli successive, si tamen clericus sit aut miles et persona conveniens, annuetur; et cum ad Montem venerimus, una nocte nobis hospitium tanquam fratribus exhibebunt. Actum est hoc anno dominice incarnationis M° C° LX° VII°, pridie Epiphanie, sexta feria, aput Montem, presente domno

Roberto abbate, et congregatione monachorum, nostroque, sicut diximus, comitatu. Testibus Thoma et Herberto, sacerdotibus, Michaele et Benedicto, clericis, Mattheo et Hugone Bigot, laicis[1].

XXVI. *Assignation faite par l'abbé Robert au cuisinier du Mont-Saint-Michel*[2]. — 1168.

Noverint universi in quorum manus scriptum presens devenerit quod Robertus, abbas Montis Sancti Michaelis de periculo maris, et conventus loci ipsius concesserunt, pro universis que ad ministerium coquinarii ecclesie Montis spectant in Abrincatino et in Terra Vasta, exceptis pulmento monachorum et sale quod ad ipsum respicit et duabus acris in prato de Bulen[eio], concesserunt, inquam, coquinario, quicumque pro tempore fuerit, XXX solidos cenomannensium singulis annis a festo sancti Johannis Baptiste quod est anno Domini M° C° LXVIII° deinceps. Respondebitur autem ei de X illorum ad festum sancti Michaelis, ad Natale Domini de totidem, de totidem ad Pascha.

XXVII. *Extrait d'une confirmation des biens de l'abbaye du Mont-Saint-Michel, accordée par le pape Alexandre III à la demande de l'abbé Robert*[3]. — 9 Novembre 1169.

Alexander, episcopus, servus servorum Dei, dilectis

[1] C'est en 1168, n. st., que la veille de l'Epiphanie tomba un vendredi. Le rédacteur de la charte commençait l'année au 25 mars.

[2] Cartulaire du Mont-Saint-Michel, fol. 124.

[3] Copie, Bibl. nat., ms. français 18949, p. 359.

filiis Roberto, abbati monasterii Sancti Michaelis de periculo maris, ejusque fratribus, tam presentibus quam futuris, regularem vitam professis, in perpetuum. Justis religiosorum, etc.

Datum Beneventi, per manum Geraldi, sancte Romane ecclesie notarii, V idus Novembris, indictione II, incarnationis dominice M C LXIX, pontificatus vero domni Alexandri pape III anno undecimo.

XXVIII. *Charte d'Etienne, évêque de Rennes, relative à l'église de Saint-Broladre*[1]. — Vers 1170.

Universis sancte matris ecclesie filiis, Stephanus, Dei gratia Redonensis ecclesie presbiter, et regis Anglie capellanus, salutem. Ne in litem redeant que per compositionem jurgia sopiuntur, ad vestram voluimus notitiam pervenire quod, cum causa que inter Petrum clericum et abbatem Montis Sancti Michaelis de periculo maris et monachos de ecclesia Sancti Petri de Sancto Broeladro nobis esset a domino papa delegata fine debito terminanda, amicabili eam compositione terminavimus in hunc modum. Petrus clericus renunciavit ex integro querele sue de ecclesia illa et omnibus querelis quas antea habuerat adversum abbatem et monachos ecclesie Montis, acceptis pro hujus modi pace decem libris Cenomannensis monete ab abbate per manum abbatis de Veteri Villa, prestita primum fide corporaliter in manum nostram quod in illa ecclesia nichil ulterius clamaret. Testibus : Auberto epis-

[1] Original, Archives de la Manche.

copo Macloviensi, Luca abbate de Veteri Villa, magistro Johanne de Valle Nobili, magistro Willelmo de Vira, magistro Olivero, Willelmo Elvino, Ricardo de Haia, et Roberto de Ottritonia monachis, Hugone filio Tie, Durando fratre ejus, Durando de Bosco, Rogerio forestario, Matheo Camberlengo, Ricardo Anglico et aliis quam pluribus.

XXIX. *Lettre de Jean, évêque de Dol, à Robert, abbé du Mont-Saint-Michel, au sujet du moulin de Sains*[1]. — Vers 1170.

J. Dei gratia Dolensis ecclesie minister et ejusdem ecclesie commune capitulum, viro venerabili R. abbati et conventui Sancti Michaelis, salutem et sub regula discipline ingenue militare. Miramur quam plurimum et non sine ratione quod vos, quos familiares et dilectos ecclesie nostre credebamus, contra nos de facto molendini de Sainz ita dure et aspere agere voluistis. Sane, quia scimus quod in eodem loco vultis aliquid habere, quandiu molendinum ibi erit, decem solidos usualis monete vobis damus annuatim. Valete.

[1] Copies, Bibl. nat.. ms. latin 5430 A, p. 66 et 225. — C'est avec beaucoup d'hésitation que j'attribue la lettre suivante à Jean II, évêque de Dol (1164-1177), et que je la suppose adressée à l'abbé Robert. Elle pourrait avoir été écrite vers 1220 par Jean V, évêque de Dol, à Raoul, abbé du Mont-Saint-Michel.

XXX. *Lettre de l'abbé Robert au sujet d'une association conclue entre les abbayes du Mont-Saint-Michel et de Cluny*[1]. — 1172.

Ut oblivionis incommodum caveatur, ego Robertus abbas et conventus Sancti Michaelis de periculo maris utile duximus mandare litteris et confirmare sigillo quod, cum dominus Stephanus abbas Cluniacensis de suo adventu ad locum nostrum nos admodum lætificasset, ab ipso et nobis, presente etiam reverentissimo abbate Clusino gratia Benedicto et nomine, in nostro capitulo est constitutum et attentius confirmatum, ut monasterium Cluniacense et nostrum subscripto societatis vinculo deinceps in perpetuum astringantur. Igitur si de alterutro monasteriorum fratres ad alterum venerint, sicut ejusdem loci monachi suscipientur et in ordine erunt, si moram ibidem, seu voluntate, seu necessitate, aliquandiu sunt facturi. Pro abbatibus autem Cluniacensibus defunctis sicut pro nostris faciemus; ab ipsis vero pro nostris sicut pro abbatibus qui ad ipsos pertinent est agendum. Pro fratribus autem, quotiens alicujus obitus audietur, officium et missa celebrabitur in conventu, cantabuntque pro eo singuli sacerdotes, et ceteri psalmos dicent. Et quia defuncti brevem cito ferri via longior non permittit, statutum est ut annuatim in octavis sancti Michaelis pro utriusque loci defunctis utrinque officium et missa solenni-

[1] Copie par Baluze, Bibl. nat. Collection de Baluze, vol. 86, p. 343, d'après l'original des Archives de Cluny.

ter ac deinde tricenarium celebretur. Hujus autem fraterne conventionis scripturam vobis, o dilectissimi et omni honore digni sancte Cluniacensis ecclesie fratres universi, transmisimus, quatinus apud vos ob memoriam, si vestre sanctitati placuerit, habeatur.

XXXI. *Charte de l'abbé Robert, relative aux droits de l'abbaye de Saint-Sauveur-le-Vicomte sur l'église de Saint-Clément à Jersey*[1]. — Vers 1172.

Notum sit universis scriptum presens cernentibus me Robertum, abbatem Sancti Michaelis de periculo maris, et conventum ejusdem loci condidisse quandam capellam in Gersoio insula apud Petram villam, in parrochia Sancti Clementis, que ecclesia est monachorum Sancti Salvatoris, assensu Ricardi, episcopi Constanciensis, et Rogerii, abbatis Sancti Salvatoris, et conventus ejusdem loci, salvo parrochiali jure ex integro. Quod autem in privilegio nostro hec eadem ecclesia antea confirmata fuerat, non sit eis impedimento, nec eis noceat, quia ignoranter et injustum actum fuit.

XXXII. *Autorisation donnée à l'abbé Robert, par Richard, évêque de Coutances, de construire un oratoire à Pierreville, dans l'île de Jersey*[2]. — Vers 1172.

Dilectis in Christo sancte matris ecclesie rectoribus universis ad quos littere iste pervenerint, Ricardus, Dei

[1] Cartulaire de Saint-Sauveur, p. 90, n. 268.
[2] Cartulaire de Saint-Sauveur, p. 90, n. 267.

gratia Constanciensis episcopus, salutem. Ex permissu dilectorum nostrorum Rogeri, abbatis Sancti Salvatoris, et monachorum suorum, concessimus abbati Roberto Sancti Michaelis facere oratorium sibi et monachis suis venientibus vel commorantibus in villa sua de Perrevilla in Gersoio, salvo et retento omni parrochiali jure ecclesie Sancti Clementis, de tota etiam familia monachorum ibi commoranti. In presentia enim nostra recognitum fuit quod ecclesia illa Sancti Clementis ab antiquo est de jure abbatie Sancti Salvatoris cum omni integritate sua, et in privilegio monachorum Sancti Michaelis injuste fuerat conscripta. Actum est hoc in capitulo Constanciensi, presentibus Alveredo cantore; et Ricardo, Willermo, Roberto, archidiaconis nostris; Petro capellano et aliis multis.

XXXIII. *Déclaration des fiefs de l'abbaye du Mont-Saint-Michel, présentée par l'abbé Robert au roi Henri II*[1]. — 1172.

Anno ab incarnatione Domini M° C° LXX° II° facta est hec intitulatio de numero militum et vavassorum hujus ecclesie, ex precepto domini regis Henrici secundi.

Anno ab incarnatione Domini M° C° LXX° II° convenerunt omnes barones Normannie Cadomi in nativitate

[1] Cartulaire du Mont-Saint-Michel, fol. 132 v°. — Publié dans *Recueil des Historiens*, XXIII, 703. Des fragments en avaient été précédemment publiés par Dom Morice, *Preuves*, I, 618, et par l'abbé Desroches, *Annales du pays d'Avranches*, p. 113.

beate Marie virginis, ex precepto regis Henrici secundi, et ibi recognitum est ab unoquoque baronum, ante justic[ias] regis, quot milites unusquisque baronum deberet ad servicium regis, et quot haberet ad suum proprium servitium, et unusquisque baronum fecit duos breves, unum cum sigillo, alterum sine sigillo : in sigillato autem erat tantummodo numerus militum quos debebant regi; in altero non sigillato erant nomina eorumdem militum, et partes et divisiones; et omnes isti breves baronum, tam sigillati quam non, asportati sunt et positi in thesaurario regis. Et pro hoc fecit Robertus abbas hanc intitulationem.

Anno ab incarnatione Domini M° C° LIIII°, quando Robertus abbas venit ad regimen ecclesie Montis, ut de minimis taceamus, isti barones fecerunt ei homagia de tenementis que tenebant de ecclesia Beati Michaelis.

Comes Cestrie apud Sanctum Gabrielem de medietate de Bacilleio et de Verguncé et de Pelvin et de Berleria in Costantino. — Guillelmus de Sancto Johanne, Fulcho Paginellus, apud Sanctum Paternum.—Aschulfus de Suligneio et Jordanus Tessun, apud Genecium. —Guillelmus Avenel, de Meisnillo Adelée, apud Pontem Ursonis. — Gillebertus filius Aschulfi de Suligneio, apud Montem. — Fulcho Paginellus, post mortem ipsius Gilleberti, de tenemento ipsius Gilleberti, quia sororius ejus erat, apud Genetium. — Guillelmus de Abrincis, de Noant, apud Montem. — Robertus de Briencurt et Gaufridus de Venuiz, marchalli, apud Brettevillam. — Guillelmus Chamberlencus de Tancharvilla, apud Fulgerias, in excercitu in castris regis. — Guillelmus de Brae et Eudo de Tania et alii milites de Abrincatino, apud Montem. — Robertus de Sancto Johanne, de feudo Alani cujus filiam habebat, apud Montem. — Johannes de Chumburg, pincerna, de willa Melverne, apud Montem. — Hugo filius Hamerii et Rainaldus Grimbaldus, apud Montem. — Guillelmus de Orival, apud Montem. — Robertus de Tot et Raginaldus de Meisnillo, apud Montem. — Johannes de Suligneio, apud Montem. — Hugo Mala Herba et Gellinus de Mundevilla, et Robertus de Missé et Radulfus de Cleci, et Radulfus Taillebois, apud Brettevillam. — Radulfus Tessun, in capitulo, apud Montem.

Abbas Montis debet VII[1] milites cum loricis ad servicium regis : tres in Abrincatino et tres in Constantino; septimum in Baiocasino[2].

Hii sunt milites de Abrincatino.

Comes Cestrie debet facere medietatem unius militis de Bacilleio. — Willelmus de Sancto Johanne, aliam medietatem, de feudo Sancti Johannis. — Radulfus de Fulgeriis debet facere unum militem de medietate de Buillun et de Chavei et de quadam parte Olivi. Istud autem servitium debet facere pro eo Bertramnus de Verdum, filius Normanni. — Item, Radulfus de Fulgeriis debet facere terciam partem unius militis de Mai-

[1] Il y avait d'abord VI dans le ms.

[2] Les mots *septimum in Baiocasino* ont été ajoutés après coup.

dreio. — Eudo de Tanie et Thomas de Belveer et Rogerus Baillard, alteram terciam partem. De ista tercia parte Eudo de Tanie debet facere duas partes, et Thomas de Belveer et Rogerus Baillard terciam, et de ista ultima tercia parte Thomas de Belveer debet facere duas partes, et Rogerus Baillard terciam. — Willelmus de Abrincis de Noeant et Hamo de Macé et Ruall[onus] de Macé, terciam partem unius militis, et de ista tercia parte Noeant facit tres partes, et Macé quartam.

Hii sunt milites de Constantino.

Fulcho Paginellus debet unum militem de Bricchevilla et de Unnovilla, et Gaufredus de Bricchevilla debet facere hoc servicium pro eo. — Willelmus de Musca debet unum militem de Masnillo Drogonis et de Sancto Ursino. — Robertus de Boscho debet unum militem, et auxiliatur ei ad hoc servicium feodum de Croem, quod tenent Gaufredus de Bricchevilla et Willelmus de Verdum, et masura Heriz, quam tenet Robertus de Monte Aquile et Willelmus de Leseaus.

Auxilia Roberti de Boscho faciunt custodiam apud Montem.

Isti sunt vavassores de Abrincatino ad servicium ecclesie Montis cum scuto et lancea. — Hoel est liber vavassor cum scuto et lancea. — Eudo de Tanie similiter, habens duas vavassorias, unam apud Winnes, aliam apud Ardevun, quam Ruell[onus] de Hume tenet de illo. — Willelmus Chauceboef, similiter de duabus vavassoriis, quarum una est de feudo Badelun, altera de feudo sui patris. — Tomas de Belveer, liber vavassor. — Feudum Rogeri Ruffi, liber vavassor. — Gelduinus de Aucé, et Gaufredus filius Michaelis, et Aschuil Bresard, liberi vavassores. — Willelmus de Braé, similiter de Brahé. — Feudum Rogeri de Curé, liber vavassor. — Ruell[onus] de Macé, liber vavassor de duabus vavassoriis. — Hamo de Macé, liber vavassor.

In honore Crucis, Ricardus de Vilers, liber vavassor. — Willelmus de Braé et Moricius de Ruffinni et Amelinus de Burdunai, similiter. — Isti supradicti faciunt custodiam apud Montem, preter illos de honore Crucis, qui servant unam portarum de castello Sancti Jacobi, quando exercitus Normannie alicubi progreditur.

In honore Genecii tres liberi vavassores : feudum Hugonis pretoris, et feudum Willelmi filii Morini, et feudum Radulfi filii Wimundi, quod modo habet Willelmus de Verdum.

In honore Sancti Paterni comes de Arundel est vavassor de Longavilla. — Item idem vavassor de dimidia Dunvilla. — Alanus de Sancto Petro, vavassor de alia medietate de Dunvilla. — Fulcho Paginellus, vavassor de Chantelo. — Idem vavassor de Sancto Martino Vetere. — Idem vavassor de dimidia Brevilla. — Idem vavassor de Torta Zavata. — Idem vavassor de Tilia et de Fulebech. — Nicholaus de Tot cum Radulfo de Poterel liber vavassor de Herengavilla, cum scuto et lancea. — Gaufredus Baldevinus, liber vavassor. — Rannulfus de Nevilla, vavassor. — Raginaldus de Brevilla, vavassor de Piro.

De minis[terio] de Sancto Paterno. — Willelmus

de Sancto Johanne in Hiquelun, de feudo Malregard vavassor. — Idem de feudo Gaufredi de Greinvilla vav[assor] in Hiquelun. — Idem de feudo Marsite, vavassor in Hiquelun. — Idem de feudo Nigelli de Greinvilla vavassor in Hiquelun. — Philippus [1] de Leseauls, vavassor. — Hugo de Grandvilla, vavassor de feudo de Grandvilla. — Willelmus de Vastinneio, de feudo Prime, vavassor in Greinvilla. — Idem de feudo de Vastinneio vavassor. — Philippus de Greinvilla, vavassor in Greinvilla — Rogerus de Pascheio, vavassor de Anschetevilla.

De minist[erio] Deserti. — Comes Cestrie, vavassor de feudo de Berlière. — Fulcho Paginellus, vavassor de Uchinneio.

In Pomeria. — Willelmus de Sancto Johanne, vavassor de feudo Gaufridi Meisnie, in Pomeria. — Idem ibidem vavassor de feudo Torgelin[2]. — Idem vavassor de feudo Cornard ibidem. — Idem vavassor ibidem de feudo Cocorum. — Ricardus de Tabula, vavassor in parrochia Sancti Johannis. — Masura Calcebof, liber vavassor.

Feudum de Columba, quod tenet Jordanus Tessun, facit decimam partem tocius servicii contra Sanctum Paternum.

Isti supranominati de honore Sancti Paterni, qui sunt liberi vavassores, faciunt custodiam apud Montem, et procedunt cum scuto et lancea cum abbate, si inde fuerint summoniti ad capiendum nammum, vel ad alia

[1] Ici et plus bas ce mot est écrit *Pfilippus*.

[2] Article ajouté après coup dans le ms.

negocia, ita ut eodem die possint reverti ad domos suas. Et preter istos, alii minuti vavassores quam plurimi faciunt custodiam apud Montem, et portant pannos monachorum.

In honore de Brettevilla. — Willelmus camerarius de Tancharvilla, liber vavassor. — Willelmus de Brée, similiter. — Feudum de Ardevun, quod tenet Robertus Belet, vavassor. — Robertus de Missi, vavassor. — Hugo [Mala Herba, vavassor. — Feudum Puncelini vavassor. — Radulfus filius Auvredi, vavassor. — Radulfus Taillebois, vavassor. — Feudum Radulfi de Clecé, vavassor. — Feudum Goelleni de Amundevilla, vavassor. — Feudum Geudevin de Versun, vavassor. — Jordanus Tessun, vavassor de quodam molendino quod tenet de Sancto Michaele, et Willelmus Patricius de eo. — Vavassores de Baiocasino, inter Ounam et Viram, faciunt unum militem cum lorica et armis ad servicium domini Normanniæ, quando milites Sancti Michaelis faciunt illud.

Vavassores de Versun et de Brettevilla. — Guillelmus chamberlencus de Tancharvilla, XL acras terre et XXX in uno molendino. — Alexander, chamberlencus regis, L acras. — Ricardus de Versun, marescallus regis, LX acras. — Guillelmus de Brée, septies XX acras. — Goldevinus de Versun, sexies XX acras. — Molendinum Patricii, quod Jordanus Tessun tenet, et molendinum medium quod Gaufridus mar[es]callus et Robertus de Bruicurt tenent, LXX acras. — Goellenus de Mundevilla, L acras. — Terra de Greinvilla, X acras. — Radulfus de Cleci, septies XX acras. — Radulfus Taillebois, de molendino Turneht, XXX acras. — Feudum Puncelini, quater XX acras. — Radulfus filius Alvredi, XXX acras. — Robertus de Missi, XL acras. — Hugo Mala Herba, XL acras. — Feudum Ardevonis, quod tenet Robertus Belet, et Robertus de la Martre, XXV acras. — Rogerus filius Turstini, XX acras. — Guillelmus filius Tierri, XV acras. — Feudum Roberti de Buevilla, quod modo habet Johannes filius Roberti filii Bernardi, XII acras. — Terra Franconis, XII acras. — Terra Roberti sacerdotis, VII acras. — Isti wavassores faciunt unum plenum militem cum equis et armis ad servitium domini Normannie.

XXXIV. *Concession de la foresterie de Bévais, faite par l'abbé Robert à Guillaume de Saint-Jean*[1]. — 1172.

CIROGRAPHUM. — Noverint tam presentes quam futuri quod ego Robertus abbas et conventus Sancti Michaelis de periculo maris concessimus Willelmo de Sancto Johanne forestariam foreste nostre de Beveia jure hereditario habendam et possidendam, quam antecessores ejus[2] habuerant, ita quidem quod nec Willelmus nec heredum ejus aliquis clamabit aliquid in foresta, vel in terris que adjacent foreste, vel in eis que forte de boscho[3] in vastum devenerint, exceptis pastu-

[1] Original, Archives de la Manche. Je donne en note les variantes fournies par la confirmation dont je publie la dernière partie à la page 305, sous le n° XXXV.

[2] La confirmation ajoute *ante eum*.

[3] *Bosco*, dans la confirmation.

ragiis, non de foresta, sed de landa extra forestam. Placitorum vero que de foresta contingent, si de feudo sunt[1] Sancti Michaelis, sive Willelmus de Sancto Johanne illud teneat, sive alius, medietatem nos, medietatem Willelmus percipiet, ita quidem quod ad capellam Sancti Michaelis de Lupis placita illa, presente responsali nostro sive monacho sive alio[2] ad id nostro nomine deputato, discutientur. Placita vero que de terris extrinsecis que de feudo[3] nostro non sunt emerserint, disponet Willelmus de Sancto Johanne prout ei melius visum fuerit. Nos quidem de foresta et dabimus et accipiemus et si libuerit vendemus tanquam de nostro, quantum et sicut voluerimus. Willelmus autem de Sancto Johanne nichil horum faciet, excepto eo quod ad ignem ejus dominicum de Sancto Johanne et ad dominicum ejus edificium de Sancto Johanne oportuerit, sine aliis operationibus. Pastio vero porcorum nostra erit ex integro, excepto quod Willelmus de Sancto Johanne centum porcos in foresta habebit. Quod si Willelmus de Sancto Johanne de aliquo supradictorum forifecerit, judicio curie Sancti Michaelis emendabit. Preterea concessimus ei custodiam guarenne que extenditur per totam parrochiam Sancti Michaelis de Lupis, tam in boscho quam in plano, tali conditione quod ex parte nostra tantum tres, scilicet abbas aut prior aut baillivus capitalis, et ex parte Willelmi tantum tres, scilicet dominus de Sancto

[1] *Feodo fuerint*, dans la confirmation.
[2] *Alio nomine nostro ad id deputato*, ibid.
[3] *Feodo*, ibid.

Johanne aut ejus filius aut frater, ibunt venatum cum voluerint. Si autem placita ad guarennam pertinencia emerserint, sive sint de hominibus extrinsecis, vel intrinsecis, consilio nostro et ipsius emenda capietur, et media pars erit nostra, media vero ipsius. Coria vero cervorum et cervarum et damarum utriusque sexus que ibi capientur ex integro nostra erunt. Actum est hoc publice in capitulo Montis, anno ab incarnatione Domini M° C° LXX° II. Testibus his, ex parte abbatis : Ang[erio] cantore, Ricardo de Haia, Guimundo suppriore, Willelmo filio Tiez, monachis, Rogerio de Meisnil, Jordano ejus filio, Matheo chamberlencho, laicis; ex parte autem Willelmi de Sancto Johanne : Gilleberto de Campeaus, Thoma de Sancto Pancracio, Roberto de Bacilleio, et multis aliis.

XXXV. *Confirmation par le roi Henri II de la précédente concession de l'abbé Robert*[1]. — Vers 1172.

Cyrographum. — Noverint tam presentes quam futuri quod ego Robertus abbas et conventus Sancti Michaelis de periculo maris concessimus Willelmo de Sancto Johanne forestariam foreste nostre de Beveia...[2] Hec autem concessio facta est Henrico, rege Anglorum, duce Normannorum et Aquitanorum et comite Andegavorum, presente et assensum prebente et munimine sigilli sui et auctoritate confirmante; presente etiam

[1] Original, Archives de la Manche.

[2] Comme dans la charte précédente, juxqu'aux mots *judicio curie Sancti Michaelis emendabit*, inclusivement.

Henrico, filio ejus, rege Anglorum, duce Normannorum et comite Andegavorum, et assensum suum prebente; presentibus omnibus istis : Engelgero de Bohun, Jordano Taisson, Roberto Bertran, Fulcone Paganello, Willelmo de Humetis, Willelmo de Corceio, Jordano de Humetis, Engerano de Humetis, Thoma de Coluncciis, Eudone filio Ernesii, baronibus ; Ruallendo priore Montis, Ricardo de Haia, Raginaldo de Sancto Johanne, Rogerio Legato, Roberto de Ottrionnia, Turgiso de Maidreio, Willelmo de Sancto Paterno, Willelmo de Sancto Jacobo, monachis; Matheo camerario, Rogerio forestario, Rogerio de Hiquelon, laicis. Apud Sançtum Laudum.

XXXVI. *Autorisation donnée à l'abbé Robert par le pape Alexandre III de racheter les dimes inféodées*[1]. — 30 septembre 1173, 1174 ou 1176.

Alexander, episcopus, servus servorum Dei, dilectis filiis R. abbati et fratribus Sancti Michaelis de periculo maris, salutem et apostolicam benedictionem. In his que juste et rationabiliter a sede apostolica postulantur, benignum nos convenit animum gerere, et piis petentium desideriis effectum congruum indulgere. Inde est quod nos petitionem vestram, dilecti in Domino filii, justam et rationabilem attendentes, devotioni vestre auctoritate presentium indulgemus ut liceat vobis decimas ad vestras ecclesias pertinentes, cum

[1] Original, Archives de la Manche.

assensu dyocesanorum episcoporum, vel, si ipsi a vobis exinde requisiti in hoc consentire noluerint, per vos de manibus laicorum redimere, et redemptas libere possidere. Datum Anagnie, II kalendas Octubris.

XXXVII. *Confirmation par le roi Henri II d'un accord conclu entre l'abbé Robert et Guillaume du Hommet*[1]. — Vers 1175.

Henricus, Dei gratia rex Anglorum et dux Normannorum et Aquitanorum et comes Andegavorum, archiepiscopo Rothomagensi, episcopis, abbatibus, comitibus, baronibus, justiciis, vicecomitibus, ministris et omnibus fidelibus suis tocius Normannie, salutem. Sciatis contentionem que inter abbatem et monachos Montis Sancti Michaelis et Guillelmum de Humeto super elemosina de Fucherevilla vertebatur, coram me, de assensu utriusque partis, amicabiliter terminatam. Abbas Montis Sancti Michaelis et monachi recognoverunt elemosinam de Fucherevilla de donatione dominorum de Haia, tamquam liberam et quietam elemosinam, descendisse. Guillelmus autem de Humeto et filius ejus, qui honorem habebat de Haia, concesserunt ut abbas et monachi abbatie Montis Beati Michaelis eam tenerent [in] liberam elemosinam et quietam ab omnibus exactionibus, salvis orationibus ecclesie Montis Sancti Michaelis, que fient pro eis tanquam pro dominis. Si piscatores de alio feudo quam de feudo abbatis predicti

[1] Cartulaire du Mont-Saint-Michel, fol. 124 v°.

et monachorum in portu manerii illius cum piscibus applicuerint, piscem non vendent, priusquam servientes abbatis et monachorum et Guillelmi du Humeto vel heredum de Haia ex eo quantum voluerint emerint. Postquam vero mare accesserit semel et recesserit, poterunt quibus voluerint vendere, ita quod si forisfactum aliquod de hoc emerserit, ad abbatem et monachos pertinebit inde justiciam facere. Homines autem de feudo Sancti Michaelis huic consuetudini non subjacebunt de piscibus quos ipsimet prendiderint, sed libertatem habebunt vendendi eos quibus voluerint et quando voluerint. Quare volo et firmiter precipio quod hec conventio inter eos facta rata sit et inconcusse teneatur, sicut hec mea carta testatur. Testibus Roberto comite de Mellento, Ricardo de Hummetis constabulario, Guillelmo de Curci dapifero, Gilleberto Maleth dapifero, Mauricio de Croun, Roberto Marmiun, Bertrammo de Verdum, Johanne de Suligneio, Widone de Sancto Walerico. Apud Valonias.

XXXVIII. *Confirmation par l'évêque de Winchester d'une pension que l'abbé Robert avait assignée à Guillaume de Sainte-Mère-Eglise*[1]. — Vers 1175.

Ricardus, Dei gratia Wintoniensis episcopus, dilectis in Christo filiis, archidiac̄onis, decanis et universo clero ac populo per episcopatum Wintoniensem constituto,

[1] Original, Archives de la Manche. Copie, Bibl. nat., ms. latin 10072, fol. 56.

salutem in Domino. Sciat universítas vestra nos ratam ac gratam habere donationem quam fecit R. abbas Sancti Michaelis de Monte, assentiente conventu ejusdem loci, Willelmo de Sancte Marie Ecclesia, clerico de camera domini regis, super tribus marcis argenti singulis annis percipiendis per manum magistri Gervasii de Cicestria, persone[1] ecclesie de Basinges, que ad prefati abbatis presentationem noscitur pertinere, donec aliquam vacare contigerit ecclesiam de presentatione abbatis predicti et conventus que prefato Willelmo placeat et eum deceat, sicut in carta prefatorum abbatis et conventus, quam vidimus et audivimus, continetur. Et ut hoc futuris temporibus ratum habeatur et firmum, illud presenti scripto nostroque sigillo duximus roborandum. Hiis testibus : magistro Stephano Remensi[2], magistro Hamone, et Ricardo medico, magistro T. Griffin., J. de Turri, J. de Sancto Michaele, Hugone de Gah., T. de Torn., Jocelino de Risindona.

XXXIX. *Remise d'une église anglaise faite à l'abbé Robert par Richard, évêque de Winchester*[3]. — Vers 1175.

Ricardus, Dei gratia Wintoniensis ecclesie humilis minister, universis sancte matris ecclesie filiis ad quos presens carta pervenerit, salutem. Noverit universitas vestra nos ecclesiam de Mertoc, quam de donatione

[1] *Persona* sur l'orig.

[2] Ou peut-être *Reneri*. L'original porte *Rem* ou *Reni*, avec un signe d'abréviation.

[3] Original scellé, Archives de la Manche.

abbatis et fratrum Sancti Michaelis de periculo maris multis temporibus possederamus, predicto abbati et fratribus, cum omni benivolentia, ex integro restituisse, et Godefridum de Mertoc, qui ecclesiam nomine nostro possederat, ab obligatione et juramento quod nobis pro ecclesia illa prestiterat, penitus absolvisse, ut de cetero eis tamquam dominis fideliter serviat, et pensionem quam nobis solvebat eis cum integritate persolvat. Testibus : magistro Jordano decano Cicestrie, Rannulfo capellano, Jordano de Turri, Willelmo de Cicestra, Matheo clerico, Radulfo clerico de Wodebiria.

XL. *Donation faite par Robert Patri à l'abbaye du Mont-Saint-Michel représentée par l'abbé Robert*[1] — 1176.

Universis sancte matris ecclesie filiis ad quos presens scriptum pervenerit, Robertus Patricius et uxor ejus Philippa, salutem. Noverit universitas vestra quod nos dedimus et concessimus in puram et liberam et perpetuam elemosinam terram nostram de Gernereio, illam videlicet que fuit Hugonis de Rosello, cujus corpus requiescit in cemeterio Montis, Deo et sancto archangelo Michaeli et eidem archangelo famulantibus monachis, pro prenominati Hugonis anime salute et antecessorum suorum et pro nostra nostrorumque salute. Facta est autem donatio ista et concessio super

[1] Wiffen, *Historical memoirs of the house of Russell*, I, 528. J'ai vainement cherché aux Archives de la Manche l'original de cette charte, que M. Wiffen indique dans ce dépôt.

altare sancti Michaelis anno ab incarnatione Domini M C LXXVI. Ut autem donacio ista et concessio rata maneat et stabilis, dederunt Robertus abbas et conventus Montis predicto Roberto Patricio et uxori ejus Philippe in caritate decem libras andegavensium. Testibus : Radulfo Patricio, Guillelmo de Sancto Bricio, Radulfo Russello, Matheo clerico, Matheo chamberlenco, Guillelmo Berengero et multis aliis. Apud Montem.

XLI *Prise à ferme par l'abbé Robert d'une terre située à Saint-Germain-sur-Ay*[1]. — 1177.

Cirographum. — Robertus abbas et conventus Montis Sancti Michaelis de periculo maris, universis fidelibus, in Domino salutem. Sciatis quod Willelmus de Roha et Rogerius, frater ejus, tradiderunt nobis ad firmam terram suam de feudo nostro in villa nostra de Sancto Germano, per redditum quem terra illa reddebat tunc temporis, a festo Omnium Sanctorum quod est anno dominice incarnationis M° C° LXX° VII° usque ad V annos, ita quod si terram illam voluerint invadiare aut vendere, quicquid eis alius offerat, nos eam in vadimonio habebimus pro L^a^ solidis cenomannensium usque ad X annos, vel pro C solidis cenomannensium in finali venditione. Ad terminum autem V annorum, si alterum duorum predictorum, vel pignoris vel venditionis, medio tempore non intercesserit, restituemus eis de cetero terram suam quando repetierint,

[1] Original aux Archives de la Manche.

salvis emendationibus et catallis agricolarum eam per nos excolentium. Redditum autem, de mandato eorum, quamdiu pactum hujus traditionis duraverit, Gaufrido de Virgeio ad festum sancti Michaelis annuatim solvemus. Si quid autem ad redditum supradictum augere poterimus, nostrum usque ad predictum terminum erit. Durabit autem pactio ista inter nos et homines predictos quandiu terram predictam poterint nobis vuarantizare. Affidaverunt etiam se conventionem istam bona fide servaturos. Testibus : Guimundo priore, Roberto de Otritonia, Radulfo de Focherewilla, Turgiso de Maidreio, et Ranulfo de Virgeio, et aliis. Apud Montem.

XLII. *Approbation par le pape Alexandre III des mesures prises par l'abbé Robert pour réduire à trois les douze prébendes qui existaient précédemment au Mont-Saint-Michel*[1]. — 4 janvier 1179 ou 1181.

Alexander, episcopus, servus servorum Dei, dilectis filiis abbati et fratribus Sancti Michaelis de periculo maris, salutem et apostolicam benedictionem. Non solum ex insinuatione vestra, set etiam ex testimonio dilecti filii nostri R[ollandi] Dolensis electi, cui fidem in majoribus adhibemus, manifeste nobis innotuit quod, cum in monasterio vestro duodecim sint prebendule, ad donationem vestram spectantes, usque adeo pauperes et exiles quod ex his vix possent tres canonici

[1] Original, Archives de la Manche.

quomodo libet sustentari, canonici qui prebendulas ipsas habere noscuntur, paupertatis obtentu, non sine derogatione monasterii vestri, peregrinos indebita elemosinarum extorsione fatigant. Inde itaque fuit quod vos, ejusdem monasterii et predictorum canonicorum volentes fame consulere, de communi consilio, statuistis ut duo tantum clerici idonei et honesti debeant de cetero eligi, in quorum usus cedant ille pauperes prebendule, cum vacaverint, ita quidem ut parrochiali altari prescripti monasterii, cui prefati canonici serviunt, debeant acceptum obsequium exhibere. Vestris itaque postulationibus annuentes, et super his per jam dictum electum cognoscentes plenius veritatem, institucionem vestram, super hoc rationabili providentia factam, ratam habemus et firmam, eamque auctoritate apostolica confirmantes, presentis scripti patrocinio communimus, statuentes ut nulli omnino hominum liceat hanc paginam nostre confirmationis infringere, vel ei ausu temerario contraire. Si quis autem hoc attemptare presumpserit, indignationem omnipotentis Dei et beatorum Petri et Pauli apostolorum ejus se noverit incursurum. Datum Tusculani, II nonas Januarii.

XLIII *Confirmation des biens de l'abbaye du Mont-Saint-Michel, octroyée par le pape Alexandre III, à la demande de l'abbé Robert*[1]. — 27 janvier 1179, n. s.

Alexander, episcopus, servus servorum Dei, dilectis filius Roberto abbati monasterii Sancti Michaelis in

[1] Original mutilé, ayant servi d'enveloppe à une gargousse, Bibl.

periculo maris, ejusque fratribus tam presentibus quam futuris regularem vitam professis, in perpetuum. Vitam religiosam eligentibus apostolicum convenit adesse subsidium, ne forte cujuslibet temeritatis incursus aut eos a proposito moveat, aut robur (quod absit!) sacre religionis infringat. Eapropter, dilecti in Domino filii, vestris justis postulationibus clementer annuimus, et prefatum monasterium Sancti Michaelis in periculo maris, in quo divino mancipati estis obsequio, sub beati Petri et nostra protectione suscipimus, et presentis scripti privilegio communimus; in primis siquidem statuentes ut ordo monasticus, qui secundum Deum et sancti Benedicti regulam in monasterio vestro institutus esse dignoscitur, perpetuis ibidem temporibus inviolabiliter observetur. Preterea quascunque possessiones, quecunque bona idem monasterium in præsentiarum juste et canonice possidet, aut in futurum concessione pontificum, largitione regum vel principum, oblatione fidelium, vel aliis justis modis, prestante Domino, poterit adipisci, firma vobis vestrisque successoribus et illibata permaneant, in quibus hec duximus propriis vocabulis exprimenda.

Locum in quo ipsum prefatum monasterium situm est, cum pertinentiis suis; villam Sancti Michaelis, cum ecclesiis, passagio, justitiis, rationabilibus consuetudinibus et aliis pertinentiis suis; ecclesiam de Ardevone,

nat. ms. latin 9215, pièce cotée Mont-Saint-Michel, n° 4. Vidimus de l'année 1523, Archives de la Manche. Copie de dom Huynes, Bibl. nat. ms. français 18947, fol. 118, v°. Autre copie, ms. français, 18949, p. 331.

Vuinnes, Belvedere, Passum, Curey, cum ipsis villis et earum pertinentiis; villam de Cruce, Villers, Baalent, cum earum pertinentiis; burgum de Bevron, cum suis molendinis et pertinentiis; Capellam Hamelin, cum molendino et aliis suis pertinentiis; ecclesiam de Caugé, cum pertinentiis suis; ecclesiam de Bucé, cum pertinentiis suis; terram juxta portam Pontis Ursonis, cum pertinentiis suis; ecclesiam Pontis Ursonis, cum decimis molendinorum et omnium redituum castri et aliis suis pertinentiis; ecclesiam de Genetio, cum ipsa villa, mercato, molendinis et omnibus aliis suis pertinentiis; ecclesiam de Drageyo, cum ipsa villa, vineis, molendino et aliis pertinentiis suis; villam Sancti Michaelis, et centum solidos andegavensis monete annuatim de ecclesia, per manus canonicorum de Lucerna, pensionis nomine, vobis solvendos; Bacillie, cum pertinentiis suis; molendinum Comitis cum pertinentiis suis; ecclesiam Sancti Michaelis de Lupis, cum burgello, molendino de Haya, silva de Beveya, pascuis et aliis pertinentiis suis; quicquid juris habetis in ecclesia de Argogiis.

In episcopatu vero Constanciensi, ecclesiam Sancti Paterni; ecclesiam Sancti Pancratii; ecclesiam Sancti Albini; ecclesiam Sancti Johannis de Campis; ecclesiam de Brevilla, et ecclesiam de Condevilla, cum viginti duobus parochi[an]is, silvis, pascuis, molendinis, mercato et aliis earum pertinentiis; terram de Estreis cum pertinentiis suis; ecclesiam de Focherevilla cum pertinentiis suis; villam que dicitur Sancta Columba cum pertinentiis suis; Eantot cum pertinentiis suis;

ecclesiam de Cartret cum pertinentiis suis; in insula de Gersé, Petravillam cum pertinentiis suis; ecclesiam de Capella cum pertinentiis suis; totam insulam de Causé, cum pertinentiis suis; insulam de Serc cum pertinentiis suis; in insula de Generé, ecclesiam de Gouale, et tres alias ecclesias, cum earum pertinentiis; villam de Gouale, cum molendinis, piscariis, portibus et aliis pertinentiis suis; melagium de terra comitis Ranulfi cum pertinentiis suis; terram Hugonis de Rozel cum pertinentiis suis.

In episcopatu Baiocensi, ecclesiam de Donno Johanne, cum capellis, libertatibus et aliis pertinentiis suis; villam de Donno Johanne, cum molendinis, silvis et aliis pertinentiis suis; villam de Versun, cum molendinis et aliis pertinentiis suis; ecclesiam de Brettevilla; ecclesiam de Ebreceio, et ecclesiam d'Escay, cum libertatibus et aliis earum pertinentiis; Brettevillam, cum molendinis et aliis pertinentiis suis.

Quicquid juris habetis in ecclesia Sancti Michaelis de Mercato apud Rothomagum.

In episcopatu siquidem Carnotensi, ecclesiam de Goerre, cum villa ipsa et aliis pertinentiis suis; Polleium cum pertinentiis suis.

In episcopatu Andegavensi, ecclesiam de Creant, cum vineis et aliis pertinentiis suis; in civitate Andegavensi, domum, cum vineis et aliis pertinentiis suis.

In civitate Turonensi, domum cum vineis et aliis pertinentiis suis.

In episcopatu Cenomanensi, ecclesiam Sancti Victurii, cum ecclesia Sancti Johannis, capellis et aliis pertinentiis suis; burgum Sancti Victurii, cum vineis, molendinis, rationabilibus consuetudinibus et aliis pertinentiis suis; ecclesiam de Estival, cum pertinentiis suis; ecclesiam de Danfront; ecclesiam de Livaré; ecclesiam Sancti Bertevini et capellam de Taoneria, cum earum pertinentiis; dimidium mercatum de Taoneria, cum pasnagio quod habetis in silvis Gillonis de Gorra; quicquid juris habetis in ecclesia Sancti Dionisii; Montenai, cum pertinentiis suis; Villarentoniam, cum molendinis, silvis et pertinentiis suis.

In episcopatu Redonensi, ecclesiam de Poleio et ecclesiam de Villamers, cum villa ipsa, et aliis earum pertinentiis.

In archiepiscopatu Dolensi, ecclesiam Sancti Petri de Sancto Broeladio, cum pertinentiis suis; capellam Sancti Michaelis de Monte Doli.

In episcopatu Macloviensi, ecclesiam Sancti Melorii, et ecclesiam Sancti Mevenni, cum capellis et earum pertinentiis.

In episcopatu Coriobsitensi, ecclesiam de Hyrlas, cum villa de Treveruer, et aliis pertinentiis suis.

In Anglia, in archiepiscopatu Eboracensi, ecclesiam de Wath, cum ipsa villa et aliis pertinentiis suis.

In episcopatu Wintoniensi, ecclesiam de Seleburna, ecclesiam de Basinges et ecclesiam de Basingestoc, cum capellis et aliis earum pertinentiis.

In episcopatu Salesberiensi, ecclesiam de Vutona, cum pertinentiis suis.

In episcopatu Bathoniensi, ecclesiam de Mertos, cum capellis et aliis pertinentiis suis.

In episcopatu Exoniensi, ecclesiam de Ottritonia; ecclesiam de Estolleia; ecclesiam de Hartecumba, et ecclesiam de Sedemva, cum ipsis villis, molendinis, silvis, mercato, piscariis et aliis earum pertinentiis; Brudeleiam, cum silvis, pascuis, portu, piscariis et aliis pertinentiis suis; ecclesiam de Vudeberia, cum pertinentiis suis; ecclesiam Montis Sancti Michaelis in Cornubia, cum villa de Treuvarmine, mercato et aliis pertinentiis suis; ecclesiam Sancti Hilarii, cum pertinentiis suis; Treurabot, cum pertinentiis suis, et ecclesiam de Moreis, cum pertinentiis suis.

Sane novalium vestrorum que propriis manibus aut sumptibus colitis, sive de nutrimentis animalium vestrorum, nullus a vobis decimas presumat exigere. Cum autem generale interdictum fuerit, liceat vobis clausis januis, exclusis excommunicatis et interdictis, non pulsatis campanis, submissa voce, divina officia celebrare. Liceat quoque vobis clericos et laicos liberos et absolutos a seculo ad conversionem recipere, et eos sine contradictione aliqua retinere. Prohibemus insuper ut nulli fratrum vestrorum, post factam in eodem loco professionem, nisi obtentu arctioris religionis, fas sit sine abbatis sui licentia de eodem loco discedere; discedentem vero absque communium litterarum cautione nullus audeat retinere. In parochialibus autem ecclesiis quas habetis liceat vobis clericos et sacerdotes eligere et episcopo presentare, quibus, si idonei fuerint, episcopus animarum curam committat, ut ei de spiritualibus vobis de temporalibus debeant respondere. Obeunte vero te, nunc ejusdem loci abbate, vel tuorum quolibet successorum, nullus ibi qualibet subreptionis astutia vel violentia preponatur, nisi quem fratres communi consensu vel fratrum pars sanioris consilii, secundum Dei timorem et beati Benedicti regulam, providerint eligendum. Sepulturam quoque ipsius loci liberam esse decernimus, ut eorum devotioni et extreme voluntati qui se illic sepeliri deliberaverint, nisi forte excommunicati vel interdicti sint, nullus obsistat, salva tamen justitia illarum ecclesiarum in quibus mortuorum corpora assumuntur. Preterea, sub interminatione anathematis prohibemus ne quis peregrinos qui orationis causa ad vestrum monasterium veniunt depredari, aut aliam molestiam seu gravamen ipsis irrogare, presumat. Interdicimus etiam ne quis in vos vel in ecclesias vestras novas et indebitas exactiones presumat imponere, aut excommunicationis vel interdicti sententiam sine manifesta et rationabili causa promulgare. Decernimus ergo ut nulli omnino fas sit prefatum monasterium temere perturbare, aut ejus possessiones auferre, vel ablatas retinere, minuere, vel quibuslibet vexationibus fatigare; sed omnia integra conserventur eorum pro quorum gubernatione ac sustentatione concessa sunt usibus omnimodis profutura, salva apostolice auctoritate sedis et diocesanorum episcoporum canonica justitia. Si qua igitur in futurum ecclesiastica secularisve persona, hanc nostre constitutionis paginam sciens, contra eam temere venire tentaverit, secundo tertiove commonita, nisi reatum suum digna satisfactione correxerit, potestatis honorisque sui dignitate careat, reamque se divino judicio existere de perpretrata iniquitate cognoscat, et a sacratissimo corpore ac sanguine Dei et Domini redemptoris nostri Jhesu Christi aliena fiat, atque in extremo examine divine ultioni subjaceat. Cunctis autem eidem loco jura sua servantibus sit pax Domini Nostri Jhesu Christi, quatenus et hic fructum bone actionis percipiant, et apud supremum judicem premia eterne pacis inveniant. Amen.

Ego Alexander, catholice ecclesie episcopus, subscripsi.

Ego Hubaldus, Hostiensis episcopus, subscripsi.

Ego Johannes, presbiter cardinalis Sanctorum Johannis et Pauli tituli Pamachii, subscripsi.

Ego Johannes, presbiter cardinalis tituli Sancte Anastasie, subscripsi.

Ego Johannes, presbiter cardinalis tituli Sancti Marci, subscripsi.

Ego Petrus, presbiter cardinalis tituli Sancte Susanne, subscripsi.

Ego Petrus, presbiter cardinalis tituli Sancti Grisogoni, subscripsi.

Ego Vivianus, presbiter cardinalis tituli Sancti Stephani in Celio Monte, subscripsi.

Ego Arduinus, presbiter cardinalis tituli Sancte Crucis Jherusalem, subscripsi.

Ego Matheus, presbiter cardinalis tituli Sancti Marcelli, subscripsi.

Ego Jacinthus, diaconus cardinalis Sancte Marie in Cosmidin, subscripsi.

Ego Rainerius, diaconus cardinalis Sancti Georgii ad velum aureum, subscripsi.

Ego Gratianus, diaconus cardinalis Sanctorum Cosme et Damiani, subscripsi.

Ego Johannes, diaconus cardinalis Sancti Angeli, subscripsi.

Ego Rainerius, diaconus cardinalis Sancti Adriani, subscripsi.

Ego Matheus, diaconus cardinalis Sancte Marie Nove, subscripsi.

Ego Bernardus, diaconus cardinalis Sancti Nicolai in carcere Tulliano, subscripsi.

Datum Tusculani, per manum Alberti, sancte Romane ecclesie presbyteri cardinalis et cancellarii, VI kalendas Februarii, indictione XII, incarnationis dominice anno M° C° LXX° VIII°, pontificatus vero domni Alexandri pape III anno vicesimo.

XLIV. *Echange conclu entre l'abbé Robert et Richard du Bois*[1]. — Vers 1180.

Cirographum. — Robertus abbas et conventus Montis Sancti Michaelis de periculo maris, omnibus fidelibus in Domino, salutem. Noverit universitas vestra nos dedisse et presenti carta confirmasse Ricardo de Bosco, in excambium vinee sue posite juxta vineam que fuit Michaelis clerici, vineam Petri Walepic, et vineam Willelmi Berengarii, tenendas eas de nobis in feudum et hereditatem, per redditum duodecim sexta-

[1] Original scellé, Archives de la Manche.

riorum vini de acra. Et pro hoc excambio faciendo, dederunt nobis Ricardus et uxor sua Dyonisia moltam hominum suorum de Sancto Ligerio, absolute et integre, quamvis judicium curie nostre hoc ipsum nobis daret, cum ipsi in feudo illo nullum habeant molendinum. Nos autem, ut donatio istius molte firma duraret et stabilis, quin etiam propter evitandam calumpniam subsequentium heredum, robam unam de viridi supradicte Dyonisie dedimus. Testibus : Roberto priore, Troiano suppriore, Jordano cantore, Willelmo bailivo, Gal[ieno], Matheo clerico, Matheo camberlenco, Radulfo Fiscannensi, Ricardo Coquo et aliis.

XLV. *Traité conclu entre Guillaume, évêque du Mans, et l'abbé Robert, au sujet de l'église de Saint-Bertevin*[1]. — Vers 1180.

Willelmus, Dei gratia Cenomannensis episcopus, universis fidelibus, salutem. Nos intelligentes quod veritas sub scripti authoritate tutior debet conservari, notum fieri curavimus quod, cum inter nos et Robertum abbatem et monachos Sancti Michaelis de Monte in periculo maris [super] jure patronatus ecclesie Sancti Bertevini contentio verteretur, cumque monachi illi ad probandum que intendebant minus idonea instrumenta attulissent, nos, tali defectu eorum, et in partem nostram proniores, jus illud nobis vindica[vi]-

[1] Copie, Bibl. nat. ms. latin 5430 A, p. 154.

mus. Tandem nos, accusante conscientia, ad nos revertentes, intellecto quod misericordia superexaltat judicium, jus illud patronatus, quod in predicta ecclesia Sancti Bertevini nobis vindicare intendebamus, eis dimisimus, ab impetitione nostra in perpetuum absolventes, et jus patronatus quod in ecclesia illa postulabant, authoritate nostra et assensu Nicholai, decani ecclesie Cenomannensis, in cujus archidiaconatu ecclesia illa est, et Raginaudi de Asneriis, illius terre archipresbyteri, eis confirmantes. Prenominati vero monachi, hoc a nobis gratum accipientes, concesserunt se singulis annis anniversarium nostrum sicut abbatis eorum solemniter in perpetuum celebraturos, et panem et vinum et generale quidquid victus eadem die uni monacho illius abbatie dabatur, uni pauperi pro nobis eadem die misericorditer largituros. Quod ut fidelius conservetur, id litteris annotari et sigillo nostro fecimus communiri. Huic facto interfuerunt Raginaudus precentor ecclesie Beati Juliani, Mauricius archidiaconus, Willelmus archidiaconus, Esgaretus capellanus, magister Ernaudus, Paganus Verron, magister Richardus Abrincensis, Petrus de Ponte.

XLVI. *Nomination par Henri, évêque de Bayeux, d'un clerc présenté par l'abbé Robert à la chapelle de Fourneaux*[1]. — Vers 1180.

Henricus, Dei gratia Baiocensis episcopus, omnibus Christi fidelibus, salutem in Domino. Noverit universi-

[1] Original, Archives de la Manche. Extrait, Bibl. nat. ms latin 5430 A, p. 251.

tas vestra nos, ad presentationem Roberti abbatis et conventus Sancti Michaelis de periculo maris, recepisse Willelmum, clericum, filium Rogeri de Beheia, ad capellam de Furnellis, et ei ejusdem ecclesie integram vicariam contulisse, salvo per omnia jure matris ecclesie, scilicet de Domno Johanne, ita quod dictus Willelmus in perpetuam elemosinam possidebit omnia ad dictam capellam pertinentia, preter duas portiones garbarum bladi, quas prenominati abbas et conventus percipient sicuti percipere consueverunt. Quot ut ratum et stabile perseveret, presentis scripti testimonio et sigilli nostri munimine roboravimus.

XLVII. *Charte de l'abbé Robert pour la maison des pauvres de Genêts*[1]. — 1182.

Robertus abbas et conventus Montis Sancti Michaelis de periculo maris, omnibus fidelibus, in Domino salutem. Sciatis nos concessisse et in elemosinam dedisse et hac nostra carta confirmasse domui pauperum apud Genesium constitute, ad opus indigentium et debilium qui ibi suscipientur, unam quadrigatam singularem ad unum equum de foresta nostra de Bevia, unaquaque septimana perpetuo habendam et possidendam, et unam acram terre in loco convenienti, in marisco de Genesio, constitutam. Confirmamus etiam eidem domui unum courtillum juxta molendinum de

[1] Ch. de Beaurepaire, *Notice sur l'hospice d'Avranches*, p. 100, d'après une copie moderne des archives de cet hospice.

Espaillart quod Hugo Vigori, et dimidiam acram quam Gervasius filius Helie, et dimidiam acram quam Philippus filius Rual[end]i domui memorate, de assensu nostro, dederunt, et omnia que de feudo nostro domui prefate in elemosinam dabuntur, salvis[1] redditu et jure ecclesie nostre. Concessimus nichilominus omnibus ejusdem loci benefactoribus communicationem omnium beneficiorum que in ecclesia nostra fiunt et fient in perpetuum. Actum publice in capitulo Montis, anno Domini millesimo centesimo octogesimo secundo.

XLVIII. *Concession faite à l'abbé Robert, par Rolland, évêque élu de Dol*[2]. — 1184.

Universis sancte matris ecclesie filiis, Rollandus Dei gratia Dolensis electus et capitulum Dolensis ecclesie, in Domino salutem. Noverit universitas vestra nos, ad petitionem dilectorum fratrum nostrorum venerabilis Roberti abbatis et monasterii Sancti Michaelis de periculo maris, intuitu caritatis et religionis favore, concessisse et in perpetuam elemosinam, de communi consilio et assensu, dedisse predictis fratribus insulam que dicitur Lillermier, cum omnibus ad eam pertinentibus, in terris, aquis, piscariis, bosco et in aliis omnimodis pertinentiis, quiete et libere et pacifice perpetuo possidendam. Quoniam autem in hac parte volumus

[1] Au lieu de *salvis*, l'édition porte *et aliis*.

[2] Copies, Bibl. nat. ms. latin 5430 A, p. 54 et 192.

utrique ecclesie, tam Dolensi quam ecclesie de Periculo maris, studiosius providere, convenit inter nos et monachos memoratos, ut pro hac insula solverent prenominati fratres pro annua pensione Dolensi ecclesie tres libras thuris in festivitate beati Samsonis, et tres cereos, qui simul equivalebunt unum pondus Dolense, in purificatione beate Marie, per manum fratris qui in insula nomine monachorum moram faciet, quandocunque voluerit et quandiu sibi visum fuerit. Actum publice in capitulo Dolensi, anno ab incarnatione Domini M C LXXX IIII. Testibus : Johanne de Musca cantore, Johanne thesaurario, magistro Radulfo Neret, magistro Geroldo, magistro Hugone Neret, Guidone Pisano, Guillelmo capellano, Guillelmo de Dinanno, canonicis Dolensibus; Guillelmo Augustino, Petro Pinello, Jelduino capellano, Roberto priore Montis, Guillelmo priore de Monte Doli, Radulfo de Sancto Melorio, Nicolao monacho, Johanne Puntello, et aliis multis.

XLIX. *Charte de l'abbé Robert pour l'abbaye de Marmoutier*[1]. — Vers 1184.

Robertus abbas et conventus Montis Sancti Michaelis de periculo maris, omnibus ad quos presens scriptum pervenerit, salutem in Domino. Sciatis nos, religionis et dilectionis causa, concessisse ecclesie Sancti

[1] Cartulaire du Mont-Saint-Michel, fol. 125.

Martini Majoris Monasterii, et fratribus in ea Domino servientibus, ut vineam quam dedit eis Durandus Burel, que erat Cenomannis in feudo nostro, habeant liberam et quietam a censu et decima et omni jure quod ad nos pertinere solebat, et sit de feudo eorum, sicut antea erat de nostro. Ipsi vero, simili caritatis et fraternitatis intuitu, concesserunt nobis vineas quas habebamus Turonis in feudo eorum, in loco qui dicitur Morterdun, liberas a censu et omni jure quod ad eos antea pertinebat, et sint de feudo nostro, sicut fuerant de feudo eorum. Capient autem annuatim in eisdem vineis tres summas et dimidiam vini, ad mensuram prisonum ejusdem ecclesie. Et si hii qui easdem vineas tenebunt reddere distulerint, per easdem vineas distringentur. Concessimus insuper ut teneant in manu sua quamdiu voluerint plateam quam dedit eis Stephanus filius Bernardi Luvel, monachus eorum, salvo manente nobis in eadem platea censu nostro et alio jure. Testibus : Roberto priore, Jordano cantore, Guillelmo subpriore, Guimundo priore Sancti Victurii.

L. *Concession d'une église anglaise faite par l'abbé Robert à Gautier, clerc de Picale*[1]. — 1184.

Cirographum. — Omnibus fidelibus ad quos presentes littere pervenerint, Robertus abbas et conventus Montis Sancti Michaelis de periculo maris, in Domino

[1] Original, Archives de la Manche. Copie, Bibl. nat. ms. latin 10072, fol. 50.

salutem. Noverit universitas vestra nos concessisse Waltero clerico de Picale ecclesiam nostram de Wath in elemosinam, ita quod due partes obventionum ecclesie illius, et due partes decimarum in blado et in omnibus de quibus decime ibi solvuntur, cedent in usus nostros; tercia vero pars Walterii erit, cum terra ad ecclesiam pertinente, et cum oblationibus panis, ovorum et carnium. Respondebit autem prememoratus Walterus de justiciis episcopalibus et de omnibus honoribus que ad officiales archiepiscopi pertinebunt. Actum publice apud Montem, anno ab incarnatione Domini M° centesimo octogesimo quarto. Testibus his : Roberto priore, Jordano cantore, Willelmo priore tunc Otritonie, Galieno, Nigello, Roberto Legato, monachis; magistro Nicholao de Herpeforda, Bartholomeo, Rogero de Basinges, clericis; Matheo camberlenco, Tholomeo, Oliverio, laicis, et aliis multis.

LI. *Confirmation par l'abbé Robert d'un accord conclu entre le prieur de Saint-Victeur et l'abbé de la Couture au Mans*[1]. — 1184.

Robertus abbas et conventus Montis Sancti Michaelis de periculo maris, omnibus ad quos presentes littere pervenerint, salutem. Sciatis nos concedere et in presenti scripto et sigillo nostro firmare pacem et compositionem quam frater noster Guigmundus, prior Sancti

[1] Cartulaire de la Couture, à la Bibl. du Mans, fol. 9. Extraits, Bibl. nat. ms. latin 12690, fol. 5 v°, et ms. latin 17123, p. 216.

Victurii Cenomannis, fecit cum Ricardo abbate et monachis de Cultura, que quidem pax et compositio sic se habet. Predictus abbas et monachi de Cultura tenebant de feodo nostro juxta Ponticellum via Montensis[1], unde nobis sex cenomannenses census annui persolvebant; capiebant autem in eadem re supercensum et consuetudines et vendas; et hec cum justicia ejusdem rei annis aliquot habuerant. Prior vero Sancti Victurii dicens ad nos magis hec pertinere, ut pote qui principalem censum habemus, nitebatur hec judicio sive seculari sive ecclesiastico revocare. Pars autem altera magno se consilio et longo detentionis [tempore] tuebatur. Cumque fuisset diucius litigatum, tandem finis negocii positus est in consilio donni Gaufridi Mali Canis, tunc senescauli, et donni Marcelli, tunc prepositi, et donni Johannis de Melna et aliorum prudentum et fidelium virorum; qui, rem deliberatione diutina pensantes, in hanc pacis formam devenerunt, quam pars utraque promisit irrefragabiliter observare : sex cenomannenses nostri annui census sine contradictione nobis reddentur, et illis suus similiter quem habuerant supercensus. Cetera vero omnia, id est justicia, vende, consuetudines, per medium communicabuntur, hoc tamen observato quod justicia in ipso feodo communiter tenebitur, et famulus communiter ponetur, qui utrique parti fideliter respondebit. Hanc nostre confirmationis cartam eis tradimus, consimilem ab eis accipientes. Actum Cenomannis, in curia domini

[1] Il faudrait peut-être lire : *in via Montensi* ou *vie Montensis.*

regis Henrici filii Matildis imperatricis, anno Domini M° C° LXXX° IIII°. Testibus: Ham[elino], Laur[encio], Willelmo, monachis, Gervasio, Johanne, Mengui et multis aliis.

LII. *Concession de terres situées en Angleterre, faite par l'abbé Robert à Alain, fils de Hervé, clerc*[1]. — 1184.

CIROGRAPHUM. — Robertus abbas et conventus Montis Sancti Michaelis de periculo maris, omnibus fidelibus, in Domino salutem. Noverit universitas vestra nos concessisse et dedisse et hac presenti carta confirmasse Alano clerico, filio Hervei, in elemosinam res nostras de Winburgeam, per annuam pensionem unius marce argenti, quam solvet singulis annis ad festum beati Johannis Baptiste, in manerio nostro de Wath, priori sive procuratori ejusdem manerii. Juravit autem prememoratus Alanus se de predicta pensione et de rebus nostris sibi concessis nobiscum fideliter in omnibus [deservire]. Actum publice apud Montem, anno incarnationis Domini millesimo centesimo octogesimo quarto.

LIII. *Concession par l'abbé Robert de quinze acres de terre situées à Fougeray*[2]. — 1185.

Robertus abbas et conventus Montis Sancti Michaelis de periculo maris, universis fidelibus, salutem.

[1] Original, Archives de la Manche. Copie, Bibl. nat. ms. latin 10072, fol. 174.

[2] Cartulaire du Mont-Saint-Michel, fol. 125.

Sciatis nos tradidisse et presenti scripto et sigillo confirmasse tribus hominibus, scilicet Rannulfo Instaurato et Rannulfo de Scrobe et Roberto Carpentario, XV acras terre in Fulgere, tenendas in perpetuum tam ipsis quam heredibus suis, per XXX solidos Cenomannensium annui census, ad festum sancti Remigii persolvendos. De his autem XV acris habebunt unam acram et dimidiam in prato, et tres acras in masuagio, decem vero et dimidiam in agricultura. Erunt autem immunes a costumis de nutritura sua vendita seu empta; de mercatione enim, si fecerint, dabunt costumas. Actum apud Montem, anno Domini MCLXXXV. Testibus : Roberto priore, Guimundo suppriore, Nicholao tunc magistro infirmorum, per quem ad hanc conventionem sunt adducti, Galieno capellano, Gaufrido de Domno Johanne, Rannulfo de Virgulto, monachis; Matheo clerico, Matheo camerario, Radulfo Gerin, Johanne Magno et multis aliis.

LIV. *Accord entre l'abbé Robert et Gilbert de Sartilly, et Raoul Randuin, au sujet de l'église de Sartilly* [1]. — 1185.

Cirographum. — Noverint omnes ad quorum noticiam scriptum presens pervenerit quod, cum Gislebertus de Sartilleio et Radulfus Randuinus questionem in curia domini regis Henrici movissent super presentacione ecclesie de Sartilleio abbati Roberto et conven-

[1] Original, Archives de la Manche.

tui Montis Sancti Michaelis de periculo maris, contentio illa amicabili concordia, de partium assensu, sopita est in hunc modum : Gislebertus de Sartilleio et Radulfus Randuinus renuntiaverunt in integrum querele mote in curia regis, et quidquid in illa ecclesia juris et ejus presentacione clamabant omnino abbati et monachis dimissum abjuraverunt. Et propter hanc renunciationem concesserunt abbas et conventus Gisleberto et Radulfo Randuino terram juxta boscum Beveie, que clauditur ab oriente aqua que dividit feudum de Sartilleio a feudo Sancti Michaelis, ab occidente aqua que dividit terram illam et Borgellum Salomonis, ab aquilone terra que tradita fuit Godefrido Bloet, a meridie terra que tradita est Guillermo Minnun, tenendam et feudaliter possidendam de ecclesia Montis per quindecim solidos andegavensis monete, quos annuatim de tenemento illo ecclesie Montis solvent ad festum sancti Remigii. Quod si Gislebertus et Radulfus Randuinus super aquam que dividit Borgellum et terram nominatam vivarium unum aut plura aut molendinum facere voluerint, medietas totius emolumenti et emendationis abbatis et monachorum sine aliquo sumptu quieta erit, medietas vero Gisleberti et Radulfi Randuini. Tenebunt autem Gislebertus et Radulfus Randuinus tenementum istud hoc modo quod Gislebertus et heredes ejus tenebunt principaliter de abbate et monachis, et eis hominium de feudo facient, et redditum memoratum reddent; Radulfus Randuinus autem et ejus heredes quod in tenemento illo habebunt de Gisleberto et ejus heredibus tenebunt. Quod si ad terminum constitutum singulis annis quindecim solidi redditi non fuerint, poterunt abbas et monachi in vinea quam tenet Gislebertus de eis apud Drageium nammum accipere, et ipsam terram et boscum in ea nutritum in manum suam recipere, et quousque eis de redditu satisfiat in manu sua tenere. Facta est autem hec conventio apud Montem publice, et post modum in curia domini regis coram senescallo Normannie confirmata, anno ab incarnatione Domini M° C° octogesimo quinto. Testibus : Roberto priore, Guimundo subpriore, Jordano cantore, Guillermo thesaurario, Guillermo ballivo, Guillermo elemosinario, Nicholao infirmario, Matheo clerico, Alano de Sancto Petro, Gaufrido Duredent, Jordano de Cresnei, Hugone Bigoto, Richardo de Angi.

LV. *Lettre de Gautier de Coutances, archevêque de Rouen, pour maître Guillaume de Verdun, que l'abbé Robert avait présenté à une moitié de l'église de Saint-Michel de Rouen*[1]. — Vers 1185.

Walterus, Dei gratia Rothomagensis archiepiscopus, omnibus Christi fidelibus ad quos presens scriptum pervenerit, salutem in Domino. Noverit universitas vestra nos, ad presentationem dilectorum filiorum nostrorum R. abbatis et conventus Montis Sancti Mychaelis de periculo maris, concessisse et dedisse in purum, liberum et perpetuum beneficium dilecto filio

[1] Original, Archives de la Manche.

et fideli clerico nostro magistro Willelmo de Verdun medietatem ecclesie Sanci Mychaelis aput Rothomagum. Et ut hec nostra donatio futuris temporibus illibata consistat, ipsam presentium autoritate firmavimus. Testibus hiis : Johanne decano Rothomagensi; Waltero de Sancto Walarico, Roberto de Sancto Paterno, archidia[co]nis Rothomagensibus; magistro Radulfo de Richesp.., magistro Johanne Sagiensi, magistro Odone de Constanciis, canonicis Rothomagensibus, et multis aliis.

LVI. *Accord entre l'abbé Robert et Hervé de Verdun pour l'église de Boucey*[1] — 1186.

Sciant presentes et futuri quod, cum esset contentio inter abbatem Robertum et monachos Montis Sancti Michaelis de Periculo maris et Herveum de Viriduno[2], de medietate presentationis ecclesie de Boce, quam Herveus clamabat se debere tenere de eis feodaliter in vavassoria sua quam tenet de ecclesia Montis, sopita est tandem per concordiam inter eos in hunc modum : Herveus de Viriduno et Ricardus frater ejus dimiserunt et quietum clamaverunt quicquid clamabant in presentatione ecclesie, et in manum abbatis et monachorum, de assensu domini Abrincensis episcopi Willelmi, resignaverunt; insuper etiam duos solidos Ande-

[1] Cartulaire du Mont-Saint-Michel, fol. 119 v°.

[2] Hervé de Verdun est qualifié « Canonicus Abrincensis, » dans une notice relative au patronage de l'église de Boucey. Ibid. fol. 119, v°.

gavensium, quos in Boce habebant, in elemosinam perpetuam ecclesie Montis dederunt. Abbas autem et conventus Willelmum de Viriduno, fratrem Hervei, ad monachatum receperunt, et de communi assensu concesserunt ut Herveus et heredes ejus feodaliter de ecclesia Montis tenerent terciam garbam decimarum de Boce, sicut antecessores eorum eam tenuerant, liberam et quietam, nomine vavassorie, per tres solidos Cenomannensium annuatim ad festum sancti Remigii ecclesie Montis solvendos. Actum publice apud Abrincas, anno Domini M C LXXXVI. Testibus : Rogerio cantore, Guillermo thesaurario, Gisleberto archidiacono, magistro Ricardo, Willelmo de Olivo, Gaufrido Duredent, Roberto de Bacilleio, Philippo de Novilla, Andrea de Rochella, et aliis multis.

LVII. *Accord entre Richard du Hommet et l'abbé Robert au sujet de la tangue de Saint-Germain-sur-Ay*[1]. — 1186.

Ricardus de Humeto, omnibus fidelibus ad quos presens carta pervenerit, in Domino salutem. Noverit universitas vestra quod abbas Robertus et conventus Montis Sancti Michaelis de periculo maris requisierunt me multociens super quadam mala consuetudine et injusta quam homines mei et homines vicinorum occa-

[1] Original, Archives de la Manche. Copie, Bibl. nat., ms. latin, 5430 A, p. 73. Publié dans mes *Etudes sur la condition de la classe agricole*, p. 269.

sione hominum meorum in terra Sancti Michaelis apud Sanctum Germanum de Focherevilla exercebant. Accipiebant enim tangam sine licentia et assensu baillivorum abbatis, in grande dampnum monachorum, nam saline eorum ex hoc in manerio perdebantur. Intelligens ergo michi et meis heredibus hoc apud Deum periculosum esse, quippe qui manerium illud defendere teneor et servare sicut liberam et quietam elemosinam que de feodo meo descendit, pro reverentia et amore Dei et beati archangeli, necnon et precibus et instancia predicti abbatis et monachorum, prefatam pravam consuetudinem et injustam de manerio illo prorsus auferre curavi. Statuo igitur et confirmo et hac presenti carta mea firmiter in perpetuum stabilio ne quis heredum vel hominum meorum in manerio Sancti Michaelis de Focherevilla tangam capiat, sed quieta sit et libera semper abbati et monachis, ut eam donent aut vendant aut teneant, aut quibusmodis eis placuerit suam voluntatem de ea sicut de sua propria faciant. Et propter hanc iniquam et injustam consuetudinem de manerio delendam, et contra omnes homines tam meos quam alios defendendam, dederunt michi predictus abbas et monachi decem libras Andegavensium. Actum est hoc anno Domini millesimo centesimo octogesimo sexto. Testibus : Petro abbate de Blanca Landa, Roberto priore Montis Sancti Michaelis, Guimundo subpriore, Jordano cantore, Guillelmo thesaurario, Galieno cellarario, Radulfo elemosinario, Raginaldo de Maisnillo, Ricardo de Reveriis, Willelmo de Monasteriis, Roberto de Tot, Willelmo de Pert, Radulfo de Ansgovilla, Willelmo Buteor.

LVIII. *Traité conclu entre l'abbé Robert et André de Laizeaux*[1]. — 1186.

Cirographum. — Quando Robertus abbas et conventus Sancti Michaelis receperunt Andream de Lisaus in monachum ecclesie sue, dedit, etc. Reliquum vero totum feodum suum quod habebat in honore Sancti Paterni liberaverunt a debitoribus, etc. Testibus Radulfo de Cantelou, Wimundo de Colleville, Walterio de Iquelign. Ricardo de Sancto Pancracio, presbiteris; Ricardo de Trise, ... ne vicecomite, Hugone de Sancto Pancratio, Willelmo de Wastineto, Rannulfo filio ejus, Hugone de Sancto Paterno, Ricardo de Bosco, Malesio Taforello, Gaufrido Piro, Walterio de Pratello, et aliis multis. Anno ab incarnatione Domini M° C° LXXX° VI°.

LIX. *Notice relative à l'église de Saint-Etienne du Mont-Saint-Michel, que feu l'abbé Robert avait donnée à un prêtre nommé Robert*[2]. — 24 décembre 1187.

Anno dominice incarnationis M C LXXXVII, circa finem ipsius anni, id est in vigilia Natalis Domini, domnus Martinus abbas Montis, qui eodem anno ad hanc abbatiam venit, dedit ecclesiam Sancti Stephani, que est in Monte, Petro, clerico, nepoti Guimundi prioris, defuncto paulo ante Roberto presbitero, cui

[1] Extrait, Bibl. nat., ms. latin 5430 A, p. 243.
[2] Cartulaire du Mont-Saint-Michel, fol. 119 v°.

domnus Robertus abbas eandem ecclesiam dederat, sicut scriptum superius factum testatur. Huic donationi interfuit Matheus Camberlenc, et recognovit dimissionem calumpnie quam ipse et Lucas, frater ejus, in ecclesia illa fecerant. Renunciaverunt enim omni reclamationi illius ecclesie, et dimiserunt eam, quietam et liberam, in manu domni Roberti abbatis, qui eam, ipsis presentibus, Roberto clerico, sicut jam diximus, in elemosinam dedit. Testes hujus donationis fuerunt Jordanus cantor, Galienus sacrista, Robertus subprior, Robert[us] d'Ikelun, monachi; Fulkeredus, Martinus, Odo, clerici; Willelmus filius Rogerii, Radulfus de Fiscan, Willelmus filius Hubert, laici, et plures alii.

LX. *Lettre de Robert, moine du Bec, à Gervais, prieur de Saint-Céneri, pour l'inviter à écrire l'histoire de Geoffroi, duc de Normandie, avec un abrégé de l'histoire des comtes d'Anjou et des comtes du Maine*[1]. — Vers 1152.

Charissimo in Christo fratri Gervasio, priori Sancti Serenici, frater Robertus, ultimus monachorum Becci, salutem et obsequium. Quoniam audio te a negotiis secularibus feriatum, et otio religioso occupatum, supplico dilectioni tuæ, quatinus ad ea quæ in Normannorum provincia evenerunt post excessum nobilissimi regis Anglorum et ducis Normannorum Henrici, usque ad mortem illustris ducis Normannorum et comitis

[1] Dom Luc d'Achery, *Guiberti opera*, p. 715. *Recueil des Historiens*, XII, xliv, note. Patrologie, vol. 202, col. 1307.

Andegavensium Gaufridi, describenda accingaris. Hoc enim ad augmentum famæ tuæ proficiet, et gratiosum me tibi et remunerationis debitorem efficiet; et quod his omnibus majus est, novi ducis favorem non modicum forsitan adquiret. Si autem ad hoc opus manum miseris, volo ut hoc ordine illud exequaris.

In primis omnium comitum Andegavensium, scilicet ab Ingelgerio usque ad ipsum Goifridum, breviter et quasi recapitulando, enumeres nomina, genealogias, successiones, et quot annis quisque eorum comitatui præfuit, et quæ præclara gesta memoriæ annalium digna, sive in spiritualibus, sive in secularibus rebus exercuit : sub quo etiam rege Francorum primum comitem Ingelgerium Andegavenses habuerunt. Cum autem veneris ad Fulconem, patrem Goifridi, quia uxor ejus fuit filia Heliæ comitis Cenomannorum, hac de causa volo ut, sicut epilogum fecisti de omnibus comitibus Andegavensium, ita facias et de omnibus comitibus Cenomannensium, et omnia observes in illis quæ superius observanda prætaxavi in istis. Hæc autem omnia libentius per memetipsum quoquo modo expedirem, si otium, facultas, copia chronicorum ad illos duos comitatus pertinentium, æque mihi ut tibi suppeditarent.

Et quoniam de singulis ducibus Normannorum, a Rollone usque Henricum, nobilissimum regem Anglorum et ducem Normannorum, singuli libri apud nos retinent, dignum judicavi res gestas illius summatim describendo, historiis antecedentium ducum superadjicere, ne magnitudo illius silentio premeretur, qui et in vita sua multis profuit facto, et post mortem suam, si imitari dignentur, proficiet exemplo. Cui operi, propter continuationem temporum, illud quod a te postulo, continuari volo, quatinus ea quæ in temporibus nostris in nostra provincia gesta sunt, ad notitiam futurorum per scripturam transmittamus. Vale.

LXI. *Lettre de l'abbé Robert à l'abbé du Bec pour lui annoncer l'envoi de la partie de sa chronique faisant suite à la partie qu'il avait écrite avant son éloignement de l'abbaye du Bec*[1] — Vers 1183.

Domino et patri karissimo Rogerio[2], Dei gratia Beccensi abbati, Robertus abbas Montis Sancti Michaelis de periculo maris, quicquid filius patri et quicquid servus domino. Veniens ad nos quidam juvenis requisivit ex parte vestra, ut mitterem vobis partem cronicorum nostrorum quæ continent tempus LXXXII annorum, scilicet a martirio sancti Thomæ martiris usque ad præsens tempus. Ego autem, volens pleno addere cumulum, quicquid scripsi postquam ab ecclesia Beccensi recessi, vobis transmittere curavi, continens tem-

[1] Copie de la fin du XIIe siècle ou du commencement du XIIIe dans un ms. du fonds Cottonien, Domitien VIII, au fol. 70, en tête d'un exemplaire de la Chronique de Robert, commençant à l'année 1154 (voyez plus haut, t. I, p. XLII). — Publié dans le *Recueil des Historiens*, XVIII, 333, note, dans les *Scriptores* de Pertz, VI, 841, et dans la Patrologie de Migne, vol. 160, col. 34.

[2] Le mot « Rogerio » doit être une erreur. A Roger, abbé du Bec, mort en 1179, succéda Osberne, dont le nom devrait figurer dans la présente lettre. Voyez la Chronique de Robert, p. 89 de ce volume.

pus XXVIII annorum. Reliqua vero quæ feci antequam ad Montem venirem, apud vos sunt in cronicis quæ cum magno labore habui de episcopo Belvacensi. Revera liber cronicorum Eusebii Cæsariensis valde utilis est ad enucleandas multas quæstiones tam veteris legis quam novæ, id est evangelii. Incipit enim cronica sua XLIII° anno Nini regis, quo natus est Habraham, et duxit usque XX annum Constantini principis. Et hæc transtulit Jeronimus de græco in latinum ; et his idem Jeronimus addit de proprio a XX anno Constantini usque ad mortem Valentis. Ex hoc sequitur Prosper, et ducit historiam suam usquequo Roma capta est a Jenserico rege Affricæ. Post istum incipit Sigibertus, Gemblacensis monachus, et ducit historiam suam a CCC LXXXI usque ad MC annum, quo anno Henricus I rex Anglorum cœpit regnare. Illius historiæ de serie temporum aliquid continuare conabar, incipiens a die quo Henricus I senior cœpit regnare, et perduxi usque ad annum M C LXXXII. Ipse siquidem ducit historiam novem regnorum insimul; ex quibus sex deficientibus, tria tamtummodo duco, id est Romanorum, Francorum, Anglorum; et ego eum imitans, ista tria regna prosequor. De cetero supplico paternitati vestræ, ut habeatis memoriam, et sancta congregatio cui Deus vos præfecit, de karissimo patre et domino meo Ricardo, Abrincensi episcopo, qui in die beati Marci cessit in fata [1]. Valeat bene et diu sanctitas vestra.

[1] Richard, évêque d'Avranches, mourut le 25 avril 1182 ou 1183. Voyez plus haut, p. 118.

LXII. *Prologue de Robert sur une collection d'extraits de saint Augustin faussement attribuée à Bède*[1].

Incipit prologus Roberti, abbatis Sancti Michaelis de periculo maris, contra eos qui dicunt hoc opus super epistolas Pauli a Beda presbitero collectum.

Est quidam liber immense magnitudinis, continens ea que beatus Augustinus in libris sive epistolis suis ex Apostolo sumpta exposuit. Hoc opus a quibusdam vocatur Florus, quia ex diversis opusculis beati Augustini excerptus et quasi defloratus est. A quo autem illud opus collectum et ordinatum sit plurimi dubitant. Quidam autem hoc Bede presbitero ascribunt. Et hoc ideo quia, in fine istorie Anglorum enumerans opuscula sua, inter alia hoc ad verbum posuit : *In Apostolum quecumque in opusculis sancti Augustini inveni dicta per ordinem transcribere curavi.* Unde et quidam predicta verba et alia nonnulla in eadem historia sibi conexa assumentes, loco prologi, predicte collectioni sententiarum sancti Augustini ponunt, ex eo volentes probare Bedam auctorem hujus operis. Ego autem magis assentior Cassiodoro senatori et monacho, viro undecumque doctissimo, qui antiquitate temporis, ne dicam multiplici rerum scientia, utpote consul et apocrisarius Theoderici regis Gothorum, Bedam precedere non dubitandus est, cum et ipsius Bede annotaciones in Apostolum ex libris sancti Augustini vulgo habean-

[1] Ms. 80 d'Avranches. — Publié par Dom Luc d'Achery, *Guiberti opera*, p. 716, et dans la Patrologie, vol. 202, col. 1319.

tur, qui liber totus non adequatur magnitudine medietati solius expositionis epistole ad Romanos que in hoc opere de quo loquimur habetur. Qui autem predictam collectionem ordinavit, Cassiodorus in quodam libro suo de divinis literis ita posuit : *Petrus, abbas Tripolitane provintie, sancti Pauli epistolas ex capitulis opusculorum beati Augustini subnotasse narratur, ut per os alienum sui cordis declararet archanum; que ita locis singulis competenter aptata, ut hoc magis studio beati Augustini credas esse perfectum. Mirum est enim sic alterum ex altero dilucidasse, ut, nulla verborum suorum adjectione permixta, desiderium cordis proprii complesse videatur*. De hoc opere exceptiones subsequentes fecimus, ex majori parte librorum reliquorum beati Augustini flores sententiarum iis adjecimus.

LXIII. *Prologue de Robert sur l'Histoire naturelle de Pline*[1].

Prologus Roberti abbatis in Plinium, qui et ipsum librum in Normanniam advexit et corruptum correxit, etc.

[1] Je n'ai pu retrouver le texte de ce prologue. On n'en connait que les premiers mots, dont nous devons la conservation à Dom Luc d'Achery (*Guiberti opera*, p. 716). Ce savant bénédictin parle en ces termes de l'exemplaire de Pline que Robert de Torigni avait mis dans la bibliothèque du Mont-Saint-Michel : « Vidi et ingens Plinii historiarum volumen, elegantissime scriptum et ad nos e præfato cœnobio « Montensi transmissum, ubi hæc inter alia leguntur : *Prologus*, etc. »

TABLE GÉNÉRALE.

Abbatis villa = Abbeville.
Abbauduna, Abbendonia = Abingdon.
Abbeville. I, 70.
Abélard fils de Hunfroi. I, 180.
Abilina = Banias.
Abingdon (abbaye d'). I, 19. — Roger, prieur de Bermondsey, abbé d'Abingdon.
Abou Yacoub Yousouf, roi de Maroc. II, 87.
Abraham. II, 341.
Abrai = Auray.
Abrincæ, Abrincensis, Abrincatensis, Abrincatinus, Abrincatinum = Avranches, Avranchin.
Acardus = Achard.
Acaron, Accaron = Acre, Ekrom.
Acchon = Acre.
Achard, évêque d'Avranches, abbé de S.-Victor de Paris. I, 332, 334, 337; II, 228, 269.
Achemanecestria. I, 114.
Achinneium, Achinniacus super Auturam = Acquigny.
Achon = Acre.
Acincia = Acquigny.
Acquigny. I, 20, 24, 205.
Acre. I, 125, 156, 309.
Adalard, archevêque de Rouen. I, 10.
Adalulfus = Athelwold.
Adam, prêtre. II, 245.
Adam, scribe de Robert de Torigni. I, 313.
Adana, en Cilicie. I, 83.
Ade de Varenne, femme de Henri d'Ecosse. I, 274.
Adelaïde de Guienne, femme de Raoul, comte de Vermandois. I, 264.
Adélaïde de Normandie, femme d'Eudes II, comte de Champagne. I, 34.
Adélard, roi de Westsex. I, 148.
Adelbertus = Ethelbert.
Adelburge (sainte). I, 119.
Adèle de Champagne, femme de Louis VII. I, 329; II, 95.
Adèle de France, femme de Baudouin V, comte de Flandre. I, 34.
Adèle de Normandie, femme d'Etienne, comte de Blois. I, 34.
Adeling (Edgar).
Adelize de Toeny, femme de Guillaume fils d'Osberne. II, 151, 198.
Adelredus = Ethelred.
Adelulfus = Athelwold.
Adelvulfus, Adelwilfus = Ethelwolf.
Adelwolde, évêque de Winchester. I, 18, 19.
Adémar V, vicomte de Limoges. II, 70.
Adémar, évêque du Puy. I, 89.
Adhel-Lidin-Allah, caliphe d'Egyte. I, 354.
Adilwinus = Ethelwin.
Adrien I pape. II, 108.
Adrien II pape. II, 215.
Adrien IV pape. I, 288, 295, 298, 324; II, 175, 227, 262.
Ædelbaldus = Ethelbald.
Ædelbrith = Ethelbert.
Ædelvulfus = Ethelwolf.
Ægidius = Gilles.
Ægyptus = Egypte.

Aelith = Adélaïde.
Aeliz = Alix.
Aeliza = Alix, Adelize.
Ætelbrith = Ethelbert.
Afdhal, émir de Babylone, c. à. d. sultan d'Egypte. I, 84.
Affrica = Afrique, El-Mehadia.
Africain (Godmund l').
Afrique (l'). I, 180, 242, 279; II, 25, 87, 99.— Genseric, roi d'Afrique.
Aganippe. I, 101.
Agapit (s.). I, 358.
Agareni = Sarrasins.
Agen. I, 334.
Agenois (les). II, 77.
Aggée prophète. I, 100.
Agnès de France, femme d'Alexis Comnène. II, 78, 83, 87, 99, 114, 122.
Agnès de Guienne, femme de Remire, roi d'Aragon. I, 318.
Agnès de Montfort, femme de Galeran, comte de Meulan. I, 360.
Agnès de Mortain, femme d'André de Vitré. I, 319.
Aigle (Roger l').
Aigle (Robert du Mont de l').
Aigrold, roi de Danemark. II, 217.
Aimeri, abbé de S. Ouen, d'abord cellerier du Bec. I, 363; II, 26.
Aimeri de Luzignan. II, 4.
Aimoin. II, 129.
Ainard, abbé de S. Pierre sur Dive, d'abord moine de la Trinité de Rouen. II, 200.
Aix-la-Chapelle. I, 131, 133.
Alain (Guillaume, fils d').
Alain (Salomon, oncle d').
Alain de Boucey. II, 275.
Alain prêtre de Boucey. II, 238, 266.
Alain, roi de la petite Bretagne. I, 111.
Alain III, duc de Bretagne. I, 25, 31; II, 231.
Alain Fergant, comte de Bretagne. I, 129, note.
Alain fils de Hervé, clerc. II, 330.
Alain du Mont. II, 250.
Alain le Queux. II, 288.
Alain, comte de Richemont. I, 221.
Alain, évêque de Rennes. I, 301.
Alain, abbé de S. Etienne de Caen. II, 196.
Alain, beau-père de Robert de S. Jean. II, 298.
Alain de S. Pierre. II, 300, 333.
Alain de Vitré II, 46.
Alain, frère de Guillaume prêtre d'Yvetot. II, 253, 264.
Alapria = Alep.
Alba. I, 100.
Alba Marla = Aumale.
Alba Spina = Aubépine.
Alban (s.). I, 147.
Albano (Nicolas, évêque d').
Albemarle = Aumale.
Albericus = Aubri.
Albert, cardinal et chancelier de l'église de Rome. II, 321.
Albert, légat du saint siége. II, 32, 37.
Albert, abbé de Marmoutier. II, 206.
Albert, évêque de S. Malo, voy. Aubert.
Albertus = Aubert et Albert.
Albineium, Albinncium = Aubigny.
Albion. I, 99.
Albrey, à Evrecy. II, 273.
Albricus = Aubri.
Aldebert, comte de la Marche. II, 4, 13, 70.
Aldelme, évêque de Sherbourne. I, 117.
Aldestan, roi d'Angleterre. I, 15, 16.
Aldred, archevêque d'York. I, 54; II, 18.
Aldrich, roi de Kent. I, 7.
Aldroenus, roi des Bretons. I, 108.
Alebraium = Albr y.
Alemannia = Allemagne.
Alenceium = Alençon.
Alençon. I, 197, 360. — Comtes : Guillaume Talvas, Jean.
Alep. II, 20. — Sultans : Balak, Noureddin.
Alesina = Lesina.
Aleta, Aletensis = Saint-Malo.
Alexandre (Nicolas).
Alexandre II, pape. I, 56; II, 220, 221.
Alexandre III, pape. I, 324, 328, 338, 342, 343, 346, 348, 357; II, 9, 26, 32, 49, 56, 67, 86, 108-110, 123, 165, 176-178. 227, 228, 274, 278, 284, 286, 291, 306, 312, 313.
Alexandre, chambellan du roi. II, 302.
Alexandre, abbé de Citeaux. II, 49.
Alexandre, roi d'Ecosse. I, 133, 171, 183.
Alexandre, évêque de Liège. I, 365.
Alexandre, évêque de Lincoln. I, 147, 163, 178, 214, 215, 221, 237.
Alexandre, notaire du roi de Sicile. II, 76.
Alexandrie en Egypte. I, 364; II, 54.

Alexandrie en Italie. II, 9, 55, 56.
Alexis Comnène, I, 133, 145 note, 156.
Alexis, fils de Manuel Comnène. II, 78, 83, 87, 99, 114, 122.
Alfème (le duc). I. 39,
Alfonse I, roi d'Aragon. I, 317.
Alfonse II, roi d'Aragon. I, 318, 341 ; II, 35.
Alfonse III, roi de Castille. II 22, 104, 116.
Alfonse, roi de Navarre. II, 22.
Alfonse-Henriquez, roi de Portugal. I, 246, 308 ; II, 128, 129.
Alfonse-Jourdain, comte de Toulouse. I, 320.
Alfonse-Raimond, roi de Castille et de Léon. I, 245, 282, 289.
Alfred le Grand, roi d'Angleterre. I, 10, 15, 118.
Alfred, fils d'Ethelred II. I, 25, 41, 42, 45, 51.
Algar, comte de Chester. I, 46,
Algar, évêque de Coutances. I, 206 note, 257.
Alice de Gand, femme de Simon de Senlis. I, 300.
Alienor, voy. Eléonore.
Aliénor de Guienne, reine de France, puis d'Angleterre. I, 208, 244, 259, 260, 261, 264, 280, 290, 317, 319, 327, 328, 331, 334, 342, 343, 356, 357, 361, 369 ; II, 20, 34, 36, 50, 121, 227.
Aliénor, fille du roi Henri II, femme d'Alfonse, roi de Castille. I, 334 ; II, 22, 103, 104, 116.
Alix, V. Adèle.
Alix d'Aubigny. II, 19.
Alix de France, femme de Thibaud V, comte de Blois. I, 260, 264, 352.
Alix de Louvain, femme de Henri I, puis de Guillaume d'Aubigny. I, 160, 163, 215 ; II, 19.
Alix de Normandie, femme de Renaud, comte de Bourgogne. I, 30.
Alix de Normandie, femme de Renouf, vicomte de Bayeux I, 34.
Alix, fille de Robert le Magnifique. I, 34.
Alix de Savoie, fiancée à Jean sans Terre. II, 27.
Allectus. I, 107.
Allemagne (l'). I, 109, 111, 175, 356 ; II, 1, 116. Voy. Germanie, et les noms des Empereurs ou des rois de Germanie. — Guillaume, comte de Frise, appelé comes pilosus Alemanniæ. II, 229.
Allemands (les). II, 216.
Almanachiæ = Almenèches.
Almaria = Alméria.
Almaricus, Almarricus = Amauri.
Almenèches. II, 200.
Almeria. I, 246. 308.
Almode, abbé du Mont-S.-Michel, puis de Cérisy. II, 193 note, 195, 219, 231.
Almohades (Mansamuz, roi des).
Alnei, Alnetum = Aunay.
Alnwick. II, 51.
Alpes (les). I, 32, 109, 310.
Alpibus (Pierre de).
Alricus = Auri.
Alsace (Thierri d').
Altelred, Althelredus = Ethelred.
Alterius (B.).
Alveredus = Aldred, Auvré.
Alvertune. I, 211.
Alvine, fille du duc Alfème. I, 39, 45.
Alvredus = Alfred, Auvré.
Alwina = Alvine.
Amalbert. I. 21.
Amalricus = Amauri.
Amandi villa = Osmanville.
Amator (S.). II, 23, 99.
Amatus = Amédée.
Amauri II, comte d'Evreux. I, 218.
Amauri, roi de Jérusalem, d'abord comte de Jaffa. I, 187, 279, 309, 347. 354, 364 ; II, 53.
Amauri de Montfort. II, 22, 103.
Ambasium, Ambazia, Ambazium = Amboise.
Ambianensis = Amiens.
Amboise. I, 314, 330, 331 ; II, 53. — Hugues, Sulpice d'Amboise.
Ambrières. I, 165, 199, 335.
Ambrosius, v. Aurelius.
Amdegavis = Angers.
Amédée II, comte de Savoie. II, 27.
Amelinus = Hamelin.
Amfonsus, Amfursus = Alfonse.
Amicie de Gloucester, femme de Richard de Clare. II, 41, 124,
Amiens (Evêques d') : Firmin, Thierri.
Ammaricus = Amauri.
Amos, prophète. I, 100,
Amulanius Babiloniæ. II, 54.
Amundevilla = Mondeville.
Anaclet anti-pape. I, 181, 182, 184.
Anagni. II, 49, 307.
Anastase IV pape. I, 275, 283, 288 ; II, 227.
Anctoville. II, 240, 257, 261, 301.
Andegavenses, Andegavia, Ande-

gavis=Angevins, Anjou, Angers.
Andelle (l'). I, 267.
Andeliacum, Andely. I, 366, 367.
Andrage. I, 105.
André (S.). II, 136.
André de Baudement. I, 184 note.
André de Laizeaux. II, 337.
André de la Rochelle. II, 335.
André, chapelain de Sainte-Croix de Vitré. II, 272.
André, abbé de Troarn. II, 200.
André de Vallombreuse. II, 188.
André de Vitré. I, 319; II, 46.
Andria. I, 295.
Androgeus. I, 105, 106.
Andronic. II, 114, 122, 123.
Anet (Simon d').
Anforsus, Anfortius = Alfonse.
Anfredus = Anfroi, Aufroi.
Anfroi, abbé de S.' Sauveur le Vicomte. II, 203.
Anfroi, abbé de S. Wandrille. I, 356.
Anfulsus = Alfonse.
Ange (Richard l').
Angelus = Ange.
Angerius = Ansger.
Angers. I, 357; II, 15, 73, 81, 102, 105, 119, 316. — Diocèse. II, 316. — Monnaie. I, 301, 312, 321; II, 238, 245, 253, 264, 271, 274, 276, 286, 287, 289, 311, 315, 332, 334, 336. — Evêques : Geoffroi de Séez, Mathieu, Raoul de Beaumont.
Angevins (les). I, 226, 254, 258; II, 172.
Angi (Richard de).
Anglais (Etienne, Evain, Guillaume, Richard l').
Angles (les). I, 108, 111, 113, 117. — Baldulfe, chef des Angles.
Angleterre (l'). I, 9, 43, 66, 52, etc.; II, 17, 223, 232, 238, 239, 245-247, 317. — Monnaie. I, 301 — Voyez les noms des différents rois et des reines. — Guillaume, Jeanne, Julienne, Mathilde d'Angleterre.
Anglia = Angleterre.
Angot doyen. II, 256, 257, 260, 264.
Angot père de Herluin. I, 37.
Angot fils de Ligier. II, 242.
Angot, abbé de la Luzerne. II, 254, 264, 277, 278
Angoulême (Guillaume Taillefer, comte d').
Angoville (Raoul d').
Angus, comte de Murray.
Anjou (l'). I, 127, 178, 256, 261, 262, 269, 297, 332, 342; II, 10, 11, 13, 34, 46, 69, 102, 115, 169, 188. — Comtes. I, 352; II, 339; voy. Foulques, Geoffroi le Bel, Geoffroi Grisegonelle, Geoffroi Martel, Ingelger. — Ermentrude du Mans, comtesse d'Anjou. — Béatrix, Mathilde, Sibille ou Mabire d'Anjou.
Annas, roi d'Est-Anglie. I, 149.
Anne, sœur d'Artur. I, 109.
Annoville. II, 299.
Anquetil (Aubri fils d').
Anquetil prévôt. II, 244.
Ansa (Robert de).
Ansbert, archevêque de Rouen. I, 6.
Anschetevilla, Anschitilvilla. = Anctoville.
Anschetillus = Anquetil.
Anselme (S.), prieur puis abbé du Bec, et archevêque de Cantorbéry. I, 38, 49, 50, 59, 63, 73, 75, 78, 79, 85, 120, 123, 135, 136, 168, 202; II, 195.
Anselme de Ribemont. I, 83, 87.
Ansger. II, 258.
Ansger, chantre du Mont-S.-Michel. II, 276, 289, 305.
Ansger prieur. II, 278.
Ansgotus = Angot.
Ansgovilla = Angoville.
Ansleville (Robert d')
Antioche. I, 82-84, 89, 90, 125, 141, 145, 167, 168, 184, 237, 316; II, 20. — Princes : Boémond, Raimond le Poitevin, Renaud de Châtillon, Roger. — Constance, Marie d'Antioche. — Voy. Principauté.
Antiochus. I, 168.
Anvich = Alnwick.
Anzi (Robert d').
Aoste. I, 49.
Apulia = Pouille.
Aquense oppidum = Aix-la-Chapelle.
Aquila = Aigle, Laigle.
Aquilin de Furnis. I, 335.
Aquisgranum = Aix-la-Chapelle.
Aquitaine (Prosper d').
Aquitania = Guienne.
Arabes (les). I, 82, 156.
Aragon. I, 282, 317. Rois : Alfonse, Ramire II, Sanche-Ramirez. — Pernelle d'Aragon.
Arar = Saône.
Arbociniacus pagus = l'Evrecin.
Arbrexum = Arbrissel.
Arbrissel (Robert d').
Arcacense, Arcense castellum, Archæ = Arques.
Archasium = Artah.

Archis. I, 87.
Arcinai. I, 105.
Ardevon. II, 48, 250, 299, 302. 303, 314.
Arduinus = Hardouin.
Areth = Hareng.
Argences (Robert d').
Argentan. I, 80, 165, 199, 202, 311; II, 1, 10, 29, 35, 55.
Argenteuil. I, 299.
Argentomagus, Argentomum = Argentan.
Argouges. II, 315.
Aristote (traductions d'). I, 177.
Arles. I, 2. — S. Trophime, évêque d'Arles.
Arlette, mère de Guillaume-le-Conquérant, femme de Herluin de Conteville. I, 34; II, 202.
Armigarus. I, 106.
Armorique. I, 12, 107, 111.
Arnaud, évêque du Mans. I, 62.
Arnoul (Guillaume fils d').
Arnoul, empereur. II, 215, 216, 218.
Arnoul, comte de Flandre. I, 17, 57, 58.
Arnoul, patriarche de Jérusalem. I, 146, 156.
Arnoul, évêque de Lisieux, d'abord archidiacre de Séez. I, 224, 290, 337 note; II, 107, 241, 252.
Arnoul de Mandeville. I, 232.
Arnoul, sous-prieur du Mont-S.-Michel. II, 289.
Arnoul, évêqne de Rochester. I, 170.
Arnoul, abbé de S.-Sever, d'abord moine de S.-Taurin. II, 202.
Arnoul, abbé de Troarn, d'abord prieur de Séez. II, 200.
Aronis (Landa) = Lande d'Airou.
Arques. I, 165, 185 note, 235, 237, 254. Guillaume, comte. — Goscelin, vicomte.
Arragois = Angus.
Arragonia, Arragones = Aragon.
Arras. II, 105, 218. — Pierre, évêque.
Arslan (Kilidge).
Arsuth. I, 156.
Artah. I, 158.
Arthgallo. I, 104.
Artur (Geoffroi).
Artur. I, 109, 110.
Arundel. I, 123, 215, 216. — Guillaume d'Aubigny, comte d'Arundel.
Arvernicus pagus = Auvergne.
Ascagne. I, 98.
Ascalon. I, 88, 125, 279, 347.
Ascelin Goel. I, 278.
Ascelin, évêque de Rochester. I, 246.
Ascelin, abbé de S. Sever, d'abord moine de Jumiéges. II, 202.
Aschetevilla = Anctoville.
Aschulfus = Hascoul.
Asclipiodotus. I, 107.
Asçon Laumacor. II, 258.
Asculfus = Hascoul.
Asie (l'). I, 103.
Asneriæ = Asnières.
Asnières (Guillaume, Renaud d').
Assyriens (Ninus, roi des).
Astremonius = Austremoine.
Atena = Adana.
Athard Pocin. II, 252.
Athelstan = Aldestan.
Athelwold, évêque de Carlisle. I, 191, 192, 290, 300; II, 18.
Athelwifus = Ethelwolf.
Atrebatensis, Atrepatensis = Arras.
Aubépine (l'). II, 280.
Aubert (S.), évêque d'Avranches. I, 315; II, 215, 227, 230, 255, 262.
Aubert, clerc. II, 289.
Aubert, évêque de Saint-Malo. II, 13, 122, 228, 281, 292, 293.
Aubigny (Alix, Godefroi, Guillaume d').
Aubimarc = Aumale.
Aubrée, femme de Roger de Beaumont. I, 48.
Aubrée, mère de Guillaume, abbé du Bec. I, 79.
Aubri fils d'Anquetil, II, 256.
Aubri, abbé de Citeaux. II, 158, 186.
Aubri, abbé de la Croix-Saint-Leufroi, d'abord moine de S. Ouen II, 197.
Aubri de l'Isle. II, 250.
Aubri, évêque d'Ostie. I, 212.
Aucensis, Aucus = Eu.
Aucey (Gilduin d').
Audacte (S.). I, 266.
Audin, évêque d'Evreux. I, 145, 184 note, 185 note, 219.
Audoenus = Audin, Ouen.
Aufroi, abbé de Préaux, d'abord moine de S. Wandrille. II, 199.
Auge, voy. Sainte-Barbe.
Augusta = Aoste.
Auguste. I, 106; II, 214, 215.
Augustin (Guillaume).
Augustin (S.). I, 235; II, 342, 343.
Augustin (S.), apôtre des Anglais. I, 110, 265.
Aumale. I, 77; II, 39. — Guillaume,

comte d'Aumale. — Guillaume, comte de Mandeville et d'Aumale.— Hadewise, comtesse.
Aumône (l'). II, 159, 187.
Aunay. I, 226.
Aunay (abbaye d'). II, 93.
Auray. II, 6, 56.
Aurèle Conan. I, 110.
Aureliani = Orléans.
Aurelius Ambrosius. I, 94, 108, 110.
Auri prévôt. II, 246.
Auseis = Alsace.
Auseis (Robert de).
Austremoine, évêque de Clermont. I, 1.
Autbertus = Aubert.
Autisiodorum, Autissiodorensis = Auxerre.
Autura = l'Eure.
Auvergne. I, 363. — Comte, voy. Guillaume.
Auvré (Raoul fils d').
Auvré le Bel. II, 288.
Auvré, chanoine de Coutances. II, 264.
Auvré, chantre de Coutances. II, 296.
Auvré de Moidrey, moine du Mont-S. Michel. II, 250.
Auvré, abbé du Tréport. II, 202.
Auvré, évêque de Worcester. II, 165.
Auxerre. I, 23. — Saint Germain d'Auxerre. — Gui, prevôt d'Auxerrre.
Ave, sœur et non pas femme de Guillaume le Pieux. I, 30.
Avenel (Guillaume, Renouf).
Aversa. I, 180. — Guimond, évêque d'Averse.
Avitien, archevêque de Rouen. I, 2.
Avranches. I, 226, 311, 312, 314; II, 32, 33, 44, 168, 266, 335. — Archidiacres: Gilbert, Godefroi. — Chanoine: Hervé de Verdun. — Chantres: Gilbert, Roger.— Evêques: Achard, Aubert, Geoffroi le Boucher, Guillaume, Guillaumè d'Ostilly, Guillaume de Sainte-Mère-Eglise, Guillaume Tholomée, Herbert, Jean, Mangise, Michel, Raoul de Thieuville, Richard l'Ange, Richard, Richard de Beaufou, Richard de Subligny, Turgis.— Doyens: Richard de Subligny, Rolland. — Trésorier: Guillaume. — Vicomte: Hugues. — Gilbert, Guillaume, Richard, Robert d'Avranches.
Avranchin (l'), et les habitants de ce pays. I, 129, 335; II, 234, 252, 291, 298, 299, 304.
B. Alterius. II, 281.
Baalent. II, 315.
Babilon, Babylonia en Egypte, voy. le Caire. — Emir de Babylone, V. Egypte.
Babylonicus amiralius, voy. Caliphe d'Egypte.
Bacchus. I, 22.
Bachentun. I, 201. — Robert de Bachentun.
Bacilly. II, 297, 298, 315. — Robert de Bacilly.
Bacqueville. I, 267.
Bada, Badda = Bath.
Badelun (fief). II, 299.
Baenburc = Bambourgh.
Bagdad. II, 65.
Baillard (Roger).
Bainard (Guillaume).
Baiocæ, Baiocensis = Bayeux, Bessin.
Baioaria = Bavière.
Balagny. II, 147, 148.
Balak, sultan d'Alep. I, 165.
Balbus = Bègue.
Balcecurtus. I, 18.
Baldas = Bagdad.
Baldewinus = Baudouin.
Baldred, roi de Kent. I, 8.
Baldricus = Baudri.
Baldulfe, chef des Angles. I, 109.
Baleigniacum = Balagny.
Balgenceium = Beaugenci.
Balthildis = Bathilde.
Balveir = Beauvoir.
Bamborough. I, 305.
Banias. I, 308, 355; II, 88.
Bar (Renaud de).
Bar-sur-Seine (Miles, comte de).
Baranum = Varano.
Barbasta. I, 354.
Barbeaux. II, 98.
Barbeflutus, Barbefluvius = Barfleur.
Barcelone. I, 317. — Raimond-Bérenger, comte de Barcelone. — Douce de Barcelone.
Barcinonensis = Barcelone.
Bardney, Bardeneie. I, 148.
Bardoul (Doon, Thomas).
Bardulfus = Bardoul.
Barfleur. I, 261, 287, 305, 342; II, 233.
Bari. I, 136, 298.
Barking. I, 119.
Barnon, abbé de Lire. II, 152, 198.
Barre (Jean).

Barthélemi (S.). I, 297 ; II, 227.
Barthélemi. II, 275.
Barthélemi, évêque de Beauvais, d'abord archidiacre de Reims. I, 336 ; II, 62.
Barthélemi, clerc. II, 328.
Barthélemi, évêque d'Exeter. I, 333 ; II, 18, 133, 180.
Barthélemi, évêque de Léon, d'abord doyen de Tours. II, 47, 48.
Barthélemi, abbé de Marmoutier. II, 206.
Barthélemi, archevêque de Tours. II, 60.
Barum = Bari.
Bascherivilla = Bacqueville.
Bascli = Basques.
Baseville, Basenville (Robert, comte de).
Basingæ, Basinges. II, 267, 268, 309, 317.
Basinges (Roger de).
Basingestoc. II, 317.
Basingewerche, Basingwerk. I, 310.
Basques (les). II, 82.
Bassianus. I, 107.
Bastembourg. I, 226 note.
Bata = Bath.
Bataille (Champ de la). II, 257. — Pré de la Bataille. I, 16 ; II, 217.
Bataille (Abbaye de S. Martin de la). I, 55, 67. — Eudes, prieur de Cantorbéry, puis abbé de la Bataille.
Bath. I, 71, 100, 109, 114, 190 ; II, 317. — Evêques : Godefroi, Jean Renaud le Lombard, Robert.
Bathilde, reine. II, 148.
Baucherville, voy. S. Georges.
Baudemont, Baudement (André, Baudri, Goel de).
Baudouin (Geoffroi).
Baudouin IV, comte de Flandre. I, 30, 34.
Baudouin V, comte de Flandre. I, 34, 40, 43, 57, 58, 64.
Baudouin VI, comte de Flandre et de Hainaut. I, 54, 57, 58.
Baudouin VII, comte de Flandre. I, 140, 151, 154, 158.
Baudouin, comte de Hainaut. I, 57, 58 ; II, 94.
Baudouin I, roi de Jérusalem. I, 83, 87, 90, 139, 156.
Baudouin II, roi de Jérusalem, d'abord comte d'Edesse. I, 87, 156, 158, 165, 187.
Baudouin III, roi de Jérusalem. I, 88, 187, 279, 308-310, 316, 347 ; II, 166, 170.
Baudouin IV, roi de Jérusalem. II, 53, 72, 88, 97, 132.
Baudouin V, roi de Jérusalem. II, 98, 132.
Baudouin de Meules. I, 204.
Baudouin de Reviers. I, 201, 292, 338.
Baudouin, évêque de Worcester et archevêque de Cantorbéry, d'abord abbé de Ford. II, 95, 129.
Baudri. II, 253.
Baudri de Baudemont.. I 277.
Baudri, évêque de Laon. I, 142.
Bavière (Henri, duc de Saxe et de).
Bayeux. I, 6, 16, 82, 126, 206 note, 327, 335 ; II, 258. — Archidiacres : Galeran, Patrice, Roger du Hommet, Thomas. — Cathédrale Notre-Dame. I, 12. — Comtes : Bérenger, Raoul. — Chapitre. II, 273. — Autel S.-Pierre dans le chapitre. II, 274. — Diocèse. II, 316. — Doyens : Guillaume, Richard de Bohon. — Evêques : Eudes, Henri, Hugues, Philippe de Harcourt, Richard II, Richard de Gloucester. — Sacristain : Guillaume. — Sous-chantre : Richard. — Sous-doyen : Robert de Mestenon. — Vicomte : Renouf. — Voy. Saint-Vigor.
Bealveer = Beauvoir.
Béatrix d'Anjou, femme de Jean I, comte d'Alençon. II, 28.
Béatrix de Bourgogne, femme de Frédéric I. I, 303, 364, 365.
Beauchamp (Hugues de).
Beaufeugerai. II, 240, 257, 261.
Beaufou (Guillaume, Richard de).
Beaugenci. I, 259.
Beaumont-le-Roger. I, 227, 243. — Roger de Beaumont. — Osberne, prieur.
Beaumont-le Vicomte. Raoul, Richard, Roscelin de Beaumont.
Beaumontel. II, 194.
Beauvais. I, 328. — Evêques : Barthélemi, Eudes, Henri de France. Hildier, Lucien, Philippe de Dreux. — Voy. Saint-Lucien, Saint-Quentin de Beauvais.
Beauvaisis. I, 326, 351 ; II, 148.
Beauvoir. II, 242, 258, 315. — Robert, Thomas de Beauvoir.
Beauvoir dans le Maine. II, 14.
Bec (Roger de).
Bec (abbaye du). I, 36, 38, 39, 49, 50, 59, 61, 64, 73, 96, 97, 99 note, 111, 138 note, 153, 169, 174, 183, 193, 213, 217, 225, 227, 240, 243, 249, 250, 266, 272, 278, 284, 322,

327, 328, 344, 345, 367 ; II, 74, 89, 90. 154, 169, 172, 175, 191, 195, 196, 228, 341. — Continuation de la Chronique de Robert de Torigni, par un moine du Bec. II, 165 et s. — Abbés : Anselme, Boson, Guillaume, Herluin, Létard, Osberne, Roger, Thibaud. — Cellerier : Aimeri, depuis abbé de S.-Ouen. — Moines. Bernard, abbé du Mont-S.-Michel ; Durand, abbé d'Ivry ; Ernost, évêque de Rochester ; Gilbert, abbé de Conches ; Guillaume, abbé de Cormeilles ; Guillaume d'Epreville ; Guillaume d'Exeter ; Guillaume, fils de Giroie ; Guillaume Hubaud ; Guillaume, abbé du Tréport ; Gundulfe, évêque de Rochester ; Hardouin, abbé de Cormeilles ; Henri, abbé de Préaux ; Jean Romain ; Michel, abbé de Préaux ; Normand. abbé d'Ivry ; Raoul, abbé de Lire ; Robert de Blangy ; Roger, abbé de Jumiéges ; Roger, abbé de Lessay. — Prieurs : Lanfranc, Richard de Beaufou ; Robert de Torigni.

Becherel. II, 6, 115.

Bectona = Béthune.

Bède (le vénérable). I, 94, 111, 149, 342, 343.

Bedford, Bedefort. I, 115, 145, 209. Hugues, comte de Bedford.

Bègue (Roger le).

Beheia (Guillaume, Roger de).

Bel (Auvré, Geoffroi le).

Belet (Robert).

Belfelgere, Belfegerei, Belfelgereium = Beaufeugerai.

Belfo, Belfou = Beaufou.

Belinas = Banias.

Belinus. I, 102-105.

Belismum = Bellême.

Belitrensis = Velletri.

Belle Barbe (Bernier).

Bellême, Bellismum. I, 315. — Robert de Bellême.

Bellum = Bataille.

Bellus Campus = Beauchamp.

Bellus Fagus = Beaufou.

Bellus Mons = Beaumont.

Bellus Montellus = Beaumontel.

Belvacensinum = Beauvaisis.

Belvacus = Beauvais.

Belvedere, Belveer = Beauvoir.

Benedictus = Benoit.

Bénévent. I, 297 ; II, 263, 292.

Benigne, abbé de S.-Sauveur, d'abord moine de Fécamp. II, 203.

Benjamin, abbé du Vœu, près Cherbourg. II, 134.

Benoit (S.) I, 86, 157, 159 ; II, 184, 185, 188.

Benoit clerc. II, 291.

Benoit, prieur de Cantorbéry, abbé de Peterborough. II, 67.

Benoit, abbé de Cormeilles. II, 153, 199.

Benoit, abbé de S. Michel de Cluse. II, 27, 33, 294.

Benoit, abbé de S. Pierre-sur-Dive, d'abord prieur de S. Ouen. II, 200.

Berchamestede = Berkhampstead.

Berchelai, Berchelea = Berkeley.

Berchinga = Barking.

Bercsyra = Berk.

Berenger (Guillaume).

Bérenger, auteur d'un livre sur l'Eucharistie. I, 45.

Bérenger (Raimond), comte de Barcelone, voy. Raimond.

Bérenger, comte de Bayeux. I, 13, 15.

Bérengier. II, 288.

Bérengère de Castille. II, 104.

Berewic = Berwick.

Beritum = Beyrouth.

Berk (comté de). I, 85, 114.

Berkeley. I, 71, 160.

Berkhampstead. I, 162,

Berlai (Girard).

Berleria, Berlière = Beslière.

Bermon, abbé de Lonlay, d'abord moine de Marmoutier. II, 205.

Bermondesia = Bermondsey.

Bermondsey (Roger, prieur de).

Bernai. I, 32, 282 ; II, 194. — Abbés : Nicolas, Osberne, Richard, Vital.

Bernard (Roger fils de).

Bernard le Breton, chancelier de Chartres, évêque de Quimper. I, 323.

Bernard, abbé de Clairvaux. I, 280 ; II, 161, 163, 239, 241.

Bernard de la Ferté. II, 38.

Bernard Luvel. II, 327.

Bernard, abbé de Marmoutier. II, 206.

Bernard, abbé du Mont-S.-Michel, d'abord moine du Bec. II, 193 note, 225, 226, 234, 240, 251, 261, 277, 280.

Bernard, évêque de Nantes. II, 10, 16.

Bernard, abbé de Quinçay, puis de Tiron. II, 188.

Bernard, abbé de S. Anastase hors

les murs de Rome. I, 239.
Bernard, évêque de S. David. I, 178.
Bernard, abbé de S. Evroul. II, 197.
Bernard, cardinal de S. Nicolas in carcere Tulliano. II, 321.
Bernerius = Bernier.
Berneval-le-Grand. I, 12.
Bernier Belle barbe. II, 257.
Bernier, abbé de Conches. II, 198.
Bernier le Fèvre. II, 250.
Berri (le). I, 259; II, 69, 188. — Saint-Aignan en Berri.
Berscyra = Berk.
Berselièvre. II, 283.
Bersentium. II, 76.
Berthe ou Irène, femme de Manuel Comnène. I, 295; II, 87.
Bertran (Robert).
Bertran, évêque de Lectoure, archevêque de Bordeaux. I, 339.
Bertran de Verdun. II, 241, 288, 298, 308.
Berwick-on-Tweed. II, 57.
Besançon. I, 303.
Beschyre = Berk.
Beslière (la). II, 297, 301.
Bessin. I, 82, 129 note, 213; II, 47, 252, 298, 302.
Béthanie (Saint Ladre de).
Bethléem. I, 316; II, 100.
Béthune (Robert de).
Beuselin, prêtre. II, 248, 275.
Beuvrigny. II, 258. Robert, prêtre de Beuvrigny.
Beuvron. II, 315. Voy. S. James.
Bévais (Forêt de). II, 303, 305, 315, 324, 332.
Beveia, Beveya, Bevia = Bévais.
Beverley (Geoffroi, prévôt de).
Bevreneium = Beuvrigny.
Bevron = Beuvron.
Beyrouth. I, 139, 156.
Béziers. II, 15. — Trencavel, vicomte.
Bienfaite (Richard, Robert de).
Bier fils de Lotroc. I, 9.
Bigot (Jean fils de).
Bigot (Hugues, Roger).
Birinus, évêque de Dorchester. I, 117.
Bisentinum = Bersentium.
Biset (Manassès).
Biteriensis = Béziers.
Bituricum, Bituricensis = Berri, Bourges.
Bizum = Vico.
Bladud. I, 100.
Blagabred. I, 105.
Blanche de Navarre, reine de Castille. I, 310.
Blanchelande (Pierre, abbé de).
Blangeium, Blanzeium = Blangy.
Blangy (Robert de).
Blavia = Blaye.
Blaye. I, 317.
Bledano. I, 105.
Blesis = Blois.
Bloet (Godefroi).
Blois. I, 259, 330; II, 27. — Comtes: Etienne. Eudes comte de Tours, Thibaud. — Elisabeth, Etienne, Guillaume, Henri, Hugues, Marguerite, Marie, Mathilde, Robert. — Voy. Saint-Lomer.
Blosevilla = Blosseville.
Blosseville (Richard de).
Boamundus = Boémond.
Boce = Boucey.
Bochingeham = Buckingham.
Bodelai (Jourdain de).
Boémond I. prince d'Antioche. I, 71, 83, 84, 89, 125, 133, 134, 180; II, 222, 225.
Boémond II. I, 184, 342.
Boémond III. I, 245, 342, 355.
Boémond fils de Guillaume II, roi de Sicile. II, 115.
Bœuf (Onfroi le).
Bohon (Enjuger, Onfroi, Richard de).
Bois (Durand, Guillaume, Richard, Robert du).
Bologne. I, 36. — Girard de Bologne.
Bolonia = Boulogne.
Bomolinum = Bonmoulins.
Bon abbé de Rougé. II, 45.
Bona villa = Bonneville.
Bonesboz (Robert de).
Bonmoulins. I, 197, 269, 315.
Bonnenouvelle à Rouen, voy. Pré.
Bonneville-sur-le-Bec. I, 38.
Bonneville-sur-Touque. II, 34.
Bononia = Bologne.
Bonum Molendinum, Molinum = Bonmoulins.
Bonus Abbas = Bon abbé.
Bordeaux. II, 82. — Archevêques: Bertran, d'abord évêque de Lectoure; Geoffroi, Guillaume, Hardouin, Raimond.
Borgellum = Bourget.
Bortorode = Bourg-Théroulde.
Bos = Bœuf.
Bosc Renoult (le). II, 151.
Boschus, Boscus = Bois.
Boscus Renoldi = Bosc-Renoult.
Boselinus = Beuselin.
Boson, abbé du Bec. I, 169, 202,

203 ; II, 195.
Boson de Saint-Lo. II, 275.
Boson de Torigni. II, 247.
Boucey. II, 276, 315, 334, 335. Alain de B. Alain prêtre de B.
Boucher (Geoffroi le).
Bouillon (Godefroi de).
Bouillon. II, 298.
Boulogne. I, 198, 323, 328.—Comtes : Etienne de Blois, Mathieu de Flandre, Philippe. — Marie de Boulogne.
Boun = Bohon.
Bourg-le-Roi. II, 14 note.
Bourg-Théroulde (le). I, 166.
Bourgeois (Etienne le).
Bourges (Archevêques de) : Guérin de Girard ou de Gallardon, Henri de Sully, Pierre.
Bourget Salomon (le). II, 332.
Bourgogne. I, 49, 86, 291, 292 ; II, 157, 184. — Comtes : Guillaume, Renaud. — Ducs et duchesse : Eudes, Hugues, Richard, Marie. — Béatrix, Gui, Mathilde de Bourgogne.
Bourguignon (Jean).
Bourneauville (Unfroi de).
Bouteiller (Renouf le).
Brabançons. II, 43, 44, 46, 51, 82, 124.
Brachavilla = Bracqueville.
Bracqueville (Henri de).
Brae = Bray.
Braga (archevêché de). II, 129.
Brahe = Bray.
Braibencones = Brabançons.
Brampton. I, 160.
Brantune = Brampton.
Brasart (Hascoul).
Brause = Briouze.
Bray. II, 300. — Guillaume de Bray.
Brebenzones = Brabançons.
Bree = Bray.
Brehal (Robert de).
Brenneval = Berneval.
Brennus. I, 102, 103.
Bresard (Hascoul).
Brescia en Italie. I, 22.
Bretagne (la Grande). I, 95 ; II, 146. Voy. Angleterre.
Bretagne (la Petite). I, 8, 109, 127, 128, 178, 302, 339, 353, 361, 367 ; II, 3, 10, 12, 13, 16, 25, 33, 42, 56, 60, 115, 146, 189, 228. — Rois, comtes, ducs : Alain, Alain Fergand, Conan, Geoffroi, Hoel. — Hadewise de Normandie, comtesse de Bretagne. — Constance et Judith de Bretagne. — Guillaume fils de Hamon, sénéchal de Bretagne.
Breteuil. I, 278 ; II, 42, 151, 154.— Eustache, Guillaume de Breteuil.
Bretewelle = Brightwell.
Breton (Bernard, Gilbert, Gisla, Guérin, Ives, Josce, Robert le).
Bretons de la Grande Bretagne. I, 94, 95. Histoire des rois bretons. I, 97-111. Voy. Gallois, et les noms des rois bretons.
Bretons de la Petite Bretagne. I, 69, 67, 254, 302, 312, 367 ; II, 5, 7, 14, 68, 169, 172, 228.
Bretteville-sur-Laize. I, 219 note.
Bretteville-sur-Odon. II, 248, 251, 258, 297, 298, 302, 316.
Breuil (Guillaume du).
Bréville. II, 300, 315. — Renaud de Bréville.
Brevineium = Beuvrigny.
Brézolles. I, 268 ; II, 8.
Briant, fils du comte. I, 184 note, 185 note, 216.
Briccbevilla = Bricqueville.
Bricqueville (Geoffroi de).
Bricqueville-sur-mer. II, 299.
Bridgenorth. I, 123, 294.
Briencurt = Brucourt.
Brigestou = Bristol.
Brightwell. I, 276.
Brigide (Sainte). II, 147, 148.
Brionne, Brionnium. I, 38, 163.— Gilbert, comte de Brionne. Gui de Bourgogne, seigneur de Brionne.
Briouze. I, 138 note. — Philippe de Briouze.
Brique-sart. I, 226 note.
Bristol. I, 71, 210, 216, 223.
Bristoud, Bristout = Bristol.
Britannia = Bretagne.
Britavilla, Britecolvilla (II, 258), Britevilla = Bretteville.
Brito = Breton.
Britolium = Breteuil.
Britones, Brittones, Brittanni = Bretons, Gallois.
Briun. II, 237.
Brorrech = Browerech.
Broginail. I, 110.
Brolium = Breuil.
Browerech (le). II, 5.
Brucourt (Robert de).
Brudeleia. II, 318.
Brueroles = Brézolles.
Bruga, Bruge = Bridgenorth.
Bruges en Flandre. I, 40, 173. — Robert de Bruges.

Bruicourt = Brucourt.
Bruneberi. I, 15.
Bruno, comte. I, 131.
Brunon, v. Léon IX.
Brut. I, 95-99, 106.
Brut à l'Ecu vert. I, 100.
Bucé, Buceium = Boucé.
Buchingeham, Bucingeham = Buckingham.
Buckingham. I, 115, 118, 145. Voy. Gautier Giffard.
Budic, roi des Bretons. I, 108, 109.
Buevilla (Robert de).
Buhuun = Bohon.
Buillun = Bouillon.
Bulcneium. II, 291.
Bur près Bayeux, Burum. II, 25, 31, 47.
Burc, Burch = Peterborough.
Burdegalensis = Bordeaux.
Burdunai (Hamelin de).
Burel (Durand).
Bures-en-Bessin (Fief de). II, 246,
Bures-sur-Béthune. I, 80.
Burgensis = Bourgeois. — Burgensis abbatia = Peterborough.
Burgundia = Bourgogne.
Burgundio = Bourguignon.
Burgus = Peterborough.
Burnelvilla = Bourneauville.
Burnevilla = Bonneville.
Burum = Bur.
Buteor (Guillaume).
Cabilonensis, Cabillonensis = Chalon.
Cadomus = Caen.
Caduanus. I, 111.
Cadulcensis pagus = Quercy.
Cadurcum = Cahors.
Cadwalladre = Cedwalla.
Cadwallon. I, 96, 106, 111.
Caen. I, 67, 82, 126, 129 note, 164, 166, 331; II, 32, 117, 125, 151, 224, 250, 251, 296. — Robert, portier du château.— Robert fils de Bernard, prévôt.—Voy. Saint-Etienne, Sainte-Trinité.
Cæsarea = Césarée, Banias.
Cæsaris burgus = Cherbourg.
Cagnano. II, 76.
Cahem = Caen.
Cahors. I, 321, 325; II, 174.
Caire (le), Babylonia. I, 303, 309, 364; II, 54, 85.
Calabre. I, 180.
Calcebof (Masure). II, 301.— Rualend Calcebof. — Guillaume Chauceboef.
Calceium, Calcivum = Caux.
Caletum, Caletensis = Caux.— Caletum urbs. I, 336.
Calixte II, pape. I, 158, 163, 164, 173.
Calixte III, anti-pape. II, 9, 110.
Calne. I, 27.
Calojohannes. II, 123.
Calvus Mons = Chaumont.
Cambaium = Chambois.
Camberlenc, Camberlenchus = Chambellan.
Cambrai. I, 124; II, 65.— Pierre de Flandre, évêque élu de Cambrai.
Cambrai (Durand de).
Cambridge. I, 112.— Comté, I, 20, 115.
Cameracum = Cambrai.
Campaniensis = Champagne.
Campeaus, Campelli = Champeaux.
Campi = Champs.
Campivilla = Canville.
Cancia = Kent.
Candelaro. II, 76.
Cantebregesira, Cantebrugria = Comté de Cambridge.
Cantelou (Raoul de).
Cantorbéry. I, 73, 78, 91, 100, 112, 114, 116, 117, 143, 182, 263; II, 51, 82-84, 111. — Archevêques: Anselme; Baudouin, d'abord évêque de Worcester; Eadsi; Guillaume de Corbeil; Jean, d'abord évêque de Bath; Lanfranc; Raoul, d'abord évêque de Rochester; Richard; Robert, abbé de Jumiéges; Roger, d'abord abbé du Bec; Siward; Stigand; Thibaud, d'abord abbé du Bec; Thomas. — Archidiacres: Gautier, depuis évêque de Rochester; Geoffroi Ridel; Roger de Pont-l'Evêque. — Cathédrale de Cantorbéry, dédiée à la Trinité. II, 229. — Roger de la Cripte, moine de la Trinité. — Bénoit, Eudes, prieurs de Cantorbéry.— Gautier, évêque de Chester, d'abord prieur de l'église du Christ à Cantorbéry. — Voy. Saint-Augustin.
Cantuaria = Cantorbéry.
Canut le Grand, roi d'Angleterre. I, 31, 32, 34, 35, 39-42, 45, 150.
Canut II, roi d'Angleterre. I, 31, 39-42, 45.
Canut, roi de Danemark, père de Charles, comte de Flandre. I, 158.
Canville (Richard de).
Capella = Chapelle.

Capello (Eudo cum) = Eudes au Chapel.
Capet (Hugues).
Capoenus. I, 105.
Capoir. I, 105.
Capoue. I, 298 ; II, 62, 75.— Jourdain, Richard, princes de Capoue.
Caprile. II, 76.
Capua = Capoue.
Capus fils d'Epitus. I, 100.
Carausius. I, 107.
Cardun (Richard).
Carentan. II, 241.
Cari. I, 210.
Caritas = la Charité.
Carlegion. I, 116. V. Legion.
Carleil, Carleuil = Carlisle.
Carlisle. I, 77, 100, 112, 115, 191, 305, 311. — Athelwold, évêque de Carlisle.
Carlivensis, Carloil, Carluid, Carluil, Carluith = Carlisle.
Carlunden, nom de Londres. I, 105.
Carmel. I, 125.
Carnotensis, Carnotum = Chartres.
Caroles = Carolles.
Carolles (Robert de).
Carpentarius = Charpentier.
Carteret (S. Germain de). II, 243, 316. = Guillaume, Philippe, Renaud de Carteret.
Carthage. II, 99. — Cyprien, évêque de Carthage.
Cartrahium = Carteret.
Cartret = Carteret.
Carturiensis = Chartreux.
Casale Benedicti = Chezal-Benoit.
Cassibellanus. I, 105, 106.
Cassiodore. II, 342, 343.
Castella = Castille.
Castellio = Conches, Châtillon.
Castelliolum = Châtillon.
Castello (Gui de).
Castello Pagano. II, 76.
Castellum Puellarum = Edimbourg.
Castille (Rois et Reines de) : Alfonse III, Alfonse-Raimond, Aliénor, Blanche de Navarre, Sanche. — Bérengère, Sanche de Castille.
Castillon-sur-Agen. I, 334.
Castrum Ledi = Château du Loir.
Castrum Puellarum = Edimbourg.
Castrum Radulfi de Dolis = Châteauroux.
Catane. II, 14.
Catalaunum = Chalons.
Catel. I, 105
Catenes. I, 116.
Catericus. I, 110.
Catina = Catane.
Caugé. II, 315.
Cause = Chausey.
Caux (pays de). I, 46, 47, 229, 336, 367 ; II, 164. — Voy. Saint-Victor.
Caux (Robert de).
Cava (la), Cavea. I, 153.
Caviné (Métairie de). II, 255.
Cayleol = Carlisle.
Ceastria = Chester.
Ceceastria = Chichester.
Cécile, fille de Guillaume le Conquérant. I, 34, 60.
Cécile de Semilly. II, 97.
Cedwalla, roi de Westsex. I, 96, 111, 148.
Ceffalicchia. II, 76.
Cei (Kair) = Chichester.
Celemion (Kair). I, 112.
Célestin II pape. I, 230, 236; II, 226.
Cencius, évêque de Porto et de Sainte-Rufine. II, 263.
Cenomania, Cenomannensis, Cenomanni, Cenomannis = le Mans, le Maine, les Manceaux.
Cenred, roi de Mercie. I, 148.
Cénulphe, Cenwolfus, roi de Mercie. I, 7.
Céolulphe, roi de Northumberland. I, 149.
Cerasiacum, Cerasiensis = Cerisy.
Cérences. I, 226.
Ceri (Kair) = Cirencester.
Cerisy (abbaye de). II, 189, 195.— Abbés : Almode, Durand, Guérin, Hugues, Martin. — Geoffroi, abbé de Savigny, d'abord moine de Cerisy.
Cernel (abbés de) : Robert de S. Planchais, Roger abbé du Mont-S.-Michel.
Certesiensis = Chertsey.
César, voy. Jules.
Césarée. I, 122, 156, 316 ; II, 166.— Eusèbe de Césarée.
Césarée de Philippe. V. Banias.
Cestria, Cestrum = Chester.
Chala = Chelle.
Chalon. II, 158, 185, 187. — Hugues, comte de Chalon.
Chalons. II, 160. Guillaume de Champeaux, évêque.
Chambellan, voy. Tancarville.
Chambellan ou Chambrier (Mathieu le).

Chambois. I, 33.
Chambrier (Guillaume, Henri le). Voy. Chambellan.
Champ de la Bataille, voy. Bataille.
Champagne. I, 259. — Comtes et comtesse : Eudes, Henri, Marie de France, Thibaud IV comte de Blois. — Adèle, Guillaume de Champagne.
Champeaux (Gilbert, Guillaume de).
Champs (S. Jean des). II, 315.
Champs (S. Martin des), voy. S. Martin.
Chanbremer = Cambremer.
Chanteloup, Chantelo. II, 300.
Chapel (Eudes au).
Chapelle (la), dioc. de Coutances. II, 316.
Chapelle-Hamelin (la). II, 315.
Charité (la). II, 93. — Raoul, abbé de Cluni, d'abord prieur de la Charité.
Charlemagne. I, 8, 140; II, 217, 218.
Charles-le-Chauve. II, 129.
Charles-le-Gros. II, 215.
Charles-le-Simple. I, 9, 11, 14, 15; II, 216.
Charles, fils de Conrad III empereur. I, 365.
Charles, comte de Flandre. I, 158, 173.
Charles, duc de Lorraine. II, 218.
Charpentier (Gerard, Raoul, Robert le).
Charretière (la). II, 257.
Chartrai = Carteret.
Chartres. I, 9, 14, 184, 238, 259; II, 78, 105, 216, 226, 316. — Chancelier : Bernard le Breton. — Comtes : Henri-Etienne, Thibaud, comte de Blois. — Evêques : Geoffroi de Lèves, Guillaume de Blois, Guillaume de Champagne, Ives, Pierre, Renaud de Mousson, Robert le Breton, Waltelme, mal à propos nommé Gautier. — Voy. S. Jean en Vallée, S. Père.
Chartreuse (la), les Chartreux. II, 159, 187, 191.
Château, voy. S. Sauveur.
Château du Loir. I, 256.
Châteauneuf de Tours, voy. S. Martin.
Châteauneuf (Gervais, Hugues de).
Châteauneuf sur Epte. I, 196, 329.
Châteauroux. II, 69. — Denyse de Châteauroux.
Chateris, Chaterit. I, 20.
Châtillon (Renaud de).
Châtillon sur Colmont. I, 197, 199, 335.
Chauceboef (Guillaume).
Chaucebœuf, v. Calcebof.
Chaumont sur Loire. I, 330.
Chaumont en Vexin. I, 267, 366; II, 34.
Chausey. II, 316.
Chavoy, Chavei. II, 298.
Chederhole. I, 116.
Chedwalla, Chedwalladrus = Cedwalla.
Cheldric, voy. Kelderic.
Chelle. II, 148.
Chennebrun. II, 8.
Chent = Kent. — Kair Chent, voy. Cantorbéry.
Cherbourg. I, 229, 257, 317, 342; II, 134, 170. — Voy. Vœu.
Cheresborch = Cherbourg.
Cherin. I, 105.
Chertsey (Hugues de Blois, abbé de).
Chesnebrut = Chennebrun.
Chester. I, 107, 115, 116, 118, 189, 190; II, 122. — Comtes : Algar, Hugues, Renouf, Richard. — Evêques : Gautier, Girard Pucelle, Hugues de Nonant, Jean de Neaufle, Richard Péché, Robert de Limesy, Robert Péché, Roger. — Gui, abbé de S. Sever, d'abord moine de Chester.
Chezal-Benoit. II, 188.
Chice. I, 162. — Guillaume de Corbeil, prieur de Chice.
Chichester. I, 112-114. — Gervais, Guillaume, Robert de Chichester. — Doyens : Joscelin, Jourdain. — Evêques : Hilaire, Jean, Joscelin, Sifroi, Stigand.
Chien (Renaud le).
Childebert, roi de France. II, 230.
Chinon. I, 300; II, 34.
Chinred = Cenred.
Chitreium = Guitry.
Chivilleium = Quevilly.
Chouzy. I, 342.
Chrétien, archevêque de Mayence. II, 87, 124.
Christianus = Chrétien.
Chrysostome (S. Jean).
Chumburg = Combourg.
Chunelinde, femme de Henri III, roi de Germanie. I, 32, 35.
Chycce = Chice.
Cicestre, Cicestria = Chichester.
Cinomannica civitas, Cinomannis = le Mans.

Circeceastria, Cirecestre = Cirencester.
Cirencester. I, 112, 197.
Ciscestrensis = Chichester.
Cistellensis, Cistelth = Citeaux.
Cistercius = Citeaux.
Citeaux. I, 86, 239, 270, 279, 368; II, 49, 132, 157-159, 161, 162, 164, 185-187, 189, 191. — Abbés : Alexandre, Aubri, Etienne l'Anglais, Gui, d'abord abbé de Trois-Fontaines, Renaud de Bar. — Moines : Henri Murdac, Ruaud évêque de Vannes.
Clairambaud, abbé de S. Augustin de Cantorbéry. II, 66, 288.
Clairvaux (abbaye de). II, 159, 162, 187, 190. — Abbés : Bernard, Girard, Gosuin, Lambert, Robert de Bruges. — Philippe, prieur de Clairvaux.
Clairvaux en Poitou. II, 115.
Clamorgam. I, 116.
Clamorgensis = Llandaff.
Clara = Clare.
Clara Vallis = Clairvaux.
Clare. I, 272. — Guillaume (lisez Richard), comte de Clare. — Gilbert, Roger, Richard de Clare.
Claremons = Clermont.
Clarenbaudus = Clairambaud.
Clarevallensis = Clairvaux.
Clarice d'Ecosse. I, 172.
Clarus Mons = Clermont.
Claude, empereur. I, 106.
Clécé = Clécy.
Clécy (Raoul de).
Clément II pape. II, 220.
Cleobury, Cleoberci. I, 294.
Clermont en Auvergne. I, 89; II, 222. 232.
Clermont en Beauvaisis. Raoul, Renaud, comtes de Clermont. — Hugues de Clermont.
Clermont au Maine (Philippe, évêque de Rennes, d'abord abbé de).
Cliceium = Clécy.
Clinton (Geoffroi de).
Cliton (Guillaume), comte de Flandre.
Clodacus. I, 105.
Cloecestria = Gloucester.
Clotenus. I, 105.
Cluigniacum = Cluni.
Cluni. I, 30, 158, 291, 296, 304; II, 34, 91, 188, 191, 205, 294. — Abbés : Etienne le Bourgeois, Gautier, Guillaume l'Anglais, Hugues, Hugues de Clermont, Maieul, Odon, Pierre le Vénérable, Ponce, Raoul, Robert le Gros, Thibaud. — Moines : Foucher, abbé du Tréport; Frehier, abbé de S. Ouen; Guérin, abbé de S. Pierre sur Dive; Guillaume, abbé de Fécamp; Henri de Sully; Pierre, abbé de Jumièges; Richard de Méré; Richard, abbé de Troarn; Roger l'Aigle.
Clusensis, Clusinus = S. Michel de Cluse. — Gratien, évêque de Clusium.
Cnobheresburg, Cnobberibuc. I, 149.
Cnut = Canut.
Cociacum = Chouzy.
Cocus = Queux.
Cœlestinus = Célestin.
Cœlius (S. Etienne au mont).
Cognanum = Cagnano.
Cognatus = Cousin.
Coillus. I, 105, 107.
Colchester. I, 107, 112.
Cole. I, 107.
Colecestria = Colchester.
Colgrin, chef des Angles. I, 109.
Colin (Kair) = Colchester.
Colleville. II, 283. — Chapelle S. Jean. II, 256. — Guimond, Renouf de Colleville.
Colmia, Colmont = Châtillon-sur-Colmont.
Cologne. I, 131, 349; II, 227. — Archevêques : Frédéric, Renaud.
Colomban (S.). II, 185.
Colombe (la). II, 75, 301. Voy. Sainte-Colombe.
Colonia — Cologne.
Columba = la Colombe.
Columciæ = Coulonces.
Columbanus = Colomban.
Combourg, Combour, Comborcht. I, 353, 362; II, 43. — Jean de Combourg.
Comin (Jean).
Commin (Jean).
Comnène (Alexis, Jean, Manuel, Marie).
Compendium, Compiègne, voy. Saint-Corneille.
Comte (Moulin le). II, 315.
Conan (Saut de). I, 164.
Conan, neveu d'Octavius. I, 107, 110. — Aurèle Conan. I, 110.
Conan II, duc de Bretagne. I, 55; II, 221.
Conan III, duc de Bretagne. I, 151.
Conan IV, duc de Bretagne, d'a-

bord comte de Richemont. I, 302, 303, 312, 361 ; II, 25, 26, 104, 228.
Conan de Rouen. I, 164.
Conbort = Combourg.
Conchæ = Cuença.
Conches (abbaye de). II, 197. — Abbés : Bernier, Gilbert, Guillaume, Silvestre, Simplice, Vincent, Zotard.
Condé (Nicolas de).
Condetum = Condé.
Condevilla = Coudeville.
Conflans-Sainte-Honorine, Confluentium. I, 23.
Conquérant (Guillaume le).
Conrad I, roi de Germanie. II, 216.
Conrad II, empereur. II, 220.
Conrad III, empereur. I, 208, 241, 259, 270, 364 ; II, 2, 226, 234.
Conrad, fils de Henri IV, empereur. I, 122.
Conrad de Montferrat. II, 87.
Conrad, évêque de Sabine. I, 275.
Constance. I, 107.
Constance, femme de Raimond, prince d'Antioche, et de Renaud de Châtillon. I, 245, 248, 285.
Constance d'Antioche, femme de Raimond le Poitevin. I, 184. — Voy. Marie d'Antioche.
Constance (lisez Marie) d'Antioche, femme de Manuel Comnène. I, 245, 342.
Constance de Bretagne, femme de Geoffroi. I, 361 ; II, 26, 104, 228.
Constance, reine de France. I, 282, 312, 329.
Constance de France, femme d'Eustache de Boulogne et de Raimond V, comte de Toulouse. I, 215, 320 ; II, 171.
Constance, nom indûment donné à une fille de Louis VII. II, 167.
Constance, vicomtesse du Mans. II, 3 note.
Constance de Normandie, fille de Guillaume le Conquérant. I, 34.
Constanciensis = Coutances, Cotentin.
Constant, moine. I, 108.
Constantiæ = Coutances.
Constantin, empereur. I, 93, 107 ; II, 341.
Constantin, roi des Bretons. I, 108, 110.
Constantinople. I, 134 ; II, 87, 114, 123. — Voyez les noms des empereurs.
Constantinum = Cotentin.
Conteville (Herluin de).
Conventre = Coventry.
Coquus = Queux.
Corbeil (Mauger, comte de). — Guillaume de Corbeil.
Corbie, Corbeia. I, 208, 253.
Corbuil = Corbeil.
Corceium = Courcy.
Cordeilla. I, 101, 102.
Cordoue, Corduba. II, 116.
Coriobsitensis = Quimper.
Cormeilles, Cormeliæ. II, 151, 152, 198. — Abbés : Benoit, Geoffroi, Guillaume, Hardouin, Robert.
Cornard (Fief). II, 301.
Cornouaille. I, 110, 115 ; II, 58. — Renaud, comte. — Gorloin, Wortegern, ducs. — Mathilde de Cornouaille. — Voy. Mont-S.-Michel en Cornouaille.
Cornouaille en petite Bretagne. II, 6, 56. — Evêques de Cornouaille, voy. Quimper.
Cornu Galliæ = Cornouaille.
Cornubia = Cornouaille.
Corradus = Conrad.
Cosa. I, 108, 109.
Costainvilla = Coutainville.
Costantinum = Cotentin.
Cotentin (le). I, 82, 129 note, 327 ; II, 241, 252, 297-299. — Dreu de Cotentin. — Néel, vicomte de Cotentin. — Voy. S. Gilles, S.-Lo, S. Sauveur le Vicomte, Sainte-Mère-Eglise.
Coudeville. II, 315.
Coulombs (Moines de) : Hubert, abbé d'Ivry ; Pierre, abbé d'Ivry ; Simplice, abbé de Conches ; Vincent, abbé de Conches.
Coulonces (Thomas de).
Cour, voy. S. Pierre de la Cour.
Cour-Dieu (la). II, 159, 187.
Courcy (Guillaume, R., Richard de).
Cousin (Raoul le).
Coutainville. II, 255.
Coutances. I, 197, 227, 305 ; II, 256, 259, 264. — Archidiacres : Guillaume, Jean, Laurent, Philippe, Richard, depuis évêque d'Avranches ; Richard l'Evêque, Robert. — Chanoines : Auvré, Guillaume, Robert de Milly, Robert de S. Lo. — Chantres : Auvré, Osbern. — Chapitre. II, 296. — Diocèse. II, 315. — Eglise. II, 257, 264. — Autel S. Pierre et S. Paul dans l'église de Coutances. II, 264. — Evêques : Algar, Geoffroi de Montbray, Guil-

laume, saint Lo, Richard I, Richard de Bohon. — Eudes, Gautier de Coutances.
Couture (Richard, abbé de la), au Mans.
Coventry. I, 189, 232; II, 122.
Craon (Maurice de).
Cravemense castrum = Crowmarsh.
Creant. II, 316.
Credolium = Creil.
Creil. II, 148.
Crema (Jean de). — Gui de Crème.
Crescent, archevêque de Rouen. I, 4.
Crescentionis castellum. I, 182.
Cresuci (Jourdain de).
Crespin (Goscelin, Guillaume).
Crespy (Thibaud, abbé de Cluni, d'abord prieur de).
Creully (Philippe de).
Crispeium = Crespy.
Crispinus = Crespin.
Crocm. II, 299.
Croiland. I, 20, 118.
Croix (Helthon de la).
Croix (la) en Avranchin. II, 300, 315.
Croix-Saint-Leufroi (la). II, 197. — Abbés : Aubri, Garnier, Guillaume, Henri, Raoul. — Roger, abbé de Montebourg, d'abord moine de la Croix.
Croun = Craon.
Crowmarsh. I, 275, 276.
Crulandia = Croiland.
Crumellis (Richard de).
Crux = la Croix.
Cucerat (Kair). I, 112.
Cudred, roi de Kent. I, 7, 8.
Cuença. II, 116.
Cultura = Couture.
Cuman. I, 104.
Cumburc = Combourg.
Cumminus = Comin.
Cunedage. I, 102.
Curceium, Curci = Courcy.
Curcy II, 315. — Roger de Curcy.
Curia Dei = Cour-Dieu.
Curtis, voy. S. Pierre de la Cour.
Cuverville (Durand de).
Cyprien, évêque de Carthage. I, 93.
D. prieur de Léhon. II, 281.
Daci = Danois.
Daibert, évêque de Pise, patriarche de Jérusalem. I, 88, 89, 125.
Dalfinus. I, 343.
Damas, Damascus. I, 179, 245, 309; II, 20, 88. — Sultan : Noureddin.
Damascène (Pierre).
Damase I, pape. I, 22.
Damase II, pape. II, 220.
Danemark. I, 32, 103, 104. — Rois: Aigrold, Canut, Lotroc, Suénon.
Danfrons = Domfront.
Daniel, prophète. II, 215.
Danius. I, 104.
Danois ou Normands. I, 10, 11, 14, 16, 28, 29, 41, 102, 103, 113.
Datia = Danemark.
Dauphin (Guigues III).
Dauri (Kair) = Dorchester.
David (le roi). I, 100, 347.
David I, roi d'Ecosse. I, 172, 183, 201, 209, 211, 214, 223, 251, 264, 274.
David d'Ecosse, frère de Malcolm. I, 345.
David le Fort. II, 250.
David, comte du Maine. II, 11.
Denis (S.), pape. II, 110.
Denis (S.), évêque de Paris. I, 1, 2; II, 136.
Denyse, femme de Richard du Bois. II, 322.
Denyse de Châteauroux. II, 69.
Denyse de Mortain, femme de Gui de Laval. I, 319.
Derby, Derebi. I, 115.
Désert (le). II, 301.
Désirée (Pierre, fils de).
Deuil (Eudes de).
Devenesira = Devon.
Devizes. I, 214, 215.
Devon (comté de). I, 114.
Diane. I, 98.
Dieppe. I, 185 note.
Dignellus. I, 105.
Dijon, voy. S. Benigne.
Dinan. II, 6. — Guillaume, Olivier, Rolland de Dinan.
Dive (la). II, 199. — Voy. S. Pierre.
Divio = Dijon.
Divisæ = Devizes.
Doit (le). II, 260.
Dol. I, 60, 340, 354, 362; II, 43, 44, 72, 147, 317, 325, 326. — Archevêques ou évêques: Hugues, Jean, Roger du Hommet, Rolland, Sanson. — Chanoines : Géroud, Gui le Pisan, Guillaume chapelain, Guillaume de Dinan, Hugues Neret, Raoul Neret. — Jean de la Mouche, chantre. — Jean, trésorier. — Jean de Dol.
Dolis (Castrum Radulfi de) = Châteauroux.
Domfront. I, 165, 199; II, 135, 150, 204, 241, 317, 334.

Domjean. II, 248, 258. 316, 324. — Geoffroi, Jean, Renouf, Richard, Richeud de Domjean. — Philippe, prêtre de Domjean. — Goscelin prieur de Domjean.
Domneva. I, 118.
Domnus Frons = Domfront.
Domnus Johannes = Domjean.
Domus Dei, nom d'une abbaye cistercienne. II, 159, 187.
Donald VI, roi d'Ecosse. I, 80.
Donnus Frons, Donnus Johannes = Domfront, Domjean.
Dontecestre, Kair Dorm. I, 112.
Donville. II, 300.
Doon Bardoul. II, 40.
Dorcasinum castrum = Dreux.
Dorchacensis, Dorchecestria = Dorchester.
Dorchester. I, 112. — Evêques: Birinus, Rémi, Ulf.
Dorceceastria = Dorchester.
Dorm (Kair) = Dontecestre.
Dorobernia = Cantorbéry.
Dorset. I, 114.
Douce (Pierre fils de).
Douce de Barcelone. I, 317, 318.
Doun = Doon.
Douvre. I, 211, 296. — Vauquelin de Douvre. — Richard, archevêque de Cantorbéry, d'abord prieur de Douvre.
Dovra = Douvre.
Dragey, Drageium. II, 315, 333.
Draiton (Kair). I, 113.
Dreu (Gervais fils de Néel fils de).
Dreu du Cotentin. I, 180. — Onfroi, frère de Dreu.
Dreu, abbé de la Trinité de Rouen. II, 54.
Dreux. I, 270. — Le pays de Dreux. I, 269. — Robert comte de Dreux et Harvise d'Evreux, sa femme. — Philippe de Dreux.
Drincurtis, Dringcurt = Neufchâtel.
Drocasinus pagus = pays de Dreux.
Drogo = Dreu.
Dublin. II, 61. — Roi. II, 29. — Grégoire, évêque. — Jean Commin, archevêque.
Dudley. I, 210.
Dulcia = Douce.
Dummallo Molmutius. I, 102.
Duncan II, roi d'Ecosse. I, 80.
Dunelmia, Dunelmum = Durham.
Dunensis = Dunois.
Dunes (Robert de Bruges, abbé des).
Dunestaple = Dunstable.
Dunestor. I, 210.
Dunhelmia = Durham.
Dunois. I, 259, 333.
Dunstable, Dunstaple. I, 161, 162, 186.
Dunstan (S.). I, 27, 117.
Dunster. I, 210.
Dunvilla = Donville.
Durand du Bois. II, 293.
Durand Burel. II, 327.
Durand de Cambremer. II, 91 note.
Durand, abbé de Cerisy, d'abord moine de S. Ouen. II, 195.
Durand de Cuverville, abbé de Troarn. II, 91.
Durand Festu, moine du Mont S. Michel. II, 258, 259.
Durand le Franc. II, 250.
Durand frère de Hugues fils de Ticz. II, 293.
Durand, abbé d'Ivry, d'abord moine du Bec. II, 204.
Durand, fils de Robert de Torigni, neveu de l'abbé Robert, prévôt de Torigni. II, 250, 252, 258.
Durand, premier abbé de Troarn, d'abord moine de Fécamp. II, 200.
Durant, voy. Durand.
Duredent (Geoffroi).
Durham. I. 72, 115, 161. — Evêques: Gaucher, Geoffroi, Guillaume, Guillaume de Sainte-Barbe, Hugues du Puiset, Renouf Flambard.
Duvelina = Dublin.
Duvenal = Donald.
Duvira = Douvre.
Dyonisia = Denyse.
Eadsi, archevêque de Cantorbéry. I, 42, 44.
Eadwin. I, 111.
Eantot, Eventhot, dioc. de Coutances. II, 231, 315.
Eastangle = Estangle.
Eastseaxa = Essex.
Ebald, roi de Kent. I, 118.
Ebalus = Eble.
Eble, comte de Poitou. I, 14, 29, 30.
Eboraca urbs, Eboracum = York.
Ebrauc (Kair), voy. York.
Ebraucus. I, 100.
Ebreceium = Evrecy.
Ebremar, patriarche de Jérusalem. I, 125.
Ebrid Pren = Edbert.
Ebro = Evron.
Ebroicæ = Evreux.
Ebrulfus = Evroul.

Ecgbertus = Egbert.
Ecgfed, Ecgfrerd = Aldrick.
Ecossais (Marien l').
Ecosse. I, 35, 57, 67, 109, 183 note, 191, 201, 209, 214, 362; II, 52, 57. — Roi d'Ecosse, père de sainte Maure. II, 147. — Rois d'Ecosse : Alexandre, David, Duncan, Edgar, Guillaume, Malcolm. — Marguerite, reine d'Ecosse. — Alexandre, Clarice, David, Henri, Hodierne, Melcolm d'Ecosse.
Ecu vert (Brut à l').
Edbaldus = Ebald.
Edbert, roi de Kent. I, 7.
Edbert, roi de Northumberland. I, 149.
Edbrichtus = Edbert.
Edelbrict (S.). I, 118.
Edelred (S.). I, 118.
Edelwoldus = Ethelwold.
Edesse. I, 237, 309. — Comtes : Baudouin, Joscelin de Torvaisel.
Edgar Adeling. I, 51.
Edgar, roi d'Angleterre. I, 18, 19, 26, 27, 31, 119.
Edgar, roi d'Ecosse. I, 133.
Edgithe (Sainte). I, 119.
Edieva = Edith.
Edinbourg. I, 100, 305; II, 57.
Edith, femme d'Edouard le Confesseur. I, 43.
Edmond I, roi d'Angleterre. I, 16, 18, 26.
Edmond II Côte de fer, roi d'Angleterre. I, 31.
Edmundus = Edmond.
Edouard I, roi d'Angleterre. I, 14, 15.
Edouard II, roi d'Angleterre. I, 26, 27.
Edouard III le Confesseur, roi d'Angleterre. I, 25, 41, 42, 43, 45, 46, 50, 51 ; II, 221.
Edouard, fils de Malcolm, roi d'Ecosse. I, 79.
Edouard, cousin de David, roi d'Ecosse. I, 183.
Edred, roi d'Angleterre. I, 18.
Edwardus = Edouard.
Edwi, roi d'Angleterre. I, 18.
Edwin. II, 153.
Egbert, roi de Kent. I, 117.
Egidius = Gilles.
Egrik, roi d'Est-Anglie. I, 149, 150.
Egypte. I, 364. — Calyphe ou Sultan de Babylone ou d'Egypte. I, 367; voy. Adhel-Lidin-Allah, Afdhal, Amulanius, Fayez-ben-Nasrillah.
Ekron. I, 125.
El Mehadia. I, 303; II, 88.
Elbeuf-sur-Seine. I, 33.
Eldol, roi de Bretagne. I, 105.
Eldol, duc de Gloucester. I, 108.
Eldrade. I, 105.
Elemosina = Aumône.
Eléonore de Normandie, femme de Baudouin IV, comte de Flandre. I, 30.
Eléonore, voy. Alienor.
Elfrid. I, 110.
Eli = Ely.
Elias = Hélie.
Elidurus. I, 104.
Eliensis = Ely.
Eligius = Eloi.
Elisabeth de Blois, femme de Guillaume Gouet. I, 315.
Elisabeth de Hainaut, femme de Philippe-Auguste. II, 94, 96.
Elisabeth de Vermandois, femme de Philippe, comte de Flandre. I, 348, 349; II, 113.
Elmham. I, 56. — Herfast et Stigand, évêques.
Eloi (S.). I, 242.
Elvin (Guillaume).
Ely. I, 20, 42, 115. — Richard de Bienfaite, abbé. — Geoffroi Ridel, Hervé et Néel, évêques.
Emma, femme de Richard I, duc de Normandie. I, 25.
Emma de Normandie, femme d'Ethelred et de Canut. I, 25, 28, 31, 39, 40, 45, 51.
Emma de Mortain, femme de Guillaume IV, comte de Toulouse. I, 319.
Emma, femme de Robert de Vitré. II, 46.
Emmanuel = Manuel.
Enée. I, 95, 98.
Enée (Silvius).
Engebert, moine de Marmoutier. II, 272.
Engelgerus = Enjuger.
Engolismensis = Angoulême.
Enguerran du Hommet. II, 94, 97, 306.
Enguerran, frère de Jourdain. II, 246.
Enguerran Patri. II, 48.
Enjorrannus = Enguerran.
Enjubaud, archevêque de Tours. I, 301.
Enjuger de Bohon. II, 252, 30.

Entrain (Hervé d').
Envermeu (Guillaume d'Epreville, prieur d').
Eon, hérétique. I, 248.
Eormenred. I, 118.
Epernon. I, 175, 326.
Epitus (Silvius).
Epreville (Guillaume d').
Epte (l'). I, 267, 311, 329.
Erachea = Eregli.
Erbertus = Herbert.
Eregli. I, 83.
Erfastus = Herfast.
Ermentrude du Mans, femme de Foulques, comte d'Anjou. II, 339.
Ernaldus = Ernaud.
Ernaud (maître). II, 323.
Ernaud, abbé de Lire. II, 152, 198.
Erneis, frère de Raoul Taisson. II, 203. — Eudes, fils d'Erneis. II, 306. — Philippe, fils d'Erneis. II, 252.
Erningestrate. I, 116.
Ernost, évêque de Rochester, d'abord moine du Bec. I, 73.
Ernulfus = Arnoul.
Erti fluvius. II, 238.
Erticunba, Ertincunbe. II, 238, 245. Hartecumba. II, 318.
Escay = Esquay.
Esgaret, chapelain. II, 323.
Eslaford = Sleaford.
Espagne. I, 245, 282, 289, 308, 310; II, 22, 25, 87, 116. — Primat d'Espagne I, 348.
Espagnols (les). I, 104.
Espaillart (Moulin d'). II, 325.
Esparlo, Esparlum = Epernon.
Espec (Gautier).
Esprevilla = Epreville.
Esquay. II, 316.
Essex. I, 113, 115. — Sebba et Sigher, rois d'Essex. — Henri d'Essex.
Estangle. I, 71, 113. — Comte d'Estangle. I, 121. — Evêque d'Estanglie ou d'Elmham, v. Stigand. — Rois d'Estanglie : Egrik, Sigebert.
Estival. II, 317.
Estolleia. II, 318.
Estouteville (Nicolas, Robert d').
Estrées, Estreia. II, 239, 243, 282, 283, 315.
Estrepineium = Etrépagny.
Etampes. I, 326.
Etendard (Bataille de l'). I, 211.
Ethelbald, roi de Westsex. I, 10.
Ethelbert, roi de Kent. I, 7, 10, 117.
Ethelred I, roi d'Angleterre. I, 10, 118.
Ethelred II, roi d'Angleterre. I. 25, 27-29, 31, 41, 45, 51.
Ethelred, roi de Mercie. I, 148.
Ethelwin, comte de Winchester. I, 19.
Ethelwold (S.). I, 117.
Ethelwolf, roi d'Angleterre. I, 8, 29, 117.
Etherius. I, 23, 24.
Etienne l'Anglais, abbé de Citeaux. II, 158, 186.
Etienne de Blois, comte de Boulogne, roi d'Angleterre. I, 198-291, 306, 309, 320, 346, 351; II, 27, 149, 226, 227, 234, 235.
Etienne, comte de Blois. I, 34, 124.
Etienne le Bourgeois, abbé de S. Michel de Cluse, puis de Cluni. I, 338; II, 33, 41, 294.
Etienne (Henri), comte de Chartres.
Etienne de Fougères, notaire de Henri II, évêque de Rennes. II, 2, 13, 73, 228, 285 note, 286, 292.
Etienne fils de Bernard Luvel. II, 327.
Etienne, abbé de Mortemer. II, 164.
Etienne IX, pape. II, 220.
Etienne, comte de Penthièvre. I, 361.
Etienne, prévôt. II, 243.
Etienne de Reims, ou peut-être Renier. II, 309.
Etienne de la Rochefoucault, évêque de Rennes, d'abord abbé de S. Florent. I, 301, 360; II, 271.
Etienne, comte de Sancerre. I, 259, 329; II, 24, 95.
Etrépagny. I, 267; II, 178.
Etta = Epte.
Etwardus = Edouard.
Eu. I, 77, 81, 154. — Comtes et comtesse : Geoffroi, Guillaume, Henri, Jean, Leceline, Robert.
Eudes (Guillaume, Hugues fils d').
Eudes, évêque de Bayeux. I, 42, 59, 61, 64, 70-72; II, 202.
Eudes (?), évêque de Beauvais. II, 341.
Eudes, duc de Bourgogne. I, 315; II, 24, 158, 185.
Eudes, prieur de Cantorbéry, puis abbé de la Bataille. II, 36, 57.
Eudes, comte de Champagne. I, 25.
Eudes au Chapel. II, 202.
Eudes, clerc. II, 338.

Eudes de Coutances, chanoine de Rouen. II, 334.
Eudes de Deuil, abbé de S. Corneille de Compiègne et de S. Denis. I, 2:6.
Eudes, comte de Devon. I, 51.
Eudes fils d'Erneis. II, 306.
Eudes de France, frère du roi Henri. I, 47, 48.
Eudes d'Issoudun. II, 69.
Eudes, abbé de Marmoutier, II, 206.
Eudes, évêque d'Ostie. I, 173. Voy. Honorius II.
Eudes, comte de Penthièvre. I, 25, 31; II, 231.
Eudes, comte [de Porhoet]. I, 367; II, 286.
Eudes, vicomte de Porhoet. I, 302; II, 5, 6, 42, 44, 56.
Eudes de S. Amand, maître du Temple. II, 92.
Eudes, abbé de S. Etienne de Caen. II, 196.
Eudes, diacre cardinal de S. Georges ad Velum Aureum. II, 263.
Eudes, abbé de Sainte-Geneviève de Paris, d'abord prieur de S. Victor. I, 244.
Eudes de Tanis. II, 298, 299.
Eudes I et Eudes II. comtes de Tours et de Blois. II, 205.
Eudo = Eon, Eudes.
Eugène III, pape. I, 239, 241, 243, 244, 247, 262, 270, 274, 279, 283, 288, 298; II, 110, 161, 189, 226, 227.
Eure (l'). I, 20, 23.
Eusèbe de Césarée. I, 93, 96; II, 341.
Eusèbe, archevêque de Rouen. I, 3.
Eustache de Breteuil. II, 154, 155.
Eustache, fils du roi Etienne. I, 207, 215, 254, 261, 280, 287, 320.
Eustache fils de Jean. I, 210.
Eustache, abbé de Jumièges. II, 192.
Eustorge (S.). I, 349.
Eva = Ave.
Evain l'Anglais, abbé de Savigny. II, 189.
Even de Montgardon. II, 237.
Even, chapelain de l'évêque de Rennes. II, 272.
Eventhot = Eautot.
Evêque (Pierre, Richard l').
Evermum = Envermeu.
Evode, archevêque de Rouen. I, 3.
Evrard, évêque de Norwich. I, 178.
Evreccium = Evrecy.
Evrecin (l'). I, 23.
Evrecy. II, 248, 316. Voy. Albrey. — Guillaume (?), Graverenc, Osbert d'Evrecy.
Evreuichsyra. I, 115. Voy. York.
Evreux. I, 13, 24, 47, 197, 206; II, 103, 169. — Eglise Notre Dame. I, 12. — Evêques : Audin, Gilbert, Gilles, Jean fils de Luc, Rotrou, Sebar, Taurin. — Comtes et comtesse : Amauri, Guillaume, Mabille de Gloucester, Richard, Simon de Montfort. — Harvise d'Evreux. — Voy. S. Sauveur, S. Taurin.
Evrohic, voy. York.
Evron (Guérin, abbé de Lonlay, d'abord moine d').
Evroul (S.). I, 5.
Exaquium = Lessay.
Exceastria, Exceecestre = Exeter.
Exeter. I, 115, 201, 318. — Evêques : Barthélemi, Guillaume, Robert de Chichester, Robert de Warlevast. — Geoffroi de Montbrai, appelé évêque d'Exeter. — Guillaume d'Exeter.
Exiceastria = Exeter.
Exmes. I, 165, 199.
Exonia = Exeter.
Ezechias. I, 347.
Faber = Fèvre.
Fagernun = Fauguernon.
Faie = Faye.
Falaise. I, 165, 200, 213, 219, 225, 327; II, 180.
Falesia = Falaise.
Faringdon. I, 236.
Fasseham = Faversham.
Fauguernon. I, 247.
Faversham. I, 287.
Faye (Raoul de la).
Fayez ben Nasrillah, calife d'Egypte. I, 309.
Fécamp. I, 28, 60, 70, 336; II, 3, 105, 106, 150, 192, 228. — Additions faites dans l'abbaye de Fécamp à la chronique de Robert. II, 146 et s. — Château de Fécamp. I, 16, 77. — Prêtre de Fécamp. I, 129. — Abbés : Guillaume, Guillaume de Ros, Henri de Sully, Jean le Lombard, Roger. — Moines : Benigne, abbé de S. Sauveur; Durand, abbé de Troarn; Gilbert, abbé de Conches; Guillaume, abbé

de Conches ; Guillaume de Normandie ; Guillaume, abbé de S. Taurin ; Maurille, archevêque de Rouen ; Nicolas, abbé de Bernai ; Osberne, abbé d'Ivry ; Paul, abbé de S. Taurin ; Philippe, abbé de S. Taurin ; Raoul, abbé du Mont-S.-Michel ; Raoul, abbé de S. Taurin ; Rémi, évêque de Lincoln ; Renouf, abbé de S. Taurin ; Vital, abbé de Bernai. — Herbert, évêque de Norwich, d'abord prieur de Fécamp. — Raoul de Fécamp.
Felgere = Fougeray.
Felgeriæ = Fougères.
Felix (S.). I, 206.
Ferdinand II, roi de Léon ou de Gallice. I, 308 ; II, 22, 116.
Ferendunum = Faringdon.
Ferex. I, 102.
Fergand (Alain).
Feritas = Ferté.
Fernandus = Ferdinand.
Ferrand, comte de Flandre. II, 229.
Ferrant = Ferdinand.
Ferreum Latus, Voy. Edmond.
Ferté-Bernard (la). II, 7. — Bernard de la Ferté.
Ferté en Brai (la). I, 268.
Festu (Durand).
Fèvre (Bernier, Robert le).
Filgeriæ = Fougères.
Firmat (S.). I, 299 ; II, 74.
Firmin, évêque d'Amiens. I, 2.
Fiscannus = Fécamp.
Fiscanstede. I, 85.
Flamand (Guillaume le Moine).
Flamand (Robert de Bruges ou le).
Flamands (les). I, 207, 291 ; II, 45, 154.
Flambard (Renouf).
Flandre (la). I, 12, 37, 50, 58, 173, 175-177 ; II, 95, 105, 132. — Comtes et comtesses : Adèle de France, Arnoul, Baudouin, Eléonore de Normandie, Elisabeth de Vermandois, Ferrand, Guillaume de Normandie, dit Cliton, Mabire ou Sibylle d'Anjou, Mathilde de Portugal, Philippe, Richilde, Robert, Thierri d'Alsace. — Mathieu, Pierre de Flandre. — Mathilde de Flandre, reine d'Angleterre.
Flandrenses = Flamands.
Flave, archevêque de Rouen. I, 4.
Flaviacensis = Saint-Germer.
Fleury, voy. S. Benoit sur-Loire.
Florent I, comte de Hollande ou de Frise. I, 57.
Floriacus = S. Benoît-sur-Loire.
Fochrevilla = S. Germain-sur-Ay. — Raoul de Focherevilie. — Robert, prévôt de Fulchereville.
Folcherio (Raoul de).
Foliot (Gilbert. Robert).
Folmuchun = Fumichon.
Fons Ebraudi = Fontevrault.
Fons S. Martini = Fontaine-S.-Martin.
Fontaine-S.-Martin. II, 104.
Fontanetum = Fontenay.
Fontenay (Abbaye de S. Etienne de). II, 203. — Abbés : Geoffroi, Guillaume, Herbert, Hugues, Robert.
Fontenay-le-Marmion. I, 219.
Fontenella = S. Wandrille.
Fontevrault. II, 188, 189. — Abbesses : Mathilde d'Anjou, Pernelle.
Fontinella = S. Wandrille.
Ford (Baudouin, évêque de Worcester, d'abord abbé de).
Fordensis = Ford.
Foresiensis = Forez.
Forestier (Roger le).
Forez (Guigues, dauphin et comte de).
Formies, Formiana civitas. I, 22.
Fornels = Fourneaux.
Forojulensis comes. I, 343 note.
Fort (David le).
Fossa. I, 116.
Foucard fils d'Orgaire. II, 238.
Foucher, abbé du Tréport, d'abord moine de Cluny. II, 201.
Fougeray près de Genêts. II, 243, 283, 331.
Fougères. I, 361 ; II, 42, 43, 46, 285, 286, 298. — Guillaume, abbé de Fougères. — Etienne, Guillaume, Juhel, Raoul de Fougères.
Foulcoie, abbé de Grestain, d'abord moine de S. Martin de Séez. II, 202.
Foulcred, clerc. II, 338.
Foulques, comte d'Anjou, roi de Jérusalem. I, 87, 88, 126, 138, 139, 151, 174, 176, 187 ; II, 339.
Foulques de Hérouville. II, 251.
Foulques Painel. II, 17, 118, 254, 255, 285, 286, 297, 299, 300, 306.
Foulques, abbé de S. Pierre-sur-Dive, d'abord prieur de S. Evroul. II, 200.
Fourneaux. II, 324. — Richard de Fourneaux.

Fours, v. Furnis.
Fracta Vallis = Fréteval.
Franc (Durand le).
France. I, 1, 9, 11, 35, 36, 109; II, 18, 216, 225. — Le sénéchal et le sénescallat de France. I, 352; II, 10, 11. — Rois de France : Henri, Hugues Capet, Lothaire, Louis d'outre mer, Louis VI, Louis VII, Philippe I, Philippe II, Robert. — Reines : Aliénor, Constance, Elisabeth de Hainaut, Gerberge. — Adèle, Agnès, Alix, Constance, Henri, Marguerite, Marie de France. — Robert, duc de France.
Francon. II, 303.
Francon, archevêque de Rouen. I, 11, 12, 14, 15.
Francs (nom des). I, 366.
Frédéric, archevêque de Cologne. I, 131.
Frédéric I, empereur, d'abord duc de Souabe. I, 241, 259, 270, 295, 303, 310, 316, 318, 337, 338, 341, 343, 344, 349, 352, 355, 357, 364, 365; II, 55, 56, 61, 62, 67, 87, 116, 128, 132, 133, 178, 226.
Freernai = Fresnay.
Frehier, abbé de S. Ouen, d'abord moine de Cluni. I, 307; II, 193.
Fresnay-le-Vicomte. II, 3.
Fréteval. I, 314, 331.
Frise (la). I, 9, 58. — Florent, comte de Hollande ou de Frise. — Guillaume, comte de Frise.
Frison (Robert le), comte de Flandre.
Froger, abbé de S. Florent. II, 48.
Froger, évêque de Séez. I, 324; II, 18, 130, 179.
Fruttuaria. I, 358.
Fucherevilla = S. Germain-sur-Ay. Voy. Focherevilla.
Fulcardus = Foucard.
Fulcherevilla, voy. Focherevilla.
Fulcherius = Foucher.
Fulcho = Foulques.
Fulco = Foulques.
Fulcoius = Foulques, Foulcoie.
Fulda (Marien l'Ecossais, moine de).
Fulebech. II, 300.
Fulgence, chef des Pictes. I, 107.
Fulgenius. I, 105.
Fulgere = Fougeray.
Fulgeriæ = Fougères.
Fulkeredus = Foulcred.
Fumichon. II, 255.
Furnelli = Fourneaux.
Furnis (Aquilinus de).
Fursi (S.). I. 149.
Gabreium = Gavrai.
Gacé (Raoul de).
Gacien, évêque de Tours. I, 1.
Gaditanus = Gaëte.
Gael (Raoul de).
Gaëte (Jean de).
Gab (Hugues de).
Gai (Guillaume le).
Galan (Vital fils de).
Galardun = Gallardon.
Galeran, archidiacre de Bayeux. II, 275, 288. Voy. Galeran, évêque de Rochester.
Galeran d'Ivri. II, 38, 68.
Galeran, comte de Meulan. I, 155, 163, 166, 185 note, 205, 206 note, 221, 224, 233, 241, 264, 273, 274, 282, 283, 331, 334, 359; II, 164.
Galeran, évêque de Rochester, d'abord archidiacre de Bayeux. II, 117, 129. Voy. Galeran, archidiacre de Bayeux.
Galien, moine du Mont S. Michel, chapelain, cellerier, sacristain. II, 322, 328, 331, 332, 338.
Gallardon (Guérin de Girard ou de).
Galles (pays de). I, 64, 67, 115, 116, 143, 160, 209, 265; II, 58, 167, 171. — Owen et Rhys, rois de Galles.
Gallevus = Walthéof.
Galliæ = France.
Gallice. I, 282. — Rois : Alfonse-Henriquez, Ferdinand. — Voy. Saint-Jacques.
Gallius. I, 107.
Gallois (les). I, 72, 222, 308, 309, 345, 353, 357, 359; II, 52, 153, 170.
Gand (Alice, Gilbert de).
Ganilon, archevêque de Rouen. I, 10.
Gant = Gand.
Garcie-Ramire, roi de Navarre. I, 283.
Garcie IV, roi de Navarre. I, 310.
Gargan (Le Mont). II, 230.
Garici. II, 277 note.
Garinus = Guérin.
Garnier, compagnon de Lanfranc. I, 36.
Garnier, abbé de la Croix S. Leufroi. II, 197.
Garnier, abbé de Marmoutier. I, 294; II, 206.
Garsias = Garcie.
Gascogne. I, 266, 342; II, 13, 14, 172.

Gascons (les). I, 334.
Gasny. I, 366.
Gastinet (Guillaume, Renouf du). — Voy. Vastinneium.
Gaubert, abbé de Marmoutier. II, 206.
Gaucher, évêque de Durham. I, 61.
Gaulenses = Gallois.
Gaumar, prince de Salerne. I, 180.
Gautier, évêque de Chester, d'abord prieur de l'église du Christ de Cantorbéry. I, 246, 290, 324; II, 179.
Gautier, abbé de Cluni, d'abord prieur de S. Martin des Champs. II, 65, 91, 92.
Gautier de Coutances, évêque de Lincoln, archevêque de Rouen. II, 119, 127, 133, 135, 333.
Gautier Espec. I, 211.
Gautier Gifard. I, 185 note. — Gautier Gifard III, comte de Buckingham. I, 229, 353.
Gautier de Gloucester, comte de Hereford. I, 294.
Gautier d'Iquelon. II, 337.
Gautier de Lacy. II, 153.
Gautier, abbé de Montebourg. II, 204.
Gautier, clerc de Picale. II, 328.
Gautier de Pontorson. II, 260.
Gautier du Préau. II, 337.
Gautier, évêque de Rochester, d'abord archidiacre de Cantorbéry. I, 246, 290; II, 18, 117.
Gautier de S. Martin. II, 201.
Gautier, abbé de S. Mesmin, d'abord moine de Marmoutier. I, 346.
Gautier, abbé de S. Pierre sur Dive, d'abord moine de Jumiéges. II, 200.
Gautier de S. Valeri. I, 34. — Archidiacre de Rouen. II, 334.
Gautier, abbé de S. Wandrille. II, 75.
Gautier, abbé de Sainte-Trinité de Rouen. II, 197.
Gautier Tirel. II, 223.
Gautier, prieur de Winchester, abbé de Westminster. II, 57.
Gavrai. I, 165; II, 259, 285. — Jean de Gavrai.
Ge. prieur de S. Malo. II, 281.
Gelase I, pape. II, 230.
Gelase II, pape. I, 156, 158, 164.
Geldeforte = Guildfort.
Gelduin = Gilduin.
Gellin de Mondeville. II, 298, 302.
Gemblacum, Gemblours, voy. Sigebert.
Gemeticum = Jumiéges.
Genchard fils de Durand Festu. II, 259.
Geneccium = Genest.
Gênes. I, 352. — Les Génois. I, 246.
Genesium = Genest.
Genest. II, 242, 243, 252, 253, 270, 282, 284, 287, 297, 300, 315, 324, 362. — Renaud, prêtre de Genest, père de Nicolas. — Rualend, prévôt de Genest. — Gervais fils de Hélie de Genest. — Rualend de Genest.
Genetium = Genest.
Genez = Genest.
Génois, v. Gênes.
Genséric, roi d'Afrique. II, 341.
Gent (Kar), voy. Winchester.
Genuenses = Génois.
Geoffroi Artur, évêque de S. Asaph. I, 111, 265.
Geoffroi Baudouin. II, 300.
Geoffroi le Bel, comte d'Anjou, duc de Normandie. I, 88, 138, 174, 185, 192, 195, 199-256, 267; II, 28, 189, 226, 234, 235, 339.
Geoffroi, prévôt de Beverley. II, 71.
Geoffroi, archevêque de Bordeaux. I, 310.
Geoffroi le Boucher, évêque d'Avranches. II, 230.
Geoffroi I, duc de Bretagne. I, 25, 30, 31; II, 231.
Geoffroi, comte de Bretagne ou de Nantes, fils de Geoffroi le Bel. I, 174, 192, 193, 253, 256, 261, 262, 269, 287, 297, 298, 301, 311; II, 166, 167, 169.
Geoffroi II, duc de Bretagne, fils de Henri II, roi d'Angleterre. I, 312, 361; II, 12, 13, 26, 31, 36, 53, 55, 56, 67, 68, 71, 73, 81, 82, 104, 115, 168, 228.
Geoffroi de Bricqueville. II, 299.
Geoffroi, archidiacre de Cantorbéry. II, 288. Voy. Geoffroi Ridel.
Geoffroi de Clinton. I, 182, 184 note, 188.
Geoffroi, abbé de Cormeilles. II, 152, 199.
Geoffroi, évêque de Cornouaille ou de Quimper. II, 131.
Geoffroi de Domjean, moine du Mont S. Michel. II, 331. — Geoffroi, clerc, frère de Philippe prêtre de Domjean. II, 250.

Geoffroi Duredent. II, 333, 335.
Geoffroi, évêque de Durham. I, 188.
Geoffroi, fils de Richard I. comte d'Eu. I, 25, 37.
Geoffroi, abbé de Fontenay, d'abord moine de S. Wandrille. II, 203.
Geoffroi de Greinville. II, 301.
Geoffroi, abbé de Grestain, d'abord moine de S. Serge d'Angers. II, 202.
Geoffroi Grise gonelle, comte d'Anjou. II, 11.
Geoffroi, abbé de Lagny. I, 346.
Geoffroi, abbé de Lessay. II, 202.
Geoffroi de Lèves, évêque de Chartres. I, 236.
Geoffroi, archidiacre puis évêque de Lincoln. II, 37, 98, 102.
Geoffroi, abbé de Lire. II, 66, 156.
Geoffroi Loiz, de Guingamp, évêque de Tréguier. II, 79.
Geoffroi de Lucy. II, 82.
Geoffroi de Lusignan. II, 39, 98.
Geoffroi de Mandeville. I, 230, 232.
Geoffroi II Martel, comte d'Anjou. I, 47; II, 150.
Geoffroi IV Martel, comte d'Anjou. II, 225.
Geoffroi Mauchien, sénéchal du Maine. II, 329.
Geoffroi fils de Juhel de Mayenne. I, 334, 335.
Geoffroi Meisnie. II, 301.
Geoffroi prêtre du Mesnil-Drey, moine du Mont-S.-Michel. II, 259, 260.
Geoffroi fils de Michel. II, 300.
Geoffroi le Moine. II, 286.
Geoffroi, abbé du Mont S. Michel. II, 193 note, 226, 234.
Geoffroi de Montbrai, évêque de Coutances, appelé évêque d'Exeter. I, 69, 71.
Geoffroi de Montfort. II, 6, 97.
Geoffroi fils de Payen. I, 185 note.
Geoffroi, comte du Perche. I, 234; II, 11.
Geoffroi Pirus. II, 337.
Geoffroi de Poencé. II, 45.
Geoffroi, abbé de Préaux. II, 199.
Geoffroi de Rancogne. II, 82.
Geoffroi Ridel, archidiacre de Cantorbéry, puis évêque d'Ely. II, 37, 288.
Geoffroi, archevêque de Rouen, d'abord doyen du Mans. I, 138, 139, 177.
Geoffroi, archidiacre de Rouen. II, 254.
Geoffroi, abbé de S. Alban. I, 147.
Geoffroi, abbé de Savigny, d'abord moine de Cérisy. II, 160, 161, 189.
Geoffroi de Sécz, évêque d'Angers. I, 340; II, 74.
Geoffroi, comte en Sicile. II, 76.
Geoffroi Talbot. I, 209.
Geoffroi IV, vicomte de Thouars. II, 169.
Geoffroi de Venoix, le maréchal. II, 297, 302.
Geoffroi de Virgeio. II, 312.
Georges, fils de Herlewin. II, 288.
Ger. II, 21.
Geraldus = Géraud, Giraud.
Gérard (Robert fils de).
Gérard le Charpentier. II, 242.
Gérard, prêtre cardinal du titre de S. Etienne au Mont Cœlius. II, 263.
Gérard, archevêque d'York. I, 134.
Géraud (S.). I, 30.
Géraud, évêque de Limoges. II, 70.
Géraud, notaire de l'église de Rome. II, 292.
Gerbereie = Gerberoi.
Gerberge (la reine). I, 26; II, 218.
Gerberoi. I, 60, 326.
Gerbert pape. II, 218.
Gerbodug. I, 102.
Gerin (Raoul).
Gerloc, fille de Rollon, comtesse de Poitou. I, 13—16; II, 192.
Germain (s.) d'Auxerre. I, 23.
Germain, archevêque de Rouen. I, 4.
Germanie. I, 11. Voy. Allemagne, et les noms des rois et des empereurs.
Gerne fluvius. I, 191.
Gernereium, Gerneroium = Guernesey.
Geroius = Giroie.
Geronce. I, 105.
Géroud, chanoine de Dol. II, 326.
Gerp (île de). I, 304.
Gersé, Gerseium, Gersoium, Gersosium = Jersey.
Gertrude, femme de Florent, comte de Hollande, puis de Robert le Frison. I, 57.
Gervais (S.). I, 350.
Gervais. II, 330.
Gervais, prieur de S. Céneri. II, 338.
Gervais de Chichester, clerc du chancelier Thomas. I, 313; II, 265, 267-269, 309.
Gervais de Châteauneuf. I, 166.

Gervais fils d'Hélie de Genest. II, 237, 243, 252, 253, 283, 284, 287, 325.
Gervais fils de Néel fils de Dreu. II, 244, 245.
Gervais Painel. I, 210.
Geslin, diacre, neveu de Geoffroi, prêtre du Mesnil-Drey, moine du Mont S.Michel. II, 259, 260.
Geudevin = Gilduin.
Gibelin, patriarche de Jérusalem. I, 90, 139.
Gien (Hervé de).
Gifard, Giffard (Gautier, Guillaume).
Gibellus = Juhel.
Gilbert d'Avranches, fils de Hascoul de Subligny. II, 12, 17, 255, 297.
Gilbert, archidiacre d'Avranches. II, 335.
Gilbert, chantre d'Avranches. II, 271.
Gilbert le Breton. II, 243.
Gilbert, comte de Brionne. I, 25, 26, 37, 144.
Gilbert de Champeaux. II, 240, 242, 261, 262, 276, 282, 284, 305.
Gilbert de Clare. I, 204, 272.
Gilbert, abbé de Conches, d'abord moine du Bec. II, 198.
Gilbert, abbé de Conches, d'abord moine d'Evreux. II, 179.
Gilbert, abbé de Conches, d'abord moine de Fécamp. II, 197.
Gilbert, évêque d'Evreux. I, 59, 61, 64, 145.
Gilbert Foliot, abbé de Gloucester, évêque de Hereford, puis de Londres. I, 247, 290, 347 ; II, 18.
Gilbert de Gand. I, 300.
Gilbert de la Hogue. II, 243, 244.
Gilbert de Laci. I, 212 note.
Gilbert, abbé de Lire, d'abord moine de S. Evroul. II, 152, 198.
Gilbert, évêque de Lisieux. I, 61.
Gilbert Locis. II, 256.
Gilbert Malet. II, 308.
Gilbert, abbé de Marmoutier. II, 205, 206.
Gilbert, évêque de Poitiers. I, 288.
Gilbert, évêque de Rochester, d'abord archidiacre de Lisieux. II, 129.
Gilbert, abbé de S. Etienne de Caen. II, 196.
Gilbert I et II, abbés de S. Martin de Séez. II, 200.
Gilbert de Sartilly. II, 331, 332.
Gilbert l'Universel, évêque de Londres. I, 175, 178.
Gilbert de Tillières. I, 268 ; II, 38.
Gilbert, abbé de Troarn. II, 91, 200.
Gilbert de Tunbridge. I, 72.
Gilbert, prévôt du Val, à Guernesey. II, 244.
Gildardus = Godard.
Gildas, historiographe des Bretons. I, 102.
Gildeinus = Gilduin.
Gilduin d'Aucey. II, 300.
Gilduin, chapelain. II, 326.
Gilduin, abbé de S. Victor de Paris. II, 160, 180.
Gilduin de Verson. II, 246, 248, 251, 302.
Gille, femme de Rollon. I, 11, 13, 14 ; II, 216.
Gille Breton. II, 257.
Gilles (s.), du Cotentin. I, 351.
Gilles (s.), de Provence. I, 351.
Gilles, évêque d'Evreux, d'abord archidiacre de Rouen. II, 21, 22, 33, 74, 89, 90, 229.
Gilles de Sully. II, 122.
Gilon de Corran. II, 317.
Gilon, archidiacre de Rouen. II, 288.
Gingamp = Guingamp.
Gippewis = Guingamp.
Giraldus = Giraud.
Girard (Guérin de).
Girard de Bologne, cardinal de Sainte Croix ou de Jérusalem. I, 236.
Girard, abbé de Clairvaux. II, 59.
Girard Pucelle, évêque de Chester. II, 122, 125.
Girard, évêque de Séez. I, 235, 285, 305.
Giraud (Pierre).
Giraud Berlai, seigneur de Montreuil. I, 251, 253, 255.
Girdh, frère de Harald. I, 54.
Giroie. II, 196. — Guillaume fils de Giroie.
Gis'a = Gille.
Gislebertus = Gilbert.
Gison, évêque de Wells. I, 190.
Gisors, Gisorth, Gisorz. I, 82, 164, 165, 329, 331, 355 ; II, 34, 52, 167, 178.
Gisulfe. I, 180.
Glastongebiria = Glastonbury.
Glastonbury. I, 19. — Abbés : Henri de Blois, Robert, Sifroi, depuis évêque de Chichester.
Glastonia = Glastonbury.
Glat. (W.).
Gloecestria, Gloucestria, Kair Glou = Gloucester.

Gloucester. I, 65, 106, 107, 112, 115, 194, 216, 293, 294 ; II, 28. — Guillaume et Robert, comtes. — Edol, duc. — Amicie, Gautier, Isabelle, Mabille, Mathilde, Miles, Richard, Robert, Roger de Gloucester. — Gilbert Foliot, abbé de Gloucester.
Gloveceastre, Glovecestria = Gloucester.
Gocelinus = Joscelin.
Godard, archevêque de Rouen. I, 4.
Godard de Vaux. II, 252.
Godefroi d'Aubigny. II, 19.
Godefroi, archidiacre d'Avranches. II, 271.
Godefroi, évêque de Bath. I, 163, 178.
Godefroi Bloet. II, 332.
Godefroi de Bouillon. I, 84, 87, 89.
Godefroi, beau-père de Guillaume le Chambrier. II, 197.
Godefroi Juver ou Viver. II, 244.
Godefroi, comte de Louvain, duc de Lothier. I, 132, 133.
Godefroi de Mertoc. II, 310.
Godefroi Viver ou Juver. II, 244.
Godmund l'Africain. I, 110.
Godoin (Sweyn fils de).
Godoin, comte de Kent. I, 25, 41, 43, 46, 51.
Goel (Ascelin).
Goel, fils de Baudri de Baudemont. I, 277.
Goellenus = Gellin.
Goerre = Gohory.
Goffer = Gouffern.
Gofridus = Geoffroi.
Goherius = Gohier.
Gohier (Turstin).
Gohory. II, 316.
Goiet = Gouet.
Goinus = Gouin.
Goisbert. II, 237.
Goisfridus = Geoffroi.
Goldevinus = Gilduin.
Gondolovée. I, 99.
Gondrède, comtesse de Warwick. I, 273.
Gonnor, duchesse de Normandie. I, 25, 36 ; II. 150.
Gontard, archevêque de Rouen. I, 15, 17.
Gorangon (Kair). I, 112 ; voy. Worcester.
Gorbonien. I, 104.
Gorcon (Kair). I, 112.
Gorloin, duc de Cornouaille. I, 108.
Gornacum, Gornai = Gournai.
Gorran. I, 199, 335. Gilles de G.
Gortegern (Kair). I, 112.
Goscelin, vicomte d'Arques. II, 197.
Goscelin Crespin. I, 286 ; II, 38.
Goscelin, prieur de Donjean. II, 258.
Goscelin, prêtre de Saint-Laurent de Terregatte. II, 254.
Goscelini castellum = Josselin.
Goscelinus = Goscelin ou Joscelin.
Gosuin, abbé de Clairvaux. II, 163, 186.
Gotho = Josce.
Goths. I, 29. — Théodoric, roi des Goths.
Gotsuinus = Gosuin.
Gouale à Guernesey. II, 316.
Gouet (Guillaume).
Gouffern (forêt de). I, 368.
Gouin fils de Nobile. II, 257.
Gournai. I, 268. — Hugues de Gournai.
Goz (Roger le).
Grainville (Guillaume de). Voy. Granville.
Grammont. I, 363.
Grand (Hugues, Jean, Renaud le) — Hugues, comte de Vermandois, dit le Grand.
Grandvilla = Granville.
Grannopolitanus = Grenoble.
Grantsilva = Grossœuvre.
Grant (Kair), Grantebrigia, Granteceastria = Cambridge.
Granville. II, 301. — Hugues, Robert fils de Renouf de Granville. — Voy. Grainville, Greinville.
Gratianopolitanus = Grenoble.
Gratien. I, 93, 107.
Gratien, évêque de Clusium. I, 184.
Gratien, cardinal de S. Côme et S. Damien. II, 321.
Graverenc d'Evrecy. II, 248, 275.
Grèce (la). I, 103, 180.
Grecs (les). I, 298. — Voy. les noms des empereurs.
Grégoire (S.). I, 86 ; II, 157.
Grégoire, évêque de Dublin. I, 262.
Grégoire VII, pape. I, 140 ; II, 221, 222.
Grégoire, cardinal de S. Ange. I, 181. Voy. Innocent II.
Grégoire de Tours. I, 93.
Greinville, Greinvilla. II, 301, 302. — Geoffroi, Néel, Philippe de Greinville. — Voy. Granville.
Greneré, Grennereium = Guernesey.
Grenoble. II, 159, 187.
Grenta. I, 20.

Grenteis (Raoul, Robert de).
Grentemesnil. II, 8. — Hugues, Pernelle, Robert de Grentemesnil.
Grestain (abbaye de Notre-Dame de), Grestenum. II, 201. — Abbés: Foulcoie, Geoffroi, Guillaume d'Exeter, Guillaume Hubaud, Herbert.
Griffin (T.).
Grimbaud (Renaud).
Grippon, archevêque de Rouen. I, 6.
Grisegonelle (Geoffroi).
Gros (Robert le).
Grossœuvre. I, 206, 207.
Gualenses = Gallois.
Gualerannus = Galeran.
Gualia = Galles.
Guarenna = Varenne ou Warenne.
Guarinus = Guérin.
Guasconia — Gascogne.
Guavreium = Gavray.
Guazon. I, 180.
Gudlacus = Guthlac.
Gué de Jacob (le). II, 88, 92.
Guenta = Winchester.
Guerberrei = Gerberoy.
Guerche (la). II, 46.
Guérin le Breton. I, 97, 111.
Guérin, abbé de Cérisy, d'abord moine du Mont-S.-Michel. II, 195.
Guérin de Girard ou de Gallardon, archevêque de Bourges, d'abord abbé de Pontigny. II, 55, 96.
Guérin, abbé de Lessay. II, 202.
Guérin, abbé de Lonlay, d'abord moine d'Evron. II, 204.
Guérin, abbé de S. Evroul. II, 197.
Guérin, abbé de S. Pierre sur Dive, d'abord moine de Cluni. II, 201.
Guernercium, Guernerrei = Guernesey.
Guernesey. II, 244, 253, 264, 310, 316. — Voy. Gouale, la Perrelle, Saint-Sauveur, Val.
Gui, voy. Calixte II.
Gui, prévôt d'Auxerre, archidiacre puis archevêque de Sens. II, 62.
Gui de Bourgogne, seigneur de Vernon et de Brionne. I, 30, 44; II, 232.
Gui de Castello, cardinal. I, 230.
Gui de Crème, anti-pape. I, 351, 364; II, 9, 176.
Gui de Laval. I, 319.
Gui de Lusignan. II, 98, 133.
Gui, comte de Nevers. II, 59.
Gui le Pisan, chanoine de Dol. II, 326.
Gui, comte de Ponticu. I, 48, 50, 360; II, 28.
Gui, fils de Renouf. II, 238.
Gui, prêtre cardinal de S. Chrysogone. II, 263.
Gui, abbé de S. Sever, d'abord moine de Chester. II, 202.
Gui de S. Valeri. II, 308.
Gui, comte de Senlis. I, 13 note, 15; II, 216.
Gui, évêque de Soissons. I, 27; II, 218.
Gui, abbé de Trois-Fontaines, puis de Citeaux. II, 158, 186.
Gui, archevêque de Vienne. I, 158.
Guichard, abbé de Pontigny, archevêque de Lyon. II, 55.
Guidenus. I, 176.
Guienne. I, 29, 30, 261, 284, 317, 319, 331, 334, 339, 342; II, 10, 55, 172, 228. — Ducs et duchesse, voy. Aliénor, Guillaume, Richard Cœur-de-Lion. — Adélaïde, Agnès de Guienne.
Guigues III, dauphin et comte de Forez. I, 343.
Guihenoc, évêque de Vannes, d'abord archidiacre de Rennes. II, 103.
Guihomarus, Guihunmarus = Guiomar.
Guildfort. I, 41.
Guillaume (s.). II, 66, 67.
Guillaume fils d'Alain. I, 210.
Guillaume l'Anglais, prieur de S. Martin des Champs, abbé de Ramsey et de Cluni. I, 332; II, 91, 93.
Guillaume d'Angleterre, fils de Henri I, roi d'Angleterre. I, 120, 146, 157, 159; II, 233.
Guillaume d'Angleterre, fils de Henri II, roi d'Angleterre. I, 280, 293, 300.
Guillaume, comte d'Arques. I, 32.
Guillaume d'Asnières. II, 244.
Guillaume d'Aubigny. I, 215. — G. d'A. comte d'Arundel. II, 19, 63, 286, 300. — G. d'A. fils du précédent. II, 64. — G. d'A., comte de Sussex. II, 19.
Guillaume Augustin. II, 326.
Guillaume, comte d'Aumale. I, 211, 222, 265; II, 39, 82.
Guillaume VII et Guillaume VIII, comtes d'Auvergne. I, 363.
Guillaume Avenel. II, 297.
Guillaume d'Avranches. II, 297, 299.

Guillaume, évêque d'Avranches, d'abord doyen de S. Pierre de la Cour au Mans. II, 125, 334.
Guillaume, trésorier d'Avranches. II, 271, 335.
Guillaume Bainard. I, 138.
Guillaume, doyen de Bayeux. II, 273, 275 Voy. Guillaume, évêque de Coutances.
Guillaume, sacristain de Bayeux. II, 275.
Guillaume de Beaufou, évêque de Thetford. I, 70, 191.
Guillaume, abbé du Bec. I, 79, 168, 169, 202, 248; II, 195.
Guillaume, clerc, fils de Roger de Beheia. II, 324.
Guillaume Bérenger. II, 311, 321.
Guillaume de Blois, évêque de Chartres, archevêque de Sens et de Reims. II, 9, 62, 90, 95, 96.
Guillaume du Bois. II, 250.
Guillaume, archevêque de Bordeaux, d'abord abbé de Reading. II, 35.
Guillaume, comte de Bourgogne. I, 30.
Guillaume de Bray. II, 2 8, 300, 302. — G. de B., moine du Mont S. Michel II, 241, 250, 253. — G. de B. prévôt. II, 253, 259.
Guillaume de Breteuil, fils de Guillaume fils d'Osberne. II, 154.
Guillaume du Breuil. II, 275.
Guillaume Burel, évêque d'Avranches. II, 125, 334.
Guillaume Buteor. II, 336.
Guillaume, neveu de Philippe de Carteret. II, 290.
Guillaume le Chambrier. II, 197.
Guillaume de Champagne, évêque de Chartres. I, 357. — Elu archevêque de Lyon. I, 343.
Guillaume de Champeaux, archidiacre de Paris, évêque de Châlons. II, 160, 190.
Guillaume Chauceboef. II, 299.
Guillaume de Chichester. II, 310.
Guillaume, comte de Clare. II, 124. (Lisez: Richard de Clare.)
Guillaume, abbé de Conches, d'abord moine de Blois. II, 198.
Guillaume, abbé de Conches, d'abord moine de Fécamp. II, 197.
Guillaume le Conquérant. I, 29, 34, 39, 40, 44, 46-48, 50-57, 59, 60, 64-68, 70, 71, 73, 74, 95 note, 119, 128, 129, 164, 165, 189, 190, 194, 319; II, 18, 150, 153, 154, 156, 194, 195, 197, 220-223, 232, 236.
Guillaume de Corbeil, archevêque de Cantorbéry, d'abord prieur de Chice. I, 162, 170, 174, 178, 198, 199, 202, 204.
Guillaume, abbé de Cormeilles, d'abord moine du Bec. II, 153, 199.
Guillaume de Courcy. II, 63, 306, 308.
Guillaume, archidiacre de Coutances. II, 254, 256, 257, 260, 264, 296.
Guillaume, chanoine de Coutances. II, 264.
Guillaume, évêque de Coutances, d'abord doyen de Bayeux. II, 125. Voy. Guillaume, doyen de Bayeux.
Guillaume Crespin. I, 142, 157.
Guillaume, abbé de la Croix S. Leufroi, d'abord moine de S. Ouen. II, 197.
Guillaume de Dinan, chanoine de Dol. II, 326.
Guillaume, chapelain, chanoine de Dol. II, 326.
Guillaume, évêque de Durham I, 70, 72. Voy. Guillaume de Sainte-Barbe.
Guillaume, roi d'Ecosse. I, 358, 362; II, 51, 52, 56, 57.
Guillaume Elvin. II, 293.
Guillaume d'Epreville, moine du Bec, prieur d'Envermeu, abbé de Sainte-Trinité de Rouen II, 54.
Guillaume, comte d'Eu. I, 25; II, 200.
Guillaume fils d'Eudes connétable. I, 185 note.
Guillaume d'Evrecy? I, 276.
Guillaume, comte d'Evreux. I, 142.
Guillaume d'Exeter, moine du Bec, abbé de Grestain. II, 80.
Guillaume, évêque d'Exeter. I, 204.
Guillaume, abbé de Fécamp. I, 28; II, 219. — D'abord moine de Cluni. II, 192. — D'abord moine de S. Etienne de Caen. II, 193.
Guillaume, comte de Flandre, dit Cliton. I, 151, 157, 173, 175-177; II, 233.
Guillaume, abbé de Fontenay. II, 203.
Guillaume de Fougères. II, 45. — Moine de Savigni. II, 162.
Guillaume, abbé de Fougères. II, 278.
Guillaume, comte de Frise. II, 229.
Guillaume le Gai. II, 244.

Guillaume du Gastinet. II, 301, 337.
Guillaume Giffard, évêque de Winchester. I, 120, 177, 178.
Guillaume fils de Giroie, moine du Bec. II, 196.
Guillaume, comte de Gloucester. II, 22, 41, 124.
Guillaume Gouet. I, 315; II, 15.
Guillaume de Grainville. II, 276.
Guillaume, duc de Guienne, mari de Gerloch. I, 13.
Guillaume, duc de Guienne, dit le Pieux. I, 29, 30.
Guillaume VII, duc de Guienne, comte de Poitou. I, 319.
Guillaume VIII, duc de Guienne. I, 184, 319.
Guillaume fils de Guimund. II, 254.
Guillaume Hairun. II, 252.
Guillaume fils de Hamon, sénéchal de Bretagne. II, 31, 134, 267, 285.
Guillaume du Hommet. II, 94, 306, 307.
Guillaume Hubaud, abbé de Grestain, puis de S. Martin de Pontoise, d'abord moine du Bec. II, 135.
Guillaume fils de Hubert. II, 338.
Guillaume fils de Jean. II. 251.
Guillaume de Laizeaux. II, 279.
Guillaume de Lancastre. II, 127.
Guillaume, abbé de Lire. II, 6? 152, 155, 156, 198.
Guillaume de Lolif. II, 335.
Guillaume Longue-Epée, duc de Normandie. I, 13-18, 28, 193; II, 121, 191, 192, 216, 217, 231, 235.
Guillaume Longue-Epée, fils de Geoffroi le Bel. I, 174, 202, 287, 296, 350; II, 121.
Guillaume, abbé de Lonlai, d'abord moine de Fleuri. II, 204.
Guillaume, comte de Lothian. I, 274.
Guillaume Louvel. I, 278; II, 68.
Guillaume IV, comte de Macon. I, 363.
Guillaume Males. II, 261.
Guillaume Malet. I, 138; II, 11, 288.
Guillaume, comte de Mandeville et d'Aumale. II, 82.
Guillaume, archidiacre du Mans. II, 323.
Guillaume, évêque du Mans, II, 322.
Guillaume, abbé de Marmoutier. II, 206.
Guillaume Martel. I, 228, 276.
Guillaume fils de Mathieu. II, 258.
Guillaume Minuun. II. 332.
Guillaume le Moine, flamand. I, 235, 237.
Guillaume des Moitiers. II, 336.
Guillaume, prieur de Mont Dol. II, 326.
Guillaume, aumônier du Mont-St-Michel. II, 333.
Guillaume, bailli du Mont-St-Michel. II, 322, 333.
Guillaume, moine du Mont-St-Michel. II, 259, 330.—Guillaume, fils d'Arnoul, moine du Mont-St-Michel. II, 257.
Guillaume, sous-prieur du Mont-S.-Michel. II, 327.
Guillaume, trésorier du Mont-S.-Michel. II, 333, 336.
Guillaume, abbé de Montebourg. II, 131.
Guillaume III, marquis de Montferrat. II, 87, 98, 133. — Guillaume, son fils. II, 98, 133.
Guillaume de Montfichet. I, 206 note.
Guillaume de Montpellier. I, 325.
Guillaume de Montsoreau I, 269.
Guillaume fils de Morin. II, 300.
Guillaume, comte de Mortain. I, 126-129, 132; II, 188, 224, 233.
Guillaume, comte de Mortain et de Varenne, fils du roi Etienne. I, 305, 311, 326, 350.
Guillaume de la Mouche. II, 299.
Guillaume de Moyon. I, 210.
Guillaume IV, comte de Nevers. II, 20.
Guillaume de Normandie, moine de Fécamp. I, 30.
Guillaume (s.) de Norwich. II, 27.
Guillaume, évêque de Norwich. I, 290; II, 18.
Guillaume Nyobé. II, 162.
Guillaume d'Orval. II, 298.
Guillaume fils d'Osberne, sénéchal de Normandie, comte de Hereford. I, 52, 58; II, 150-153, 198.
Guillaume d'Ostilly, évêque d'Avranches. II, 229, 230.
Guillaume, prieur d'Otriton. II, 328.
Guillaume de Pacy. I, 268, 277.
Guillaume Painel. II, 118.
Guillaume Patri. II, 36, 42-44, 48, 302.
Guillaume de Pavie, cardinal. I, 332.
Guillaume de Pert. II, 336.

Guillaume Pevrel. I, 211. — G. P. de Notingham. I, 292.
Guillaume de Poitiers, abbé de Tiron. II, 183.
Guillaume du Puiset. I, 165.
Guillaume de Quercoio. I, 276.
Guillaume fils de Raoul, sénéchal de Normandie. II, 333.
Guillaume, archevêque de Reims, voy. Guillaume de Blois.
Guillaume fils de Roger. II, 338.
Guillaume de Roha (la Roue?). II, 311.
Guillaume de Ros, abbé de Fécamp, d'abord moine de Caen. II, 149.
Gillaume, fils de Roscelin, vicomte du Mans. II, 3.
Guillaume, archevêque de Rouen, d'abord abbé de Caen. I, 64, 79, 138; II, 196, 221. — Voy. Guillebert.
Guillaume de Roumare. I, 185 note, 264.
Guillaume le Roux, roi d'Angleterre. I, 34, 39, 61, 67, 68, 71, 77, 78, 80-82, 85, 88, 89, 91, 119, 130, 164, 191; II, 222, 223, 232.
Guillaume de S. Brice. II, 311.
Guillaume, abbé de S. Etienne de Caen. II, 96. — Voy. Guillaume, archevêque de Rouen.
Guillaume de S. James, moine du Mont-S.-Michel. II, 306.
Guillaume de S. Jean. II, 31, 240, 241, 261, 275-278, 280, 282, 284-286, 297, 298, 300, 301, 303-305.
Guillaume, abbé de S. Mesmin. I, 346.
Guillaume, abbé de S. Ouen. II, 193.
Guillaume de S. Pair, moine du Mont S. Michel. II, 262, 271, 306.
Guillaume de S. Planchais. II, 257, 260.
Guillaume, abbé de S. Sauveur-le-Vicomte. II, 203.
Guillaume, abbé de S. Taurin, d'abord moine de Fécamp. II, 195.
Guillaume de Sainte-Barbe, évêque de Durham, d'abord doyen d'York. I, 247, 263.
Guillaume de Sainte-Mère-Eglise. II, 309. — G. de S. M. E. évêque d'Avranches. II, 230.
Guillaume, comte de Salisbury. II, 5, 229.
Guillaume de Salisbury, moine du Mont-S.-Michel. II, 271. — G. de Salisbury, chapelain. II, 275.
Guillaume de Semilly. II, 97.
Guillaume I, roi de Sicile. I, 283, 295, 298, 303, 310, 337, 340, 357; II, 88, 227.
Guillaume II, roi de Sicile. I, 360; II, 62, 63, 75, 87, 88, 115.
Guillaume Taillefer, comte d'Angoulême. II, 4, 13, 71.
Guillaume Talvas, fondateur de Domfront. II, 204.
Guillaume Talvas, comte d'Alençon et de Pontieu. I, 200, 254, 360; II, 5, 28, 252.
Guillaume de Tancarville. I, 166, 218; II, 39, 297, 302.
Guillaume Tholomée, évêque d'Avranches. II, 229.
Guillaume, vicomte de Thouars. I, 318.
Guillaume fils de Tierri. II, 303.
Guillaume fils de Tiez, moine du Mont S. Michel. I, 249, 305.
Guillaume IV, comte de Toulouse. I, 319, 320.
Guillaume de Tournai. II, 240.
Guillaume, évêque de Tréguier. II, 47.
Guillaume Trencavel. II, 15.
Guillaume, abbé du Tréport, d'abord moine du Bec. II, 112.
Guillaume Tros, moine du Mont-S. Michel. II, 259.
Guillaume I de Varenne. II, 201.
Guillaume II de Varenne, comte de Surrey. I, 184 note, 185 note, 205, 274.
Guillaume III de Varenne. I, 222, 233, 235, 241, 306, 311, 351; II, 5.
Guillaume de Verdun. II, 240, 241, 255-257, 299, 300, 334, 335.
Guillaume de Vernon. I, 272; II, 241.
Guillaume fils de Roger de Verson. II, 248.
Guillaume de Vescy. II, 126.
Guillaume, abbé de Vezelay. II, 34.
Guillaume de Vire. II, 293.
Guillaume, comte de Warwick. I, 273.
Guillaume de Wincelcis. II, 244.
Guillaume, archevêque d'York. I, 283.
Guillaume d'Ypre. I, 222, 223.
Guillaume, prêtre d'Yvetot. II, 253, 264.
Guillebert, archevêque de Rouen. I, 7. (Mal à propos nommé Guillaume.)
Guimond (Guillaume, Raoul, fils de).

Guimond, évêque d'Averse. II, 203.
Guimond de Colleville. II, 337.
Guimond, évêque de l'île de Man, d'abord moine de Savigni. I, 263.
Guimond, sous-prieur et prieur du Mont-S.-Michel. II, 305, 312, 331, 333, 336, 338.
Guimond, prieur de S. Victeur du Mans. II, 327, 328.
Guingamp. I, 361; II, 26. — Voy. Geoffroi Loiz.
Guiomar de Léon, oncle et neveu. I, 367; II, 9, 25, 26, 68, 71, 81.
Guiscard (Robert).
Guislebertus = Gilbert.
Guiton. II, 289.
Guitry. I, 267.
Gumboud, archevêque de Rouen. I, 9.
Gundulfe, évêque de Rochester, d'abord moine du Bec. I, 73.
Gunildis = Chunelinde.
Gunnor = Connor.
Gurgincius. I, 105.
Gurguitartruc. I, 104.
Gurgutius. I, 102.
Guthlac (s.). I, 118.
Guyenne, voy. Guienne.
Gwynedd (Owen).
Habilina = Banias.
Hadewise, comtesse d'Aumale. II, 82.
Hadewise de Normandie, comtesse de Bretagne. I, 25, 31; II, 231.
Hadvis = Hadewise.
Haenacensis = Hainaut.
Haie (Raoul, Richard, Robert de la).
Haie (Moulin de la). II, 315.
Haie du Puits (la). II, 307. — Voy. plus haut Haie.
Haimericus = Aimeri.
Haimo = Hamon.
Hainaut (Elisabeth de).
Hairun (Guillaume).
Halapre, Halapria = Alep.
Halmcensis = Elmham.
Halvilla = Hauville.
Hamelin de Burdunai. II, 300.
Hamelin moine. II, 330.
Hamelin, abbé de S. Sauveur le Vicomte. II, 203.
Hamelin, comte de Varenne. I, 350.
Hamer (Hugues, fils de).
Hamon (Guillaume, Robert fils de).
Hamon (maître). II, 309.
Hamon de Lendecop, moine de Savigny. II, 48.
Hamon, évêque de Léon. II, 25, 47.
Hamon de Maccy. II, 299, 300.
Hamon, prêtre. II, 244.
Hamon le Roux. II, 250, 253.
Hamon, abbé de S. Pierre sur Dive. II, 201.
Hampsteade, Hamstude. I, 124.
Hamtesyra. I, 114.
Hamtona, Hantonia = Southampton.
Harald I, roi d'Angleterre. I, 39, 40, 45.
Harald II, roi d'Angleterre. I, 43, 46, 50 — 54; II, 221, 232, 236.
Harald, roi de Norwège. I, 52, 53.
Hardecanut, Hardicanut=Canut II.
Harcourt (Philippe de).
Hardewinus = Hardouin.
Hardi (Robert).
Harding, prévôt. II, 239, 246.
Harditus = Hardi.
Hardouin, archevêque de Bordeaux, d'abord doyen du Mans. I, 327, 339.
Hardouin, abbé de Cormeilles, d'abord moine du Bec et prieur de S. Ymer. II, 54.
Hardouin, cardinal de Sainte-Croix de Jérusalem. II, 320.
Harenc (château), Hareng, Harent. I, 316, 355; II, 72, 84, 166.
Haricuria = Harcourt.
Harlette = Arlette.
Harold, voy. Harald.
Hartecumba, voy. Erticunba.
Harundel = Arundel.
Harvise d'Evreux, femme de Rotrou II, comte du Perche, puis de Robert, comte de Dreux. I, 234, 269.
Hascoul Brasart, Bresard. II, 250, 300.
Hascoul de S. Hilaire. II, 35, 42-44, 64.
Hascoul de Subligny. II, 12, 242, 297.
Hasleulfus, Hasculfus = Hascoul.
Hasting, chef des Normands. I, 9; II, 192, 230.
Hastings. I, 53.
Hauteville (Tancrède de).
Hauville (Richard de).
Havoise = Hadewise, Harvise.
Hay (Robert).
Haya = Haie.
Haye, voy. Haie.
Hédé, Hedde. II, 6.
Heiricus = Henri.
Heldebrannus, voy. Grégoire VII.
Heldincort = Heudicourt.

Hède, fille de Guillaume Talvas. II, 5.
Hélène. I, 107.
Helfatus = Herfast.
Helgot, abbé de S. Ouen, d'abord prieur de Caen. II, 193.
Helgot, voy. Hilgot.
Heli = Ely.
Héli, le grand prêtre. I, 99.
Heli, roi breton. I, 105.
Hélie de Genest, voy. Gervais fils d'Hélie.
Hélie, frère de Geoffroi-le-Bel. II, 28.
Hélie, comte du Maine. I, 89, 129 note, 138; II, 339.
Hélie, chantre de Rennes. II, 272.
Hélie, frère de Richard, fils de Sawus. II. 246.
Hélie de S. Georges. II, 275.
Hélie, abbesse de Sainte-Trinité de Rouen. II, 197.
Héloïse, mère de Herluin. I, 37.
Helthon de la Croix. II. 197.
Hengist. I, 108.
Henri I, roi d'Angleterre. I, 34, 39, 65, 67, 68, 73, 81, 82, 95 note, 96, 97, 119-201, 220, 225, 226, 235, 258, 267, 281, 300, 315, 319, 335, 366; II, 3, 19, 28, 58, 64, 88, 154, 164, 204, 222-225, 227, 232-235, 251, 265, 266, 339, 341.
Henri II, roi d'Angleterre. I, 174, 192, 193, 198-369; II, 1-136, 164, 165-180, 226-229, 235, 237, 243, 246, 247, 250, 261, 265, 266-268, 271, 275, 276, 278, 282, 284-286, 292, 296, 297, 305, 307, 330, 331, 339.
Henri, fils de Henri II, roi d'Angleterre. I, 291, 293, 311, 312, 328, 329, 343, 362; II, 10-12, 18, 19, 21, 29-31, 33, 34, 38, 40, 49, 50, 53, 55, 56, 67, 71, 73, 74, 90, 111, 120-122, 167, 168, 172, 227, 228, 306.
Henri, évêque de Bayeux, au xe siècle. I, 16, 17; II, 217.
Henri, évêque de Bayeux, d'abord doyen de Salisbury. I, 356; II, 18, 72, 74, 165, 217, 323.
Henri de Blois, évêque de Winchester, d'abord abbé de Glastonbury. I, 188, 223, 230, 231, 290, 296; II, 18, 29, 30.
Henri, père de Eudes, duc de Bourgogne. II, 185.
Henri de Bracqueville, sous-prieur de Troarn, abbé de S. Martin de Séez. II, 135.
Henri le Chambrier. II, 257.
Henri I, comte de Champagne. I, 259, 261, 329, 347, 352; II, 95, 103.
Henri II, comte de Champagne. II, 103.
Henri-Etienne, comte de Chartres. II, 154.
Henri, abbé de la Croix S. Leufroi, d'abord moine de S. Ouen. II, 197.
Henri, fils de David, roi d'Ecosse. I, 172, 201, 214, 264, 274.
Henri, empereur, voy. Henri, roi de Germanie.
Henri d'Essex, moine de Reading. I, 345.
Henri, comte d'Eu. II, 19, 39, 218.
Henri I, roi de France. I, 44, 46-48, 50; II, 219, 220.
Henri de France, évêque de Beauvais, archevêque de Reims. I, 322, 335, 336; II, 59.
Henri, roi de Germanie ou empereur. Henri I. I, 16; II, 216. — Henri II. II, 219. — Henri III. I, 32, 35; II, 220. — Henri IV. I, 58, 122, 124, 125, 127, 130, 131, 259. — Henri V. I, 120, 127, 130, 131, 134, 137, 139-141, 171, 173, 208; II, 225. — Henri VI. II, 128, 132.
Henri, hérétique. I, 266.
Henri, archidiacre de Huntingdon. I, 95 note, 96, 97, 111.
Henri de Limbourg. I, 122, 131-133.
Henri, meurtrier de Guillaume Longue Epée. I, 18.
Henri de Montferrat. II, 132.
Henri Muldac. II, 255.
Henri Murdac, moine de Citeaux, archevêque d'York. I, 246, 280, 283.
Penri de Pise cardinal. I, 332, 334, 337 note.
Henri de la Pommeraie. I, 185 note.
Henri, abbé de Préaux, d'abord moine du Bec. I, 369; II, 112.
Henri, prêtre cardinal de S. Nérée et Achillée. II, 263.
Henri (lisez Eudes), abbé de Sainte-Geneviève de Paris, d'abord prieur de S. Victor. I, 244.
Henri, duc de Saxe et de Bavière. II, 2. — Henri, dit le Lion, fils du précédent, duc de Saxe, de Bavière et de Souabe. I, 356; II, 1, 2, 31, 116, 117.
Henri de Sully, archevêque de Bourges. II, 122.

Henri de Sully, moine de Cluni, abbé de Fécamp. I, 219; II, 122. 149, 193.
Henri, comte de Warwick. I, 219. — Henri (lisez Guillaume), comte de Warwick. I, 273.
Henriquez, voy. Alfonse-Henriquez.
Heraclea = Eregli.
Heraclius, archevêque de Lyon. I, 343.
Heraldus = Harald.
Herbert (maître). II, 275.
Herbert, évêque d'Avranches. I, 279, 285, 290, 299, 328; II, 227, 252, 265-267.
Herbert, abbé de Fontenay, d'abord moine de S. Etienne de Caen. II, 203.
Herbert, abbé de Grestain. II, 80, 202.
Herbert, évêque de Lisieux. I, 38, 224.
Herbert, comte du Maine. I, 70.
Herbert, chanoine du Mont-S.-Michel. II, 289, 291.
Herbert, évêque de Norwich, d'abord prieur de Fécamp et abbé de Ramsay. I, 191.
Herbert, abbé du Tréport, d'abord moine de la Trinité de Rouen. II, 201.
Herebertus = Herbert.
Hereford (comté et ville de). I, 72, 115, 145; II, 153, 154. — Comtes : Gautier de Gloucester, Guillaume fils d'Osberne, Roger. — Evêques : Gilbert Foliot, Richard, Robert de Béthune, Robert Foliot, Robert de Melun.
Herefort = Hertford.
Hérenguerville, Herengavilla. II, 300.
Herfast, évêque de Elmham. I, 190.
Herfast, frère de Gonnor. II, 150.
Herfast, abbé de Lire. II, 152, 198.
Herfast, abbé de S. Ouen. II, 193.
Herium = Noirmoutier.
Heriz (masure). II, 299.
Herleva = Arlette.
Herlewin (Georges fils de).
Herluin, abbé du Bec. I, 36-39, 43, 59, 61-63, 79; II, 89, 195.
Herluin de Conteville. II, 201, 202.
Herluin, comte de Pontieu ou de Montreuil. I, 17, 26; II, 218.
Herman, évêque de Sherborn. I, 190.
Hermeacencis = Elmham.
Herneisius = Erneis.
Hernostus = Ernost.
Heroldus = Harald.
Hérouville (Foulques de).
Herovilla = Hérouville.
Herpeford (Nicolas de).
Hertfort (comté et ville de). I, 115, 209, 294. — Richard et Roger de Clare, comtes de Hertfort.
Hervé clerc (Alain fils de).
Hervé, évêque d'Ely. I, 145, 178, 186.
Hervé d'Entraim. II, 253.
Hervé de Gien. II, 15, 16, 21.
Hervé de Léon. I, 367; II, 9, 81.
Hervé, ermite de S. Pierre du Liéru. II, 155.
Hervé de Verdun, chanoine d'Avranches. II, 334.
Hervé de Villepreux, abbé de Marmoutier. II, 80.
Heudicourt. II, 172.
Heuse (Osberne de la).
Hibernia = Irlande.
Hiconium = Iconium.
Hiémois (L'). I, 33, 213, 219; II, 252. — Roger, vicomte d'Hiémois.
Hierosolimæ = Jérusalem.
Hilaire, évêque de Chichester, et non de Chester. I, 290 ; II, 14, 18.
Hildebert, abbé de Lire. II, 152, 198.
Hildebert, évêque du Mans. I, 136; II, 160.
Hildebert, abbé du Mont-S.-Michel. II, 193 note, 219, 231, 236.
Hildebert, abbé de S. Ouen. I, 29; II, 193, 219.
Hildebrand, voy. Grégoire VII.
Hildier, évêque de Beauvais. I, 27; II, 218.
Hildier, abbé de Lire, d'abord moine de S. Evroul. II, 152, 155, 198.
Hildulfe, archevêque de Rouen. I, 5.
Hilgot, voy. Helgot.
Hilgot, évêque de Soissons, abbé de Marmoutier. II, 206.
Hiquelon, Hiquelun = Iquelon.
Hispani, Hispania = Espagne, Esgnols.
Hispania Portigalensis = Portugal.
Hocquigny. II, 301.
Hodierne d'Ecosse. I, 172.
Hoel (Thomas).

Hoel. I, 109; II, 299.
Hoel, comte de Bretagne. I, 298.
Hoga = Hogue.
Hogæ = Hogues.
Hogue (Gilbert de la).
Hogues (les). I, 337.
Hollande, voy. Frise.
Homère. I, 99.
Homme (le), sans doute l'Isle-Marie. I, 80.
Homme (Hugues, Raoul, Rualend du).
Hommensis abbatia. I, 347.
Hommet (Enguerran, Guillaume, Jourdain, Richard, Roger du).
Honfroi, voy. Onfroi.
Hongrois (les). I, 137.
Honorius II, pape. I, 173, 181.
Hors. I, 108.
Hosa = Heuse.
Hostiensis = Ostie.
Hou = Eu.
Hubaud (Guillaume).
Hubaud, évêque d'Ostie. II, 110, 320.
Hubaud, prêtre cardinal de Sainte-Praxède. II, 263.
Hubert (Guillaume fils de).
Hubert, abbé d'Ivry, d'abord moine de Coulombs. II, 204. — Hubert abbé d'Ivry, d'abord moine de S. Père de Chartres. II, 204.
Hugmeth = Hommet.
Hugues (Roger fils de).
Hugues d'Amboise. I, 330.
Hugues, vicomte d'Avranches, comte de Chester. II, 202; voy. Hugues, comte de Chester.
Hugues, évêque de Bayeux. I, 42.
Hugues de Beauchamp. I, 310; II, 40.
Hugues, comte de Bedford. I, 221.
Hugues Bigot. I, 184 note, 185 note, 201, 236, 306; II, 283, 284, 291, 333. Comte de Norfolk. II, 52. 66.
Hugues de Blois, moine de Tiron, abbé de Chertsey et de Lagny. I, 346, 347.
Hugues III, duc de Bourgogne. II, 24, 69.
Hugues Capet, roi de France. II, 205, 218.
Hugues, abbé de Cérisy. I, 369; II, 195. D'abord moine de Troarn. II, 195.
Hugues, comte de Chalon. I, 32.
Hugues de Châteauneuf. I, 166, 268; II, 8, 45.
Hugues, comte de Chester. I, 78, 281; II, 22, 23, 36, 42-44, 298, 301. Voy. Hugues, vicomte d'Avranches.
Hugues de Clermont, abbé de S. Germer, de S. Lucien de Beauvais et de Cluni. II, 131, 132.
Hugues I, abbé de Cluni. I, 137. — Hugues II, d'abord prieur de Marcigny. I, 152. — Hugues III, abbé de Cluni. I, 308, 338; II, 227. —Voy. Hugues de Clermont.
Hugues, archevêque de Dol. I, 332.
Hugues fils d'Eudes. II, 257.
Hugues, abbé de Fontenay, d'abord moine de Troarn. II, 203.
Hugues de Gah. II, 309.
Hugues de Gournai. I, 207, 235, 268.
Hugues le Grand. I, 25, 27; II, 217, 218. — Hugues, son père. II, 217.
Hugues de Granville. II, 301.
Hugues de Grentemesnil. I, 72; II, 196.
Hugues fils de Hamer. II, 298.
Hugues du Homme. II, 240, 261, 262.
Hugues de Lacy. II, 39.
Hugues, évêque de Lisieux. I, 59; II, 200.
Hugues, abbé de Lonlay. II, 204.
Hugues de Lothier, voy. Hugues de Saint-Victor.
Hugues, fils de Mainier. II, 256.
Hugues Malherbe. II, 258, 298, 302, 303.
Hugues de Montfort. I, 163, 166; II, 77.
Hugues de Montgommery, comte de Shrewsbury. I, 86.
Hugues de Mortemer. I, 293, 294.
Hugues Néret, chanoine de Dol. II, 326.
Hugues de Nonant, archidiacre de Lisieux, évêque de Chester. II, 130.
Hugues de Payens. I, 176, 178.
Hugues Pierre Léon. II, 60.
Hugues le Prévôt. II, 300.
Hugues du Puiset, évêque de Durham. I, 283, 290; II, 18, 266, 267.
Hugues de Rosel. II, 310, 316.
Hugues (S.), archevêque de Rouen. I, 6. — Autres archevêques du même nom. I, 8, 9, 17. — Hugues, archevêque de Rouen, d'abord abbé de Reading. I, 183,

184 note, 185 note, 208, 238, 250, 285, 299, 354 ; II, 228, 239, 254, 265, 266.
Hugues, abbé de S. Martin de Séez. II, 200.
Hugues, prêtre de S. Meloir. II, 281.
Hugues de S. Pair. II, 337.
Hugues de S. Plauchais. II, 276, 337.
Hugues, abbé de S.-Sauveur-le-Vicomte. I, 285 ; II, 269. D'abord moine du Mont-S.-Michel. II, 203.
Hugues, abbé de S. Victor en Caux, d'abord moine de S. Ouen. II, 201.
Hugues, chanoine de S. Victor de de Paris, originaire de Lothier. I, 231 ; II, 160, 190.
Hugues de Sainte-Maure. II, 39.
Hugues, archevêque de Sens. II, 9.
Hugues de Silly. II, 4.
Hugues fils de Tiez. II, 293. — Hugues, fils de Guillaume fils de Tiez. II, 249.
Hugues, comte de Vermandois, dit le Grand. I, 83, 134. — Hugues (lisez Raoul), fils de Raoul I, comte de Vermandois. I, 264.
Hugues Vigori. II, 325.
Huisnes. II, 299, 315.
Hulmetum = Homme.
Hulmus = Homme.
Humber, rivière. I, 111, 115.
Humbert, comte de Maurienne. II, 27, 35.
Humbra = Humber.
Hume = Homme.
Humet, Humeta, Humez, Hummeta = Hommet.
Humme, Hummus = Homme.
Hunfredus, Hunfridus = Onfroi.
Huns (les). I, 107.
Huntedonia, Huntedonensis, Huntendonia = Huntingdon.
Huntingdon. I, 20, 112, 115, 118, 145, 172, 305. — Henri, archidiacre de Huntingdon. — Simon de Senlis, comte de Huntingdon.
Huynes = Huisnes.
Hyde (Pierre, prieur de Montacute, abbé de).
Hyldebertus = Hildebert.
Hyrfoen (Robert fils de).
Hyrlas. II, 317.
Hyspania = Espagne.
Ibera, Ibreium = Ivry.
Icauna = Yonne.
Ichenild. I, 116.
Iconium. II, 84. — Kilidge Arslan, sultan d'Iconium. — Solimanus d'Iconium.
Idwallo. I, 135.
Iger fils de Mauger. II, 257.
Igerna. I, 108.
Ilbert de Laci. I, 212.
Ildebertus = Hildebert.
Iles (le roi des). I, 362.
Iles (Raoul des).
Imarus de S. Martin, évêque de Tusculum. II, 176, 263.
Imbert, archevêque de Milan. II, 133.
Imerius = Imarus.
Ina, roi de Westsex. I, 148.
Ingelbaudus = Enjubaud.
Ingelger, comte d'Anjou. II, 339.
Ingergerius = Enjuger.
Ingerranus = Enguerran,
Innocent (S.). I, 358.
Innocent I pape. I, 3.
Innocent II pape. I, 181, 182, 184-186, 217, 227, 229, 231, 239, 298; II, 226.
Innocent, archevêque de Rouen I, 3.
Instauratus (Renouf).
Insula (S. Maclovius) = Saint-Malo.
Insulæ = Iles.
Insulanus = Isle.
Iquelign. = Iquelon.
Iquelon. II, 301. — Gautier, Robert, Roger d'Iquelon.
Irène ou Berthe, femme de Manuel Comnène. I, 295.
Ireneside, voy. Edmond.
Irlande (l'). I, 104, 108, 149, 262, 263, 296, 362; II, 29, 30, 32, 61, 118, 131, 228.
Irnerius. I, 36.
Isabelle de Gloucester. II, 124.
Isabelle de Leicester, femme de Simon de Senlis. I, 274.
Isabelle de Meulan, dame de Mayenne. I, 334.
Isabelle de Varenne, femme de Guillaume, fils du roi Etienne, puis de Hamelin, frère de Henri II. I, 306, 311, 350.
Isaïe. I, 102.
Isembard Popel. II, 254.
Isembert le Thiois, abbé de la Trinité de Rouen, d'abord moine de S. Ouen. II, 197.
Isle (Aubri de l').
Isle-Marie = Homme.
Isoldunum = Issoudun.
Issoudun. II, 69. — Eudes d'Issoudun.

Italie. I, 74, 98, 100, 103, 139, 338; II, 27, 55, 217. — Voy. Lombardie.
Itta = Epte.
Ives le Breton, archiprêtre de Tours, évêque de Tréguier. II, 47, 79.
Ives, évêque de Chartres. I, 153, 154; II, 188.
Ivetot, Ivitot = Yvetot.
Ivo = Ives.
Ivry. II, 68. — Galeran, Roger d'Ivry. — Raoul, comte de Bayeux et d'Ivry. — Abbaye d'Ivry. II, 204. Abbés : Durand, Hubert, Normand, Osberne, Pierre.
J. de Saint-Michel. II, 309.
Jachob = Jacob.
Jacinthe, diacre de Sainte-Marie in Cosmidin. II, 320.
Jacob. II, 88. — Voy. Gué de Jacob.
Jacob fils de Robert de Montsorel. II, 238, 246.
Jacques de S. Hilaire. II, 64.
Jacques de Venise, traducteur. I, 177.
Jaffa. II, 133. Comte, v. Amauri, roi de Jérusalem.
Jagon. I, 102.
Jarnogon, Jarnagem, seigneur de la Roche-Bernard. II, 71.
Jean. II, 330.
Jean (Eustache, Guillaume, fils de).
Jean, comte d'Alençon. I, 360; II, 28.
Jean, évêque d'Avranches, puis archevêque de Rouen. I, 56, 59, 60, 62; II, 221.
Jean Barre. II, 256.
Jean, évêque de Bath, puis archevêque de Cantorbéry. I, 161.
Jean, fils de Bigot. II, 237, 242, 243, 245, 247, 252, 255, 256.
Jean Bourguignon de Pise. I, 271 note; II, 109.
Jean, cardinal légat. II, 123, 124.
Jean, évêque de Chichester. II, 95.
Jean Chrysostôme (S.). II, 109.
Jean de Combourg. II, 298.
Jean Comin. II, 285, 286.
Jean Commin, archevêque de Dublin. II, 118.
Jean Comnène, empereur de Constantinople. I, 145 note, 156, 228; II, 226.
Jean, archidiacre de Coutances. II, 254, 256, 257, 260, 264.
Jean de Crema, cardinal. I, 171.
Jean de Dol. I, 302, 303, 340, 353.
Jean, évêque de Dol. II, 293.
Jean, trésorier de Dol. II, 326.
Jean, frère de Philippe, prêtre de Domjean. II, 250.
Jean, comte d'Eu. I, 218; II, 19.
Jean de Gaëte. I, 158, 164; voy. Gélase II.
Jean de Gavrai. II, 241.
Jean le Grand. II, 331.
Jean, fils de Guillaume, fils de Tiez. II, 249.
Jean, évêque de Lisieux. I, 184 note, 185 note, 224, 235, 236.
Jean le Lombard, abbé de Fécamp. II, 149, 193, 219.
Jean, abbé de Lonlay, d'abord moine de S. Lomer de Blois. II, 205.
Jean fils de Luc, évêque d'Evreux. II, 103.
Jean, évêque de l'île de Man, d'abord moine de Séez. I, 263.
Jean de Melna. II, 329.
Jean de la Mouche, chantre de Dol. II, 326.
Jean de Neaufle, archidiacre de Lisieux, évêque de Chester. II, 130.
Jean d'Oxford, doyen de Salisbury, évêque de Norwich. II, 58.
Jean Painel. II, 254, 255.
Jean Paparon, cardinal. I, 262.
Jean VII, pape. II, 215.
Jean XII, pape. II, 217, 235.
Jean XVII, pape. II, 219.
Jean, évêque de Poitiers, archevêque de Narbonne et de Lyon, d'abord trésorier d'York. I, 340; II, 114.
Jean, comte de Ponthieu. I, 254, 360; II, 7, 8, 28.
Jean Puntel. II, 326.
Jean Raher. II, 242.
Jean, fils de Robert, fils de Bernard. II, 303.
Jean, évêque de Rochester. I, 171, 178, 204.
Jean Romain, moine du Bec. I, 266.
Jean, archevêque de Rouen. I, 11. — Voy. Jean, évêque d'Avranches.
Jean, doyen de Rouen. II, 334.
Jean le Roux. II, 253.
Jean de Sacro Bosco. II, 149.
Jean, cardinal de S. Ange. II, 321.
Jean, cardinal de S. Jean et de S. Paul du titre de Pamachius. II, 320.
Jean, cardinal de S. Marc. II, 320.

Jean, abbé de S. Martin de Séez. II, 200.
Jean de Salisbury, évêque de Chartres. II, 62, 96, 117.
Jean sans terre. I, 369; II, 27, 58, 74, 131.
Jean, évêque de Séez. I, 184 note, 185 note, 235; II, 160.
Jean de Séez, chanoine de Rouen. II, 334.
Jean de Subligny. II, 298, 308.
Jean, fils de Guillaume de Tournai. II, 246.
Jean Trainefer. II, 256.
Jean du Vaunoble. II, 293.
Jean, doyen de Vitré. II, 272.
Jean, évêque de Worcester. I, 290; II, 165.
Jeanne d'Angleterre, reine de Sicile. I, 357; II, 62, 63, 75, 115.
Jelduinus = Gilduin.
Jenua = Gênes.
Jérôme (s). I, 93-96 ; II, 341.
Jersey. II, 133, 134, 243, 244, 269, 290, 295, 296, 316. — Chapelle Notre-Dame de Jersey. II, 290. — Voy. S. Clément, S. Hélier, S. Ouen, Pierreville.
Jérusalem. I, 29, 85, 87-90, 120, 126, 128, 129, 139, 152, 153, 155, 167, 176, 178, 241, 244-246, 252, 285, 307, 311, 319, 320, 348, 351, 359, 363 ; II. 2, 15, 24, 31, 53, 64, 72, 77, 78, 81, 98, 131, 159, 166, 220, 223, 226, 232, 234. — Rois et reines : Amauri, Baudouin, Foulques, d'abord comte d'Anjou, Mélisende. — Patriarches : Arnoul, Daibert, Ebremar, Gibelin. — Girard de Bologne et Hardouin, cardinaux de Sainte-Croix de Jérusalem.
Jocelinus = Joscelin.
Jocio, Jocius = Josce.
Joel, prophète. I, 160.
Jopensis, Joppensis = Jaffa.
Jordanus = Jourdain.
Jorges = Georges.
Josce le Breton, évêque de S. Brieuc, archevêque de Tours. I, 302, 363, 369 ; II, 47.
Joscelin, voy. Goscelin.
Joscelin, doyen puis évêque de Chichester. II, 38.
Joscelin de Risindon. II, 309.
Joscelin, évêque de Salisbury. I, 290 ; II, 18, 133.
Joscelin de Torvaisel, comte d'Edesse. I, 165, 237, 309.
Joscelini Castellum = Josselin.
Josselin. II, 5, 44.
Jourdain (le). II, 88.
Jourdain (Alfonse), voy. Alfonse.
Jourdain de Bodelai. I, 246.
Jourdain, prince de Capoue. I, 180.
Jourdain, doyen de Chichester. II, 310.
Jourdain de Cresnei. II, 333.
Jourdain, frère d'Enguerran. II, 246.
Jourdain du Hommet. II, 94, 306.
Jourdain fils de Roger du Mesnil. II, 305.
Jourdain, abbé du Mont-S.-Michel. II, 193 note, 229.
Jourdain, chantre du Mont-S.-Michel. II, 322, 327, 328, 333, 336, 338.
Jourdain de Noirmont. II, 244.
Jourdain de Sauqueville. II, 251.
Jourdain Taisson. II, 75, 203, 285, 286, 297, 301, 302, 306.
Jourdain de la Tour. II, 309, 310.
Judée (la). II, 215.
Judith de Bretagne, duchesse de Normandie. I, 30, 32 ; II, 194, 195, 219, 231.
Judith, femme de Walthéof. I, 172.
Juellus = Juhel.
Juen = Gien.
Juhel de Fougères. II, 45.
Juhel de Mayenne. I, 199, 200, 334.
Juhel de S. Léonard. II, 272.
Juifs (les). II, 27, 67, 86.
Jules César. I, 95, note, 97, 105, 106, 253, 336 ; II, 6.
Julia Bona = Lillebonne.
Julien (S.), évêque du Mans. I, 1.
Julienne, fille de Henri I, roi d'Angleterre. II, 154.
Jumièges. I, 6, 8, 12, 16, 42, 56 ; II, 191, 192. — Abbés : Eustache, Martin, Pierre, Robert, Robert d'Argences, Roger, Thierri. — Moines : Ascelin, abbé de S. Sever ; Gautier, abbé de S. Pierre sur Dive ; Thierri, abbé de S. Evroul. — Cellerier : Robert d'Argences. — Prieur : Roger, depuis abbé du Mont-S.-Michel. — Sous-prieur : Ursus.
Just, apôtre de l'Angleterre. I, 266.
Justin (S.). II, 110.
Justinien (lois de). I, 36.
Juver (Godefroi Viver ou).
Kair, voy. les noms auxquels ce

mot est joint : Celemion (Kair), Ceri (Kair), Chent (Kair), etc.
Kameracensis = Cambrai.
Kancia = Kent.
Karentum = Carentan.
Karolus = Charlemagne, Charles.
Kelderic, Cheldric. I, 109, 110.
Kenelmus = Kinelme.
Kent. I, 71, 113, 114, 161, 223. — Dynastie de Kent. I, 8. — Voy. les noms des rois de Kent. — Godoin, comte de Kent.
Kenulfe, roi des Merciens. I, 118.
Kilidge Arslan II, sultan d'Iconium. II, 84, 99, 106, 114.
Kimarus. I, 104.
Kineburge (sainte). I, 118.
Kinelinus. I, 106.
Kinelme (s.). I, 118.
Kinemarc. I, 102.
Kineswithe (sainte). I, 118.
Kinigeburch. I, 108.
Kinthelin. I, 104.
Laci, voy. Lacy.
Lactorensis = Lectoure.
Lacy (Gautier, Gilbert, Hugues, Ilbert de).
Lagny (Geoffroi, Hugues de Blois, abbés de).
Laigle (Richer de).
Laiseaux (André, Guillaume, Philippe, Richard, Thomas de).
Lama. II, 76.
Lamberville (Richard de).
Lambert, abbé de Clairvaux. II, 163.
Lambert, fils de Riouf. II, 250.
Lambeth, Lambihthe. I, 40.
Lanbert = Lambert.
Lancastre (Guillaume de).
Landa = Lande.
Landaff = Llandaff.
Lande (Pierre de la).
Lande d'Airou (la), Landa Aronis. I, 304.
Lande Pourrie, Landa Putrida. I, 127 note.
Lanfranc, prieur du Bec, abbé de Caen, archevêque de Cantorbery. I, 36, 38, 43, 45, 49, 56, 59, 61, 68, 69, 72-77, 79, 130, 147, 153, 189, 190 ; II, 196.
Lanfroi, abbé de Lonlay. II, 205.
Langobardia = Lombardie.
Laodicée. I, 82.
Laon. I, 16, 142. — Eglises Notre-Dame et S. Jean. I, 142. — Evêque, v. Baudri.
Lassy. I, 212 note.
Latiniacensis = Lagny.
Latinus (Silvius).
Laudunum = Laon.
Laudus = Lô.
Laumacor (Asçon).
Laurent (s.). I, 358; II, 110.
Laurent (s.), apôtre de l'Angleterre. I, 266.
Laurent, archidiacre de Coutances, II, 254.
Laurent, moine. II, 330.
Laval (Gui de).
Leceline, comtesse d'Eu. I, 200, 201.
Lectoure (Bertrand, évêque de).
Ledi (Castrum) = Château du Loir.
Leecestria = Leicester.
Leeds. I, 210, 213.
Légat (Robert, Roger le).
Legecestria, Legercestria = Leicester.
Legiensis = Liège.
Legio. I, 108. — Kair Legion. I, 112. — Carlegion. I, 116. — Voy. Carlisle.
Legionum urbs super Sibarim sita. I, 104, 109.
Legrecestria = Leicester.
Léhon. II, 6. — D. prieur de Léhon.
Lehun = Léhon.
Leiceastria = Leicester.
Leicester. I, 72, 100, 110, 112, 113, 115, 145. — Robert, comte de Leicester. — Isabelle de Leicester.
Leion = Léon.
Leisaus, Leiseaus, Leisels, Leisiax, Leixax = Laizeaux.
Lemovicæ = Limoges.
Lendecop (Hamon de).
Leodicensis, Leodium. = Liége.
Léon (S.), pape. I, 93.
Léon IV, pape. I, 117.
Léon IX, pape. I, 44; II, 220.
Léon (Hugues Pierre).
Léon (Rois de), voy. Alfonse-Raimond, Ferdinand.
Léon (Pays de). I, 367 ; II, 228. — Evêques: Barthélemi, Hamon. — Guiomar, Hervé de Léon.
Leonensis = Léhon, Léon.
Leones = Lions.
Leonin. I, 107.
Leonina Roma. I, 364.
Leons = Léon, Lions.
Lerru = Liéru.
Lesceauls, Lesceaus, Leselli = Laizeaux.
Lesina. II, 76.

Lessay (abbaye de la Trinité de). II, 202. Abbés : Geoffroi, Guérin, Raoul, Robert, Roger.
Létard, abbé du Bec. I, 217, 240, 248, 249 ; II, 195.
Letavia. I, 12.
Léthard = Létard.
Leun (Raoul de).
Leupus, roi de Valence et de Murcie. I, 341.
Léves (Geoffroi de).
Levine frère de Harald. I, 54.
Lexavis (de) = Laizeaux.
Lexoviensis = Lisieux.
Liar (Robert fils de).
Lichfield. I, 189, 190; II, 122. — Pierre, évêque.
Licidid (Kair). I, 112.
Licifelde, Licifellensis = Lichfield.
Licoliensis = Lincoln.
Liège. I, 131, 136. — Alexandre, évêque.
Lier. I, 100, 102.
Liéru (Hervé, hermite de S. Pierre du).
Lieuvin (le). I, 224, 247.
Ligeris = Loire.
Ligerius = Ligier.
Ligier (Angot fils de).
Lillebonne. I, 64, 206, 336, 367, 368.
Lillermier. II, 325.
Limbourg (Henri de).
Limesy (Robert de).
Limoges. I, 1 ; II, 70, 121. Géraud, évêque. — Adémar, vicomte. — Voy. S. Martial,
Lincola, Lincolia = Lincoln.
Lincoln. I, 109, 112, 114-117, 145, 188, 190, 220, 223, 231, 240, 242, 243; II, 168, 226, 234. — Evêques : Alexandre, Gautier de Coutances, Geoffroi, Rémi, Robert. — Archidiacres : Robert Foliot, Roger, depuis évêque de Chester. — Robert de Lincoln.
Lingèvres (Richard de).
Lion (Kair), I, 112. Voy. Carlisle.
Lions-la-Forêt. I, 195, 197, 198, 235. — Voy. Saint-Denis.
Lira = Lire.
Lire (abbaye de Notre-Dame de). II, 151, 152, 154, 156, 198. — Additions faites à la chronique de Robert dans l'abbaye de Lire. II, 150 et s. — Abbés : Barnon, Ernaud, Geoffroi, Gilbert, Guillaume, Herfast, Hildier, Hildebert, Orberne, Raoul, Robert, Robert de Caux. — Silvestre, abbé de Conches, d'abord moine de Lire.
Lirion (Kair), I, 112, Voy. Leicester.
Lisaux = Laizeaux.
Lisbonne. I, 246 ; II, 129.
Lisieux. I, 200, 205, 224, 255, 259 ; II, 36.—Archidiacres : Gilbert, depuis évêque de Rochester, Hugues de Nonant, Jean de Néaufle. — Evêques : Arnoul, Gilbert, Herbert, Hugues, Jean, Raoul de Varneville. — Voy. S. Désir.
Lislebona = Lillebonne, Lisbonne.
Livaré. II, 317.
Livarot, Livarrou. I, 207.
Lixebona = Lisbonne.
Lizennioium, Lizennoium, Lizeno = Lusignan.
Llandaff (Urbain, évêque de). I, 187, 188.
Lo (saint), évêque de Coutances. I, 4.
Lobdunum = Loudun.
Lodonensis = Lothian.
Loeis (Gilbert).
Loge sur la Seine (le port de). I, 21. Logiensis portus.
Loire (la). I, 341 ; II, 27, 115. — Les levées de la Loire. II, 13, 14. — Voy. S. Benoit sur Loire.
Lois = Loiz.
Loiscan (Raoul).
Loitchoit (Kair), voy. Lincoln.
Loiz (Geoffroi).
Lolif. II, 298. — Guillaume de Lolif.
Lombard (Jean, Pierre, Renaud, Vacarius le).
Lombardie. I, 49, 152, 292, 318, 352, 358, 365; II, 9, 124. Voy. Italie.
Lombards (les). I, 140; II, 9, 56, 61.
Londene (Kair). I, 112. Voy. Londres.
Londonia = Londres.
Londres. I, 39, 54, 65, 69, 85, 99, 105-108, 111, 112, 115, 120, 123, 133, 134, 160, 161, 171, 173, 174, 178, 187-189, 212, 223, 230, 237, 291 ; II, 3, 18, 59, 228. — Cathédrale. I, 65 ; voy. S. Paul. — Evêques : Gilbert Foliot, Gilbert l'Universel, Maurice, Richard, Witelin. — Voy. S. Martin.
Longa villa = Longueville.
Longobardi = Lombards.
Longue Epée (Guillaume).
Longueville (Manche). II, 300.

Longueville, près Vernon. I, 272.
Lonlay (abbaye de Notre-Dame de). II, 204. — Abbés : Bermon, Guérin, Guillaume, Hugues, Jean, Lanfroi, Renouf.
Loradin = Noureddin.
Lorraine, voy. Lothier.
Lotard, lisez Zotard, abbé de Conches. II, 198.
Lothaire II, empereur. I, 171, 208, 259 ; II, 2, 226.
Lothaire, roi de France. I, 16, 27 ; II, 217, 218, 235.
Lothariensis = Lothier.
Lotharingia = Lothier.
Lothian (le). I, 274, 305: = Guillaume, comte de Lothian.
Lothier. I, 122, 279 ; II, 186, 190. — Hugues de S. Victor, originaire de Lothier. — Godefroi, comte de Louvain, duc de Lothier.
Lotroc, roi de Danemark. I, 9. — Bier fils de Lotroc.
Loudun. I, 300, 301.
Louis IV, empereur. II, 216.
Louis V, roi de France, dit d'Outremer. I, 16, 26 ; II, 216-218.
Louis VI, roi de France. I, 134, 137, 142, 150, 151, 154, 157, 163, 173, 175, 179, 207, 366 ; II, 226, 233.
Louis VII, roi de France. I, 186, 208, 215, 227, 234, 241, 312-314, 320, 321, 327-329, 333, 338, 341, 344, 346, 350-352, 355, 357, 359, 363-367 ; II, 4-6, 83, 90, 94, 98, 103, 167-179, 226, 227, 229, 234.
Louis, abbé de S. Georges de Baucherville. I, 307.
Loups (S. Michel des).
Louvain. Godefroi, comte de Louvain. — Alix de Louvain.
Louvel (Guillaume, Raoul). Voy. Luvel.
Luc (Jean, fils de).
Luc, fils de Henri le Chambrier. II, 257. — Luc, frère de Mathieu le Chambellan. II, 338.
Luc, abbé de la Vieuville. II, 292, 293.
Luca = Lucques.
Lucé = Lucy.
Luce II, pape. I, 236, 239; II, 226.
Luce III, pape. II, 110, 114, 127, 133.
Lucerna = Luzerne.
Lucien (s.), évêque de Beauvais. I, 2.
Lucius. I, 107.
Lucius = Luce.
Lucques. I, 351.
Lucrin. I, 99.
Lucy (Geoffroi, Richard de).
Ludelave, Ludlow. I, 210, 214.
Ludunnm, Lugdunum = Lyon.
Luid. I, 105.
Lumgobardia = Lombardie.
Lundonia = Londres.
Luot (le), Luoth. II, 125.
Lupellus = Louvel.
Lupi, voy. S. Michel-des-Loups.
Lupus, roi maure en Espagne. II, 116.
Lusignan. II, 4. — Aimeri, Geoffroi, Gui de Lusignan.
Luvel (Bernard), et Etienne, son fils. — Voy. Louvel.
Luvelt = Louvel.
Luxoviæ = Lisieux.
Luzerne (abbaye de la). II, 276-278, 315. Angot, abbé.
Luzignan, voy. Lusignan.
Lyon. I, 343 ; II, 114, 217. Archevêques : Guichard, Guillaume de Champagne, Heraclius, Jean, d'abord évêque de Poitiers, S. Potin.
Lyonnaises (les quatre). II, 114, 115.
Lyra = Lire.
Maante = Mantes.
Mabille, ou Sibille, d'Anjou, comtesse de Flandre. I, 297, 307, 325 ; II, 13.
Mabille de Gloucester, comtesse d'Evreux, II. 124.
Mabire, voy. Mabille.
Macé, Macey. II, 299. — Hamon, Rualend de Macey.
Macloviensis = S. Malo.
Maclovius = Malo.
Mâcon (Guillaume, comte de).
Maddan. I, 99.
Mac. II, 252.
Mages (les rois). I, 316, 349 ; II, 227.
Magloire (s.). II, 146.
Magna villa, Maguevilla = Mandeville.
Magnus = le Grand.
Magnus Mons = Grammont.
Magunciensis = Mayence.
Maidreium = Moidrey.
Maieul (S.). I, 86 ; II, 157, 205.
Maildri = Moidrey.
Mainard, abbé du Mont-S.-Michel et de Redon. II, 209 note.
Mainard I, abbé du Mont-S.-Michel. II, 193 note, 194, 217, 231.

Mainard II, abbé du Mont-S.-Michel. II, 193 note, 218, 231.
Mainard, archevêque de Rouen, I, 7.
Mainard, abbé de S. Victor en Caux, d'abord moine de S. Ouen. II, 201.
Mainard, abbé de S. Wandrille. I, 20; II, 194. Voy. Mainard I, abbé du Mont-S.-Michel.
Maine (le). I, 50, 57, 67, 70, 88, 89, 138, 139, 178, 332, 361; II, 11, 28. — Comtes, voy. David, Hélie, Herbert. — Sénéchal: Geoffroi Mauchien. — Vicomte, voy. Mans.
Mainier (Hugues fils de).
Mainier, moine du Mont-St-Michel. I, 313.
Mainier, abbé de S. Evroul. II, 196.
Mainier, abbé de Saumur. II, 63.
Mainil Drogonis = Mesnil-Drey.
Majus Monasterium = Marmoutier.
Malaffre. II, 14.
Malcheirius, Malcherius. = Mauger.
Malchomus = Malcolm.
Malcolm, roi d'Ecosse. I, 57, 60, 79, 80, 120, 274, 305, 321, 345, 358; II, 173.
Malcolm, fils naturel d'Alexandre d'Ecosse. I, 183 note.
Malculfi villa = Marcouville.
Male Branche (Roger).
Male Herbe = Malherbe.
Maleis Tarofel. II, 337.
Malet (R.).
Malek-es-Saleh-Ismail. II, 53.
Malenfant. II, 256.
Males (Guillaume).
Malet (Gilbert, Guillaume).
Malgerius = Mauger.
Malgo. I, 110.
Malherbe (Hugues).
Malivalas (Richard).
Malmesbury. I, 271.
Malo (s.). II, 146.
Malregard (fief). II, 301.
Malsamuti = Almohades.
Malsone, archevêque de Rouen. I, 4.
Malton. I, 210.
Malus Canis = Mauchien.
Maminot (Vauquelin).
Mamistra, Mamistria = Missis.
Mammesberi = Malmesbury.
Man (île de). I, 362. — Evêques: Guimond, Jean.
Manassès Biset. I, 337 note; II, 288.
Manceaux (les). II, 7, 172.
Mandeville (Arnoul, Geoffroi de).
Mancrius = Mainier.
Mangise, évêque d'Avranches. II, 219.
Mans (le). I, 192, 242, 256, 331, 332; II, 23, 81, 96, 121, 125, 127, 221, 232, 327, 329. — Archidiacres: Guillaume, Maurice. — Diocèse. II, 204, 316. — Chantre de S. Julien: Renaud. — Doyens: Geoffroi, depuis archevêque de Rouen; Hardouin, depuis archevêque de Bordeaux; Nicolas. — Eglise S. Julien. I, 256; II, 121. — Evêques: Arnaud, Guillaume, Hildebert, Julien. — Monnaie. II, 243, 246, 248, 250, 253, 256, 258, 260, 283, 291, 292, 311, 329, 331, 335. — Prévôt: Marcel. — Vicomtes et vicomtesse: Roscelin et son fils Guillaume, Richard, Constance. — Ermentrude du Mans. — Voy. la Couture, S. Jean, S. Pierre de la Cour, S. Victeur.
Mansamuz, roi des Almohades. II, 99.
Mantes. I, 66, 130, 255, 268, 272, 365; II, 4, 157, 168.
Manuel Comnène, empereur de Constantinople. I, 228, 244, 295, 342, 364; II, 78, 83, 84, 87, 98, 170, 226.
Manuel fils d'Andronic. II, 123.
Marasch. I, 145.
Marcel, prévôt du Mans. II, 329.
Marcellin, archevêque de Rouen. I, 3.
Marche (Aldebert, comte de la).
Marché (S. Michel du), à Rouen. II, 316.
Marcien, empereur. I, 94.
Marcigny, Marciniacum, voy. Hugues, abbé de Cluni.
Marcouville. I, 269.
Marcus. I, 23, 24.
Mare Mortuum = Mortemer.
Maréchal, voy. Geoffroi de Venoix.
Margan. I, 102, 104.
Marguerite de Blois, femme de Rotrou, comte du Perche. I, 315.
Marguerite, reine d'Ecosse. I, 80, 120.
Marguerite de France, femme de Henri d'Angleterre. I, 311, 312, 329; II, 19, 29, 33, 34, 50, 121, 167-169, 172, 227, 229.
Marguerite, fille de Herbert, comte du Maine. I, 70.
Maria (sancta), voy. Notre Dame.

Marie, fille de Raimond, prince d'Antioche. I, 245; II, 98, 99. — Marie d'Antioche, femme de Manuel Comnène. I, 342. — Voy. Constance.
Marie de Blois, femme d'Eudes, duc de Bourgogne. I, 315.
Marie de Boulogne, abbesse de Rumsey, femme de Mathieu de Flandre. I, 328; II, 7, 20.
Marie Comnène, femme d'Amauri, roi de Jérusalem. I, 364.
Marie, fille de Manuel Comnène. II, 87.
Marie de France, femme de Henri, comte de Champagne. I, 260, 264, 352; II, 103.
Marien l'Ecossais, moine de Fulda. I, 93.
Marin, pape. I, 118.
Mariscum = Marasch.
Marius. I, 106.
Marmion, Marmium (Robert).
Marmoutier. II, 191, 205, 206, 327. — Abbés: Albert, Barthélemi, Bernard, Eudes, Garnier, Gaubert, Gilbert, Guillaume, Hervé de Villepreux, Hilgot, Pierre, Robert, Robert de Blois, Robert le Breton, Sichard. — Moines: Bermon, Engebert, Gautier, depuis abbé de S. Mesmin.
Maroc, Marroc. Abou Yacoub Yousouf, roi.
Marsite (fief). II, 301.
Martel. II, 120.
Martel (Geoffroi, Guillaume).
Martial (s.), évêque de Limoges. I, 1; II, 70.
Martin (s.). I, 86, 93; II, 157.
Martin, abbé de Cérisy. I, 369.
Martin, clerc. II, 338.
Martin, abbé de Jumiéges. I, 16; II, 192.
Martin, abbé du Mont-St-Michel. II, 193 note, 229, 337.
Martre (Robert de la).
Masconensis = Mâcon.
Maslonus = Melon.
Masnillum = Mesnil.
Mathieu (Guillaume fils de).
Mathieu. II, 283, 284, 291.
Mathieu, évêque d'Angers. I, 340.
Mathieu le Chambellan ou le Chambrier. II, 257, 293, 305, 306, 311, 322, 328, 331, 338.
Mathieu, clerc. II, 310, 311, 331, 333.
Mathieu de Flandre, comte de Boulogne. I, 327, 328; II, 7, 20, 40, 41.
Mathieu, cardinal de Saint-Marcel. II, 320.
Mathieu, cardinal de Sainte-Marie la Nouvelle. II, 321.
Mathilde, reine d'Angleterre, femme de Guillaume le Conquérant. I, 34, 57, 58, 64, 65, 67; II, 222.
Mathilde, reine d'Angleterre, femme du roi Henri Ier. I, 120, 155.
Mathilde, reine d'Angleterre, femme du roi Etienne. I, 263, 287.
Mathilde d'Angleterre, fille naturelle de Henri I, femme de Roscelin, vicomte du Mans. II, 3.
Mathilde d'Angleterre, l'impératrice. I, 88, 120, 131, 134, 137, 155, 171, 173, 174, 185, 192—194, 199, 296, 327, 362, 367; II, 134, 164—166, 227, 228, 235, 330.
Mathilde d'Angleterre, fille de Henri II, femme de Henri, duc de Saxe. I, 328, 356, 369; II, 1, 2, 116.
Mathilde d'Anjou, abbesse de Fontevraud. II, 189.
Mathilde de Blois, femme de Richard, comte de Chester. I, 159.
Mathilde de Bourgogne, femme d'Eudes d'Issoudun, de Gui de Nevers, de Pierre de Flandre et de Robert de Dreux. II, 64.
Mathilde, femme de Guillaume le Chambrier. II, 197.
Mathilde de Cornouaille, femme de Robert, comte de Meulan. I, 360.
Mathilde, femme de David I, roi d'Ecosse. I, 172.
Mathilde de Gloucester, femme de Renouf, comte de Chester. I, 281.
Mathilde, femme de Robert, comte de Gloucester. I, 216.
Mathilde de Normandie, fille de Richard I, femme de Eudes, comte de Champagne. I, 25.
Mathilde, femme de Rotrou, comte du Perche. I, 159 note.
Mathilde de Portugal, femme de Philippe, comte de Flandre. II, 128.
Mathilde de St-Hilaire, femme de Roger de Clare et de Guillaume d'Aubigny. II, 64.
Mathilde, femme d'un vicomte de Thouars, puis de Ramire, roi d'Aragon. I, 318.
Mathilde, abbesse de la Trinité de Caen. II, 104.

Matillis = Mathilde.
Mauchien (Geoffroi).
Mauger (Iger fils de).
Mauger, comte de Corbeil. I, 25.
Mauger, archevêque de Rouen. I, 32, 40, 48 ; II, 220.
Maur (s.). I. 86 ; II, 157, 185.
Maure (sainte). II, 147, 148.
Maurice (s.). I, 358.
Maurice de Craon. II, 308.
Maurice, évêque de Londres. I, 65, 120, 133.
Maurice, archidiacre du Mans. II, 323.
Maurice, évêque de Paris. I, 334 ; II, 68.
Maurice de Ruffinni. II, 300.
Maurienne (Humbert, comte de).
Maurille, archevêque de Rouen, d'abord moine de Fécamp. I, 48, 49, 56 ; II, 220, 221.
Mauxe (s.). I, 21-24.
Maxime fils de Léonin. I, 107.
Maxime, évêque d'Ostie. II, 110.
Maximus = Mauxe.
Mayence (Chrétien, archevêque de).
Mayenne (la). II, 15.
Mayenne (Geoffroi, Juhel de). — Isabelle de Meulan, dame de Mayenne.
Mealtune. I, 210.
Meaux, voy. Saint-Faron.
Mecque (la), Meca. II, 85.
Medanta, Medantum = Mantes.
Media = la Mée.
Mediolanum, Mediolanensis = Milan, Milanais.
Meduana = Mayenne.
Medunta = Mantes.
Mée (la). I, 312 ; II, 46.
Megaid (Kair). I, 112.
Mehadia (El). I, 303 ; II, 88.
Meinardus = Mainard.
Meisnie (Geoffroi).
Meisnillum = Mesnil.
Melance, archevêque de Rouen. I, 5.
Melcolm, Melcomus = Malcolm.
Melgueil (Pierre, comte de).
Melior, cardinal. II, 127.
Melisende, femme de Foulques, roi de Jérusalem. I, 187.
Mellentum = Meulan.
Mellitus, apôtre de l'Angleterre. I, 265.
Melna (Jean de).
Melon, archevêque de Rouen. I, 2.
Melun (Robert de).
Melverne. II, 298.
Menardus = Mainard.
Mengui. II, 330.
Menpricius. I, 100.
Merce, Merche = Mercie.
Mercie (la). I, 14, 114, 150. — Rois de Mercie, voy. les noms de ces rois.
Merciens (les). II, 153.
Mercipit (Kair). I, 113.
Merdin (Kair). I, 112.
Meré (Richard de).
Mergulensis = Melgueil.
Merianus. I, 105.
Mertoc, Mertos. II, 309, 317. — Godefroi de Mertoc.
Merwal. I, 118.
Mesnil (Jourdain, Renaud, Roger du).
Mesnil-Adelée (le). II, 297.
Mesnil-Drey (le). II, 259, 299. — Geoffroi, prêtre du Mesnil-Drey.
Mestenon (Robert de).
Meulan. I, 255, 268. — Galeran, Robert, comtes de Meulan. — Isabelle de Meulan.
Meule, v. Mola.
Meules (Baudouin de).
Meuse (la). I, 131.
Michel (S.). II, 230, 233.
Michel (Geoffroi fils de).
Michel, évêque d'Avranches. I, 59.
Michel, clerc du Mont-S.-Michel. II, 270, 275, 276, 289, 291, 321.
Michel, abbé de Préaux, d'abord moine du Bec. I, 262, 285, 369 ; II, 199.
Middlesex, Midelsexa. I, 115.
Milan. I, 310, 316, 318, 337, 349, 353, 365 ; II, 227. — Imbert, archevêque de Milan.
Milanais (les). II, 61.
Milburge (sainte). I, 118.
Mildritha. I, 118.
Miledunum = Melun.
Miles, comte de Bar sur Seine. II, 158, 186.
Miles de Gloucester. I, 216, 293, 294.
Miles Haroche. II, 250.
Miles I et Miles II, évêques de Térouane. I, 323.
Milgitha. I, 118.
Milly (Robert de).
Minerve. I, 100.
Minnun (Guillaume).
Mirebeau. I, 300.
Mirebellum = Mirebeau.
Mirmande près des Alpes. I, 32.
Missé ou Missi (Robert de).
Missis en Cilicie. I, 83, 145, 146.

Mocon = Mousson.
Modredus. I. 109, 110.
Mohammed ben Mardenisch, roi de Valence et de Murcie. I, 341.
Moidrey. II, 298, 299. — Auvré, Turgis de Moidrey.
Moine (Geoffroi, Guillaume, Richard le).
Moitiers (Guillaume des).
Moium = Moyon.
Mola (Renouf de).
Molême. I, 86 ; II, 157, 158, 184. — Robert, abbé de Molême.
Molinæ = Moulins.
Molismus = Molême.
Mollentum = Meulan.
Molmutius (Dunmallo).
Monachus = Moine.
Monasteria = Moitiers.
Monasteriolum = Montreuil.
Monasterium = Moutier.
Moncel (Robert du).
Mondeville (Gellin de).
Monfort = Montfort.
Mons Acutus = Montacute.
Mons Aquilæ = Mont de l'Aigle.
Mons Aureus = Montoire.
Mons Burgi = Montebourg.
Mons Disderii = Montdidier.
Mons Doli = Montdol.
Mons Ferratus = Montferrat.
Mons Fortis = Montfort
Mons Gardun = Montgardon.
Mons Gommerici = Montgommeri.
Mons Martini = Montmartin.
Mons Mirabilis = Montmirail.
Mons Pessulanus = Montpellier.
Mons Regalis = Montréal.
Mons Sancti Angeli = Monte S. Angelo.
Mons Sancti Michaelis = Mont-S.-Michel.
Mons Sorelli = Montsoreau.
Mons Tumba = Mont-S.-Michel.
Mont (Alain du).
Mont de l'Aigle (Robert du).
Mont Cassin, voy. Victor III, pape.
Mont-S.-Michel. I, 12, 26, 142, 251, 279, 284, 292, 299, 312-314, 358, 362 ; II, 33, 58, 75, 169, 170, 192, 193, 215, 217, 219, 222-225, 227, 230-235. — Actes de l'administration de l'abbé Robert. 237-338. — Eglise de S. Etienne. II, 257, 337, 338. — Cimetière. II, 310. — Chanoines. II, 313 ; voy. Herbert, Robert, Thomas. — Village. II, 314. — Abbés : Almode, Bernard, Geoffroi, Hildebert, Jourdain, Mainard, Martin Nicolas, Alexandre, Raoul, Raoul des Iles, Raoul de Villedieu, Renouf, Richard de Méré, Richard de la Mouche, Richard Toustin, Robert Hardi, Robert de Torigni, Roger, Suppon, Thierri. — Prieurs : Guimond, Renouf, Robert, Rualend. — Sous-prieurs : Arnoul, Guillaume, Guimond, Robert, Troianus. — Aumôniers : Guillaume, Raoul. — Baillis : Guillaume, Raoul de Foleherio. — Cellerier : Galien. — Chantres : Ansger, Jourdain, Raoul. — Infirmier : Nicolas. — Sacristain : Galien. — Trésorier : Guillaume. Moines : Auvré de Moidrey, Durand Festu, Galien, Geoffroi de Domjean, Geoffroi, prêtre du Mesnil-Drey, Geslin, Guérin, depuis abbé de Cérisy, Guillaume, Guillaume, fils d'Arnoul, Guillaume de Bray, Guillaume de S. James, Guillaume de S. Pair, Guillaume de Salisbury, Guillaume, fils de Tiez, Guillaume Tros, Hugues, abbé de S. Sauveur, Mainier, Néel, Néel, fils de Dreu, Osbert d'Evrecy, Philippe, Raoul, Raoul, neveu d'Alain, prêtre de Boucey. Renouf Avenel, Renouf du Verger, Richard de Domjean, Richard de la Haie, Robert, prêtre, Robert d'Iquelon, Robert le Légat, Robert de S. Planchais, Roger, fils de Renouf, Rualend, Turgis de Moidrey.
Mont-S.-Michel, en Cornouaille. II, 318.
Mont-Sainte-Catherine, à Rouen, voy. Sainte-Trinité.
Montacute (Pierre, prieur de).
Montais (Chemin), via Montensis. II, 329.
Montbrai (Geoffroi, Roger de).
Montdidier, I, 349.
Montdol. II, 317. Guillaume, prieur.
Monte S. Angelo. II, 76.
Montebourg (Abbaye de). II, 203, 204. Abbés : Gautier, Guillaume, Pierre, Richard, Robert, Roger, Ursus.
Montenai. II, 317.
Montensis via = Chemin Montais.
Montferrat (Conrad, Guillaume, Henri, Renier de).
Montfichet (Guillaume de)

Montfort (Agnès, Amauri, Geoffroi, Hugues, Robert, Simon de).
Montfort, voy. Saint-Jacques.
Montfort l'Amauri. I, 326.
Monfort sur Risle. I, 79, 163, 225, 282, 283. Voy. Saint-Philbert.
Montgardon (Even, Robert de).
Montgommeri (Hugues, Roger de).
Montiter. II, 242.
Montivilliers (abbaye de). II, 195, 291.
Montmartin sur mer. II, 79.
Montmirail. II, 15, 16.
Montoire. II, 104.
Montpellier en Provence. I, 338, 339, 357. Guillaume de Montpellier.
Montréal le Vieux. II, 174.
Montreuil-Bellay. I, 251, 253. — Guillaume Berlai, seigneur.
Montreuil sur mer. I, 17. Herluin, comte de Montreuil.
Montsoreau. I, 269. Guillaume de Montsoreau.
Montsorel (Jacob, Robert de)
Morafia = Murray.
Morcar. II, 153.
Morcis. II, 318.
Moretolium, Moretuil = Mortain.
Moricius = Maurice.
Morienna = Maurienne.
Morin (Guillaume, fils de).
Morinorum comes. I, 277. Voy. Flandre.
Moritolium = Mortain.
Moritonia = Mortagne.
Moritonium = Mortain.
Mortagne. II, 11. Comtes de Mortagne, voy. Perche.
Mortain. I, 226, 305, 326; II, 7, 246, 247. — Comtes: Guillaume, Robert. — Agnès, Denyse, Emma de Mortain.
Mortemer (Hugues de).
Mortemer-sur-Eaune. II, 220, 232. — Bataille de Mortemer. I, 47.— Roger de Mortemer.
Mortemer-en-Lions. I, 197. — Etienne, abbé de Mortemer.
Morterdun. II, 327.
Mortuum mare = Mortemer.
Morvidus. I, 104.
Mosa = Meuse.
Mostel (Raoul).
Mosul (Seifeddin, sultan de).
Mota de Ger, voy. Ger.
Mothe de la Nuë (la). I, 254.
Moubrai = Montbrai.
Mouche (Guillaume, Jean, Raoul, Richard de la).
Moulins. I, 315.
Mousson (Renaud de).
Moutier (Robert, Roger du).
Moyon (Guillaume de).
Mucia = Murcie.
Muldac (Henri). Voy. Murdac.
Mundevilla = Mondeville.
Munfort = Montfort.
Murcie. II, 116. Rois de Murcie: Leupus, Mohammed.
Murdac, Murdarch, Muldac (Henri). Voy. Muldac.
Murray (Angus, comte de).
Musca = la Mouche.
Muscia = Murcie.
Musteriolum = Montreuil.
Nabor (S.). I, 350.
Nannetes, Nannetensis, Nannetica civitas = Nantes.
Nannetis curtis = Nonancourt.
Nantes. I, 298, 312, 313; II, 16, 166, 169. — Geoffroi, comte de Bretagne ou de Nantes.— Evêques: Bernard, Robert.
Naples. I, 180.
Narbonne. Jean, évêque de Poitiers, puis archevêque de Narbonne. Saint Paul, apôtre de Narbonne.
Navarre. II, 82. — Rois: Alfonse, Garcie, Garcie-Ramire, Sanche. — Blanche de Navarre.
Neaflia = Néaufle.
Néaufle. I, 329. – Jean de Néaufle.
Néel (Raoul).
Néel, vicomte du Cotentin. II, 203.
Néel, fils de Dreu, moine du Mont-S.-Michel. II, 244, 245, 328?
Néel, évêque d'Ely. I, 185 note, 188, 217, 290; II, 14, 18.
Néel de Greinville. II, 201.
Néel, moine du Mont-Saint-Michel. II, 328. Voy. Néel, fils de Dreu.
Neelfa = Néaufle.
Nen, rivière d'Angleterre. I, 112.
Néot (S.). I, 118.
Neret (Hugues, Raoul).
Néron. I, 105.
Nestorius, nom de Bacchus. I, 22.
Neufbourg (le). I, 329; II, 169. — Robert du Neufbourg.
Neufchâtel-en-Brai. I, 196, 235; II, 40, 41.
Neufmarché. I, 261, 267, 285, 328; II, 167.
Neuville (Philippe de).
Nevers. Comtes: Gui, Guillaume.
Néville (Renouf de).
Newark. I, 215.
Newcastle upon Tyne. I, 305.

Newerthan = Newark.
Newforest. I, 67, 88, 91; II, 223.
Nicaise, évêque de Rouen. I, 1, 2.
Nicée. I, 39.
Nicholaa, Nicholaus = Nicole, Nicolas.
Nicolas, évêque d'Albano. I, 288.
Nicolas Alexandre, abbé du Mont-S.-Michel. II, 230.
Nicolas, abbé de Bernai, d'abord moine de Fécamp. II, 194
Nicolas de Condé, doyen. II, 258.
Nicolas d'Estouteville. I, 337 note.
Nicolas de Herpeford. II, 328.
Nicolas, doyen du Mans. II, 323.
Nicolas, moine. II, 326.
Nicolas, infirmier du Mont-S.-Michel. II, 331, 333.
Nicolas II, pape. II, 220.
Nicolas, prêtre. II, 246. Voy. Nicolas, fils de Renaud.
Nicolas, fils de Renaud, prêtre. II, 246? 252, 253.
Nicolas, abbé de S. Ouen. I, 33; II, 193.
Nicolas de Tot. II, 300.
Nicole, femme de Philippe de Carteret. II, 290.
Nicole = Lincoln.
Nigasius = Nicaise.
Nigellus = Néel.
Niger Mons = Noirmont.
Nîmes, voy. Trencavel.
Ninus, roi des Assyriens. I, 93; II, 341.
Nivernensis = Nevers.
Noant = Noyan.
Nobile (Gouin, fils de).
Noeant = Noyan.
Nogent-les-Vierges. II, 148.
Noirmont (Jourdain de).
Noirmoutier. I, 8.
Nole (S. Paulin de).
Nonancourt. I, 197, 270; II, 77.
Nonant (Hugues de).
Nonanticurtis, Nonantiscurtis = Nonancourt.
Nongentum = Nogent.
Noradin = Noureddin.
Nordfolc = Norfolk.
Nordhantunc = Northampton.
Nordhumbre, Nordhumbri, Nordhumbreland, Nordimbre, Nordhymbra = Northumberland.
Nordwic, Nordwitia = Norwich.
Norfolk. I, 114, 115. — Hugues Bigot, comte de Norfolk. — Evêché de Norfolk. I, 191.
Norgualæ, voy. Saint-Asaph.
Norhantone, Norhantunc = Northampton.
Normand (Raoul le).
Normand, abbé d'Ivry, d'abord moine du Bec. II, 204.
Normand de Verdun. II, 298.
Normandie. I, 11, 15, 42 et passim; II, 204, 215, 216, 222, 224, 230, 232, 241, 247, 252, 307, 338, 339, 343. — Ducs et duchesses de Normandie, voy. les noms des ducs et des duchesses. — Adèle, Alix, Constance, Mathilde, Eléonore, Guillaume, Hadewise, Mathilde, Papie de Normandie. — Connétable, voy. Richard du Hommet. — Sénéchal de Normandie, voy. Guillaume fils d'Osberne, Guillaume fils de Raoul, Robert du Neufbourg.
Normands (les). I, 8, 9, 10, 11, 13, 41, 42; II, 200, 205.
Nortell (S. Oswald de).
Nortfolcanus = Norfolk.
Nothallerton. I, 211.
Northampton. I, 127, 161, 172, 185, 240. — Simon de Senlis, comte.
Northumberland. I, 14, 16, 60, 61, 114, 115, 118, 161. — Voy. les noms des rois de Northumberland.
Northwagia, Northwagensis = Norvège.
Northwich = Norwich.
Norvège, les Norvégiens. I, 29, 35, 102. — Roi de Norvège. I, 362. — Harald, roi de Norvège.
Norwagenses, Norwegia = Norvège.
Norwich. I, 29, 56, 71, 115, 161, 191, 201, 306; II, 27. — Saint Guillaume de Norwich. — Evêque, voy. Evrard, Guillaume, Herbert, Jean d'Oxford.
Norwit, Norwith = Norwich.
Nothingueham = Nottingham.
Nothwicensis = Norwich.
Notingehan, Notingham, Notinguehan = Nottingham.
Notre-Dame. Ses apparitions. I, 266; II, 100, 126. — Sa chemise. I, 14; II, 216. — Ses reliques. I, 299; II, 136.
Notre-Dame (Eglises de), voy. Ardevon, Bayeux, Evreux, Genest, Grestain, Jersey, Laon, Lire, Pulsana, Reading, Roc-Amadour, Rouen, Saint-Pierre sur Dive, Tombelaine.
Nottingham. I, 115, 211; II, 93.

Guillaume Pevrel de Nottingham.
Noureddin, sultan d'Alep. I, 308 ; II, 20, 53, 54, 72.
Noureddin, sultan de Damas. I, 354, 355.
Nourri, reclus. II, 48.
Nova Foresta = Newforest.
Novilla = Neuville.
Noviomagensis = Noyon.
Novum Castrum = Châteauneuf, Châtillon, Neufchâtel, Newcastle.
Novum Mercatum = Neufmarché.
Novus Burgus = le Neufbourg.
Noyon. I, 242 ; II, 297, 299.
Nubes = la Mothe de la Nuë.
Nuë (La Mothe de la).
Nuieria (Renaud de).
Nutritus = Nourri.
Nyobé (Guillaume).
Obxoniensis = Exeter.
Occadæ = Orcades.
Octa ou Otta. I, 108, 109.
Octavien, voy. Octovien.
Octavius, dux Wisseorum. I, 107.
Octovien empereur. II, 214, 215.
Octovien, cardinal de Sainte-Marie in Cosmidun. I, 324, 338, 341, 348, 351. — Voy. Victor IV.
Octovien, sous-diacre de l'église romaine. II, 78.
Odd., diacre romain. II, 176.
Odo = Eudes.
Odon (S.), abbé de Cluni. II, 185.
Oenus = Owen.
Offa, roi de Mercie. I, 147, 148, 150.
Offridus. I, 111.
Oise (l'). I, 23.
Olivier. II, 328.
Olivier (maître). II, 293.
Olivier de Dinan, et Olivier, son fils. II, 5.
Olivus = Lolif.
Omnebonum, évêque de Vérone. I, 184.
Onfroi (Abélard, fils de).
Onfroi le Bœuf. II, 275.
Onfroi de Bohon. I, 185 note ; II, 111.
Onfroi de Bourneauville. II, 251.
Onfroi frère de Drogon. I, 180.
Onfroi de Vieilles. I, 48 ; II, 194, 199.
Oportune (sainte). II, 200.
Orbec. I, 282.
Orcades (les). I, 106.
Orgaire, Orgarius. II, 238.
Origène. II, 77.
Orival = Orval.
Orléans. I, 326. — Voy. S. Mesmin.
Orne (l'). II, 302.
Orphée. I, 105.
Orval (Guillaume d').
Osberne, abbé du Bec, d'abord prieur de Beaumont. II, 90, 340.
Osberne, abbé de Bernai, d'abord moine de Troarn. II, 194.
Osberne, chantre de Coutances. II, 254, 264.
Osberne, fils de Herfast. II, 150. Voy. Guillaume, fils d'Osberne.
Osberne de la Heuse. II, 134, 135.
Osberne, abbé d'Ivry, d'abord moine de Fécamp. II, 204.
Osberne, abbé de Lire. II, 66, 156.
Osberne, fils de Roger fils de Renouf. II, 243.
Osberne, abbé de S. Evroul, d'abord moine de la Trinité de Rouen. II, 196.
Osberne, abbé du Tréport. II, 201.
Osbert d'Evrecy et Osbert, son père, moine du Mont-S.-Michel. II, 248.
Osée. I, 102.
Osmanville, I, 332.
Osmond, évêque de Salisbury. I, 89.
Osmond, fils de Richard Vasce. II, 259, 260.
Osricus. I, 111.
Ostie (l'évêque d'). II, 110. — Voy. Aubri, Eudes, Hubaud, Maxime, Thibaud, abbé de Cluni.
Ostilly (Guillaume d').
Oswald. I, 111.
Oswi. I, 111.
Othon I, empereur. II, 217, 219, — Othon II, roi des Allemands. II, 11. — Othon II ou III, empereur. I, 297.
Otritonia, Ottritonia. II, 246, 318. — Guillaume, prieur. — Robert d'Otriton.
Otta ou Octa. I, 108, 109.
Ou = Eu.
Ouche. II, 151, 194, 196.
Ouen (S.), archevêque. I, 5, 6, 9, 15 ; II, 147, 216.
Ouna = Orne.
Ouse. I, 20, 113, 118.
Outre mer (Louis d'), roi de France.
Owen, roi de Galles. II, 27. — Owen Gwynedd. I, 353.
Oxene fordia = Oxford.
Oxford. I, 39, 115, 145, 188, 214, 228, 243, 276. — Jean d'Oxford.
Oximensis = Hiémois.
Oximum — Exmes.

Oxineford, Oxineforda, Oxinefordia, Oxinefordum = Oxford.
Paceium = Pacy.
Pacy sur Eure. I, 268, 278, 365; II, 4, 154, 169. — Guillaume, Roger de Pacy.
Paenellus = Painel.
Paganellus = Painel.
Paganus = Payen.
Paginellus = Painel.
Painel (Foulques, Gervais, Guillaume, Jean, Thomas).
Palestine. I, 316. Voy. Césarée.
Pamachius, voy. Jean, cardinal de S. Jean.
Pampelune, Pampulonensis. I, 348.
Pangor. I, 116.
Paparon (Jean).
Papia = Pavie.
Papie, femme de Richard II, duc de Normandie. I, 32.
Papie de Normandie, femme de Gautier de S. Valeri. I, 33, 34.
Paris. I, 6, 109, 243-245, 312, 326; II, 11, 28, 48, 50, 67, 68, 136, 160, 168. — Archidiacres: Guillaume de Champeaux, Philippe. — Doyen: Philippe. — Evêques: saint Denis, Maurice, Pierre Lombard, Thibaud. — Voy. S. Etienne, S. Germain des Prés, S. Martin des Champs, S. Victor, Sainte-Geneviève.
Parisis (le). I, 23, 299.
Parrona = Péronne.
Parthes (les). I, 84.
Pas (les). II, 250, 315.
Pascal II, pape. I, 89, 90, 140, 141, 146, 152, 156, 164; II, 223, 225.
Pascal III, anti-pape. I, 351; II, 9, 110, 176.
Pascent. I, 108.
Pascheium = Pacy.
Passus = Pas.
Patri (Enguerran, Guillaume, Raoul, Robert).
Patric (Moulin). II, 277 note, 302.
Patrice, archidiacre de Bayeux. II, 275.
Patrice, comte de Salisbury. II, 4, 5.
Paul (S.). I, 288; II, 342.
Paul, évêque de Narbonne. I, 1.
Paul, archevêque de Rouen. I, 9, 10.
Paul, abbé de S. Alban, d'abord moine de Caen. I, 73, 147.
Paul, abbé de S. Taurin, d'abord moine de Fécamp. II, 195.
Paulin (S.), évêque de Nole. I, 297; II, 227.
Pavie. I, 36, 43, 45, 75, 318, 365; II, 56, 62. — Guillaume de Pavie.
Payen (Geoffroi fils de).
Payen prêtre. II, 246.
Payen de Saviz. II, 250.
Payen Verron. II, 323.
Payens (Hugues de).
Pec. I, 116.
Peccatum = Péché.
Péché (Richard, Robert).
Peillevé (Robert).
Pelvin. II, 297.
Penda. I, 111, 118, 148, 149.
Pendragon (Uter).
Pencvesel = Pevensey.
Penthièvre (comtes de): Etienne, Eudes.
Pépin, roi de France. I, 7.
Perche (comtes du): Geoffroi, Robert comte de Dreux, Rotrou. — Harvise d'Evreux, comtesse.
Peridurus. I, 104.
Peris (Kair) = Porchester.
Pernelle d'Aragon, femme de Raimond Bérenger, comte de Barcelone. I, 317, 318, 341.
Pernelle, abbesse de Fontevrault. II, 189.
Pernelle de Grentemesnil. II, 8, 9 note.
Péronne. I, 263, 352. — Raoul de Péronne.
Perrelle (la), à Guernesey. II, 253, 264.
Perreville = Pierreville.
Pert (Guillaume de).
Peschicci. II, 76.
Peschiza = Peschicci.
Peterborough. I, 19, 20, 118. — Benoit abbé.
Petra villa, Petri villa = Pierreville.
Petronilla = Pernelle.
Petrus = Pierre.
Pevensey, Pevenesel. I, 71, 72, 306.
Pevrel (Guillaume).
Pharfar. I, 168.
Philibert (S.). I, 8, 195; II, 191, 192.
Philippa, femme de Robert Patri. II, 310.
Philippe, frère de Robert de Beauvoir. II, 256.
Philippe, comte de Boulogne. II, 229.
Philippe de Briouze. I, 138.
Philippe de Carteret. II, 243, 289.
Philippe, prieur de Clairvaux. II, 163.

Philippe, archidiacre de Coutances. II, 239, 254, 256, 257, 260, 264.
Philippe de Creully. II, 58.
Philippe, prêtre de Domjean. II, 249, 250, 258.
Philippe de Dreux, évêque de Beauvais. II, 62.
Philippe, fils d'Erneis. II, 252.
Philippe, comte de Flandre. I, 307, 348, 349, 355 ; II, 2, 8, 20, 39-41, 50, 53, 64, 72, 78, 95, 111, 113, 128, 130, 132.
Philippe I, roi de France. I, 50, 57, 58, 60, 66, 80, 81, 131, 133, 134, 137 ; II, 156, 184, 220.
Philippe, fils de Louis VI, roi de France. I, 179, 186.
Philippe II, roi de France, dit Auguste. I, 357 ; II, 12, 83, 90, 94, 96-135, 230.
Philippe de Greinville. II, 301.
Philippe de Harcourt, évêque de Bayeux. I, 229, 290, 327, 337 note, 344, 345 ; II, 247, 252, 258, 266, 267.
Philippe de Laizeaux. II, 276, 301.
Philippe, moine du Mont-S.-Michel. II, 257.
Philippe de Neuville. II, 335.
Philippe, doyen ou plutôt archidiacre de Paris, doyen de S. Martin de Tours. I, 324, 328.
Philippe de Poilley. II, 288, 289.
Philippe, abbé de S. Taurin, d'abord moine de Fécamp. II, 195.
Philippe, évêque de Rennes, d'abord abbé de Clermont. II, 111.
Philippe, fils de Rualend. II, 325.
Philippine, voy. Philippa.
Photinus = Potin.
Picale (Gautier, clerc de).
Picard. II, 255.
Picquigny. I, 17.
Pictavensis, Pictavis, Pictavi = Poitiers, Poitevins, Poitou.
Pictes (les). I, 107, 113, 117.
Pierre (s.). II, 108.
Pierre de Alpibus. I, 84.
Pierre, évêque d'Arras, d'abord abbé de Pontigny. II, 131.
Pierre, abbé de Blanchelande. II, 336.
Pierre, archevêque de Bourges. I, 227.
Pierre, chapelain de l'évêque de Coutances. II, 296.
Pierre, évêque de Chartres, d'abord abbé de St-Rémi de Reims. II, 103, 117, 118.
Pierre clerc. II, 292, 338.
Pierre Damascène. I, 270.
Pierre fils de Désirée. II, 242.
Pierre fils de Douce. II, 250.
Pierre l'Evêque. II, 242, 243.
Pierre de Flandre, évêque élu de Cambrai. II, 41, 64, 65.
Pierre Giraud, évêque de St-Malo. II, 130.
Pierre, abbé d'Ivry, d'abord moine de Coulombs. II, 204.
Pierre, abbé de Jumiéges, d'abord moine de Cluni. II, 14, 192.
Pierre de la Lande. II, 283.
Pierre légat. II, 77. Voy. Pierre de St-Chysogone.
Pierre Léon. I, 182. — Hugues Pierre Léon. II, 60. — Voy. Anaclet.
Pierre, évêque de Lichfield. I, 190.
Pierre Lombard, évêque de Paris. I, 324 ; II, 73.
Pierre, abbé de Marmoutier. II, 65, 80.
Pierre, comte de Melgueil. I, 152.
Pierre, prieur de Montacute, abbé de Hyde. II, 57.
Pierre, abbé de Montebourg. II, 204.
Pierre Pinel. II, 326.
Pierre du Pont. II, 323.
Pierre IV, évêque du Puy. II, 126.
Pierre, archevêque de Rouen. I, 3.
Pierre, cardinal du titre de Saint-Chrysogone. II, 77, 320.
Pierre, abbé de St-Etienne de Caen. II, 96, 196.
Pierre, abbé de St-Sever, d'abord moine de Fleuri. II, 202.
Pierre, cardinal de Sainte-Susanne. II, 320.
Pierre de Sainte-Susanne. II, 257, 260.
Pierre Sanche, roi d'Aragon. I, 317.
Pierre, archevêque de Tarentaise. II, 49.
Pierre, abbé de la province de Tripoli. II, 343.
Pierre Valepich, Walepic. II 237, 321.
Pierre le Vénérable, abbé de Cluni. I, 152, 153, 303 ; II, 227.
Pierre Viteclin. II, 245.
Pierreville à Jersey. II, 295, 296, 316. Voy. Saint-Clément.
Pilate. II, 215.
Pilosus comes, voy. Guillaume, comte de Frise.

Pinchiniacum = Picquigny.
Pinel (Pierre).
Piperellus = Pévrel.
Pir. I, 105.
Pirou, Piro. II, 300.
Pirus (Geoffroi).
Pisan (Gui le).
Pisans (les). I, 245, 246.
Pise. Henri de Pise. — Jean Bourguignon de Pise. — Daibert, évêque de Pise.
Placentia = Plaisance.
Placidie. I, 22.
Plaiseith, Pleshy. I, 230.
Plessis (le). I, 226 note.
Pline. II, 343.
Ploermel, Ploasmel. II, 44, 56.
Pocin (Athard).
Podiensis = le Puy.
Poencé (Geoffroi de).
Poentium = Poencé.
Poilley, dioc. de Rennes. II, 272, 288, 289, 317. — Philippe de Poilley.
Poitevin (Raimond, Roger le).
Poitevins (les). II, 4, 5, 7.
Poitiers. I, 362; II, 171-173, 225. — Guillaume de Poitiers. — Evêques : Gilbert, Jean. — Richard, évêque de Winchester, d'abord archidiacre de Poitiers. — Voy. S. Cyprien, S. Hilaire.
Poitou. I, 29, 30, 251; II, 14, 71, 169, 189.—Comtes et comtesses : Aliénor, Eble, Gerloc, Guillaume duc de Guienne, Renouf, Richard Cœur de Lion.
Polcium, Polleium = Poïlley.
Polleium, dioc. de Chartres. II, 316.
Pommeraie (la), Pomeria, la Pomereie. II, 276, 301. — Henri de la Pommeraie.
Ponce, abbé de Cluni. I, 137, 152, 153.
Pons en Saintonge. II, 82.
Pons Episcopi = Pont l'Evêque.
Pons Isaræ = Pontoise.
Pons Sancti Petri = Pont-Saint-Pierre.
Pons Ursonis = Pontorson,
Pont (Pierre du).
Pont Audemer, Pont Aldemer. I, 163.
Pont l'Evêque (Roger de).
Pont de Fer (le). I, 84.
Pont-S.-Pierre. I, 204, 205 note.
Ponteniacensis = Pontigny.
Ponticellus. II, 329.
Ponticus = Pontieu.
Pontieu. I, 50, 70; II, 28. Comtes : Gui, Guillaume Talvas, Herluin, Jean.
Pontigny (abbés de) : Guérin de Girard ou de Gallardon, Guichard, Pierre depuis évêque d'Arras.
Pontisara = Pontoise.
Pontiva provincia, Pontivus = Pontieu.
Pontoise. II, 28. — Voy. S. Martin.
Pontorson. I, 197, 313, 335; II, 26, 44, 169, 265, 266, 297, 315. — Gautier de Pontorson.
Ponts. II, 255.
Ponz = Pons, Ponts.
Popa = Poppa.
Popel (Isembard).
Poppa, femme de Rollon. I, 13, 14, 15 note; II, 16.
Porchester. I, 112.
Porhoët. II, 44. Eudes, comte, vicomte de Porhoet.
Porrehoit = Porhoët.
Porrex. I. 102, 105.
Porroet, Porrohoit = Porhoet.
Portcestre = Porchester.
Portesmutha = Portsmouth.
Portigalensis Hispania = Portugal.
Porto. II, 110. — Cencius, évêque de Porto.
Portsmouth. I, 122.
Portuensis = Porto.
Portugal. Alfonse Henriquez I, roi de Portugal. Mathilde de Portugal.
Poterel, Potterel (Raoul de).
Potin, évêque de Lyon. I, 2.
Pouille (la). I, 133, 134, 179-181, 295, 298, 337, 340; II, 62, 75, 115. — Ducs : Robert Guiscard, Roger.
Prælii Campus = Champ de la Bataille.
Præmonstratum = Prémontré.
Prætor = Prévôt.
Pratellum = Préaux.
Pratum = Pré.
Pré (Prieuré du), ou de Bonne Nouvelle, à Rouen. I, 197, 198.
Pré de la Bataille (le) à Rouen, Pratum Belli. I, 16; II, 217. Voy. Champ de la Bataille.
Préau (Gautier du).
Préaux (Saint-Aubin de). II, 315.
Préaux (abbaye de S. Léger de). I, 48; II, 198.
Préaux (abbaye de S. Pierre de). I, 48, 359; II, 199, 202. Abbés :

Aufroid, Geoffroi, Henri, Michel, Renaud, Richard, Richard de Crumellis.
Preli campus = Champ de la Bataille.
Prémontré. II, 190.
Prétextat, archevêque de Rouen. I, 4, 5.
Prime (fief). II, 301.
Principauté (Richard de la). Voy. Antioche.
Prosper d'Aquitaine. I, 93, 94; II, 341.
Protais (S.). I, 350.
Provence. Montpellier en Provence. I, 338.—Saint-Gilles en Provence. I, 351.— Saint-Ruf en Provence. I, 288.
Ptholomaida = Acre.
Pucelle (Girard).
Puella = Pucelle.
Puisat, Puiset (Galeran, Hugues du).
Pulcher = Bel.
Pulcra Barba = Belle barbe.
Pulsano. II, 76
Poncelin. II, 302, 303.
Puntel (Jean).
Punz = Pons.
Puy (Evêques du) : Adémar, Pierre.
Quadrigaria = la Charretière.
Querceio (Guillaume de).
Quercy. II, 23.
Queux (Fief des). II, 301. — Alain, Richard le Queux.
Quevilly. I, 331.
Quimper (Diocèse de). II, 317. — Evêques : Bernard le Breton, Geoffroi, évêque de Cornouaille.
Quinçay (Bernard, abbé de).
Quinciacum = Quinçay.
Quirca = la Guerche.
R. de Courci. I, 206 note.
R. Malet. I, 206 note.
Rabel de Tancarville. I, 184 note, 185 note, 206, 218.
Radingæ = Reading.
Radulfus = Raoul.
Ragenfroi, archevêque de Rouen. I, 6.
Rages = Edesse.
Raginaldus, Raginaudus = Renaud.
Raginerius. I, 141. Voy. Pascal II.
Raher (Jean).
Raimond (Alfonse), roi de Castille.
Raimond-Bérenger IV, comte de Barcelone. I, 246, 317, 318, 325, 341.
Raimond, archevêque de Bordeaux. I, 327.
Raimond le Poitevin, prince d'Antioche. I, 184, 245, 248, 285; II, 99.
Raimond de S. Gilles. I, 83, 87.
Raimond IV de S. Gilles, comte de Toulouse. I, 319, 320.
Raimond V, comte de S. Gilles. I, 319, 320, 322, 363; II, 35, 53, 171, 173.
Raimond Trencavel. II, 15 note.
Raimond II, vicomte de Turenne. II, 70.
Rainaldus = Renaud.
Rainerius = Renier.
Rameisa, Ramesia = Ramsay.
Ramire II, roi d'Aragon. I, 317, 318.
Ramire (Garcie), roi de Navarre.
Ramlah, Ramula. I, 124 ; II, 72.
Ramsay. I, 19, 20, 118, 230, 232. Abbés : Guillaume l'Anglais, Herbert, évêque de Norwich, Renaud.
Rance (la). II, 6.
Rancogne, Rancun (Geoffroi de).
Randuin (Raoul).
Rannulfus = Renouf.
Ranstun = Ronthon.
Ranulfus = Renouf.
Raoul (Guillaume, fils de).
Raoul, neveu d'Alain, prêtre de Boucey, moine du Mont-S.-Michel. II, 238.
Raoul, neveu d'Alani, prêtre de Boucey, moine du Mont-S.-Michel. II, 238.
Raoul d'Angoville. II, 336.
Raoul, fils d'Auvré. II, 302, 303.
Raoul, comte de Bayeux et d'Ivry. I, 56, 59 note ; II, 221.
Raoul de Beaumont, évêque d'Angers. II, 79, 80.
Raoul de Cantelou. II, 337.
Raoul le Charpentier (Le fils de). II, 257.
Raoul de Clecy. II, 246, 298.
Raoul I, comte de Clermont. II, 50.
Raoul, abbé de Cluni, d'abord prieur de la Charité. II, 41, 65.
Raoul le Cousin. II, 237, 242, 243, 250.
Raoul, abbé de la Croix S. Leufroi. II, 197.
Raoul de la Faye. II, 38.
Raoul de Fécamp. II, 322, 338.
Raoul de Folehério, bailli du Mont-S.-Michel. II, 275.

Raoul de Fougères. I, 302, 340, 353 ; II, 42-46, 77, 298.
Raoul de Gacé. I, 26.
Raoul de Gael. II, 154.
Raoul Gerin. II, 331.
Raoul de Grenteis. II, 244.
Raoul, fils de Guimond. II, 300.
Raoul de la Haie. I, 206 note ; II, 46.
Raoul du Homme. II, 283, 284.
Raoul des Iles, abbé du Mont-S.-Michel. II, 193 note, 229, 293 note.
Raoul, abbé de Lessay. II, 202.
Raoul de Leun. II, 251.
Raoul, abbé de Lire, d'abord moine du Bec. II, 152, 198.
Raoul Loiscan. II, 256.
Raoul Louvel. I, 210.
Raoul, abbé du Mont-S.-Michel, d'abord moine de Fécamp. II, 193 note, 194, 220, 232.
Raoul, aumônier du Mont-S.-Michel. II, 336.
Raoul, chantre du Mont-S.-Michel. II, 262.
Raoul, moine du Mont-S.-Michel. II, 259.
Raoul Mostel. II, 257.
Raoul de la Mouche. II, 259, 260.
Raoul Néel. II, 127.
Raoul Neret, chanoine de Dol. II, 326.
Raoul le Normand, abbé de S.-Florent de Saumur. II, 48.
Raoul Patri. II, 311.
Raoul de Péronne. II, 20. Voy. Raoul, comte de Vermandois.
Raoul de Poterel. II, 282-284, 300.
Raoul Randuin. II, 331, 332.
Raoul, archidiacre de Rennes. II, 272.
Raoul de Richesp... chanoine de Rouen. II, 334.
Raoul, évêque de Rochester, puis archevêque de Cantorbéry. I, 143, 161.
Raoul Roussel. II, 311.
Raoul, archidiacre de S.-Malô. II, 281.
Raoul, abbé de S.-Martin-de-Séez. II, 199, 200.
Raoul de S.-Meloir. II, 326.
Raoul, abbé de S.-Pierre-sur-Dive. II, 201.
Raoul, abbé de S.-Taurin, d'abord moine de Fécamp. II, 195.
Raoul de Sainte-Colombe, abbé de S.-Evroul. II, 75.
Raoul Taillebois. II, 298, 302.
Raoul Taisson. II, 75, 203, 298.
Raoul de Tamesword. II, 285.
Raoul de Thieuville, évêque d'Avranches. II, 230.
Raoul de Toeny. I, 47, 339.
Raoul de Varneville, archidiacre de Rouen, évêque de Lisieux. II, 102, 107.
Raoul I et II, comtes de Vermandois. I, 124, 263, 264, 348, 349, 352 ; II, 20.
Raoul de Verson. II, 246.
Raoul de Ville-Dieu, abbé du Mont-S.-Michel. II, 230.
Raoul, clerc de Wodebiria. II, 310.
Rasa. II, 246.
Ratbert, archevêque de Rouen. I, 6.
Ravenne. I, 352.
Raviland, archevêque de Rouen. I, 6.
Reading (abbaye de Notre-Dame de). I, 113, 197, 198, 276, 300, 350 ; II, 58, 288. — Guillaume, archevêque de Bordeaux, et Hugues, archevêque de Rouen, d'abord abbés de Reading. — Henri d'Essex, moine de Reading.
Redingæ = Reading.
Redion. I, 105.
Redon (Mainard, abbé de). II, 209 note. — Silvestre, abbé de Redon.
Redonensis, Redones = Rennes.
Redorchius. I, 105.
Redviers = Reviers.
Reginaldus = Renaud.
Regulus, évêque de Senlis. I, 1.
Reims. I, 163, 186, 247, 248 ; II, 83, 90, 218. — Etienne de Reims. — Archevêques : Guillaume de Blois, Henri de France, Rémi, Sanson. — Archidiacre, voy. Barthélemi, évêque de Beauvais. — Voy. S.-Remi de Reims.
Reimundus = Raimond.
Reinaldus = Renaud.
Reinfroi, abbé de S.-Ouen. II, 193.
Remelius = Ramire.
Remensis, Remi = Reims.
Rémi, évêque de Dorchester. I, 190.
Rémi, évêque de Lincoln, d'abord moine de Fécamp. I, 70.
Rémi, archevêque de Reims. I, 4.
Rémi, archevêque de Rouen. I, 7, 8.
Renaud (Nicolas, Siméon, fils de).

Renaud d'Asnières. II, 323.
Renaud de Bar, abbé de Citeaux. II, 158, 186.
Renaud, comte de Bourgogne. I, 30, 32, 44, 303.
Renaud de Bréville. II, 300.
Renaud, fils de Philippe de Carteret. II, 290.
Renaud de Châtillon, prince d'Antioche. I, 248, 285, 339, 343.
Renaud le Chien. II, 259.
Renaud, comte de Clermont. II, 132.
Renaud, archevêque de Cologne. I, 349, 355, 365.
Renaud, comte de Cornouaille. I, 260, 338, 360; II, 58.
Renaud, prêtre de Genest, père de Nicolas. II, 252, 253, 270.
Renaud le Grand. II, 245.
Renaud Grimbaud. II, 298.
Renaud le Lombard, archidiacre de Salisbury, évêque de Bath. II, 37, 38, 49, 165.
Renaud du Mesnil. II, 298, 336.
Renaud de Mousson, trésorier de S.-Martin de Tours, évêque de Chartres. II, 119.
Renaud de Nuieria. II, 254.
Renaud, abbé de Préaux. II, 199.
Renaud le prêtre. II, 287.
Renaud, abbé de Ramsay. I, 185.
Renaud le Roux. II, 260.
Renaud de S.-Jean. II, 248, 275, 306.
Renaud, chantre de S.-Julien du Mans. II, 323.
Renaud de S.-Valeri. I, 316, 337 note, 344; II, 166.
Renier (Etienne).
Renier. I, 233; II, 258.
Renier de Montferrat. II, 87.
Renier, cardinal de S.-Adrien. II, 321.
Renier, cardinal de S.-Georges au Velabre. II, 320.
Renier, abbé de la Sainte-Trinité de Rouen. II, 197.
Rennes. I, 302, 312, 361; II, 13, 60, 111, 115, 228. — Eglise Saint-Pierre. II, 13, 228, 272. — Diocèse. II, 317. — Archidiacres, voy. Guihenoc, Raoul. — Chantre, voy. Hélie. — Evêques, voy. Alain, Etienne de Fougères, Etienne de la Rochefoucault, Philippe. — Voy. Saint-Georges.
Renouf (Gui, Roger fils de).
Renouf Avenel, moine du Mont-S.-Michel. II, 255.
Renouf, vicomte de Bayeux, I, 34.
Renouf le Bouteiller. II, 248.
Renouf, chapelain. II, 310.
Renouf, comte de Chester. I, 220, 222, 231, 240, 281, 292; II, 226, 244, 297, 316.
Renouf de Colleville. II, 254, 256.
Renouf fils de Richard de Domjean, II, 249.
Renouf Flambard, évêque de Durham. I, 89, 122, 177, 178.
Renouf du Gastinet. II, 337.
Renouf de Granville. II, 243,
Renouf Instauratus. II, 331.
Renouf, abbé de Lonlay, d'abord moine de Caen. II, 204.
Renouf de Mola. II, 256.
Renouf, abbé du Mont S. Michel. II, 193 note, 221, 222, 232.
Renouf, prieur du Mont-S.-Michel. I, 313; II, 253, 257, 262.
Renouf de Néville. II, 300.
Renouf, prince normand en Italie. I, 180.
Renouf II, comte de Poitou. I, 29.
Renouf, abbé de S.-Evroul. II, 197.
Renouf, abbé de S. Pierre sur Dive, d'abord moine de S. Etienne de Caen. I, 368.
Renouf, abbé de S. Taurin, d'abord moine de Fécamp. II, 195.
Renouf de Scrobe. II, 331.
Renouf de Verger, moine du Mont-S.-Michel. II, 331.
Renouf de Virgeio. II, 312.
Retellum, Rethel en Bretagne. I, 339, 354.
Reux = Rieux.
Reviers (Baudouin, Richard de).
Rhône (le) I, 343; II, 114.
Rhuddlan. I, 310.
Rhys, roi de Galles. II, 29.
Rhys ap Griffith. I, 353.
Ribemont (Anselme de).
Rice = la Rance.
Richard (S.). II, 28.
Richard (Maître). II, 335.
Richard l'Ange, évêque d'Avranches. II, 230.
Richard de Angi. II, 333.
Richard l'Anglais. II, 293.
Richard d'Avranches (Maître). II, 323.
Richard III, évêque d'Avranches, d'abord archidiacre de Coutances. II, 22, 72, 74, 118, 165, 228, 341.
Richard II, évêque de Bayeux. I, 183, 184 note; II, 160.
Richard, souchantre de Bayeux. II, 275.

Richard de Beaufou, évêque d'Avranches. I, 193 ; II, 226, 229, 328.
Richard de Beaufou, prieur du Bec. I, 213.
Richard de Beaumont, vicomte du Mans. II, 3, 79, 80.
Richard, abbé de Bernai. II, 14, 194.
Richard de Bienfaite. I, 72, 144, 204.
Richard de Bienfaite, abbé d'Ely. I, 144.
Richard de Blosseville, abbé du Valasse. II, 164.
Richard de Bohon, doyen de Bayeux, évêque de Coutances. I, 257, 299; II, 80, 239, 241, 252, 253, 254, 256, 257, 259, 260, 263, 295, 296.
Richard du Bois. II, 275, 283, 284, 289, 321, 337.
Richard, neveu d'Alain, prêtre de Boucey. II, 238.
Richard, duc de Bourgogne. I, 14, 16; II, 216.
Richard, comte de Bourgogne. I, 44. Voy. Renaud.
Richard, archevêque de Cantorbéry, d'abord prieur de Douvre. II, 37, 38, 49, 59, 119, 121, 122, 125.
Richard de Canville. II, 269.
Richard, prince de Capoue, et Richard, son petit-fils. I, 180.
Richard Cardun. II, 238, 254.
Richard, chapelain. II, 276.
Richard, comte de Chester. I, 159 note.
Richard de Clare, fils de Gilbert. I, 204, 272.
Richard de Clare, fils de Roger, comte de Hertford. II, 41, 124.
Richard de Clare, comte de Strigwil. II, 29, 61.
Richard Cœur de Lion, duc de Guienne, comte de Poitou. I, 157, 159, 310, 317, 356 ; II, 10, 35, 36, 53, 55, 67, 70, 73, 81, 82, 115.
Richard de Courcy, abbé de Savigny. II, 190.
Richard Ier, évêque de Coutances. II, 160. — Richard II, voy. Richard de Bohon.
Richard, abbé de la Couture au Mans. II, 329.
Richard de Crumellis, abbé de Préaux. II, 199.
Richard de Domjean, moine du Mont-S.-Michel, et Richard, son fils. II, 249.
Richard l'Evêque, archidiacre de Coutances. II, 239, 256, 257, 260, 296.
Richard, comte d'Evreux. II, 201.
Richard de Fourneaux. II, 258.
Richard de Gloucester, évêque de Bayeux. I, 193, 206 note, 229.
Richard de Gloucester, fils de Robert. I, 287 ; II, 48, 58.
Richard, fils de Robert de Grenteis. II, 245.
Richard de la Haie. I, 206 note ; II, 12.
Richard de la Haie, moine du Mont-S.-Michel. II, 271, 293, 305, 306.
Richard de Hauville. II, 241.
Richard, évêque de Hereford. I, 175, 178.
Richard du Hommet, connétable de Normandie. I, 337 note ; II, 93, 97, 266, 267, 285, 286, 308.
Richard du Hommet, petit-fils du précédent. II, 97, 335.
Richard de Laizeaux. II, 239, 240, 242, 243, 255, 276, 278.
Richard de Lamberville. II, 258.
Richard de Lingèvres. I, 295.
Richard, évêque de Londres. I, 174, 290, 342, 347.
Richard de Lucy. I, 276, 337 note; II, 82, 288. — Richard, son petit-fils. II, 82.
Richard Malivalas. II, 250.
Richard le Médecin. II, 309.
Richard de Meré, abbé du Mont-S.-Michel, d'abord moine de Cluni. II, 193 note, 225, 233.
Richard, fils de Baudouin de Meules. I, 204.
Richard le Moine, vicomte de la terre du comte de Chester. II, 244.
Richard, abbé de Montebourg. II, 118.
Richard de la Mouche, prétendant à l'abbaye du Mont-S.-Michel. II, 234.
Richard I, duc de Normandie. I, 12 note, 16-18, 20, 25-28, 33, 36, 37, 45, 51, 56, 164, 336 ; II, 192, 194, 217, 218, 221, 228, 231, 235.
Richard II, duc de Normandie. I, 25, 28, 30-33, 45, 336 ; II, 192, 194, 195, 200, 218, 219, 228, 231, 236.
Richard III, duc de Normandie. I, 30, 32-34, 39 ; II, 193, 219, 231, 232, 236.

Richard de Normandie, fils de Guillaume le Conquérant. I, 34.
Richard Péché, évêque de Chester. I, 333; II, 18.
Richard, abbé de Préaux. II, 199.
Richard de la Principauté. I, 83.
Richard le Queux, voy. Richard de Vaudry.
Richard de Reviers. I, 292, 338; II, 204, 336.
Richard de Ros. II, 275.
Richard de S.-Alban. I, 147.
Richard, abbé de S.-Evroul. II, 197.
Richard, abbé de S.-Ouen. II, 93.
Richard, abbé de S.-Pierre-sur-Dive. I, 368; II, 201.
Richard de S.-Planchais. II, 337.
Richard, abbé de S. Victor en Caux, d'abord moine de S. Ouen. II, 201.
Richard, fils de Sawus. II, 245, 246.
Richard de Subligny, doyen puis évêque d'Avranches. I, 229, 279; II, 226, 227, 234, 254.
Richard de la Table. II, 301.
Richard Toustin, abbé du Mont-S.-Michel. II, 230.
Richard de Trisé. II, 337.
Richard, abbé de Troarn, d'abord moine de Cluni. II, 200.
Richard de Vains. II, 278, 283, 284.
Richard Vasce. II, 259.
Richard de Vaudry, queux de l'abbé. II, 249, 250, 257, 322.
Richard de Vaux, vidame de Philippe, évêque de Bayeux. II, 258.
Richard de Verdun. II, 334.
Richard de Vernon. I, 272, 277.
Richard de Verson. II, 302.
Richard de Vilers. II, 300.
Richard, évêque de Winchester, d'abord archidiacre de Poitiers. II, 37, 285, 286, 288, 308, 309.
Richard, neveu de Guillaume, prêtre d'Yvetot. II, 253, 264.
Richemont. II, 26. Comtes, voy. Alain, Conan.
Richer de Laigle. I, 269; II, 60, 63.
Richésp... (Raoul de).
Richeud, fille de Richard de Domjean. II, 250.
Richilde, femme de Baudouin VI, comte de Flandre. I, 57.
Riculfus = Riouf.
Ridel (Geoffroi).
Ridulfe, meurtrier de Guillaume Longue Epée. I, 18.
Rieux (Rolland de).
Riouf, révolté contre Guillaume-Longue-Epée. I, 16; II, 217.
Riouf, archevêque de Rouen. I, 10, 11.
Riouf (Lambert fils de).
Ris = Rhys.
Risindon (Joscelin de).
Risle, Risla. I, 225. Voy. Montfort.
Rivallon. I, 102.
Robec. II, 74.
Robert (La Lande). II, 288.
Robert, nom pris par Rollon. I, 12, 13.
Robert, meurtrier de Guillaume Longue-Epée. I, 18.
Robert d'Ansleville. II, 241.
Robert d'Anzi, de Ansa. I, 83.
Robert d'Arbrissel. II, 188.
Robert d'Argences, cellerier puis abbé de Jumièges. II, 75.
Robert de Auseis. II, 288.
Robert d'Avranches. II, 255.
Robert de Bachentun. I, 201.
Robert de Bacilly. II, 305, 335.
Robert, comte de Basenville. I, 295, 298, 337, 340.
Robert, évêque de Bath. I, 290, 361; II, 18.
Robert de Beauvoir. II, 256, 288.
Robert Belet. II, 302, 303.
Robert de Bellême. I, 86, 123, 127, 128, 129 note, 142, 144; II, 88, 225.
Robert fils de Bernard, prévôt de Caen. II, 251. — Jean fils de Robert fils de Bernard. II, 303.
Robert Bertran. I, 247; II, 306.
Robert de Béthune, évêque de Hereford. I, 188, 247, 363; II, 18.
Robert, prêtre de Beuvrigny. II, 258.
Robert fils de Richard de Bienfaite. I, 204.
Robert de Blangy, de Blanzeio, moine du Bec, abbé de S. Evroul. I, 322; II, 66, 171.
Robert de Blois, abbé de Marmoutier. I, 359; II, 65, 80.
Robert du Bois. II, 256, 260, 299.
Robert de Bonesboz. I, 129 note.
Robert de Bréhal, et Robert son fils. II, 256.
Robert le Breton, évêque de Chartres. I, 354; II, 105.

Robert le Breton, abbé de Marmoutier. I, 294.
Robert de Brucourt. II, 297, 302.
Robert de Bruges, ou le Flamand, abbé des Dunes puis de Clairvaux. I, 280.
Robert de Buevilla. II, 303.
Robert, portier du château de Caen. II, 251.
Robert de Carolles. II, 255.
Robert de Caux, abbé de Lire. II, 151, 152.
Robert le Charpentier. II, 331.
Robert de Chichester, évêque d'Exeter. I, 290, 292.
Robert clerc. II, 257.
Robert I, abbé de Cormeilles, d'abord moine de la Trinité de Rouen. II, 152, 198, 199.
Robert II, abbé de Cormeilles. II, 54.
Robert, archidiacre de Coutances. II, 296.
Robert, comte de Dreux et du Perche. I, 234, 241, 254, 261, 269, 322; II, 62, 65. — Robert, comte de Dreux, fils du précédent. II, 65.
Robert d'Estouteville. I, 129 note.
Robert, comte d'Eu. II, 200, 201.
Robert le Fèvre. II, 250, 256.
Robert I, comte de Flandre, dit le Frison. I, 34, 57, 58.
Robert II, comte de Flandre. I, 87, 124, 125, 134, 139.
Robert Foliot, archidiacre de Lincoln, évêque de Hereford. II, 37.
Robert, abbé de Fontenai. II, 91. — Autre, d'abord moine de St-Etienne de Caen. II, 203. — Autre, d'abord prieur de S. Pierre sur Dive. II, 91.
Robert, duc de France. I, 12; II, 216, 217.
Robert, roi de France. II, 11, 218, 219.
Robert, prévôt de Fulchereville. II, 241.
Robert fils de Gérard. I, 84.
Robert, abbé de Glastonbury. II, 38, 95.
Robert, comte de Gloucester. I, 184 note, 185 note, 193, 200, 206 note, 210, 213, 215, 216, 220, 221, 223-225, 236, 237, 281, 286, 347; II, 48, 58, 88, 226, 234, 251.
Robert, fils de Guillaume, comte de Gloucester. II, 22.
Robert, fils de Renouf de Granville. II, 243.
Robert de Grenteis. II, 245.
Robert de Grentemesnil. II, 196.
Robert, abbé de Grestain, d'abord moine de Séez. II, 201 note.
Robert le Gros, abbé de Cluni. I, 304, 308.
Robert Guiscard, duc de Pouille. I, 71, 180, 181; II, 222.
Robert, fils de Hamon, seigneur de Torigni. II, 88.
Robert Hardi, prétendant à l'abbaye du Mont-S.-Michel. II, 234.
Robert Hay. II, 239, 242.
Robert de la Haye. I, 185 note.
Robert, fils de Hyrfoen. II, 238.
Robert d'Iquelon, moine du Mont-S.-Michel. II, 338.
Robert, abbé de Jumièges, puis archevêque de Cantorbéry. I, 42, 48, 51.
Robert le Légat, moine du Mont-S.-Michel. II, 328.
Robert I, comte de Leicester. I, 155, 185 note, 204, 274, 339; II, 154.
Robert II, comte de Leicester. I, 278; II, 8.
Robert III, comte de Leicester. I, 278; II, 8, 42, 52.
Robert de Lessay, d'abord moine de S.-Etienne de Caen. II, 202.
Robert, fils de Liar. II, 253.
Robert de Limesy, évêque de Chester. I, 70, 189.
Robert de Lincoln. I, 210.
Robert, évêque de Lincoln. I, 147, 162, 290, 363; II, 8.
Robert, abbé de Lire. II, 198.
Robert Marmion. I, 219, 232; II, 308.
Robert, abbé de Marmoutier. I, 359; II, 206. Voy. Robert de Blois.
Robert de la Martre. II, 303.
Robert de Melun, évêque de Hereford. I, 347.
Robert de Mestenon, sous-doyen de Bayeux. II, 273.
Robert I, comte de Meulan. I, 79, 154.
Robert II, comte de Meulan. II, 359, 360; II, 36, 89, 308.
Robert de Milly, chanoine de Coutances. II, 264.
Robert de Missé ou Missi. II, 298, 302, 303.
Robert, abbé de Molême. I, 86; II, 157, 158, 184-186.

Robert du Moncel. II, 242.
Robert du Mont de l'Aigle, de Monte Aquile. II, 299.
Robert, abbé du Mont-S.-Michel, voy. Robert de Torigni.
Robert, chanoine du Mont-S.-Michel. II, 289.
Robert, prieur du Mont-S.-Michel. II, 322, 326-328, 331, 333, 336.
Robert, sous-prieur du Mont-S.-Michel. II, 338.
Robert, abbé de Montebourg. II, 118, 131.
Robert de Montfort. I, 281, 283, 345; II, 38, 58, 77.
Robert de Montgardon. II, 237.
Robert de Montsorel. II, 238, 246.
Robert, comte de Mortain. I, 71, 72, 319; II, 262.
Robert du Moutier. II, 238, 240, 262.
Robert, évêque de Nantes, d'abord archidiacre. II, 16, 131.
Robert du Neufbourg, sénéchal de Normandie. I, 225, 312, 322; II, 174, 175, 241, 242, 247, 251, 252, 265.
Robert, duc de Normandie, voy. Rollon.
Robert I, duc de Normandie. I, 30, 34, 37, 39; II, 195, 219, 220, 231, 232, 236.
Robert II, duc de Normandie. I, 34, 60, 61, 67, 68, 70, 71, 77, 80-82, 84, 85, 87, 120-122, 124-130, 132, 151, 157, 164, 194; II, 154, 222, 224, 225, 232-234.
Robert d'Otriton. II, 276, 293, 306, 312.
Robert Patri. II, 310.
Robert Péché, évêque de Chester. I, 173, 178, 189.
Robert Peillevé. II, 250.
Robert, prêtre. II, 303. — Robert, prêtre, moine du Mont-S.-Michel. II, 249.
Robert, archevêque de Rouen. I, 25-27, 40; II, 220.
Robert, abbé de S.-Etienne de Caen. II, 196.
Robert, curé de S.-Etienne du Mont-S.-Michel. II, 338.
Robert, abbé de S.-Evroul. II, 196. Voy. Robert de Blangy.
Robert de S.-Jean. II, 298.
Robert de S.-Lô, chanoine de Coutances. II, 264.
Robert, prêtre de S.-Lô. II, 249.
Robert, abbé de S.-Martin de Séez, d'abord moine de Troarn. II, 199.
Robert de Saint-Pair, archidiacre de Rouen. II, 334.
Robert, abbé de S.-Pierre-sur-Dive, d'abord moine de S.-Denis. II, 200.
Robert de S.-Planchais, moine du Mont-S.-Michel, abbé de Cernel. I, 314; II, 238.
Robert, abbé de S.-Sever. II, 202.
Robert, abbé de S.-Victor-en-Caux, d'abord moine de S.-Ouen. II, 201.
Robert du Sceau. I, 184 note, 185 note.
Robert, évêque de Séez. I, 59, 62.
Robert de Silly. II, 4, 11.
Robert de Stontuna. II, 239.
Robert Taforel, Taphorel. II, 239, 245, 254, 261.
Robert de Tombelaine, abbé de S. Vigor de Bayeux. II, 199.
Robert de Torigni, voy. Durand.
Robert de Torigni, abbé du Mont-S.-Michel, d'abord prieur du Bec. I, 98, 284, 285, 299, 313, 315, 334, 335, 358; II, 13, 33, 58, 72-75, 90, 109, 193 note, 227-229, 234, 235. — Divers actes de Robert. II, 237-343.
Robert du Tot. II, 298.
Robert de Vains. II, 276.
Robert, prêtre et doyen du Val à Guernesey. II, 244.
Robert de Vitré. II, 46.
Robert de Warlevast, doyen de Salisbury, évêque d'Exeter. I, 292, 325; II, 180.
Robert, prieur de Winchester. II, 38. Voy. Robert, abbé de Glastonbury.
Roboam. I, 100.
Robodogo. I, 102.
Roca = la Roche-Bernard.
Roc-Amadour. II, 23, 24, 99.
Roca Amatoris = Roc-Amadour.
Roca Mabiriæ = Roche-Mabile.
Rocha = Roche-Taisson, Rochefort.
Roche-Bernard, voy. Jarnogon.
Roche-Guyon (la). II, 146.
Roche-Mabile (la). I, 360.
Roche-Taisson (la). II, 75.
Rocheburc = Roxburgh.
Rochefort. I, 326; II, 103.
Rochefoucault (Etienne de la).
Rochelle (André de la).
Rochester. I, 72, 73, 114. — Evêques : Arnoul, Ascelin, Ernost, Galeran, Gautier, Gilbert, Gundulfe, Jean, Raoul.

Rodanus = le Rhône.
Rodrocus = Rotrou.
Rodulfus = Raoul.
Rofensis = Rochester.
Rogé (Dîme de). II, 237.
Roger. II, 262.
Roger (Guillaume fils de).
Roger l'Aigle, moine de Cluni, abbé de S. Ouen de Rouen. I, 307, 363.
Roger, prince d'Antioche. I, 158. — Fils de Richard. I, 142.
Roger, chantre d'Avranches. II, 334.
Roger Baillard. II, 299.
Roger de Basinges. II, 328.
Roger de Beaumont. I, 48, 79.
Roger de Bec. II, 249, 259.
Roger, abbé du Bec, archevêque de Cantorbéry. I, 250, 285 ; II, 37, 89, 90, 195, 340.
Roger le Bègue. I, 278.
Roger de Beheia. II, 324.
Roger, prieur de Bermondsey, abbé d'Abingdon. II, 57.
Roger Bigot. II, 66.
Roger, chancelier du roi Etienne. I, 214.
Roger, chapelain de l'évêque de Coutances. II, 264.
Roger, évêque de Chester, d'abord archidiacre de Lincoln. I, 188, 246.
Roger de Clare. I, 272. Comte de Hertford. II, 41, 64.
Roger de la Cripte, moine de la Trinité de Cantorbéry, abbé de S. Augustin. II, 66.
Roger de Curey. II, 300.
Roger, abbé de Fécamp. II, 149, 193.
Roger le Forestier. II, 293, 306.
Roger de Gloucester, évêque de Worcester. I, 347; II, 18, 88, 90.
Roger le Goz. II, 260.
Roger, comte de Hereford. II, 154, — Fils de Miles de Gloucester. I, 293, 294.
Roger, vicomte d'Hiémois. II, 199.
Roger du Hommet, archidiacre de Bayeux, évêque de Dol. I, 333 ; II, 275.
Roger, fils de Hugues. II, 276.
Roger d'Iquelon. II, 306.
Roger d'Ivry. II, 204.
Roger, abbé de Jumièges, d'abord moine du Bec. II, 63.
Roger le Légat. II, 306.
Roger, abbé de Lessay. II, 202. Autre, d'abord moine du Bec. II, 202.
Roger Male Branche. II, 15.
Roger du Meisnil. II, 305.
Roger, abbé du Mont-S.-Michel d'abord moine de Caen, puis abbé de Cernel. II, 193 note, 222, 224, 233.
Roger, abbé du Mont-S.-Michel, d'abord prieur de Jumièges. II, 193 note, 224, 233.
Roger de Montbrai. II, 51.
Roger, abbé de Montebourg, d'abord moine de la Croix S. Leufroi. II, 203.
Roger de Montgommery. I, 71 ; II, 150, 194, 199, 200.
Roger de Mortemer. II, 201.
Roger du Moutier. II, 238.
Roger de Pacy. II, 301.
Roger le Poitevin. I, 80.
Roger de Pont l'Evêque, archevêque d'York, d'abord archidiacre de Cantorbéry. I, 284, 290; II, 18, 60, 71, 110, 111.
Roger, duc de Pouille. I, 71, 180, 181 ; II, 222. — Voy. Roger, comte de Sicile.
Roger fils de Renouf, moine du Mont-S.-Michel. II, 243.
Roger de Roha, la Roue? II, 311.
Roger le Roux. II, 300.
Roger, abbé de S. Evroul. II, 196.
Roger, abbé de S. Sauveur-le-Vicomte. II, 295, 296.
Roger, abbé de S. Wandrille. I, 356; II, 194.
Roger, évêque de Salisbury. I, 163, 178, 185 note, 199, 214, 216, 217.
Roger I, comte de Sicile. I, 181.
Roger II, comte puis roi de Sicile. I, 181, 279, 283, 298; II, 227.
Roger, fils de Guillaume, roi de Sicile. I, 283.
Roger Tison. II, 248, 258.
Roger de Toeny. I, 204, 205 ; II, 151, 197, 198.
Roger fils de Turstin. II, 303.
Roger de Verson. II, 248. Fils de Gilduin. II, 204. Frère de Guilduin. II, 246, 248, 251.
Roger le Vicomte. I, 206 note.
Roger comte de Warwick. I, 273.
Roger de Wavrin. II, 8, note.
Roha (Guillaume, Roger de.)
Rohais = Edesse.
Rohes, femme de Malenfant. II, 256.
Rolland de Dinan. II, 5, 6, 46, 56; II, 115.

Rolland, évêque de Dol, d'abord doyen d'Avranches. II, 72, 127, 271, 312, 325.
Rolland de Rieux. II, 3.
Rolland, cardinal et chancelier de l'église de Rome. II, 176, 263.
Rolland, cardinal de S. Marc, I, 324.
Rollon, duc de Normandie. I, 9, 11-15, 17, 20, 28, 192; II, 121, 191, 215-217, 230, 231, 235, 339.
Roma = Rome.
Romain (Jean).
Romain, archevêque de Rouen. I, 5.
Romains (Les). I, 105-107, 113, 140. — Voy. les noms des empereurs.
Romara = Roumare.
Rome. I, 31, 35, 96, 97, 99 note, 102, 103, 106-111, 118, 140, 148, 182, 213, 217, 231, 237, 259, 266, 279, 283, 295, 297, 308, 323, 364; II, 9, 49, 79, 86, 101, 109, 114, 124, 147, 165, 227, 234, 341. — Leonina Roma. I, 364. — — Saint-Pierre de Rome. I, 274, 295, 364. — Voy. S. Anastase, Sainte-Marie au Capitole. — Chanceliers de l'église de Rome: Albert, Rolland. — Voy. les noms des papes.
Ronthon, voy. S. Nicolas.
Roobec = Robec.
Ros (Guillaume, Richard de).
Roscelin, vicomte du Mans. II, 3.
Rosel, Rosello (Hugues de).
Rotbertus = Robert.
Rothomagus, Rothomagensis = Rouen, Roumois.
Rothonensis, Rothoniensis = Redon.
Rotrocus, Rotrodus = Rotrou.
Rotrou, évêque d'Evreux, puis archevêque de Rouen. I, 219, 299, 337 note, 344, 356; II, 33, 74, 122, 124, 165, 228, 229, 266, 267.
Rotrou II, comte du Perche. I, 159, 234, 269; II, 188.
Rotrou III, comte du Perche. I, 234, 314, 315; II, 4, 8.
Roue (la), voy. Roha.
Rouen. I, 9, 11, 28, 59, 70, 79, 95, 158, 164, 185, 192, 193, 198, 200, 208, 233, 234, 242, 284, 297, 331, 336, 350, 354, 355, 362, 366, 367; II, 44, 50, 52, 53, 114, 121, 122, 164, 167, 170, 172, 226, 234, 236, 239, 267. — Archevêque. II, 284-286, 307; voy. les noms des archevêques. — Archidiacres: Gautier de S. Valeri; Geoffroi, Gilles évêque d'Evreux, Gilon, Raoul de Varneville, Robert de S. Pair. — Cathédrale dédiée à Notre-Dame. I, 12. — Chanoines: Eudes de Coutances, Raoul de Richesp.... — Chantre: Thomas, archevêque d'York. — Doyen: Jean. — Monnaie. II, 274, 280. — Pont. I, 239, 368. — Province. II, 78, 79. — Voy. Pré ou Bonne-Nouvelle, Pré de la Bataille, S. Amand, S. Gervais, S. Lo, S. Michel du Marché, S. Ouen, Sainte-Trinité du Mont, Saut de Conan.
Rouge (la mer). I, 156.
Rougé (Bon-abbé de).
Roumare (Guillaume de).
Roumois (le). I, 225.
Roussel (Raoul).
Roussière (la). II, 196.
Roux (Guillaume le).
Roux (Hamon, Jean, Renaud, Roger le).
Roveceastria = Rochester.
Rovelent = Rhuddlan.
Rovrecestre = Rochester.
Roxburgh. II, 57.
Rozel, voy. Rosel.
Rualemus = Rualend.
Rualend (Philippe fils de).
Rualend Calcebof. II, 238, 241, 242, 245, 253.
Rualend, prévôt de Genest. II, 237, 242, 243, 252, 253, 255, 262, 275, 282, 284, 287.
Rualend du Homme, fils de Hugues. II, 240, 261, 262, 276, 299.
Rualend de Macey. II, 229, 300.
Rualend, moine du Mont-S.-Michel. II, 243, 257.
Rualend, prieur du Mont-S.-Michel. II, 276, 281, 285, 289, 306.
Rualend de Say. II, 97.
Rualendus, Ruallendus = Rualend.
Ruaud, évêque de Vannes, d'abord moine de Citeaux. II, 71.
Rudbudibras. I, 100.
Ruelandus, Ruellonus = Rualend.
Ruffiuni (Maurice de).
Ruffus = Roux.
Rugeium = Rougé.
Rumaldus. I, 218.
Rumilly. II, 282.
Rummesia, Rumsey. Marie de Boulogne, abbesse.
Runo. I, 105.

Rupes Fortis = Rochefort.
Ruppes Guidonis = la Roche-Guyon.
Russellus = Roussel.
Russeria = Roussière.
Saaladin = Saladin.
Sabine (Conrad, évêque de).
Sabinus. I, 22-24.
Sabrina = Saverne.
Sacchevilla = Sauqueville.
Sacro Bosco (Jean de).
Sacrum Cæsaris = Sancerre.
Sagitta = Tyr.
Sagium, Sagiensis = Séez.
Sagonna = Saône.
Saie = Say.
Sains (Moulin de). II, 293.
Saint-Adrien (Renier, cardinal de).
S. Aicadre, voy. Jumièges.
S. Aignan en Berri. II, 16.
S. Alban. I, 146, 150, 230. Abbés : Geoffroi, Paul, Richard.
S. Amand de Rouen. II, 197.
S. Amand (Eudes de), maître du Temple.
S. Anastase hors les murs de Rome (Bernard, abbé de).
S. Ange (cardinaux de): Grégoire, Jean.
S. Asaph. I, 265. — Geoffroi Artur, évêque.
S. Aubin des Préaux. II, 315.
S. Augustin de Cantorbéry. Abbés : Clairambaud, Roger de la Cripte.
S. Benigne de Dijon. II, 192.
S. Benigne, voy. Fruttuaria.
S. Benoit de Fleuri ou sur Loire. II, 83. Moine : Pierre, abbé de S.-Sever.
S. Benoit, voy. Mont-Cassin.
S. Bertevin. II, 317, 322.
S. Brice (Guillaume de).
S. Brieuc (Josce le Breton, évêque de)
S. Broladre. II, 237. S. Pierre de S. Broladre. II, 292, 317.
S. Ceneri (Gervais prieur de).
S. Christophe (chapelle de). II, 151.
S. Chrysogone (cardinaux de) : Gui, Pierre.
S. Clément de Jersey. II, 295, 296. — S. Clément de Pierreville. II, 269.
S. Côme et S. Damien (Gratien, cardinal de).
S. Corneille de Compiègne. I, 257. — Eudes de Deuil, abbé.
S. Cyprien de Poitiers. I, 16 ; II, 192.
S. David. I, 116. — Evêque de S. David. I, 187, 188. Bernard, évêque de S. David.
S. Denis en France. I, 12, 13, 257. — Abbés : Eudes de Deuil, Suger. — Moine, voy. Robert, abbé de S.-Pierre-sur-Dive.
S. Denis en Lions. I, 195, 197, 198.
S. Denis au Maine. II, 317.
S. Désir de Lisieux. II, 200.
S. Edmond (abbaye de). I, 280 ; II, 45.
S. Etienne de Caen (abbaye de). I, 43, 49, 50, 67, 68, 198 ; II, 151, 196, 236. — Abbés : Alain, Eudes, Gilbert, Guillaume, Guillaume, depuis archevêque de Rouen, Lanfranc, Pierre, Robert, Toustein. — Moines : Guillaume, abbé de Fécamp ; Herbert, abbé de Fontenay ; Paul, abbé de S. Alban ; Renouf, abbé de Loulay ; Renouf, abbé de S.-Pierre-sur-Dive ; Robert, abbé de Fontenay ; Robert, abbé de Lessay ; Roger, abbé du Mont-S.-Michel ; Sanson, abbé de S.-Ouen. — Prieur : Helgot, abbé de S.-Ouen.
S. Etienne au mont Cœlius (Gérard, Vivien, cardinaux de).
S. Etienne, voy. Fontenay.
S. Etienne, voy. Mont-S.-Michel.
S. Etienne de Paris. II, 136.
S. Evroul (Abbaye de). 196. — Abbés : Bernard, Guérin, Mainier, Osberne, Raoul de Sainte-Colombe, Renouf, Richard, Robert, Robert de Blangy, Roger, Thierri. — Moines : Gilbert, abbé de Lire ; Hildier, abbé de Lire. — Prieur : Foulques, abbé de S. Pierre sur Dive.
S. Faron de Meaux. II, 192, 193.
S. Florent de Saumur (abbés de) : Etienne de la Rochefoucault, Froger, Mainier, Raoul le Normand.
S. Gabriel. II, 297.
S. Georges (Hélie de).
S. Georges, voy. Ramlah.
S. Georges de Baucherville (abbés de) : Louis, Victor.
S. Georges de Rennes. II, 115.
S. Georges au Vélabre (cardinaux de) : Eudes, Renier.
S. Germain sur Ay, Focherevilla. Fucherevilla. II, 307, 311, 315, 336. Raoul de Focherevillc.
S. Germain, voy. Carteret.
S. Germain en Laye. II, 12.

S. Germain des Prés à Paris. II, 192.
S. Germer (Hugues de Clermont, abbé de).
S. Gervais de Rouen. I, 68.
S. Gilles en Cotentin. I, 351,
S. Gilles super Grentam. I, 20.
S. Gilles en Provence. I, 351. — Raimond de S. Gilles. Raimond V, comte de S. Gilles.
S. Grégoire (chapelle). II, 244.
S. Hélier (abbaye de). II, 133, 134.
S. Hilaire, dioc. d'Exeter. II, 318.
S. Hilaire du Harcouet. I, 226 notes 1 et 4. — Hascoul, Jacques, Mathilde de S. Hilaire.
S. Hilaire de Poitiers. II, 5.
S. Jacques en Gallice. I, 289 ; II, 36.
S. Jacques de Montfort. II, 281.
S. Jagu. II, 281.
S. James de Beuvron. II, 43, 265, 300. — Guillaume de S. James.
S. Jean (Guillaume, Renaud, Robert de).
S. Jean des Champs. II, 315.
S. Jean, voy. Colleville, Lama, Laon.
S. Jean au Mans. II, 316.
S. Jean le Thomas. I, 197 note ; II, 243, 283, 298, 301, 304.
S. Jean en Vallée (abbaye de). I, 154.
S. Jean et S. Paul (Jean, cardinal de).
S. Julien, voy. Mans.
S. Ladre de Béthanie. I, 325.
S. Laurent (église de). I, 180.
S. Laurent de Terre Gatte (Goscelin, prêtre de).
S. Léger en Avranchin. II, 322.
S. Léger de Préaux. I, 48.
S. Léonard (Juhel de).
S. Leufroi, voy. la Croix S. Leufroi.
S. Lo en Cotentin. I, 257, 327 ; II, 306. — Boson de S. Lo. — Robert de S. Lo. — Robert, prêtre de S. Lo.
S. Lo de Rouen. I, 257.
S. Lomer de Blois (moines de), voy. Guillaume, abbé de Conches; Jean, abbé de Lonlay; Zotard, abbé de Conches.
S. Lucien de Beauvais (Hugues de Clermont, abbé de).
S. Malo. II, 7, 281. — Diocèse de S. Malo. II, 317. — Archidiacre : Raoul. — Evêques : Aubert, Pierre Giraud. — Prieur : Ge.
S. Marc (cardinaux de) : Jean, Rolland.
S. Marcel (Mathieu, cardinal de).
S. Martial de Limoges. II, 70.
S. Martin (Gautier, imarus de).
S. Martin, voy. Bataille.
S. Martin des Champs à Paris. Prieurs : Gautier, abbé de Cluni, Guillaume l'Anglais, Thibaud, évêque de Paris.
S. Martin (Fontaine). II, 104.
S. Martin de Londres. I, 111.
S. Martin de Pontoise (Guillaume Hubaud, abbé de).
S. Martin de Séez. II, 199. Abbés : Gilbert, Hugues, Jean, Raoul, Robert. — Moines : Foulcoie, Henri de Bracqueville, Jean, évêque de Man ; Robert, abbé de Grestain. — Prieur : Arnoul.
S. Martin de Tours. Doyen : Philippe, archidiacre de Paris. — Trésorier : Renaud de Mousson. S. Martin du Châteauneuf de Tours. II, 205.
S. Martin, voy. Troarn.
S. Martin le Vieux. II, 300.
S. Meen. II, 317.
S. Meloir. II, 281, 317. Hugues, prêtre de S. Meloir. Raoul de S. Meloir.
S. Mesmin (Gautier, Guillaume, abbés de).
S. Michel (J. de).
S. Michel de Cluse. II, 34. — Benoit, Etienne le Bourgeois, abbés.
S. Michel, voy. Montdol.
S. Michel des Loups. II, 304, 315.
S. Michel du Marché à Rouen. II, 316, 334.
S. Michel au péril de la mer, voy. Mont-S.-Michel.
S. Michel, voy. Tréport.
S. Nerée et Achillée (Henri, cardinal de).
S. Nicolas de Bari. I, 298.
S. Nicolas de Ronthon. II, 255.
S. Nicolas in carcere Tulliano (Bernard, cardinal de).
S. Oswald de Nortell. I, 197.
S. Ouen de Jersey. II, 244, 290.
S. Ouen de Rouen. I, 9, 12, 183, 366 ; II, 192, 193. — Abbés : Frehier, Aimeri, Guillaume, Helgot, Herfast, Hildebert, Nicolas, Reinfroi, Richard, Roger l'Aigle. — Moines : Aubri, abbé de la Croix ; Durand, abbé de Cérisy ; Guillaume, abbé de la Croix S. Leufroi ; Henri, abbé de la Croix S. Leufroi ; Hugues, abbé

de S. Victor; Isembert le Thiois, Mainard, abbé de S. Victor; Richard, abbé de S. Victor; Robert, abbé de S. Victor. — Prieur: Benoit, abbé de S. Pierre sur Dive.
S. Pair. II, 239, 241, 243, 245, 285, 297, 300, 301, 315, 337. — Guillaume, Hugues, Robert de S. Pair.
S. Paul de Londres. I, 150.
S. Père de Chartres. II, 78, 105. Moine, voy. Hubert, abbé d'Ivry.
S. Philbert sur Risle, S. Philibertus de Monte Forti. I, 285.
S. Pierre (Alain de).
S. Pierre (autel) à Bayeux. II, 274.
S. Pierre de la Cour au Mans. II, 125, Guillaume, évêque d'Avranches, d'abord doyen de cette église.
S. Pierre sur Dive. II, 91, 200. — Abbés: Ainard, Benoit, Foulques, Gautier, Guérin, Haimon, Raoul, Renouf, Richard, Robert. — Prieur: Robert, depuis abbé de Fontenai.
S. Pierre, voy. Jumièges, Liéru, Préaux, Rennes, Rome. S. Broladre, S. Ouen, Westminster, Winchester.
S. Planchais, Sanctus Pancratius. II, 240, 257, 315. Hugues, Guillaume, Richard, Robert, Thomas de S. Planchais.
S. Quentin de Beauvais. I, 153.
S. Remi sur Avre (Le Gué de). II, 67.
S. Rémi de Reims (abbé de): Pierre, évêque de Chartres.
S. Ruf en Provence. I, 288.
S. Sabas. I, 266.
S Sauveur du Château. II, 281.
S. Sauveur d'Evreux. II, 201.
S. Sauveur de Guernesey. II, 244.
S. Sauveur, voy. Tiron.
S. Sauveur le Vicomte en Cotentin. II, 203, 290, 295, 296. Abbés: Anfroi, Benigne, Guillaume, Hamelin, Hugues, Roger.
S. Serge d'Angers (Geoffroi, abbé de Grestain, d'abord moine de).
S. Sever (abbaye de). II, 202. Abbés: Arnoul, Ascelin, Gui, Pierre, Robert.
S. Taurin d'Evreux. II, 194. Abbés: Gilbert, Guillaume, Philippe, Raoul, Renouf. — Moine: Arnoul, abbé de S.-Sever.
S. Ursin. II, 275, 299.
S. Valeri-sur-Somme. I, 52, 77; II, 71. — Gautier, Gui et Renaud de S.-Valeri.
S. Victeur au Mans. II, 23, 316, 317. — Guimond, prieur.
S. Victor-en-Caux. II, 201. — Abbés: Hugues, Mainard, Richard, Robert. — Victor, abbé de S.-Georges, d'abord moine de S.-Victor.
S. Victor de Paris. II, 107, 160, 190. — Abbés: Achard, Gelduin. — Chanoine: Hugues. — Prieur: Eudes, abbé de Sainte-Geneviève.
S. Vigor de Bayeux (Robert de Tombelaine, abbé de).
S. Wandrille, ou Fontenelle. I, 5, 6, 20, 21, 250; II, 194, 202. — Abbés: Anfroi, Gautier, Mainard, Roger. — Moines: Aufroi, abbé de Préaux, Geoffroi, abbé de Fontenai.
S. Ymer (Hardouin, abbé de Cormeilles, d'abord prieur de).
S. Yves super Usam. I, 20.
Saintarein = Santarem.
Sainte-Barbe Guillaume de.
Sainte-Barbe en Auge. II, 36.
Ste Colombe, au diocèse de Coutances. II, 315.
Ste Colombe (Raoul de).
Ste Croix de Jérusalem (Girard de Bologne et Hardouin, cardinaux de).
Ste Croix de Vitré. II, 272. = André, chapelain.
Ste Geneviève de Paris. I, 244. Eudes, abbé.
Ste Marie, voy. Notre-Dame.
Ste Marie au Capitole de Rome. I, 266.
Ste Marie in Cosmidin (cardinaux de): Jacinthe, Octovien.
Ste Marie la Nouvelle (Mathieu, cardinal de).
Ste Maure (Hugues de).
Ste Mère-Eglise en Cotentin. II, 241. — Guillaume de Sainte-Mère-Eglise.
Ste Praxède (Hubaud, cardinal de).
Ste Rufine. II, 110. Cencius, évêque de Ste Rufine.
Ste Susanne (Pierre de).
Ste Susanne (Pierre, cardinal de).
Ste Trinité de Caen. I, 67; II, 151, 196, 251, 290.
Ste Trinité, voy. Cantorbéry, Fécamp, Lessay, la Luzerne.
Ste Trinité du Mont à Rouen. I,

233, 366; II, 197. — Abbés: Dreu, Gautier, Guillaume d'Epreville, Hélie, Isembert le Thiois, Renier. — Moines: Ainard, abbé de S. Pierre sur Dive; Osberne, abbé de S. Evroul; Herbert, abbé du Tréport; Robert, abbé de Corneilles.
Ste Trinité, voy. Thetford.
Saladin, Saaladin, Salahadin. II, 72, 92.
Salaricnsis = Séez.
Saleburna. II, 268.
Salegon = Sirkouk.
Salerne (Gaumar, prince de). — Wimache, duc de Salerne.
Salesberia, Salesberes = Salisbury.
Salisbury. I, 91, 113, 114, 118, 190; II, 317. — Archidiacre: Renaud, le Lombard. — Comtes: Guillaume, Patrice. — Doyens: Henri, évêque de Bayeux; Jean d'Oxford, Robert de Warlevast. — Evêques: Joscelin, Osmond, Roger. — Guillaume, Jean de Salisbury.
Salmuriensis = Saumur.
Salomon. I, 100, 347.
Salomon, oncle d'Alain. I, 111.
Salop (Comté de). I, 72, 115, 210.
Samson, voy. Sanson.
Samuel. I, 99.
San Chirico. II, 76.
Sanccius = Sanche.
Sancerre, Sanceore. Etienne, comte.
Sanche Ramirez, roi d'Aragon. I, 317. — Voy. Pierre Sanche.
Sanche III, roi de Castille. I, 308, 310.
Sanche de Castille. II, 104.
Sanche VI, roi de Navarre. I, 283; II, 22.
Sancta Crux, voy. la Croix-S.-Leufroi, Sainte Croix. (Pour les noms de lieu empruntés à des noms de saintes et de saints, je ne relève pas les formes latines qui sont voisines des formes françaises. Voyez plus haut aux mots: Saint... Sainte...)
Sancta Maria, voy. Notre-Dame, Sainte-Marie.
Sanctæ Mariæ Ecclesia = Sainte-Mère-Eglise.
Sanctio. = Sanson.
Sanctius = Sanche.
Sanctus Ægidius = S. Gilles.
Sanctus Anianus = S. Aignan.
Sanctus Audoenus = S. Ouen.
Sanctus Benedictus = S. Benoit.
Sanctus Brioceus = S. Brieuc.
Sanctus Broeladius = S. Broladre.
Sanctus Clericus = San Chirico.
Sanctus Ebrulfus, Ebulfus = Saint-Evroul.
Sanctus Elerius = S. Hélier.
Sanctus Himerius = S. Ymer.
Sanctus Hylarius = S. Hilaire.
Sanctus Ivo = S. Yves.
Sanctus Jacobus = S. Jacques, S. James.
Sanctus Jacutus = S. Jagu.
Sanctus Laudus = S. Lo.
Sanctus Launomarus = S. Lomer.
Sanctus Lazarus = S. Ladre.
Sanctus Leufredus = la Croix-Saint-Leufroi.
Sanctus Ligerius = S. Léger.
Sanctus Maclovius = S. Malo.
Sanctus Maximinus = S. Mesmin.
Sanctus Mevennus = S. Meen.
Sanctus Pancratius = S. Planchais.
Sanctus Paternus = S. Pair.
Sanctus Petrus = S. Père, S. Pierre.
Sanctus Serenicus = S. Ceneri.
Sanctus Theodemirus = S. Ymer.
Sanctus Walericus = S. Valeri.
Sanctus Wandregisilus = S. Wandrille.
Sanguin = Zenghi.
Sans-terre (Jean).
Sanson (s.), archevêque de Dol. II, 146.
Sanson, archevêque de Reims. I, 323, 325.
Sanson, abbé de S. Ouen, d'abord prieur de S. Etienne de Caen. II, 93.
Santarem. I, 246.
Santio = Sanche.
Sanvil. I, 105.
Saône (la). I, 32, 341.
Sap (le). I, 205.
Saraguntat = Schirkouh.
Sarrasins (les). I, 237, 245, 246, 308, 309, 339, 347, 355; II, 20, 86, 87, 88, 99, 106, 114, 129, 132.
Sarthe (la). II, 3.
Sartilly. II, 254, 255, 331, 332. Gilbert de Sartilly.
Saturnin S. évêque de Toulouse, I, 1.
Saül. I, 100.

Saumur, voy. S. Florent.
Sauqueville (Jourdain de).
Sausonia = Saxe.
Sauwalo = Savalon.
Saut de Conan. I, 164.
Savalon. II, 238, 257, 262.
Saverne (la). I, 113.
Savigny (abbaye de). I, 127 note; II, 32, 160, 161, 163, 189. — Additions faites à la Chronique de Robert dans l'abbaye de Savigny. II, 156 et suiv. — Abbés : Evain l'Anglais, Geoffroi, Richard de Courcy, Serlon, Simon Vital. — Moines : Guillaume de Fougères; Guimond, évêque de Man; Hamon de Landecop.
Saviniensis, Savinneium = Savigny.
Saviz (Payen de).
Savoie, voy. Maurienne. Amédée II, comte de Savoie. Alix de Savoie.
Sawalo = Savalon.
Sawus (Richard fils de).
Saxe (Henri, duc de).
Saxons. I, 110, 113.
Say (Rualend de).
Sceau (Robert du).
Schirkouh. II, 54.
Scistel (Turstin).
Sclavi = Slaves.
Scotia = Ecosse.
Scots (les). I, 113, 117.
Scrobe (Renouf de).
Scyreburna = Sherborn.
Scythie. I, 11.
Sebar, évêque d'Evreux. I, 13.
Sebba, Sebbi, roi d'Essex. I, 150.
Secana = Seine.
Sedemva. II, 318.
Séez. I, 254. — Archidiacre : Arnoul, évêque de Lisieux. — Evêques : Froger, Girard, Jean, Robert. — Prêtre de Séez. I, 129 note. — Voyez Saint-Martin de Séez. — Geoffroi, Jean de Séez.
Sefroi, voy. Sifroi.
Segent (Kair). I, 113.
Seifeddin, sultan de Mosul. II, 99.
Seine (la). I, 23, 225, 233. 255, 259, 268, 336, 368; II, 52, 114, 179.
Seleburna. II, 317.
Selsey. I, 190.
Semilly (Cécile, Guillaume de).
Senche, Sencius = Sanche.
Senlenge = Selsey.
Senlis. Gui, comte de Senlis. Regulus, évêque de Senlis. Simon de Senlis.
Senonais (les). I, 103.
Senones = Sens.
Sens. I, 357; II, 115. — Gui, prévôt d'Auxerre, archidiacre puis archevêque de Sens. — Guillaume de Blois et Hugues, archevêques de Sens.
Sequana = Seine.
Serc. II, 316.
Seriberia. I, 199. Voy. Salisbury.
Serlon de Vaubadon, abbé de Savigny. II, 161-163, 189.
Servon, Servun. II, 255.
Sevel. II, 260.
Sever, archevêque de Rouen. I, 2.
Sevère (Sulpice). I, 93.
Sevère l'Empereur. I, 107.
Sf lizum = Ceffalicchia.
Sherborn. I, 10, 117, 190, 214, 228. — Evêques : Aldelme, Herman.
Shrewsbury (Hugues de Montgommery, comte de).
Sibaris. I, 109.
Sibertus = Sigebert.
Sibilia, Sibilla = Zouïla.
Sibille ou Mabire d'Anjou, comtesse de Flandre. I, 297, 307, 325.
Sibille, femme de Guillaume de Montferrat et de Gui de Lusignan. II, 98.
Sichard, abbé de Marmoutier. II, 206.
Sicile. I, 180, 181, 298, 340; II, 14. — Rois et comtes : Guillaume, Roger. — Jeanne d'Angleterre, reine de Sicile.
Sidon. I, 139, 156, 167.
Sifroi, évêque de Chichester, d'abord moine de Glastonbury. I, 170, 178; II, 95.
Sigebert, roi d'Est-Anglie. I, 149, 150.
Sigebert de Gemblours. I, 93, 95, 96, 144; II, 341.
Sigerius = Suger.
Sigher, roi d'Essex. I, 148.
Silcestre. I, 113.
Silizum = Ceffalicchia.
Silly (abbaye de). I, 368.
Silly (Hugues, Robert de).
Silvestre pape. I, 118; II, 108.
Silvestre, abbé de Conches, d'abord moine de Lire. II, 155, 179, 198.
Silvestre, abbé de Redon. II, 14.
Silvestre, archevêque de Rouen. I, 3.
Silvius. I, 98.
Silvius Enée. I, 99.

Silvius Epitus. I, 100.
Silvius Latinus. I, 100.
Siméon croisé. I, 83.
Siméon fils de Renaud. II, 252, 253.
Simillelum = Semilly.
Simon d Anet. II, 179.
Simon de Montfort, comte d'Evreux. I, 218, 278, 326, 360; II, 22, 23, 39, 103, 104, 178.
Simon de Montfort, fils du précédent. II, 103.
Simon, abbé de Savigny. II, 104.
Simon de Senlis. I, 172. Comte de Northampton. I, 221.
Simon de Senlis, comte de Huntingdon. I, 273, 300.
Simon de Senlis, fils du précédent. I, 274, 300.
Simon, comte du Vexin. I, 33.
Simon, évêque de Worcester. I, 170, 178.
Simplice, abbé de Conches, d'abord moine de Coulombs. II, 198.
Sincerrium = Sancerre.
Siponto. II, 76.
Sireburna, Siresburna = Sherborn.
Sirkouk. I, 354.
Sisillius. I, 102, 105.
Sisinnius I, 104.
Siward, archevêque de Cantorbéry. I, 42, 44.
Sixte (S). II, 110.
Slaves, Sclavi. II, 2.
Sleaford I, 215.
Slede. I, 210, 213.
Soissons (Gui, Hilgot, évêques de).
Solereium = Sully.
Soliman. I, 83. Soliman d'Iconium. II, 84, 99.
Sollinneium = Subligny.
Solligneium = Subligny.
Somerset. I, 114.
Somme (la), Somna. I, 18.
Soræ fluvius. I, 100.
Souabe (Henri, duc de Saxe et de).
Southampton. I, 72, 115, 145 ; II, 247.
Spalding. I, 20.
Sprota, femme de Guillaume Longue-Epée. I, 16-18.
Stafford. I, 115, 277.
Stampæ = Étampes.
Staneges, Stanhenges. I, 108, 110, 116.
Stanfort = Stafford.
Stigand, évêque de Chichester. I, 190.
Stigand, évêque d'Elmham, puis de Winchester et archevêque de Cantorbéry. I, 42, 43, 54, 56; II, 19.
Stontuna (Robert de).
Stotevilla = Estouteville.
Streguel, Strigwil (Richard de Clare, comte de).
Stripinneium = Etrépagny.
Stutevilla = Estouteville.
Suathedi = Suédois.
Subligny (Hascoul, Jean, Richard de). — Gilbert d'Avranches, fils de Hascoul de Subligny.
Sudfolc = Suffolk.
Sudria = Surrey.
Sudscaxa = Sussex.
Suédois. I, 29.
Suénon, roi de Danemark, I, 29, 31.
Suevi = Souabe.
Suffolk. I, 114, 115.
Suger, abbé de S. Denis. I, 255, 257.
Suithunus = Swithun.
Suligneium = Subligny.
Sully (Gilles, Henri de).
Sulpice d'Amboise. I, 330.
Sulpice Sevère. I, 93.
Sumerseta = Somerset.
Supplicius = Sulpice.
Suppon, abbé du Mont-S.-Michel. I, 36, 358 ; II, 193 note, 219, 220, 231, 232, 236.
Sur = Sidon.
Surrey, Surreia. I, 114, 306. Guillaume de Varenne, comte de Surrey.
Sussex. I, 113, 114. Guillaume d'Aubigny, comte de Sussex. — Evêque de Sussex. I, 178; voy. Chichester.
Sweyn, fils de Godoin. I, 43.
Swithun (S.). I, 117.
Sydo = Sidon.
Symeo, Symon, voy. Siméon, Simon.
Syrie (la). I, 84.
T. Griffin. II, 309.
T. de Torn. II, 309.
Table (Richard de la).
Taforel (Maleis, Richard, Robert).
Taillebois (Raoul).
Taillebourg. II, 82.
Taillefer. I, 53. — Guillaume Taillefer.
Taison, Taisson, Taixon (Jourdain, Raoul).
Talbot, Talebot (Geoffroi).
Talevas, Talevat = Talvas.
Talleborc = Taillebourg.
Talvas (Guillaume).

Tamasis, Tamensis = la Tamise.
Tamesword (Raoul de).
Tamise (la). I, 19, 113, 115, 228, 275 ; II, 3.
Tancarville (Guillaume, Rabel de).
Tancharvilla = Tancarville.
Tancheredus = Tancrède.
Tancrède de Hauteville. I, 83, 125, 141, 180.
Tania, Tanis (Eudes de).
Taonière (la). II, 317.
Taphorel (Robert). Voy. Taforel.
Tar = Thar.
Tarentaise (Pierre, archevêque de).
Tarofel (Maleis). Voy. Taforel.
Tarse. I, 85, 134.
Tarwennensis = Térouanne.
Taurin (S.), évêque d'Evreux. I, 1, 2.
Tebaldus, Teboldus = Thibaud.
Tecus, voy. Tiez.
Tedbaldus = Thibaud.
Tedfordia = Thetford.
Tegulariæ = Tillières.
Teilleul (le). I, 226 ; II, 43.
Teissun = Taisson.
Telford = Thetford.
Temple (Eudes de S. Amand, maître du).
Tenechebrai, Tenercebraium, Tenerchebrai = Tinchebrai.
Teneth = Thanet.
Teobaldus = Thibaud.
Terra Vasta = Terregatte.
Terrachonensis = Terragone.
Terragone (l'archevêque de). I, 348.
Terregatte. II, 291. — Goscelin, prêtre de S. Laurent de Terregatte.
Terricus = Thierri.
Tessun = Taisson.
Tetford = Thetford.
Teulfus = Théulfe.
Teutonicus = Thiois.
Thanet. I, 109, 118.
Thar (le). II, 275, 277, 280.
Tharnet, Tharnesia. II, 275, 277, 280.
Tharnus = Thar.
Tharsus = Tarse.
Thebaldus = Thibaud.
Themantius. I, 106.
Theobaldus = Thibaud.
Theodericus = Thierri.
Théodin, légat du Saint-Siége. II, 32, 37.
Théodora, femme de Baudouin III, roi de Jérusalem. II, 170.
Théodoric, roi des Goths. II, 343.
Theodoricus = Thierri.
Thessalonique. II, 87.
Thetford. I, 20, 190. — Guillaume de Beaufou, évêque de Thetford.
Théulfe, évêque de Worcester. I, 170.
Theutones = Allemands. Voy. Germanie.
Thevilla = Thieuville.
Thibaud, abbé du Bec, puis archevêque de Cantorbéry. I, 97, 203, 208, 212, 217, 231, 246, 247, 333 ; II, 62, 117, 195, 226, 228.
Thibaud I, comte de Blois. I, 9.
Thibaud III, comte de Blois. II, 206.
Thibaud IV, comte de Blois et de Champagne. I, 150, 151, 160, 184 note, 200, 203, 204, 206, 227, 253, 258, 261, 329, 343, 346, 357 ; II, 15.
Thibaud V, comte de Blois et de Chartres. I, 259, 314, 322, 329, 330, 333, 347, 351 ; II, 15, 16, 21, 24, 27, 41, 50, 62, 65, 95, 119, 170, 174.
Thibaud, abbé de Cluni, d'abord prieur de Crespy, puis évêque d Ostie. II, 96, 131.
Thibaud, évêque de Paris, d'abord prieur de S.-Martin-des-Champs. I, 310 ; II, 171.
Thierri d'Alsace, comte de Flandre. I, 175, 177, 235, 241, 277, 290, 297, 304, 307, 325, 348 ; II, 2, 166.
Thierri, voy. Tierri.
Thierri, évêque d'Amiens, I, 238.
Thierri, abbé de Jumiéges. II, 194.
Thierri, abbé du Mont-S.-Michel. II, 193 note, 219.
Thierri, abbé de S.-Evroul, d'abord moine de Jumiéges. II, 196.
Thieuville (Raoul de).
Thiois (Isembert le).
Thoars = Thouars.
Tholomée. II, 328. — Guillaume Tholomée.
Thomas Bardoul. II, 40.
Thomas, archidiacre de Bayeux. II, 275.
Thomas de Beauvoir. II, 299, 300.
Thomas, archevêque de Cantorbéry, d'abord chancelier du roi. I, 313, 325, 339 ; II, 18, 24, 25, 26, 51, 62, 66, 82-84, 96, 174, 228, 229, 265-269, 341.
Thomas de Coulonces. II, 306.
Thomas Hoel. II, 276.

Thomas de Laizeaux. II, 239, 240, 243, 245, 254, 257, 261.
Thomas Painel. II, 254, 255.
Thomas, prêtre. II, 276. — Thomas, prêtre, chanoine du Mont-S.-Michel. II, 289, 291.
Thomas de S. Planchais. II, 305.
Thomas, archevêque d'York, d'abord chantre de Rouen. I, 69, 121, 134, 143, 189.
Thorigneium = Torigny.
Thorney. I, 19, 20.
Thouars. I, 316, 361; II, 169. — Geoffroi et Guillaume, vicomtes de Thouars.
Thraces (Les). I, 105.
Tibba (Sainte). I, 118.
Tibère. II, 215.
Tibre (le). I, 297.
Tierri (Guillaume fils de).
Tiez (Guillaume, Hugues, fils de).
Tilia. II, 300.
Tiliolus = Teilleul.
Tillières sur Avre. I, 270. Gilbert de Tillières.
Tinchebrai. I, 127, 129 note, 226; II, 224, 233, 319.
Tina = Tyne.
Tinteniac. II, 6.
Tirel (Gautier).
Tiron (Abbaye de S. Sauveur de). II, 188. — Abbés: Bernard, d'abord abbé de Quinçay; Guillaume de Poitiers. — Hugues de Blois, moine de Tiron.
Tirus = Tyr.
Tisseel (Moulin de). II, 240.
Tisun (Roger).
Toarci castrum = Thouars.
Toarnum = Troarn.
Toas = Thouars.
Toeny, Toene, Toenia (Adelize, Raoul, Roger de).
Tolca = Touques.
Tolède, Toletum. I, 245, 283; II, 22. — Archevêque de Tolède. I, 348.
Tolosa = Toulouse.
Tomas = Thomas.
Tombelaine (Notre-Dame de). II, 255. — Robert de Tombelaine.
Tonita = Tunis.
Torgelin (fief). II, 301.
Torigny-sur-Vire. I, 254, 286. — Robert fils de Hamon, seigneur de Torigny. — Boson de Torigni. — Durand fils de Robert de Torigni, neveu de l'abbé Robert, prévôt de Torigni. — Robert de Torigni.
Torinneium = Torigni.
Torn (T. de).
Tornacensis = Tournai.
Torneiga = Thorney.
Torneium = Tournai.
Torolde. II, 256.
Torte Savate, Torta Zavata, Torta Cavata. II, 256, 300.
Tortose. I, 246.
Torvaisel (Joscelin de).
Tosny, voy. Toeny.
Tofti, frère de Harald. I, 53.
Tot (Nicolas, Robert de ou du).
Totenes. I, 116.
Totenhale. I, 14.
Toulousain (le). I, 319, 321.
Toulouse. I, 319, 320, 321, 326; II, 35, 77, 171-174, 227. — Saint Saturnin, évêque de Toulouse. — Comtes et comtesses: Alfonse-Jourdain, Guillaume, Raimond de S. Gilles, Constance de France.
Touques. I, 68.
Tour (Jourdain de la).
Touraine (la). I, 330, 332.
Tournai. I, 241.
Tournai (Jean fils de Guillaume de).
Tours. I, 98, 348, 363, 364; II, 52, 88, 109, 115, 171, 228, 316, 327. — Archevêques : Barthélemi, Enjubaud, Gacien, Grégoire, Josce le Breton. — Archiprêtre : Ives le Breton. — Doyen : Barthélemi, depuis évêque de Léon. — Eudes, comte de Tours. — Voy. Marmoutier, Saint-Martin.
Toustain, voy. Turstin.
Toustain, abbé de S. Etienne de Caen. II, 196 note.
Toustin (Richard).
Trahern. I, 107.
Trainefer (Jean).
Trecæ = Troyes.
Trecensis comes, voy. Champagne.
Trechevel = Trencavel.
Tréguier (Evêques de) : Geoffroi, Guillaume, Ives le Breton.
Trencavel, vicomte de Beziers, mal à propos dit comte de Nimes. I, 325.
Trencavel (Guillaume, Raimond).
Trenchevel = Trencavel.
Tréport (Abbaye de S. Michel du). II, 201. Abbés : Auvré, Foucher, Guillaume, Herbert, Osberne.
Tres Fontes = Trois Fontaines.
Treurabot. II, 318.

Treuvarmine. II, 318.
Treverner. II, 317.
Trevières. I, 226 note.
Tricasinus = Troyes.
Trigel = Tréguier.
Trinovantum, Troia Nova. I, 99, 100, 104, 105.
Triphalech. I, 145.
Tripoli. II, 20.
Tripoli en Afrique I, 242.
Tripoli (Pierre, abbé de la province de).
Trisé (Richard de).
Troarn (Abbaye de S. Martin de). II, 199, 200. — Abbés : André, Arnoul, Durand, Durand de Cuverville, Gilbert, Richard. — Moines : Hugues, abbé de Cérisy ; Hugues, abbé de Fontenai ; Osberne, abbé de Bernai ; Robert, abbé de S. Martin de Séez. — Henri de Bracqueville, sous-prieur.
Troia Nova, voy. Trinovantum.
Troianus, sous-prieur du Mont-S.-Michel. II, 222.
Troie. I, 98.
Trois-Fontaines (Gui, abbé de).
Tronc-Bérenger (le). II, 190.
Trophime (S.), évêque d'Arles. I, 1.
Tros (Guillaume).
Troyes. I, 259 ; II, 225.
Truncus Berengarii = le Tronc-Bérenger.
Tumba (Mons) = le Mont-S.-Michel.
Tumba Helenæ = Tombelaine.
Tunbridge, Tunebruga. I, 72. Gilbert de Tunbridge.
Tunis. I, 279.
Turbessel (Joscelin de).
Turcs (les). I, 83, 84, 86, 90, 159, 285.
Turenne. II, 70, — Raimond, vicomte de Turenne.
Turgis, évêque d'Avranches. II, 160.
Turgis de Moidrey, moine du Mont-S.-Michel. II, 288, 306, 312.
Turneht (Moulin). II, 303.
Turonicus pagus, Turonis, Turonorum civitas=Touraine, Tours.
Turonium = Turenne.
Turpis Infans. II, 287.
Turris = la Tour.
Turstin (Roger, fils de).
Turstin, père de Guillaume, abbé du Bec. I, 79.
Turstin, gendre de Richard de Domjeau. II, 249.
Turstin Gohier. II, 246, 248, 251.
Turstin Scistel. I, 179.
Turstin, archevêque d'York. I, 143, 178, 211, 218.
Turvaissel = Turbessel.
Tusculum. II, 313, 321. — Imarus de S. Martin, évêque de Tusculum.
Tustenus, Tustinus = Toustain, Turstin.
Tyberis = Tibre.
Tyne (la). I, 60, 61. Voy. Newcastle upon Tyne.
Tyr. I, 166. 167.
Uchinneium = Hocquigny.
Ugo = Hugues.
Ulf, évêque de Dorchester. I, 44.
Ulixipona = Lisbonne.
Ulterior Portus = le Tréport.
Umfridus = Honfroi.
Universel (Gilbert l').
Unnovilla = Annoville.
Urbain II, pape. I, 136, 140 ; II, 158, 185, 186, 222, 223, 232.
Urbain III. pape. II, 133.
Urbain, évêque de Llandaff. I, 187, 188.
Urianus. I, 105.
Urnac (Kair). I, 112.
Ursi Pons = Pontorson.
Ursus, abbé de Montebourg, d'abord sous-prieur de Jumièges. II, 204.
Usa, Usca = Ouse.
Uter Pendragon I, 108-110.
Uticum, Uticensis = Ouche.
Vacarius le Lombard. I, 250.
Vadum Jacob = le Gué de Jacob.
Vadum Nigasii = Gasny.
Vadum Sancti Remigii = S. Remi sur Avre.
Vains (Richard, Robert de).
Val (Gilbert, prévôt du), à Guernesey.
Val (Robert, prêtre et doyen du).
Val des Dunes (le). I, 44 ; II, 220, 232.
Valasse (Abbaye du). I, 367, 368 ; II, 164, 165. — Additions faites à la chronique de Robert dans l'abbaye du Valasse. II, 164 et 165. — Robert de Blosseville, abbé.
Valdre = Vaudry.
Valence, en Espagne. II, 116, 129. — Leupus et Mohammed ben Mardenisch, roi de Valence.
Valens, empereur. I, 13 ; II, 341.
Valentinien. I, 22, 94, 306.
Valepich (Pierre).

Valerannus = Galeran.
Valère (Sainte). I, 350.
Vallée, Vallis, voy. S. Jean en Vallée, S. Père de Chartres.
Vallis Badonis juxta Baiocas = Vaubadon.
Vallis Brutiorum = Vallombreuse.
Vallis Nobilis = Vaunoble.
Vallis Rodolii, Rodulii = le Vaudreuil.
Vallombreuse (André de).
Valognes, Valoniæ. II, 269, 308.
Vals = Vaux.
Valum = le Val.
Valz = Vaux.
Vandales. I, 29.
Vannes. II, 6, 56. — Evêques .Guihenoc, Ruaud.
Varano. II, 76.
Varenne. I, 306. Ade, Guillaume, Hamelin, Isabelle de Varenne. Guillaume, comte de Mortain et de Varenne.
Vasce (Richard).
Vastinneium. II, 301. Voy. Gastinet.
Vatteville. I, 166.
Vaubadon (Serlon de).
Vaudreuil (le). I, 197, 229.
Vaudry (Richard de).
Vaunoble (Jean du).
Vauquelin de Douvre. I, 211.
Vauquelin, évêque de Winchester. I, 69, 86.
Vauquelin Maminot. I, 211.
Vaux (Godard, Richard de).
Vecie = Vescy.
Vecta = Wight.
Veim, Veimum, Veinum = Vains.
Velletri. II, 110.
Venecia = Venise.
Vénérable (Pierre le).
Vénérand (s). I, 21-24.
Venetensis, Venetum = Vannes.
Venise. II, 67.—Jacques de Venise.
Vennevilla = Varneville.
Venoix, Venuiz (Geoffroi de).
Verceil. I. 44, 358 365; II, 9.
Vercellæ = Verceil.
Verdun Bertran, Guillaume, Hervé, Normand, Richard de).
Vergelei = Verceil.
Verger (Renouf du).
Vergoncey, Vergunce. II. 297.
Vermandois (le). II. 130, 132. Raoul, comte de Vermandois Elisabeth de Vermandois.
Verneuil, Vernolium. I, 197, 229, 268, 270, 277; II, 39, 40, 42.
Vernon, Vernum. I, 165, 233, 268, 272, 277, 285. — Guillaume, Richard de Vernon. — Gui de Bourgogne, seigneur de Vernon.
Verolamium = Verulam.
Vérone. I, 353. — Omnebonum, évêque de Vérone.
Verrou (Payen).
Verson, Versun. II, 246, 251, 302, 316. — Gilduin, Guillaume, Raoul, Richard, Roger de Verson.
Verulam, I, 109.
Vesey (Guillaume de).
Vesontio = Besançon.
Vespasien. I, 106.
Vesta = Viesti.
Vetulæ = Vieilles.
Vetus Lira = Lire.
Vetus Villa = Vieuville.
Vexin (le). I, 267, 286, 333, 365, 366; II, 167. Simon, comte du Vexin.
Vezelay. I. 241; II, 34. Guillaume, abbé de Vezelay.
Via. II, 250.
Vico. II, 76.
Vicomte (Roger le).
Victor II, pape. II, 220.
Victor III, pape, d'abord moine au Mont-Cassin. I, 140; II, 222.
Victor IV, anti-pape. I, 324, 328, 351; II, 109, 110, 176. Voy. Octovien.
Victor, abbé de Saint-Georges de Baucherville, d'abord moine de Saint-Victor. I, 307.
Victorius (Cycle de). II, 215.
Victrice, archevêque de Rouen. I. 3.
Vieilles (Onfroi de).
Vienne II, 186. Gui, archevêque.
Vierge (Sainte), voy. Notre-Dame.
Viesti. II, 76.
Vieuville (Luc, abbé de la).
Vigeliacum = Vezelay.
Vigori (Hugues).
Vigorniensis = Worcester.
Vilcasinum = Vexin.
Vilers (Richard de). Voy. Villers, Villiers.
Villa Amois = Villamée.
Villa Dei = Villedieu.
Villa Pirosa = Villepreux.
Villamée, Villamers, Villa Amois. II, 272, 289, 317.
Villare Monasterium = Montivilliers.
Villarentonia. II, 317.

Villedieu. II, 243. — Raoul de Villedieu.
Villepreux (Hervé de).
Villers. I, 226 note. — Voy. Vilers.
Villiers. II, 315.
Vimeu (le), Vimacensis pagus. II, 8.
Vincent (S.). II, 129.
Vincent, abbé de Conches, d'abord moine de Coulombs. II, 155, 198.
Vincestria = Winchester.
Vindelici. II, 2.
Vira = Vire.
Vircasinum = Vexin.
Vire. I, 165, 226 note. — Guillaume de Vire.
Vire (la rivière de). I, 332; II, 302.
Virgeio (Geoffroi, Renouf de).
Virgultum = Verger.
Viridunum = Verdun.
Viromandensis = Vermandois.
Viset sur la Meuse. I, 131.
Vital, abbé de Bernai, puis de S. Pierre de Westminster, d'abord moine de Fécamp. II, 194.
Vital fils de Galan. II, 258.
Vital, abbé de Savigny. I, 127 note; II, 74, 160, 188, 189.
Vitalius. I, 22.
Viteclin (Pierre).
Vitré, Vitreium. II, 272. Alain, André, Robert de Vitré. Jean, doyen de Vitré. Sainte-Croix de Vitré.
Vitreium = Vitré, Vitry.
Vitry-le-Brulé. I, 227.
Vivien, cardinal de S. Etienne au mont Celius. II, 320.
Vizeliacensis = Vezelay.
Vœu (abbaye du), près Cherbourg. I, 368; II, 134, 135. Benjamin, abbé du Vœu.
Votum, voy. Valasse, Vœu.
Vudeberia. II, 318.
Vudestoc, Vudestoce = Woodstock.
Vuinnes = Huisnes.
Vulferus. I, 118.
Vulnof = Wolstan.
Vutona. II, 317.
W. Glat. I, 206, note.
Waceium = Gacé.
Wachelinus = Vauquelin.
Wader = Gael.
Walburge (sainte). I, 118.
Walchelinus = Vauquelin.
Walcherus = Gaucher.
Walden. I, 230.
Walebroc. I, 197.
Walenden = Walden.
Walenses = Gallois.
Walepic = Valepich.
Waleranus, Walerannus = Galeran.
Wales, Wali, Walia, Wallia = Gallois, le pays de Galles.
Walesdunæ, Wallesdunæ = Val des Dunes.
Walingefort, Wallingford. I, 216, 228, 240, 275, 276, 293.
Waltelme, évêque de Chartres, mal à propos nommé Gautier. I, 14; II, 216.
Walterus = Gautier.
Walthéof et Judith, sa femme. I, 172.
Walum = le Val.
Wandali = Wandales.
Wandrille (s.), Wandregisilus. I, 4; II, 148, 194.
Wanilo = Ganelon.
Wareham. I, 144, 210.
Warengeford, Warengefort, Warengueford = Wallingford.
Warenna = Varenne.
Warewic = Warwick.
Warham, Warhan = Wareham.
Warinus = Guérin.
Warlevast (Robert de).
Warreium = Gavrai.
Wartiporius. I, 110.
Warwick. I, 115, 273. — Comtes et comtesse : Gondrède, Guillaume, Henri, Roger.
Wascones, Wasconia = Gascons, Gascogne,
Wastinetum = Gastinet.
Waterford. II, 29, 61.
Watevilla = Vatteville.
Wath, dioc. d'York. II, 317, 328, 330.
Watlingestrate. I, 116.
Watrefelth = Waterford.
Wavrei = Gavrai.
Wavrin (Roger de).
Wazo = Guazon.
Wellebof = Elbeuf.
Wells (Giso, évêque de).
Wergesin = Vexin.
Wertimer. I, 108.
Westmaria. I, 106.
Westminster (S. Pierre de), Westmonasterium. I, 50, 51, 54, 69, 85, 88, 121, 155, 174; II, 18, 228. — Abbés : Gautier, d'abord prieur de Winchester; Vital, abbé de Bernai.

Westsex. I, 113, 114. — Rois : Adélard, Cedwalla, Ethelbald, Ina.
Wido = Gui.
Wigemore = Wigmore.
Wight. I, 201, 238; II, 153.
Wigmore. I, 294.
Wigornia = Worcester.
Wilcasinum, Wilcassinum = Vexin.
Wilfride (sainte). I, 119.
Wiltshire. I, 114.
Wimache, duc de Salerne. I, 179.
Wimundus = Guimond.
Winburgeam. II, 330.
Winceastre, Wincestria, Wincestre = Winchester.
Wincelcis (Guillaume de).
Winchelcumbe. I, 118.
Winchester. I, 19, 41, 42, 65, 69, 91, 100, 112, 114, 117, 119, 121, 163, 174, 188, 223, 228, 296; II, 30, 153.— Ethelwin, comte de Winchester. — Diocèse de Winchester. II, 308, 317. — Eglise S. Pierre. I, 119. — Evêques : Adelwolde, Guillaume Giffard, Henri de Blois, Richard, Stigand, Vauquelin. — Prieurs : Gautier, Robert.
Windsor, Windlesores. I, 46, 132, 137, 160, 161, 173, 187, 188.
Wingorniensis = Worcester.
Winhesores = Windsor.
Winloca. I, 118.
Winnes = Huynes.
Wintesyra = Wiltshire.
Wintonia = Winchester.
Wireceastria = Worcester.
Wisant = Wissant.
Wiscardus = Guiscard.
Wissant. I, 296.
Wisseorum dux, Octavius. I, 107.
Witelin, évêque de Londres. I, 108.
Witton, archevêque de Rouen. I, 11.
Wodebiria (Raoul, clerc de).
Wolstan, évêque de Worcester. I, 69.
Woodstock. I, 162, 173, 182, 187.
Worcester. I, 72, 112, 115, 182. — Evêques : Auvré, Baudouin, Jean, Roger de Gloucester, Simon, Théulfe, Wolstan.
Wortegern, duc de Cornouaille. I, 108.
Wuisatum = Viset.
Ymarus, voy. Imarus.
Yonne (l'). II, 115.
York. I, 52, 53, 100, 106, 107, 108, 109, 112, 114, 115, 143, 263; II, 51, 57, 111.— Archevêque d'Yorck. I, 188. — Archevêques : Alfred, Gérard, Guillaume, Henri Murdac, Roger de Pont l'Evêque, Thomas, Turstin. — Diocèse d'York. II, 317. — Guillaume de Sainte-Barbe, doyen d'York. — Jean, évêque de Poitiers, d'abord trésorier d'York.
Ypre (Guillaume d').
Yspadius. II, 147.
Yved, voy. Evode.
Yvetot (Guillaume, prêtre d'), et Richard son neveu.
Zenghi. I, 308.
Zénon, empereur. II, 230.
Zeta. I, 107.
Zotard (et non pas Lotard), abbé de Conches, d'abord moine de S. Lomer. II, 198.
Zouila. I, 303; II, 88.

TABLE.

Préface I
Vie de Robert de Torigni. I
Ouvrages de Robert de Torigni lxiii
Chronique de Robert de Torigni : années 1168-1186. . . . 1
Additions a la Chronique de Robert de Torigni 137
Avertissement 137
Additions du ms. de Fécamp 146
Additions du ms. de Lire 150
Additions du ms. de Savigni 156
Additions du ms. du Valasse 164
Continuation rédigée par un moine du Bec 165
Traité de Robert de Torigni sur les ordres monastiques et les abbayes normandes. 181
Avertissement 181
Texte du traité. 184
Annales du Mont-Saint-Michel 207
Avertissement 207
Annales depuis la naissance de saint Jean jusqu'en 1291 . . 214
Annales depuis 506 jusqu'en 1154. 230
Annales depuis 876 jusqu'en 1087. 235
Lettres, Chartes et Pièces diverses de l'administration de Robert de Torigni 237
Table générale des noms de lieux et de personnes 345

ERRATA.

TOME I.

Page 43, avant-dernière ligne. *Cuntuariensis*, lisez *Cantuariensis*.
— 65, avant le dernier paragraphe, commençant par les mots *Willermus rex*, ajoutez la rubrique 1084.
— 108, ligne 18. Ajoutez un point après le mot *Aurelium*.
— 112, ligne 16. Au lieu de *sita n*, lisez *sita in*.
— 127, note 5, ligne 3, *Vitatis*, lisez *Vitalis*.
— 271, en tête de la page, à la date 1135 substituez la date 1153
— 277, dernière ligne. *Paccio*, lisez *Paceio*.
— 281, ligne 12. *Optim*, lisez *Optimi*.
— 290, ligne 9. *Cestrensis*, lisez [*Ci*]*cestrensis*.
— 324, ligne 10 et note 2. L'antipape s'appela Victor IV et non Victor III.

TOME II.

Page 47, ligne 10. *Cononice*, lisez *canonice*.
— 57, ligne 10. *Qni*, lisez *qui*.
— 90, ligne 10. *Plilippus*, lisez *Philippus*.
— 110, dernière ligne. *Episcopus Eboracensis*, lisez *archiepiscopus Eboracensis*.
— 198, ligne 1. *Lotardus*, lisez *Zotardus*.
— 254, ligne 12. Ajoutez une virgule après *Terra Vasta*.
— 352, colonne 1, ligne 3. Au lieu de 341, lisez 340.
— 352, colonne 1, article *Bède*. Supprimez le renvoi à la page 343.
— 376, colonne 1, ligne 1. *Hède*, lisez *Hèle*.

Rouen, — Imp. H. Boissel.

www.ingramcontent.com/pod-product-compliance
Lightning Source LLC
LaVergne TN
LVHW010530100826
845148LV00001B/141

* 9 7 8 2 0 1 2 5 3 0 3 9 3 *